会展专业核心课系列教材

# 企业战略管理

张 义 | 主编

# 前　言

在现代激烈的市场竞争当中，越来越多的企业开始重视企业战略的制定与实施。企业战略管理有助于企业走向成功之路，但是不正确的战略管理有时也会适得其反。企业战略管理是一门整合性、高层次的管理理论，从全局和长远的观点研究企业在竞争环境下生存与发展的重大问题，其目的是提高企业对外部环境的适应性，使企业做到可持续发展。企业战略管理在现代企业管理中处于核心地位，是决定企业经营成败的关键。

企业战略管理是一门新兴的但又经过高度整合了的工商管理核心课程。本书以中国工商界、学术界的理论和应用需求为出发点，借鉴吸收了以往发达国家形成的完善的战略管理理念和方法模式，结合在战略管理方面的研究成果，力图达到既能系统深入地阐述战略管理的理论范式，又能够及时全面地反映现今的研究。

本书在广泛参考国内外相关资源的基础上，结合国内外研究成果，确定了包括企业战略概述、企业战略分析、企业战略选择、企业战略实施、战略评价五大板块的体系。本书按照战略理念分析—选择—实施—评价的思路，分析了企业战略管理过程中的各个阶段所涉及的相关问题、理论、技术与方法等方面的知识。

通过本课程的学习，读者可以深入了解企业经营战略的基本构成和具体知识，掌握企业战略管理活动所涉及的基本内容与工作程序，从战略层面上考虑企业的总体发展；本课程有助于读者充分融合所学的专业知识、能力，深刻理解管理的内涵，从战略高度看待管理；帮助读者学会从战略角度规划自己的发展生涯，从而有利于学生在未来的人生发展历程中，正确规划就业与创业；确保读者能做到灵活运用本课程所学到的理论知识与相关分析工具，为企业制订出一份规范的战略报告。

本书主要的参考文献是我们在编写过程所借鉴、引用或修改引用的各类资料，由于资料数量较大，所以在本书的各章节中未能全部做到直接标注出所引用文献，仅在书后用参考文献的方式来表明我们在编写中所借鉴、引用的他人成果。

本书具体编写分工如下：第一章、第二章由张义编写，第四章由张昕东、毛建华编写，第三章、第五章、第七章和第八章由刘娟编写，第六章、第九章和第十章由毛建华编写。全书由张义负责内容设计与统稿。本书在编写过程中借鉴了同行的大量成果，在此一并表示感谢。

由于编者水平有限，书中难免有疏漏之处，敬请广大读者批评指正，以便不断修改和完善。

编者
2020 年 8 月

# 目 录

## 第一篇 企业战略概述

### 第一章 企业战略与企业战略管理 ……………………………… 003
- 第一节 企业愿景与企业使命 ………………………………… 003
- 第二节 企业战略管理 ………………………………………… 011
- 第三节 企业战略管理的过程 ………………………………… 015
- 第四节 企业战略管理的理论演化 …………………………… 021

## 第二篇 企业战略分析

### 第二章 企业战略分析 …………………………………………… 029
- 第一节 企业战略环境概述 …………………………………… 029
- 第二节 企业战略宏观环境分析 ……………………………… 030
- 第三节 企业战略中观环境分析 ……………………………… 036
- 第四节 企业微观环境分析 …………………………………… 038
- 第五节 企业战略环境 SWOT 总结分析 …………………… 044

## 第三篇 企业战略选择

### 第三章 企业总体战略选择 ……………………………………… 055
- 第一节 企业战略选择概述 …………………………………… 055
- 第二节 稳定型战略 …………………………………………… 068
- 第三节 发展型战略 …………………………………………… 072
- 第四节 紧缩型战略 …………………………………………… 075

### 第四章 企业竞争战略选择 ……………………………………… 083
- 第一节 企业一般竞争战略 …………………………………… 083
- 第二节 不同市场地位的企业竞争战略 ……………………… 088

第三节　不同行业的竞争战略 …………………………………… 095

**第五章　企业合作战略选择** …………………………………………… 108
　　　第一节　产业集群与集群企业合作 …………………………… 108
　　　第二节　企业并购战略 ………………………………………… 118
　　　第三节　战略联盟 ……………………………………………… 129

**第六章　企业跨国经营战略选择** ……………………………………… 144
　　　第一节　跨国经营概述 ………………………………………… 144
　　　第二节　跨国经营环境分析 …………………………………… 148
　　　第三节　国际市场进入方式 …………………………………… 156
　　　第四节　国际化经营的战略类型 ……………………………… 159
　　　第五节　跨国公司的组织和控制 ……………………………… 162
　　　第六节　中国企业跨国经营现状与存在的问题 ……………… 167

## 第四篇　企业战略实施

**第七章　企业职能战略** ………………………………………………… 179
　　　第一节　战略计划实施 ………………………………………… 180
　　　第二节　战略与组织结构 ……………………………………… 184
　　　第三节　战略与企业文化 ……………………………………… 191
　　　第四节　企业战略与领导 ……………………………………… 196
　　　第五节　企业战略与控制 ……………………………………… 201
　　　第六节　战略变革与创新 ……………………………………… 209

**第八章　企业部门战略** ………………………………………………… 221
　　　第一节　生产运作战略 ………………………………………… 222
　　　第二节　市场营销战略 ………………………………………… 231
　　　第三节　人力资源战略 ………………………………………… 237
　　　第四节　财务管理战略 ………………………………………… 247

## 第五篇　战略评价

**第九章　战略评价** ……………………………………………………… 275
　　　第一节　战略评价的性质与准则 ……………………………… 275
　　　第二节　战略评价过程 ………………………………………… 277

第三节　战略评价的内容框架 …………………… 278
　　第四节　战略评价方法与工具 …………………… 283

第十章　战略咨询 ………………………………………… 292
　　第一节　管理咨询与战略咨询概述 ……………… 292
　　第二节　战略咨询流程 …………………………… 298
　　第三节　战略咨询报告 …………………………… 305
　　第四节　战略咨询的方法与工具 ………………… 306

参考文献 …………………………………………………… 329

# 第一篇 企业战略概述

## ■ 第一章 企业战略与企业战略管理

# 第一章　企业战略与企业战略管理

## 学习要点

- 理解企业愿景与企业使命的内涵
- 掌握企业战略管理的内涵、特点、层次、作用、任务
- 掌握企业战略管理过程
- 理解企业战略管理的理论演化

> **名人名言：**
> 战略管理不是一个魔术盒，也不只是一套技术。战略管理是分析式思维，是对资源的有效配置。计划不只是一堆数字。战略管理中最为重要的问题是根本不能被数量化的。
>
> ——彼得·德鲁克

在现代激烈的市场竞争当中，越来越多的企业开始重视企业战略的制定与实施。企业战略管理有助于企业走向成功之路，但是不正确的战略管理有时也会适得其反。本章中，我们明确企业的愿景、使命、目标之间的关系。阐明什么是企业战略管理，它的内涵、特点、层次有哪些。明晰设计企业战略管理的过程，了解它的理论是如何演化的。

## 第一节　企业愿景与企业使命

> **名人名言：**
> 现代企业管理的责任就在于谋求企业目标与个人目标两者的一致。
>
> ——仲强

### 一、企业愿景

（一）企业愿景的内涵

企业愿景也译为企业远景，简称愿景（vision），是管理者对一个企业发展前景和方

向的概括性描述，包含了企业未来的使命、目标和核心价值。企业愿景是企业战略发展的重要组成部分，一个好的企业愿景将指明公司未来数年或更久的发展方向。

（二）企业愿景的基本特征

企业愿景应具备四大基本特征：清晰、持久、独特、服务精神。这也构成了企业愿景的四根主要支柱。

1. 清晰

想要员工进行高效、富有热情的工作，就必须让他们清晰地知道公司的企业愿景是什么。企业愿景表述得清晰与否，直接关系到全体员工的理解与实践。一个清晰的企业愿景能够在人们的心中形成一幅生动的画面，起到激发、鼓励员工的作用。例如，华为的企业愿景"丰富人们的沟通和生活"就十分形象生动。

2. 持久

企业愿景就像是一盏指路明灯，引领着公司的全体成员向着共同的方向迈进，如果朝令夕改则会使员工对于工作没有目标和方向，严重的危害到企业的利益。在制定企业目标时，只有对客户需要、自身优势、经营管理、利益平衡等问题具有充分的理解，制定的企业愿景才会更加稳定、持久。

3. 独特

在竞争激烈的现代商业社会，如何让自己的企业独树一帜是每一个企业家都关心的问题，一个独一无二的企业愿景是战略成功的基础。独特的企业愿景也会加深人们对于品牌的印象，对于企业是一种很好的推广。企业领导者必须运用敏锐的洞察力和特殊的视角，找出潜在的消费者需求，开发独特的产品或商业模式，形成独一无二的企业愿景。

4. 服务精神

企业在社会中存在的主要价值在于提供产品和服务。所以在企业愿景上也要体现一种服务精神，只有积极实践于做好服务的企业才可能真正发展壮大。企业愿景体现服务精神才更能够被社会和公众所认可，提升企业的社会形象。

（三）企业愿景的作用

企业愿景的作用是使股东、员工、政府等与企业有经济利益关系的群体，通过企业使命的履行感受到其社会价值的实现，并最终实现企业的发展。对内，企业愿景是企业统一全体成员思想和行动的有力武器，使员工更加明确努力的方向；对外，企业愿景通过市场及时向外界传递企业的信息，从而有效整合企业内外部资源，实现战略上的成功。

对于成功的企业来说，制定一个好的企业愿景只是第一步，更重要的是能否一以贯之坚持下去。企业愿景不是空中楼阁，它具体确定了企业的业务范围有哪些，而企业使命则使业务范围更加具体，并保证企业愿景的实施和执行。

## 二、企业使命

（一）企业使命的概念

管理大师彼得·德鲁克认为，真正定义一个企业的不是名称、规章制度、公司章程，而是它的使命。企业使命是指在界定了企业愿景的基础上，具体地定义企业在全社会经济领域中所经营活动的范围和层次,说明了企业的经营领域、经营思想,也为企业目标的确立与战略的制定提供依据。企业使命是企业之所以存在的依据和理由。一个好的企业使命有利于提升企业协同力、吸引优秀人才,塑造良好的企业文化。

德鲁克还认为,企业使命应系统地回答以下问题:
(1) 我们的事业是什么?
(2) 我们的顾客群是谁?
(3) 顾客的需要是什么?
(4) 我们用什么特殊的能力来满足顾客的需求?
(5) 如何看待股东、客户、员工、社会的利益?

企业使命将会驱动企业成为一个强有力的组织。企业使命不仅仅关乎企业的工作内容,更重要的是为什么做,这个出发点是企业终极意义的目标。崇高、清晰、具有感染力的使命不仅能为企业指明前进的方向,而且能使企业全体员工明确工作意义,激发出内心深处的动机。

例如,北京同仁堂的使命是"弘扬中华医药文化,领导绿色医药潮流,提高人类生活与生命质量",同仁堂的使命就是在医药领域造福全人类。作为一家企业,只有明确了企业使命,才能集中力量去做正确的事,为社会做出贡献。

(二) 企业使命的内容与界定

我们认为企业使命是为实现企业愿景和目标所必须承担的责任或义务,企业使命的确定也更加明确了企业的发展方向。企业使命的确定,可以明确企业的性质和社会责任;阐明发展方向和奋斗目标;传递价值观、企业文化;凝聚人心、增强激励等。

企业使命主要内容包括企业哲学、企业宗旨、企业形象。

1. 企业哲学

托马斯·彼得斯说过:"一个伟大的组织能够长久生存下来最主要的条件并非结构形式或管理技能,而是我们称之为信念的那种精神力量,以及这种信念对于组织的全体成员所具有的感召力。"

企业哲学是指一个企业为其经营活动或方式所确立的价值观、态度、信念和行为准则,是企业在社会活动及经营过程中起何种作用或如何起这种作用的一个抽象反映。企业哲学,是对企业全部行为的根本性指导,企业哲学是群体思维的产物,包括了企业核心团队的智慧,而不应是某一个企业家的思维。企业哲学包括了企业的理想信念、人本观、价值观、行为准则等,一般包含创新、责任、共赢等主题。企业哲学不是凭空想象出来的,是从企业的生产经营活动中提炼概括出来的,反过来又指导企业生产经营实践活动。

哲学的意义在于实践。只有清晰的企业哲学还远远不够,更重要的是要付诸实施。企业领导者需要对于企业哲学有更清楚的把握,可以将企业哲学运用到具体管理问题的分析与解决当中,这样才能真正在企业中自上而下贯彻企业哲学。

2. 企业宗旨

企业宗旨回答的是"我们的企业将成为什么样的"这个问题。该问题的提出也是为企业发展定下了基调。具体来说,企业宗旨是指企业现在和将来应从事什么样的经营活动,以及应成为什么性质的企业或组织类型。企业宗旨不仅涉及企业的具体业务和长期目标,而且也涉及企业精神、企业文化、经营理念。

企业宗旨的设定要避免两种极端情况,一种是过于狭隘,一种是过于空泛。例如一家电影厂如果将其宗旨只定义于电影制作就陷入了狭隘定义的误区。万科地产的企业宗旨为:建筑美好生活。这一宗旨体现了万科地产的生产经营活动。表1-1对比了狭隘的和合适的企业宗旨的定义。

表1-1 狭隘的和合适的企业宗旨定义的比较

| 公　　司 | 狭隘的宗旨 | 合适的宗旨 |
| --- | --- | --- |
| 化妆品公司 | 我们生产化妆品 | 我们出售希望和美丽 |
| 复印机公司 | 我们生产复印机 | 我们帮助改进办公效率 |
| 化肥厂 | 我们出售化肥 | 我们帮助提高农业生产力 |
| 石油公司 | 我们出售石油 | 我们提供能源 |
| 电影厂 | 我们生产电影 | 我们经营娱乐 |
| 空调厂 | 我们生产空调 | 我们为家庭和工作地点提供舒适的气候 |
| 旅行社 | 我们提供旅游服务 | 我们丰富休闲生活 |

资料来源:杨锡怀,《企业战略管理理论与案例》,高等教育出版社,2003年版。

如果将企业宗旨设定得过于空泛则容易使企业宗旨成为空中楼阁,难以指导企业的生产经营活动。北京全聚德将企业宗旨定为,继承弘扬民族优秀饮食文化,以繁荣和发展中华饮食为己任。这一宗旨体现了全聚德的业务范围和经营目标。

但是在不同的企业发展阶段,企业宗旨并不是一成不变的。企业宗旨不同于企业哲学,企业哲学涉及企业的价值观、信念、态度、行为准则等,所以企业哲学通常不随企业发展阶段的变化而改变。但企业宗旨会因为新技术或新资源的出现、政策法规、消费者偏好、高层管理者、竞争地位等的变化而发生改变。

3. 企业形象

企业形象是指一个企业在社会公众心目中的总体印象和综合评价,是企业内外对企业的整体感觉、印象和认知,是企业状况的综合反映。企业形象通过理念识别、视觉识别、行为识别来体现。

理念识别是企业在长期生产经营活动中所形成的文化观念和价值准则,并由此确定企业经营方向、经营思想和战略目标,包括企业哲学、企业宗旨、企业精神、企业道德等。行为识别是企业理念的行为表现,是指在理念指导下的企业员工的工作行为以及企业的各种生产经营活动。内部行为识别包括员工招聘、培训、管理、考核;各项管理制度制定和执行,企业风俗习惯等;对外行为识别包括销售、广告、金融、公益等公共关系活动。视觉识别是企业理念的视觉化,通过广告、标识、商标、品牌、产品包装等向人们传达的企业理念。

其中,理念形象是最为重要的,也是最深层次、最核心的部分,常常由它决定行为形象和视觉形象;视觉形象是最易被发觉、最外在的部分,视觉形象和行为形象都是理念形象的载体和外化;行为形象是理念形象的延伸和载体,又是视觉形象的条件和基础。一个企业一般要通过行为识别和视觉识别传达企业的核心理念,树立良好的企业形象。如果将企业形象比作一个人的话,理念形象就像是人的头脑,行为形象就像人的四肢,视觉形象则像是人的面容和体型。

4. 企业使命内容界定

企业使命内容的界定体现在客户、客户需求、技术和活动这三个方面。

(1) 客户。只有知道为哪些客户提供服务才能有针对性地进行提高优化。蒙牛乳业的使命是:强乳兴农,愿每一个中国人身心健康。这体现了蒙牛的主要客户群体就是国内消费者。

(2) 客户需求。明确目标客户群体之后还要了解客户有哪些需求,企业生产的目的就是满足客户的需要。华为公司的使命是:聚焦客户关注的挑战和压力,提供有竞争力的通信解决方案和服务,持续为客户创造最大价值。华为始终以客户的需求作为企业的使命是它取得成功的重要原因。

(3) 技术和活动。明确提供什么样的技术和服务。中石油的企业使命是:奉献能源,创造和谐。青岛啤酒的使命是:用我们的激情酿造出消费者喜好的啤酒,为生活创造快乐。

(三) 定义企业使命的考虑因素

企业最高管理层在确定企业使命时,可向股东、顾客、经销商等有关方面广泛征求意见。并且须考虑如下因素:

1. 企业的历史特征

重新明确企业使命,要考虑企业过去的使命、政策、成就和公众形象,使其具有一致性。例如上海的和平饭店是一家老牌的饭店,其经营者在规定企业使命时应当尊重其过去的历史。

2. 企业的所有者和主管当局的意图

所有者和主管当局做出决策往往是从全局的需要或合理性出发考虑的。例如瑞幸咖啡的推广的意图是为白领和高层消费者服务,那么,这种意图就确定了企业战略任务的方向。

3. 企业内外环境的发展变化

在现代市场经济当中,企业内外环境在不断变化,这种变化既会给企业造成一定的威胁,又会给企业带来一些市场机会。

4. 企业的资源优势

企业的资源状况决定了企业可以经营什么业务。企业必须扬长避短,充分发挥资源优势。如苏宁集团曾进军地产行业,但因其特长和主营业务在家电零售行业,没多久就退出了地产行业的竞争。

(四) 企业使命表述应注意的问题

1. 更加关注消费者的基本需求

我们知道如果企业宗旨的制定过于狭隘,则需要根据企业的发展需求变动频繁,这将十分不利于企业的稳定发展。在确定企业使命时也要避免类似的误区。产品和技术是会随着市场的发展而不断更新的,消费者的基本需求则可以保持相对不变,例如对于饮食的需求、娱乐的需求、自我发展的需求等。在确定企业使命时,应该更加关注消费者的基本需求。

2. 企业使命必须具有约束力

企业使命的约束力体现在生产经营中要避开短处。企业使命往往明确了企业应该做什么,但是还应指出企业不应该做什么。扬长避短才能让企业真正发挥自己的优势,集中力量做好正确的事。

3. 企业使命要具有鼓动性

好的企业使命一方面可以树立企业良好的社会形象,得到公众的认可,另一方面会使企业员工产生一种使命感、自豪感,从而更加努力地工作。有鼓动性的企业使命能够突出企业为国家、社会、人类做出的某种贡献,在公众中树立优良的形象,得到认同。如台湾宏碁的企业使命是:人人享用新鲜科技,用新鲜科技造福全人类。汇源集团的使命是:营养大众,惠及三农。

### 三、企业愿景与使命的关系

在很多企业当中企业愿景和企业使命是混淆的,企业愿景和企业使命都是对企业未来的目标和发展方向的构想和设想,都是对未来的展望、憧憬,也正是因为它们都是对未来的展望,人们经常会将这两者混为一谈。但是,如果在企业中把企业愿景和企业使命混淆,很容易造成员工对企业文化的曲解。可见,我们有必要对企业愿景和企业使命的异同点和相互之间的关系进行具体的分析和理解。

简单来说企业使命表述的是企业存在的理由;企业愿景表述的是企业发展的目标。企业愿景是企业结合了自身的长期发展方向、目标而自我设定的社会责任和义务,明确界定公司在未来社会范围里是什么样子。而企业使命是在界定了企业愿景的基础上,把企业使命具体地定义到回答企业在全社会经济领域经营活动的这个范围或层次。企业使命是企业愿景的一个方面,也就是说企业愿景包括企业使命,企业使命是企业愿景中具体说明企业经济活动和行为的理念。

### 四、企业目标

(一) 企业目标

要想制定正确的经营战略,只有明确的企业使命和企业宗旨还不够,最重要的是要将使命转化为企业目标。企业目标具体包括:资金利润率、销售利润率、资金周转率等收益性目标;销售增长率、市场占有率、利润增长率等成长性目标;自有资金比率、回避风险、盈亏平衡等安全性目标;以及产品创新、塑造产品与企业的良好形象等目标。

企业目标的作用就是将企业宗旨和企业使命具体化。企业目标是企业在一定时期内为了完成企业使命,预期所要达到的结果,具有可检验性、可接受性、可挑战性、可实现性的特征。企业目标由目的、衡量实现目的的指标、应该实现的指标、实现指标的时间表组成。

（二）企业目标的特征

企业目标具有以下特征：

(1) 层次性。企业的目标通常被看作一个目标体系。一个较大的目标,往往要分解成若干较小的、次一级的目标去完成。如图 1-1 所示,为美国一家电话公司的目标体系。

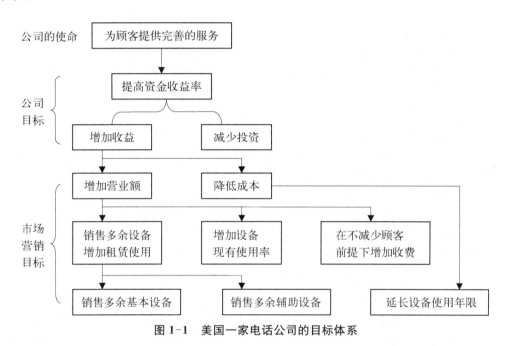

图 1-1　美国一家电话公司的目标体系

(2) 时限性。每一个具体目标要规定自己的实现期限。没有确定时间界限的目标是没有意义的。

(3) 数量性。尽可能使目标量化,易于把握和核算。当然,如果有些目标只能用定性的条件来表达,就要做好多方面的监督与把控。

(4) 可靠性。目标的选择要从实际出发,选定的目标要与企业的资源条件和市场环境相适应。

(5) 阶段性。一些长期目标完成所需的时间较长,应分阶段地提出具体要求。

(6) 协调性。指各项具体目标之间应是协调一致的,不能相互矛盾、相互抵触。例如"最大限度地增加销售额和利润"。通常情况下,企业可能通过降低价格、提高产品质量、加强广告促销等途径来增加销售额,但是当这些市场营销措施超过了一定限度,利润就很可能降低,所以,各种目标必须协调一致,否则就会失去指导作用。

(7) 社会一致性。指企业目标应当有益于增进社会整体利益,与社会经济发展目标相协调。

## 小 资 料

### 万科的企业使命和目标

中国企业从不缺"漂亮仗",也不缺"高成长",但保持10年以上的持续成长,仿佛是马拉松长跑,需要坚强的意志、长远的筹划、平和的心态和理性的节奏。王石作为万科的灵魂人物,带领万科打了一场场漂亮战役并保持企业连续20多年成长,这是那些只善于以一仗定乾坤的企业家望尘莫及的。

从战略理论的角度出发,一个企业要想获得持续快速的发展,不仅要有清晰的战略思想,还要确定企业的使命和目标。

1992年之前,万科采取的是小而全的多元化经营路线,在所涉行业中都有不俗表现。但由于资源分散,无法在某个行业形成规模优势,不但企业持续发展受到限制,抗风险能力也明显不足。1992年年底,公司管理层选择房地产为主营方向,收缩非房地产业务,历经5年的"减法"调整,万科将资源集中在房地产集团化方向发展。在经历改革后,万科提出"建筑无限生活"的企业使命和"成为房地产行业的领跑者"的战略目标。万科的企业使命和目标很好地反映了万科的核心价值观。万科的工作牌后面有个小卡片,上面印着万科的核心价值观:

(1) 客户是我们永远的伙伴;
(2) 人才是万科的资本;
(3) 阳光照亮的体制;
(4) 持续增长。

在成立万科之初,王石就是按照这个思路要求企业的,现在这些观点早已深入人心。王石在制定企业使命时,从发展企业核心价值观入手,把核心价值完美地融入企业使命,使万科虽置身纷乱商战却越走越坚定。创始人王石近年来多次公开强调,万科只做一件事,就是建房子,不盲目多元化,而向专业化和精细化迈进,深入地沟通建筑与生活。

越来越清晰的企业使命,为企业发展提供了有力的支持。万科的成功之处在于把企业使命和目标深入渗透到企业文化和团队建设等各个方面,巩固了投资者、员工、客户乃至社会对其的信任和信心。万科对企业使命的实践为万科品牌拓宽了社会人文意义的深刻内涵,这种品牌建设思路和众多全球品牌的构建策略不谋而合。万科品牌在深入沟通建筑与生活的联系,完成品牌核心价值观的确立和品牌个性的张扬之后,在企业文化的支撑下,将品牌内涵同步拓宽,关注不同阶层的居住权利,并逐步融会平等、博爱的价值观念,从而逐渐带有明显的中国特色。

在企业使命的驱动下,万科近几年开始考虑如何做更多的事情,做"企业公民",考虑如何更好地担负起保护环境的责任、更好地为社会发展做贡献、更好地发挥万科的优势。王石认为企业比个人更有尽社会责任的基础条件,所以应该更多地承担社会责任。万科在开发住宅小区时十分强调打造生态链,并非常明确地提出"建设节约、环保住宅"的要求,把万科对社会负责任的承诺落到实处。

## 第二节 企业战略管理

> **名人名言：**
> 当我们做事业的时候，要明白什么是战略，而在制定战略的时候你要明白三件事：一要明白谁是你的客户。二是你会为他们创造什么样的价值。三是如何实现并传递该价值。
>
> ——陈天桥

### 一、企业战略管理的内涵

在中国，战略一词有着悠久的历史，"战"指战斗、战争，"略"指策略、谋略、计划，春秋时期孙武的《孙子兵法》被认为是中国最早对战略进行全局筹划的著作。在西方，"strategy"一词源于希腊语，指地方行政长官或军事将领。后来演变成军事术语，指军事将领指挥军队作战的谋略。进入现代社会以来，战略一词开始被广泛运用。政治上，我国的十三五发展规划当中就借鉴了很多战略的思想；经济上，各个企业也有各自的市场战略、产品发展战略等。企业战略的确定与执行越来越成为企业竞争成败的关键因素。

企业战略的定义在学术界有很多解释，广义的企业战略包括企业的目标，狭义的企业战略不包括企业目标。本书遵从狭义的界定，认为企业战略是企业在考虑各种资源的情况下，根据企业的目标、目的制定实现这些目标、目的的方式。

### 二、企业战略管理的特点

**（一）全局性及复杂性**

企业战略管理是企业发展的蓝图，制约着企业的经营管理活动。战略的全局性表现在着眼于企业的总体发展。企业战略管理就是立足于未来，通过对国内外政治、经济、文化及行业等宏观环境的深入分析，结合自身资源优势，站在系统管理的角度，对企业的长期发展路径进行全面的规划。

企业战略管理并不是单独一个部门的谋划，而是涉及多个部门、多方面内容，这就决定了企业战略管理必然具有复杂性的特点。企业的内外部环境也是在不断变化的，企业战略管理的制定必须考虑多方面因素。

**（二）未来性及风险性**

企业战略管理的未来性体现在，战略制定要着眼于企业的长远发展，并追求短期效率和长期效能的统一和协调。一般来说，因为企业规模大小的不同，战略的年限也不同，通常是三年到五年以上。未来性有时也被称为长远性，企业战略管理考虑的是企业未来长远发展的问题。

企业发展过程当中蕴藏着无数的风险，企业战略管理也具有风险性。企业战略是面向未来的，就不可避免地带有不可预知性，而不可预知性就意味着风险性。这就要求企业管理者深入进行市场研究，了解行业发展趋势，设立合理的愿景和目标，合理调配人、财、物等资源，将风险降到最低。

### （三）系统性及层次性

企业战略管理作为企业和企业管理系统的一部分，所涉及的因素及其相互之间的关系是十分复杂的。所以，战略研究要考虑不同层面的战略，如网络层战略、公司层战略、业务层战略和职能层战略。

### （四）竞争性及合作性

竞争性是市场经济的特征之一，企业经营管理的目的就是要打败对手，获得竞争优势，维持企业的生存和发展。面对竞争，企业战略管理需要进行企业生产经营环境分析，明确自身的优劣势，通过选择合适的经营模式，增强企业的对抗性和战斗力，推动企业长远、健康地发展。

### （五）稳定性及动态性

企业战略管理一般是在企业成立时就设定的，在时间上有一定超前性。而在实际生产生活当中，战略需要有稳定性，不能朝令夕改，否则会使企业的经营管理发生混乱，从而给企业带来不必要的损失。同时，因为内外部环境是不断变化发展的，企业战略管理也有一定的动态性特征。企业需要对外部环境变化具有一定的敏感度，根据变化进行自身的局部战略调整，进行创新和变革，适应市场的发展。

## 三、企业战略管理的层次

现代化企业战略普遍划分为四层，分别是：网络层战略、公司层战略、业务层或事业部级战略、职能层战略。如图1-2所示，网络层战略过去往往容易被忽视，随着跨国企业和超大型企业数量的增加，网络层战略也越来越受重视。

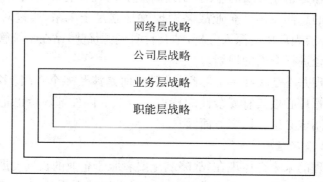

图1-2 企业战略层次

（一）网络层战略

网络层战略(Network Strategy)解决的是两个或多个大型企业联盟之间的竞争和合作的问题，涉及技术、市场等多方面的联盟，是企业中最高层的战略。网络层战略从宏观角度出发，盈利潜力非常大，但与其他战略相比风险和代价也是最大的。

（二）公司层战略

公司战略(Corporate Strategy)指企业选择什么样的行业和经营领域，在公司内部起到纲领性的作用。公司战略的研究对象是一个由一些相对独立的业务或事业单位组合成的企业整体。公司层战略通常解决三个问题：企业的发展方向、不同业务单元之间的协调机制、关键资源的开发与积蓄。

1. 企业的发展方向

企业的根本目的是赢得利润，企业的发展也总是伴随着经营领域的调整。当出现新兴领域或某一领域充满发展机会时，企业将进入该领域；当某一领域市场出现衰落下滑的趋势时，企业可能撤出该领域。企业的生产经营范围也会随着企业规模的扩张而扩大。

2. 不同业务单元之间的协调机制

一个企业有非常多不同的业务单元，不同业务单元之间的相互协作是降低生产经营成本，增强企业竞争优势的重要手段。这就要求从企业战略层次说明哪些资源可以共享，如何共享，尽可能消除内部障碍。

3. 关键资源的开发与积蓄

在一个企业中，资金、技术、人力资源、公共关系、美誉度等是企业的关键资源，企业从企业层面和业务层面分别进行开发和积蓄。从企业层面来看，一些大的企业有自己直属的科研机构，独立进行研发和推广。从业务层面来看，许多关键资源是在业务部门进行基础开发和前期积蓄的。在资源的选择、组织、协调上做出明确的规划是企业战略的一项重要任务。

（三）业务层战略

业务层战略又称事业部级战略(SUB Strategy)。由于各个业务部门的产品或功能不同，所面对的内外环境也并不相同，所以，各部门在参与运营管理中所采取的战略也是截然不同的。各运营单位根据实际情况制定的适应本部门实际情况的战略，就是业务层战略。其目的从企业外部看，主要是建立一定的竞争优势，也就是在某一特定的产品与市场领域取得成功；从企业内部看，主要是获得一定的协同效应，即统筹安排和协调企业内部的各种生产、财务、研发、营销等业务活动。

（四）职能层战略

职能层战略(Functional Strategy)是为贯彻、实施、支持公司战略与竞争战略而在企业特定的职能管理领域制定的战略。公司层战略倾向于宏观角度取向，主要由企业高层领导者订定；职能层战略主要由各个部门来进行规划。如市场部制定营销策略、人事部制定人力资源开发策略、财务部门制定投资策略等。与公司战略和竞争战略相比较，职能层战略更为详细、具体和具有实操性。实际上，职能层战略是网络层战略、公司层战略、竞争层战略与实际达成预期战略目标之间的一座"桥梁"。

### 四、企业战略管理的作用

（1）战略管理为企业确定未来方向和主营业务，有利于企业的长期稳定发展。在一家企业当中不同业务部门或员工之间的协调和配合，关乎企业的整体效率。企业通过战略管理确定发展方向和主营业务，有利于全体员工向同一方向努力，集中力量做正确的事。

（2）做好企业战略管理能够树立员工信心，增加企业的凝聚力。促使决策者从全局出发，高瞻远瞩地考虑问题，在不同境况下应当采取什么样的行动。还可以加强企业内部各部门、各层次纵向、横向的信息沟通，把企业内可能出现的冲突减少到最低，从而增强企业的凝聚力。

（3）战略管理能够提高企业的市场应变能力，使企业处于主动和优势地位。一个好的战略，可以减轻甚至消除出乎预料的市场波动或事件对企业造成的损失，避免可能出现的大的混乱。增强企业的预见性和应变能力，有利于企业的长期稳定发展。

（4）企业战略管理可以促进企业核心竞争能力的提升，不断开拓市场。制定企业管理战略是协调企业内部各种活动的总体指导思想和基本手段。明确的企业战略可以在企业内部形成共同的思想，减少盲目性，有利于充分、全面、合理地利用企业内部的人、财、物等资源，从而使企业目标达到最大化。

总之，在当代社会，企业的成功与否不在于其规模大小，也不是决定于一时的运气和一时的环境优劣，不完全由市场所左右，而是从根本上取决于企业经营战略正确与否。现代企业已进入了没有经营战略就没有企业经营的时代。西方企业家称当今时代为"战略制胜"的时代。无数企业营销实践都有力地证明了这一点。

### 五、企业战略管理的任务

著名战略管理学家汤姆森·斯迪克兰德认为，战略管理的过程主要是指战略制定和战略实施的过程，其中主要包括五项相互联系的管理任务：制定战略愿景和业务使命、设立目标体系、制定战略完成目标、战略实施和执行、业绩评估与战略发展调整。通过这五项管理任务的实施，可以使企业战略更加清楚明晰，员工更加具有目标感。

#### （一）制定战略愿景和业务使命

战略愿景和业务使命指明了公司的战略展望，也为公司提出一个长久的发展方向，清晰地描绘公司竭尽全力所要进入的事业，使整个组织产生一种认同感和目标感。

"在未来，公司竭尽全力要成为一个什么样的公司？""公司要在市场上占据什么样的地位？"这些问题可以在战略愿景当中得到回答。而业务使命则更多关注"我们现在的业务是什么？"，较少涉及"我们往后的业务是什么？"某些情况下企业的业务使命阐明了其前进方向和未来的业务范围，那么它的战略展望和业务使命就合而为一了。

#### （二）设立目标体系

建立目标体系，将公司的战略展望转换成公司要达到的具体业绩标准。公司业绩目标的建立需要管理者尽可能地在目标体系中体现公司的愿景和使命，并且需要企业中所有管理者的参与。总目标需要分解为公司层目标、事业部目标和各职能部门的目标。例如,公司层目标为"使成本下降5％",人事部就应根据公司层目标削减人力成本,生产部适当降低原料成本等。目标体系的作用就是把公司的战略分解为各项目标,在目标实施的过程中要注意其在总体战略当中所起到的作用。

由此可见,部门之间的相互支援和配合在企业战略当中是十分重要的。只有对各层次目标进行横向和纵向的整合,加强沟通和协调,才能让部门之间密切配合,发挥出整体的力量。

(三) 制定战略完成目标

制定战略完成目标,也就是设定达到期望的效果。制定战略最主要的作用就是为公司的经营管理提供一个明确的指导,获取最具有竞争优势的经营途径,对目标的达成、顾客的要求形成明确的策略计划。公司战略也使得公司各个职能部门作出的决策和行动协调一致,形成一个完整的战略。

(四) 战略实施和执行

战略实施的特点是以行动为导向的。企业战略的实施是企业利用其内外部资源,运用目标体系实现其所制定的战略的过程。战略实施就是将战略付诸实施的过程,既复杂又耗时。尤其当组织内部发生变革时,公司管理层必须严格监管战略实施的各个细节,帮助组织将目标转化为结果。

战略执行是一个管理实践的过程,即监督战略的持续性进展,使战略发挥作用,提高公司的执行能力,在达到预定目标的过程中使可测量的进展情况体现出来。战略执行也是一个协调的过程,具体包括协调战略与组织能力之间的关系、战略与奖惩制度之间的关系、战略与内部支持体系之间的关系、战略与组织文化之间的关系。

(五) 业绩评估与战略发展调整

业绩评估与战略发展调整主要是评价公司的经营业绩,采取完整性措施,参照实际的经营实施、变化的经营环境、新的思维和机会,调整公司的战略展望、公司的长期发展方向、公司的目标体系、公司的战略及公司战略的执行。战略的调整可能会回到之间任何一个战略任务,当评估过程中发现重大偏差时,也可能重新进行任务的实施和执行。

回顾上述五项任务,不难发现,制定战略愿景和业务使命、设立目标体系、制定战略完成目标、战略实施和执行、业绩评估与战略发展调整是一个整体,缺少任何一个部分,企业战略都是不完整的。

## 第三节 企业战略管理的过程

**名人名言:**
战略不等于结果,战略制定了以后,结果还很遥远,还有很长的路要走。

——马云

## 一、企业战略管理过程

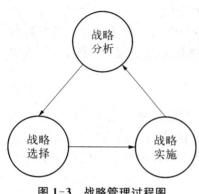

图 1-3　战略管理过程图

战略管理是一个企业制定和实施未来发展方向决策的动态管理过程。战略管理的过程包含了三个关键阶段：战略分析、战略选择、战略实施。要想取得战略管理的成功，必须将战略管理看作一个完整的过程，哪一个要素都不可缺失。没有战略分析，绝对不可能形成一个好的战略；缺失了战略选择，会使企业陷入一团乱麻；忽视了战略实施，战略管理就成了纸上谈兵。

战略分析、战略选择、战略实施之间的关系如图 1-3 所示，不难看出，战略管理过程的 3 个环节是相互联系、循环往复、不断完善的动态过程。

### （一）战略分析

战略分析要了解企业所处的内外环境正在发生的变化，对企业的战略环境进行分析、评价，并预测未来的发展趋势，以及这些趋势可能对企业造成的影响。

企业外部环境一般包括政府—法律因素、经济因素、技术因素、社会因素以及企业所处行业中的竞争状况等。分析企业的外部环境关键是为了适时地寻找和发现有利于企业发展的机会以及对企业来说所存在的威胁，做到"知彼"，这样就可以使企业在制定和选择战略中，能够充分利用外部条件所提供的机会，同时避开对企业具有威胁的因素。

企业的内部环境是指企业本身所具备的条件和素质，它包括生产经营活动的各个方面，如生产、技术、营销、财务、研发、员工等。目的是为了发现企业所具备的优势与弱点，以便在制定和实施战略时能扬长避短、发挥优势，充分利用企业自身的各种资源。

### （二）战略选择

战略选择阶段主要涉及战略选择和战略评价，即对战略进行探索、制定以及选择。战略选择要根据战略分析阶段确定的战略目标，制定可供选择的发展战略方案；再根据一定的评价标准和资源条件，分析评价战略方案；选定方案后进行资源分配，确定战略实施的政策和计划，并分解战略目标，制定与子目标相应的策略和计划。战略选择主要包括：公司战略、竞争战略及跨国战略的选择。

### （三）战略实施

战略实施是贯彻执行既定战略规划所必需的各项活动的总称，也是战略管理过程的一个重要部分。战略实施是一个将战略转化为行动的过程，战略制定得再好，没有具体落实也只是一纸空文。实施的过程中需要借助于实施体系和具体措施来实现战略管理的目标。

战略实施具体来说包括战略实施、战略控制和战略修正。如果在实施的过程中出现了难以解决的问题，可以进行新一轮的战略规划。当发现战略实施的实际结果与预定的战略目标偏差较大时，需要采取有效措施加以修正，以保证战略目标的实现。

## 二、企业战略设计过程

企业战略设计是一个动态过程,主要包括以下步骤:定义企业的使命、设定企业目标、规划业务组合、确立企业新业务发展战略。

### (一) 定义企业的使命

企业使命,反映了企业的目的、特征和性质。明确企业使命就是要明确阐明企业的业务性质是什么,是为哪一类的消费者服务的。企业使命主要内容包括企业哲学、企业宗旨、企业形象。

企业使命的确定,可以明确企业的性质和社会责任;明确发展方向和奋斗目标;明确价值观、培育企业文化、凝聚人心、增强激励;明确经营范围、业务领域和经营政策;端正经营态度,防止经营危机;充分展示企业形象,提高企业的亲和力和知名度、美誉度。

### (二) 设定企业目标

企业使命一经确定,就应当具体化为企业目标。企业目标,是企业未来一定时期内所要达到的一系列具体目标的总称。具体包括:资金利润率、销售利润率、资金周转率等收益性目标;销售增长率、市场占有率、利润增长率等成长性目标;自有资金比率、回避风险、盈亏平衡等安全性目标;以及产品创新、塑造产品与企业的良好形象等目标。

### (三) 规划业务组合

企业的资金总是有限的,为了以有限资金实现企业目标,在制定企业战略计划时,就必须对各项产品业务进行分析、评价,确认哪些应当发展,哪些应当维持,哪些应当淘汰,并做出相应投资安排。这一过程就是规划业务组合,其目的是合理使用资金,确保投资效益。

1. 业务组合规划步骤

企业管理者制定业务组合的过程主要有以下两个步骤:

(1) 要把所有的业务单位分成若干"战略业务单位"。每个"战略业务单位"都是单独的业务单位或一组相关的业务单位,能独立计划、考虑其营销活动,掌握一定的资源,也有相应的管理班子。一个战略业务单位可能包括一个或几个部门,或者是某部门的某类产品,或者是某种产品或品牌。

(2) 确定资源投入战略。对各个战略业务单位的经济效益加以分析、评价,以便确定哪些单位应当发展、维持、减少或淘汰。

2. 业务组合规划方法

西方学者提出了一些对企业的战略业务单位加以分类和评价的方法,其中最著名的是美国波士顿咨询集团的方法和通用电气公司的方法。

(1) 波士顿矩阵。

波士顿咨询公司(Boston Consulting)是美国一流的管理咨询企业。它建议用"市场增长率—市场占有率矩阵"来对公司战略业务单位加以分类和评价(如图1-4所示)。波士顿矩阵的优点是简单明了,可以使企业在资源有限的情况下,合理安排产品系列组合,收获或放弃萎缩产品,加大在更有发展前景的产品上的投资。

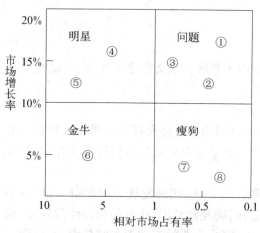

图1-4 市场增长率-市场占有率矩阵图

矩阵中,纵坐标代表市场增长率,以市场销售额增长来计算,一般以年为单位。假设以10%为分界线,则高于10%为高增长率,低于10%为低增长率。横坐标为相对市场占有率,表示各业务单位与其最大竞争对手在市场占有率方面的比率。企业某业务单位相对市场占有率为0.4,则说明它的市场占有率是最大竞争对手的40%;相对市场占有率为2,说明其市场占有率是最大竞争对手的两倍。假设以1为分界线,则大于1为高相对市场占有率,小于1为低相对市场占有率。

矩阵图中的圆圈,代表企业所有的战略业务单位。圆圈的位置表示各单位在市场增长率以及相对市场占有率方面的现状。圆圈的大小表示各单位销售额的大小。该矩阵有四个象限,业务单位因而可划分为四种不同类型:

问题(图中1、2、3号业务单位)矩阵代表市场增长率高,相对市场占有率低的业务单位。大多数经营单位最初都处于这一象限。这一类业务单位需较多的资金投入,有可能通过提高相对市场占有率而成为明星类。但它前途未卜,如不能提高相对市场占有率,且不能维持原来的高市场增长率,便会成为瘦狗类单位。一个企业的问题类单位不宜太多。

明星(如图4、5号业务单位)矩阵的市场增长率和相对市场占有率都高。明星型业务是由问题型业务继续投资发展起来的,可以视为高速成长市场中的领导者,成为公司未来的现金牛业务。这类单位需要大量投资,以维持市场地位、击退竞争者。这类产品短期内未必能给企业带来可观的收益,但它会成为企业未来的"财源"。如果一个企业没有明星类单位,则是危险的。

金牛(如图6号业务单位)也称为现金牛类,是指可以为企业提供大量现金的"现金牛"或"摇钱树"。这里借用了股票市场上价格趋升的"牛市"的喻义,简称"金牛",处在这个领域中的产品产生大量的现金,但未来的增长前景是有限的。明星类单位的市场增长率降到10%以下,但有较高的相对市场占有率,便成为"金牛类"单位。由于市场增长率降低,不再需要大量资金投入,又由于相对市场占有率较高,这些业务单位可以产生较高的收益,可以支援其他各类单位。但不可"竭泽而渔",否则"金牛"就会日趋瘦弱。本例中的企业只有一个金牛类单位,说明其财务状况比较脆弱。

瘦狗(图中7、8号业务单位)存在的原因更多的是由于感情因素,虽然一直微利经营,但像养了多年的狗一样不忍放弃。其实,瘦狗型业务通常要占用很多资源,如资金、管理部门的时间等,这类单位市场增长率和相对市场占有率都低,是微利、保本、甚至亏本的业务单位,留在企业多数时候是得不偿失的。

战略业务单位分类以后,企业应评价其业务组合是否恰当,以便采取相应的战略。

一般来说,相对市场占有率越高,这个单位的盈利能力就越强。另一方面,市场增长率越高,经营单位的投资需求也越大,因为它需要发展和巩固市场地位。所以,一个企业的瘦狗和问题类单位不宜太多,明星类和金牛类单位不宜太少。同时各单位所处的情况也会变化,最初的"问题",提高相对市场占有率后会成为"明星"。"瘦狗"经营得法,也可能转化为"问题"或"金牛"。企业要从总体角度规划资金投入的数量和比例。

在这方面可供选择的战略有四种:发展、维持、收割、放弃。

发展以提高业务单位的相对市场占有率为目标,有时甚至放弃短期收益。特别适用于"问题"类单位,通过增加投入,使其尽快成为"明星"类单位。

维持以维持业务单位的相对市场占有率为目标。适用于"金牛"类单位,尤其是较大的"金牛"。其正处于成熟时期,维持更长时间,会提供更多的收益。

收割以获取短期效益为目标,不顾长期效益。特别适用于弱小的"金牛"单位,因为其很快就会由成熟期转入衰退期。要趁其在市场上仍有一定地位时尽可能从它们身上获取更多的现金收入。这类战略也适用于下一步计划放弃的"问题"类和"瘦狗"单位。具体方法包括减少投资、降低质量、减少促销费用、提高价格等。

放弃是指清理和撤销某些业务,减轻负担,以便将有限的资源用于效益较高的业务,适用于无利可图的瘦狗类和问题类业务。一个公司必须对其业务加以调整,以使其投资组合趋于合理。

(2)通用公司战略模式。

通用电气公司(General Electricity)的方法较波士顿咨询公司模式有所发展。它运用"多因素投资组合矩阵"对各业务单位加以分类和评价,如图1-5所示。

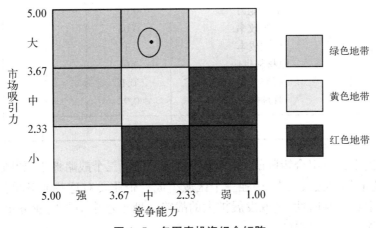

图1-5 多因素投资组合矩阵

矩阵中,横坐标代表企业竞争能力,分为强、中、弱。纵坐标代表市场吸引力,分为大、中、小。构成了九个区域。

依据这种方法,对每个战略业务单位,都从市场吸引力和竞争能力两个方面进行评估。如表1-2所示,市场吸引力取决于市场大小、年市场增长率、历史利润率等一系列因素。竞争能力由该单位的市场占有率、产品质量、分销能力等一系列因素决定。对每个因素,分别依其等级打分(1—5分),并依据权数计算其加权值。将加权值累计起来,得出该单位的市场吸引力及竞争能力总分。表中,该单位市场吸引力总分3.7,竞争能力总分3.4。这样,可在坐标中找出该单位的位置,即图中的圆圈。

表1-2　某业务单位市场吸引力和竞争能力评分

| | | 权　数 | 评分(1—5) | 加权值 |
|---|---|---|---|---|
| 市场吸引力 | 市场大小 | 0.2 | 4 | 0.8 |
| | 市场年增长率 | 0.2 | 5 | 1.0 |
| | 历史利润率 | 0.15 | 4 | 0.6 |
| | 竞争强度 | 0.15 | 2 | 0.3 |
| | 技术要求 | 0.15 | 4 | 0.6 |
| | 对付通货膨胀能力 | 0.05 | 3 | 0.15 |
| | 能源要求 | 0.05 | 2 | 0.10 |
| | 环境的影响 | 0.05 | 3 | 0.15 |
| | 社会政治、法律 | 可以接受 | | |
| | | 1 | | 3.7 |
| 竞争能力 | 市场占有率 | 0.1 | 4 | 0.4 |
| | 股票增值 | 1.15 | 2 | 0.3 |
| | 产品质量 | 0.1 | 4 | 0.4 |
| | 品牌声誉 | 0.1 | 5 | 0.5 |
| | 销售网点 | 0.05 | 4 | 0.2 |
| | 促销效果 | 0.05 | 3 | 0.15 |
| | 生产能力 | 0.05 | 3 | 0.15 |
| | 生产效率 | 0.05 | 2 | 0.1 |
| | 单位成本 | 0.15 | 3 | 0.45 |
| | 原材料供应 | 0.05 | 5 | 0.25 |
| | 研究开发 | 0.1 | 3 | 0.3 |
| | 管理能力 | 0.05 | 4 | 0.2 |
| | | 1 | | 3.4 |

前述多因素投资组合矩阵的九个区域,组成了以下三个战略地带(如图1-5所示)。

"绿色地带"由大强、大中、中强三个区域组成。企业要对这些业务单位"开绿灯",在资源投入上具有倾向性,采取发展扩大的战略。处于这个地带的业务单位的市场吸引力和竞争能力也是最强的。

"黄色地带"由小强、中中、大弱三个区域组成。一般来说,企业对这类业务单位要"开黄灯",即采取维持原投入水平和市场占有率的战略。处于这个地带的业务单位的市场吸引力和竞争能力并不是很强,处于中间地位。

"红色地带"由小弱、小中、中弱三个区域组成。企业对这类业务单位要"开红灯",采用收割或放弃战略。处于这个地带的业务单位的市场吸引力较小,与行业对手相比竞争能力偏弱。

**（四）确立企业新业务发展战略**

从企业发展的角度来看，任何成功的企业都离不开新业务的发展，因为从本质上说只有不断进行新业务发展，才能不断扩大企业规模，使企业从竞争力弱小的小企业发展成为实力雄厚的大企业。

企业新业务发展战略思路如何确立呢？首先，在现有业务范围内，寻找进一步发展的机会。其次，分析从事某些与目前业务有关的新业务的可能性。最后，考虑开发虽然与目前业务无关，但具有较强吸引力的新业务。这样，就形成了密集性发展、一体化发展、多角化发展三种新业务发展战略。新业务发展方法，我们将在第三章第三节中详细阐述。

## 第四节 企业战略管理的理论演化

> **名人名言：**
> 明天的战略必须建立在昨天的教训上。
> ——鲍德温

### 一、经典战略管理理论

经典战略管理理论于20世纪六十年代提出，是最早出现的战略管理理论，经典战略管理理论更加关注企业战略适应外部环境的重要性。1962年，钱德勒的《战略与结构》一书出版，首开企业战略问题研究之先河。在这部著作中，钱德勒分析了环境、战略和组织结构之间的相互关系。他认为，企业经营战略应当适应环境的变化，满足市场的需要；而组织结构又必须适应企业战略，随着战略变化而变化。因此，他被公认为是研究环境—战略—结构之间关系的第一位管理学家。

其后，就战略构造问题的研究，形成了两个学派："设计学派"（Design School）和"计划学派"（Planning School）。

**（一）设计学派**

安德鲁斯是设计学派的代表人物，他提出战略的四种构成要素：市场机会、公司实力、个人价值观和渴望、社会责任，这种观点考虑到了企业的内外部环境对战略制定的影响。其中，公司实力与个人价值观和渴望可以归为企业内部因素，市场机会和社会责任可以归为外部因素。

设计学派认为，企业战略的形成是一个需要精心设计的过程，它既不是一个直觉思维的过程，也不是一个规范分析的过程，战略应当简明、清晰，易于理解和贯彻。企业高层管理者是战略的设计师，对战略的形成负责。除此之外，设计学派还认为，分析企业的优势和劣势、机会与威胁是制定战略的基础；战略是根据自身条件与外界机会设计出来的；战略制定的模式应当具有创造性、灵活性。

（二）计划学派

计划学派的兴起大约在20世纪60年代后期，比设计学派稍晚。计划学派以安索夫为杰出代表，他于1965年出版《企业战略》一书，堪称经典。安索夫提出，战略包括四个构成要素：产品与市场范围、增长向量、协同效果、竞争优势。产品与市场范围，就是确定企业的目标市场，明确企业产品在其中的地位；增长向量，即企业经营的方向和趋势；协同效果，就是使公司各部分的资源联合起来，所产生的回报效果大于各部分资源独立创造的总和；竞争优势，是指企业具备的不同于竞争对手的，能够为企业在竞争中获得优势地位的特殊因素。从战略要素的内容不难看出，设计学派和计划学派都将市场环境、定位和内部资源能力视为战略的出发点。

计划学派还认为：战略制定应是有控制、有意识的计划过程；企业最高层对计划的全过程负责，具体制定和实施计划的人员承担实施的责任；通过目标—项目—预算来分解和落实所制定的战略计划。

计划学派追求的是战略决策过程的正规化、条理化。不同于计划学派松散的战略形成框架，计划学派强调精心设计战略步骤，考虑多方面因素。

（三）经典管理战略的理论不足

以环境为基点的经典战略理论存在以下不足之处。

首先，该理论缺少对企业将投入竞争的一个或几个产业进行分析与选择。从现代的产业市场出发，企业所需要适应的环境其实是已结构化的产业市场环境。这将导致企业所追求的生存和发展空间十分有限，并且企业只是被动地适应环境、追随领先者，容易忽视企业的主动性。

其次，该理论缺乏对企业内在环境的考虑。它只是从企业的外部环境来考察企业战略问题，忽视了内在因素的重要性。

## 二、竞争战略理论

学习了经典战略理论之后我们发现，经典战略理论虽然开始重视环境因素对企业的影响，但忽视了对企业竞争环境进行分析和选择。以市场结构分析为基础的竞争战略理论一定程度上弥补了这一不足。美国著名战略管理学家迈克尔·波特将产业组织理论中结构—行为—绩效这一分析范式引入企业战略管理研究之中，提出了以市场结构分析为基础的竞争战略理论。

迈克尔·波特在其经典著作《竞争战略》中提出了行业结构分析模型，也称"波特五力模型"。他认为决定企业获利能力的首要因素是"产业吸引力"，企业在拟定竞争战略时，必须深入了解决定产业吸引力的竞争法则。具体表现为五种竞争力：行业现有的竞争状况、供应商的议价能力、客户的议价能力、替代产品或服务的威胁、新进入者的威胁。

（一）行业现有的竞争状况

供方主要通过其提高投入要素价格与降低单位价值质量的能力，来影响行业中现有企业的盈利能力与产品竞争力。

（二）供应商的议价能力

购买者主要通过其压价能力与要求提供较高的产品或服务质量的能力，来影响行业中现有企业的盈利能力。

（三）客户的议价能力

新进入者进入行业，就会与现有企业发生原材料与市场份额的竞争，降低现有企业的盈利能力。

（四）替代产品或服务的威胁

两个生产的产品是互为替代品的企业，为了赢得消费者的青睐从而会产生相互竞争的行为。

（五）新进入者的威胁

现有企业的目标都在于使得自身获得相对于竞争对手的优势，所以冲突与对抗就构成了。

这五大竞争驱动力，决定了企业的盈利能力，并指出公司战略的核心应在于选择正确的行业，以及行业中最具有吸引力的竞争位置。

竞争战略就是一个企业在同一使用价值的竞争上采取进攻或防守行为。例如，当企业用降价的行为来获得竞争优势时也将损害自己，形成负效应。如果竞争者也采取降价的方式就进入恶性循环。波特认为正确的竞争战略有：总成本领先战略（overall cost leadership）、差异化战略（differentiation）、集中化战略（focus）。

总成本领先战略就是通过降低商品价格，维持竞争优势。这就要求必须对成本进行严格把控，尽可能将降低费用的指标落实在每个人身上，处于低成本地位的公司往往可以获得高于产业平均水平的利润。差异化战略是公司提供的产品或服务别具一格，在功能、款式或其他方面有突出优势。客户可能因为这一突出优势而对品牌产生忠诚，最终使企业处于竞争优势地位。集中化战略是主攻某个特定的客户群、某产品系列的一个细分区段或某一个地区市场。集中化战略是围绕更好地为某一特殊目标服务这一中心建立的，它所开发推行的每一项战略方针都要充分考虑目标群体的关注焦点。

## 三、核心竞争力理论

20世纪90年代以来，随着世界的发展变化、市场环境的动荡、全球化的逐渐深入，美国著名管理学者加里·哈默尔和普拉哈拉德提出核心竞争力理论。该理论认为，企业的成功已不再仅仅归功于偶然的产品开发或灵机一动的市场战略，而是企业核心竞争力的外在表现。培养和发展企业的核心竞争力是企业经营战略的关键，企业核心竞争力有四项识别标准：价值性、稀缺性、不可替代性、难以模仿性。只有当资源、知识、能力同时符合这四项特征时才可能形成核心竞争力，形成持续的企业竞争优势。企业在构建核心竞争力的时候，要从以下8个方面考虑：规范化管理、资源竞争分析、竞争对手分析、市场竞争分析、无差异竞争、差异化竞争、标杆竞争、人力资源竞争。从这8个方面考虑之后，企业必须将竞争力最后凝聚在一个点上，最终形成自己的核心竞争力。

例如，华为的核心竞争力在于对技术研发的投入。华为在自主研发基础上，通过兼并、收购等方式，掌握很多前沿技术和重点业务。2004年，华为与西门子成立合资企业，针对中国市场开发TDSCDMA移动通信技术。2007年，华为通过其在香港的全资子公司收购3.com公司的股份。对技术和研发的持续投入使华为能够不断进行技术创新，提高产品质量和竞争力。

### 小 资 料

#### 海尔战略思想的演进

1984年，担任青岛市家电公司副经理的张瑞敏出任由两个濒临倒闭的集体小厂合并成立的青岛电冰箱总厂的厂长，张瑞敏分析市场形势后发现，尽管市场上中国自己的冰箱品牌不少，但并没有真正意义上的"名牌冰箱"，名牌几乎是洋货的代名词。于是张瑞敏果断地提出，"要么不干，要干就要争第一，创名牌"。"名牌战略"成了贯穿海尔整个发展之路的核心战略。名牌战略的核心是产品的高质量。在商品经济中，"高质量"的内涵远远不限于符合工厂或国家规定的标准，而是适应市场的需求并利用高科技来创造市场、引导消费。以砸毁76台不合格的电冰箱让全厂职工悟出了一个简单又深刻的道理：质量是企业的生命。从此"质量高于利润"成了海尔贯彻"名牌战略"而采取的经营理念和战略思想。海尔得到了迅速的发展。

20世纪90年代中后期，大量高质量、高科技的外国家电产品涌入中国市场；而为迎接挑战，中国的家电企业也纷纷开始重视质量和技术。面对家电企业这种全面而激烈的竞争，张瑞敏意识到公司已经到了一个临界点：一向以质量和技术见长的海尔必须设定一个新的发展战略，如果没有这种变化，海尔在二次创业中的持续发展将难以形成。

为此，海尔派出了多支考察队，对国内外先进企业进行考察访问，并对国内外经济市场也作了整体研究。结论是：在未来的市场竞争中，占有市场份额的多少将成为决定企业命运的关键，而企业服务水平的高低和产品的不断创新又在很大程度上决定了其产品所能占有的市场份额。

"消费-服务-生产"这一结构已成为当今世界先进经营秩序的基本框架，服务在其中起着沟通消费与生产的中介作用。因此，海尔决策层提出了"服务重于利润"的战略思想，并据此制定了二次创业的核心目标：以开展星级服务成为中国家电第一品牌为中心，以市场份额的不断扩大和产品的不断创新为重点，在2000年把海尔建设成为国际化的企业和跨国集团公司。

资料来源：https://wenku.baidu.com/view/d704917f27284b73f2425035.html

## 本 章 小 节

企业愿景是管理者对一个企业发展前景和方向的概括性描述，包含了企业未来的使命、目标和核心价值。企业使命具体地定义了企业在全社会经济领域中经营活动的范围和层次。

企业战略可以简单地理解为企业为了实现预定目标,以求自身发展而设计的行动纲领或方案,它涉及企业发展中带有全局性、长远性和根本性的问题。企业战略管理具有全局性及复杂性、未来性及风险性、系统性及层次性、竞争性及合作性、稳定性及动态性的特点。现代企业管理战略一般划分为四层,分别是:网络层战略、公司层战略、业务层或事业部级战略、职能层战略。

战略管理是一个企业制定和实施未来发展方向决策的动态管理过程。战略管理的过程包含了三个关键阶段:战略分析、战略选择、战略实施。企业战略设计是一个动态过程,主要包括定义企业的使命、设定企业目标、规划业务组合、确立企业新业务发展战略。

企业战略管理的理论演化经历了从经典战略管理理论到竞争战略理论再到核心竞争力理论的发展历程。

# 思 考 题

1. 什么是企业愿景?如何理解企业愿景、企业使命、企业目标三者之间的关系?
2. 什么是企业战略?具有哪些特点?
3. 企业战略有哪几个层次?
4. 如何设计适合企业的战略?
5. 简述企业战略管理的理论演化过程。

# 案 例 分 析

## 阿里巴巴,使命的革命

企业的使命、愿景等核心理念能不能变?如何变?这是企业经理人常常会听到的提问之一。对这样的命题,马云在过去相当长的时间里也是十分纠结的。

关于使命,2015年10月30日,在接受媒体专访时,马云强调:"这么多年我们的使命没变,还是让天下没有难做的生意。"可是,也就是在短短八个月之后,马云的说法变了。2016年6月14日上午,马云携全体高管亮相阿里投资者大会,面对与会的200多位全球投资者和分析师,马云慷慨激昂地发表演讲。谈到公司定位,他说:"我们有全球最大的零售平台,但我们不是零售公司,我们是一家数据公司。沃尔玛为了销售所以产生数据;但我们是为了数据才做电商、做物流。这和沃尔玛是不同的。"谈到使命,他说:"人们觉得我们无处不在,其实不是,我们专注在 double H(Health & Happy)。一个公司如何基业长青,如何永葆活力,我请教了很多人,我找到了答案,你必须解决社会问题,你解决越多的问题,你就有越大的发展。这就是阿里巴巴的使命,我们致力于解决社会问题。我们在想10年后,什么会成为社会的问题,所以我们专注于 double H,健康和快乐。"

"专注于健康和快乐,致力于解决社会问题"是马云对阿里使命的最新诠释。阿里内部人士强调,"专注于健康和快乐,致力于解决社会问题"与"让天下没有难做的生意"

没有根本性的冲突，两者的背后都是一种利他的精神。

即便如此，两者也是有着显著差异的。

一方面，与"让天下没有难做的生意"着重强调基本商业价值、服务中间厂商不同，"专注于健康和快乐，致力于解决社会问题"的使命追求直指终极消费者，更注重社会责任的担当，更贴近商业的本质和使命。另一方面，"专注于健康和快乐，致力于解决社会问题"的使命与阿里巴巴近年来频繁的产业扩张与商业布局的思路有着更真实的契合。事实上，在阿里巴巴，悄然改变的不仅是使命，还有愿景：

"我们旨在构建未来的商务生态系统。我们的愿景是让客户相会、工作和生活在阿里巴巴，并持续发展最少102年。"而在此之前，阿里巴巴的使命是："做分享数据的第一平台，幸福指数最高的企业，我们要活102年。"

资料来源：https://www.ximalaya.com/shangye/327035/

## 讨 论 题

谈谈你对阿里巴巴企业使命和企业愿景变化的看法。

# 第二篇　企业战略分析

■ 第二章　企业战略分析

# 第二章 企业战略分析

## 学习要点

- 了解企业战略信息的类型和来源
- 掌握企业宏观环境分析的方法
- 掌握企业战略中观环境分析方法
- 理解企业内部环境分析的内容
- 掌握SWOT分析方法和战略原则

> **名人名言**
> 管理最重要的是建班子、定战略、带队伍。
> ——柳传志

战略分析首先要了解企业所处的环境,不仅要对企业内部进行定位、分析,还要充分考虑企业外部经济、文化等诸多因素。企业的任何战略都不能只凭感觉、凭经验,一拍脑袋就想出来,而是应该在对企业环境充分了解的情况下深思熟虑的结果。

## 第一节 企业战略环境概述

> **名人名言**
> 战略上要蔑视敌人,战术上要重视敌人。
> ——毛泽东

在现代市场竞争条件下,任何一个组织的生存和发展都不是孤立的,离不开其所在环境的影响。企业战略环境分析是指对企业所处的内外部竞争环境加以分析,以发现企业的核心竞争力,明确企业的发展方向、途径和手段。企业战略环境包括宏观环境和中观环境。战略环境管理与日常管理的一个重要区别,就在于战略环境管理更加关注内外部的环境变量对企业生存和发展的影响,希望通过对环境变化的分析来发现企业发展当中新的发展机会,并且避免环境变化可能带来的威胁。

## 一、企业战略环境中的信息类型

战略环境分析中对企业有价值的各种信息统称为战略信息。大体上可以归为以下四类：

（一）社会、政府方面的信息

包括政府的有关发展规划、预算、税收政策、货币政策、价格政策、产业政策、汇率政策，以及国民生产总值增长率等。

（二）科学技术方面的信息

包括许可证、专利、工艺创新、新材料、新产品、技术协作等。

（三）市场方面的信息

包括市场上产品的当前需求和潜在需求，竞争对手的市场占有率和变化，消费者的消费行为和消费趋向，人口、年龄结构及消费特点，地区消费特点，恩格尔系数等。

（四）企业内部的信息

包括企业自身所独有的资源、特定方面的能力、在市场中的竞争优势等。

## 二、企业战略环境分析中的信息来源

企业战略环境分析中的信息来源主要分为两个方面，一个是来自企业外部，一个是来自企业内部。

（一）企业外部的信息来源

市场、消费者、批发商、代理商、竞争者、专家学者、电影、电视、广告、新闻广播、报纸杂志、专业书籍、学术报告、信息库、展览会、展销会等。

（二）企业内部的信息来源

售货员、普通员工、信息交流、企业内部资料、文件数据、档案资料、内部刊物、书信、会议和学术研讨会等。

# 第二节 企业战略宏观环境分析

> **名人名言**
>
> 立意高，才能制定出战略，才可能一步步地按照你的立意去做。立意低，只能蒙着做，做到什么样子是什么样子，做公司等于撞大运。
>
> ——柳传志

任何企业的经营管理活动都离不开一定的宏观环境条件。宏观环境条件是不断变化发展的，一方面，为企业提供了更多的市场机会；另一方面，市场的动荡也给企业带来了不确定的威胁。宏观环境因素一般可概括为四类：政治法律环境（politics）、经济环境(economy)、社会文化环境(society)、技术环境(technology)，即 PEST，对这四类环境进行分析的方法称 PEST 分析法。企业管理者必须深入分析这四个方面的宏观环境，扬长避短，趋利避害，适应变化，抓住机会，实现自己的战略目标，取得成功。

## 一、政治法律环境分析

企业的战略决策不仅仅取决于管理者的思维，还要受政治和法律环境的限制和影响。政治和法律环境是那些强制和影响社会上各种组织和个人的法律、政府机构和压力集团。这里只着重阐述以下两个方面：

### (一) 与企业有关的经济立法

企业必须了解本国和有关国家的法律和法规，才能做好国内和国际战略管理工作，否则就会受到相应的法律规制。美国等发达国家的经济立法，有些是为了保护竞争，有些是为了保护广大消费者利益，还有些是为了防止环境污染，保护社会利益。我国的经济立法尤其是涉外经济立法还不完备。近几年来，为了健全法制，加强法制，适应经济体制改革和对外开放的需要，我国陆续制定和颁布了一些经济法律和法规。例如《中华人民共和国产品质量法》《中华人民共和国食品卫生法》《中华人民共和国商标法》《中华人民共和国价格法》《中华人民共和国反不正当竞争法》《中华人民共和国广告法》《中华人民共和国消费者权益保护法》《中华人民共和国专利法》等。

### (二) 群众利益团体发展情况

群众利益团体是一种压力集团。在美国等发达国家，影响企业战略决策的群众利益团体主要是保护消费者利益的群众团体以及保护环境的群众利益团体等。这些群众团体疏通政府官员，给企业施加压力，使消费者利益和社会利益等得到保护。因此，这些国家许多公司都设立法律和公共关系部门来负责研究和处理与这些群众利益团体的关系问题。

世界各国都陆续成立了消费者联盟，它们监视企业的活动，发动群众与企业主的欺骗行为作斗争，给企业施加压力，以保护消费者利益。目前消费者运动已经成为一种强大的社会力量，企业的最高管理层作战略决策时必须认真考虑这种政治动向。

在我国，经国务院批准，中国消费者协会于 1985 年 1 月在北京成立。其任务是：宣传国家的经济(特别是有关消费方面的)方针政策；协助政府主管部门研究和制定保护消费者权益的立法；调查消费者对商品和服务的意见与要求；接受消费者对商品和服务的质量、价格、卫生、安全、规格、计量、说明、包装、商标、广告等方面的投诉。1985 年以来，中国消费者协会及相继成立的地方协会认真受理广大消费者的投诉，积极开展对商品和服务质量、价格的监督检查，并采取多种形式指导消费，千方百计地保护消费者利益，受到广大消费者的好评。1999 年，中国消费者协会的主题是"安全健康消费"。确定这样的主题，主要基于以下几点考虑：(1) 损害消费者安全健康一直是个突出问题，亟需加强对消费者安全健康的保护；(2)《消费者权益保护法》规定的消费者九项权利中，安全健康权是消费者最重要的一项权利；(3) 现实生活中人们的消费还有许多不符合安全健康的倾向，亟须加强教育和引导；(4) 党的"十五大"提出要"提高生活质量",其中最重要的是保证消费过程中的安全健康。总之,我国的消费者运动正发挥着日益重要的作用,企业制定企业战略时必须认真考虑这种动向。

## 二、经济环境分析

企业的战略不仅受人口环境影响,而且受经济环境影响。进行经济环境分析时,要着重分析以下主要经济因素。

### (一)消费者收入的变化

消费者收入包括消费者个人工资、红利、租金、退休金、馈赠等收入。消费者的购买力来自消费者收入,所以消费者收入是影响社会购买力、市场规模大小以及消费者支出多少和支出模式的一个重要的因素。

### (二)消费者支出模式的变化

消费者支出模式主要受消费者收入影响。随着消费者收入的变化,消费者支出模式也会发生相应变化。这个问题涉及"恩格尔定律"。

德国统计学家恩斯特·恩格尔于1857年根据他对英国、法国、德国、比利时许多工人家庭收支预算的调查研究,发现了关于工人家庭收入变化与各方面支出变化之间比例关系的规律性,称为恩格尔定律。后来,恩格尔的追随者们对恩格尔定律的表述加以修改。目前西方经济学对恩格尔定律的表述一般如下:

(1)随着家庭收入增加,用于购买食品的支出占家庭收入的比重(即恩格尔系数)就会下降。

(2)随着家庭收入增加,用于住宅建筑和家务经营的支出占家庭收入的比重大体不变,如燃料、照明、冷藏方面的支出等。

(3)随着家庭收入增加,用于其他方面的支出和储蓄占家庭收入的比重就会上升,如服装、交通、娱乐、卫生保健、教育的支出等。

消费者支出模式除了主要受消费者收入影响外,还受以下因素影响:

(1)家庭生命周期的阶段。有孩子与没有孩子的年轻人家庭的支出情况有所不同。当一个年轻人家庭没有孩子的时候负担较轻,往往把更多的收入用于购买电器、家具、陈设品等耐用消费品。而有孩子的家庭收支预算会发生变化。孩子幼年时支出多在育儿方面,稍大一点时用于娱乐、教育等方面的支出会较多,所以在家庭生命周期的这个阶段,家庭用于购买家庭耐用消费品的支出会减少,而用于食品、服装、文娱、教育等生活方面的支出会增加。等到孩子独立生活以后,父母就有大量可随意支配的收入,有可能把更多的收入用于医疗保健、旅游、购置奢侈品或储蓄,因此这个阶段的家庭收支预算又会发生变化。

(2)消费者家庭所在地点。所在地点不同的家庭用于住宅建筑、交通、食品等方面的支出情况也有所不同。例如,住在中心城市的消费者和住在农村的消费者相比,前者用于交通方面的支出较少,用于住宅建筑方面的支出较多;后者用于食品方面的支出较多。

### (三)消费者储蓄和信贷情况的变化

进行经济环境分析时还应看到,社会购买力、消费者支出不仅直接受消费者收入的影响,而且直接受消费者储蓄和信贷情况的影响。大多数家庭都有一些"流动资产",即货币及其他能迅速变成现款的资产,包括银行储蓄存款、债券、股票等。储蓄来源于消费者的货币收入,其最终目的还是为了消费。但是在一定时期内,储蓄多少不能不影响消费者的购买力和消费支出。在一定时期内货币收入不变的情况下,如果储蓄增加,购买力和消费支出便减少;反之,如果储蓄减少,购买力和消费支出便增加。

在现代市场经济国家,消费者不仅以其货币收入购买他们需要的商品,而且可以用贷款来购买商品。所谓消费者信贷,就是消费者凭借信用先取得商品使用权,然后按期归还贷款。消费者信贷主要有四种形式:

(1) 短期赊销。例如,消费者在某家零售商店购买商品,这家商店规定无须立即付清货款,有一定的赊销期限,如果顾客在期限内付清货款,可不付利息;如果超过期限,就要计利息。又如,消费者在某家医院看病,可以先治疗,后付医疗费。

(2) 购买住宅,分期付款。消费者购买住宅时,仅需支付一部分房款,但须以所购买的住宅作为抵押,向银行借款,以后按照借款合同的规定在若干年内分期偿还银行贷款和利息,每月还款数额和每月租别人的房屋的租金数额差不多。买主用这种方式购买房屋,有装修、改造和出售权,而且房屋的价值不受货币贬值的影响。分期付款购买住宅,实质上是一种长期储蓄。

(3) 购买昂贵的消费品,分期付款。消费者在某商店购买电冰箱、昂贵家具等耐用消费品时,通常会签订一个分期付款合同,先支付一部分货款,其余货款按计划逐月加利息分期偿还。如果顾客连续几个月不按合同付款,商店有权将原售物品收回。

(4) 信用卡信贷。顾客可凭卡到与发卡银行(公司)签订合同的任何商店、饭店、医院、航空公司等企业、单位去购买商品(包括物品和服务),钱由发卡银行(公司)先垫付给这些企业、单位,然后再向赊款人收回。信用卡购买模式大大地方便了消费者的购买行为。

## 三、社会文化环境分析

文化是相对于经济、政治而言的人类全部精神活动及其产品。人类在某种社会中生活,就必然会形成某种特定的文化,包括一定的态度和看法、价值观念、道德规范以及世代相传的风俗习惯等。文化是影响人们消费行为的一个很重要的因素。例如,每到过年的时候,我国人民都要进行大扫除,购买年货,贴上春联,举家团聚;西方人每逢12月25日前后就大量购买节日用品和各种食品、日用品、圣诞树、糖果,互送圣诞贺卡,欢度圣诞节。企业的最高管理层做战略决策时必须了解这种文化动向。

### (一) 国际战略决策必须了解和考虑各国的文化差异

不同国家的人民对事物有着各自不同的态度或看法,有各自的风俗习惯。跨国企业做国际战略决策、与外商合作时必须了解和考虑各国的文化差异。

由于东方人和西方人对事物的态度、看法有很大差异,因此,东方国家企业和西方国家企业的促销方法有所不同。例如,日本的文化是把和谐放在首位,所以日本企业的广告宣传往往突出产品的共性,而常常忽视个性;相反,西方人喜欢强调个性特点,所以西方广告公司往往突出个性。企业在国际战略工作中作产品促销决策时如果不了解东西方的文化差异,就容易导致失败。

企业管理人员与外商合作时也必须熟悉对方的风俗习惯和商业习惯。例如,和沙特阿拉伯的买主谈判,绝不可问及对方的妻子;相反,和墨西哥人洽谈生意,问候对方的夫人则是必需的礼貌。如果不了解对方的风俗习惯,就会造成误会,影响成交。

（二）战略决策还要着重调查研究亚文化群的动向

每一种社会或文化内部都包含着若干亚文化群,它由有着共同的价值观念体系所产生的共同生活经验或生活环境的人类群体所构成,如青少年、知识分子等。这些不同的人群虽然有一些世代相传的相同信念、价值观念和风俗习惯,但也各有其特点。企业的最高管理层在进行社会文化环境分析时,还要着重调查研究亚文化群的动向。

民风习俗,是社会发展中长期沿袭下来的礼节、习惯的总和。不同地域、民族都有其不同的文化背景、习俗和宗教信仰。习俗的需求影响消费行为,迎合习俗,可给企业带来许多营销机会。麦当劳在进入中国后,对产品的味道进行了改良,使其更加适合中国人的口味;河南杜康酒厂进军日本市场时,了解到日本人有喜欢龟的习俗,就把酒瓶做成龟的模样突出长寿吉祥的寓意,从而在日本市场大卖;我国以左为尊,日本以右为尊,日本汽车驾驶室方向盘在右边,我国则在左边,日本汽车企业为了使产品打入中国市场,将出口中国的汽车方向盘一律改在左边,适应了中国人的习惯,也就打开了市场。

（三）图腾文化与企业管理禁忌

图腾文化是民族文化的主要源头,它渗入战略工作的全过程,往往决定了战略活动的成败。人们认为现在世界上有三大文化体系:东方文化、西方文化和伊斯兰文化。每种文化中都闪耀着图腾文化的光辉。"图腾"是一种极其古老的东西,原义为"种族"、"家庭",代表原始社会中的一种社会体制。

图腾文化影响了一个社会的各方面,包括影响工商企业的行为,并构成企业文化的基础。图腾文化能够渗透到企业战略的全过程中,例如从产品设计、包装、商标、渠道选择、定价,直到促销手段的筛选和售后服务的配套,都要考虑能否被特定消费者群所接受,任何一个成功的战略活动必须首先能够适应特定的图腾文化环境。

## 四、技术环境分析

企业的最高管理层还要密切注意技术环境的发展变化,了解技术环境和知识经济的发展变化对企业战略的影响,以便及时采取适当的对策。

（一）新技术是一种"创造性的毁灭力量"

每一种新技术都会给某些企业造成新的市场机会,因而产生新的行业,同时,还会给旧行业的企业造成环境威胁,使旧行业受到冲击甚至被淘汰。例如,拍照手机的出现就给相机胶卷行业带来了巨大的冲击。如果企业的最高管理层具有敏锐的洞察力,及时从旧行业转入新行业,就能求得更好的发展。

（二）新技术革命有利于企业改善经营管理

第二次世界大战结束以来,现代科学技术发展迅速,一场以微电子为中心的新技术革命正在蓬勃兴起。目前大多数企业在经营管理中都使用电脑、传真机等设备,这对于改善企业经营管理、提高经营效益起了很大作用。

### (三)新技术革命会影响零售商业结构和消费者购物习惯

随着互联网的普及和发展,越来越多的商家开始重视网络渠道的开发,越来越多的消费者习惯于网上购物,新技术大大影响了零售商业结构和消费者购物习惯。不仅包括图书音像,服装,自行车等物品,而且车票、飞机票和影剧票等都可以在网上预定,极大地便利了我们的生活。

> **小 资 料**
>
> **保健品行业的 PEST 分析**
>
> 所谓保健品行业"PEST"分析是指通过对政治、经济、社会和技术四个方面的因素进行分析,来确定这些因素的变化对保健品行业发展战略管理过程的影响。
>
> 1. 从政治法律角度看,政府主管部门的更迭也带来保健品行业新变化
>
> 2003年以前,保健品标准和规定缺失且相互矛盾,如我国卫生部制定的《食品添加剂使用标准》规定食品中不允许含过氧化氢(双氧水),但某些生产规章又订有保健食品的过氧化氢残留标准。由于缺乏有关的行业管理和国家标准造成保健品行业目前假冒伪劣产品、虚假广告、价格虚高等现象严重。法规规定,保健食品不能宣传治疗作用。另一方面,保健食品中使用的中草药在药典中都有治疗作用。可是一用到保健食品里就不能宣传了,似乎治疗作用全没了。
>
> 2003年3月7日,国务院公布机构改革方案,决定成立国家食品药品监督管理局,原属卫生部管理的保健品划归食药监督局管理。从长期看,国家食品药品监督管理局接手保健品行业管理职责,有助于让保健品行业更规范、更健康地发展。
>
> 2. 从经济的角度看,市场竞争日益激烈,跨国公司成为行业领头羊
>
> 保健品市场在国内刚刚发展时,国外跨国公司一直鲜有涉足,市场被本土保健品企业牢牢占据,2003年在保健品行业陷入低潮之时,美国安利却凭借独特的销售模式异军突起,实现了年销售额3亿元的惊人业绩,尽管安利的营销模式颇有争议,但不能否认,随着跨国保健品公司进军中国的步伐加快,国内保健业面临更大的市场竞争压力。加上国内行业的竞争,市场营销模式也有进一步变化。
>
> 一是产品开始两极分化。因为竞争日益激烈,保健品呈现出明显的两极分化趋势:以功能诉求为主的产品,多用疗程、买赠促销等刺激消费者购买,这类产品价格越来越高;以营养补充为诉求的机能性食品或滋补品,价格越来越低,有成为日用保健品的趋势。二是渠道细分、直销比例增大。受传统渠道费用高涨、竞争趋向白热化的压力,保健品厂商积极探索渠道多样化,传统的药店+商超的销售渠道快速分化,保健品连锁专卖店、厂家直销店、店中店、电话销售、会务销售、展会销售直至网络销售等多种渠道形式正在加速形成。
>
> 3. 从社会文化的角度看,保健品市场起伏不定但发展势头良好
>
> 2000年开始,保健品行业连续发生负面事件,媒体连篇累牍的负面报道,让保健

企业战略管理

品行业再次陷入"信任危机",从而导致不少保健品企业崩盘,保健品迅速从巅峰跌入谷底。2001年、2002年保健品行业销售额持续下降。但是到2003年3月后,销售额回升,保健品行业销售额在短期内急速攀升,保健品行业开始复苏。

社会生活的变化促使了保健业的强劲势头。首先,我国城乡的恩格尔系数分别为5.9%和5.0%,处于温饱向小康的过渡阶段,东南沿海一些大中城市和地区已达到了中等收入国家水平,人们的消费观念、健康观念发生了较大变化,促进城乡保健品消费支出以每年15%—30%的速度快速增长。其次,人民生活方式的改变,是保健品产业发展的重要基础。随着社会竞争愈演愈烈,生活工作节奏不断加快,给人们生理和心理带来巨大冲击,处于亚健康状态的人群不断扩大。为规避亚健康带来的各种不利影响,人们求助于保健品,使保健品的开发和生产成为经济生活中的"热点"。第三,多层次的社会生活需要,为保健品产业的发展提供了广阔空间。除了在家庭和事业双重压力下的中年人逐步加入保健品消费行列之外,老年人、青少年是保健品消费的主力军。

4. 从技术的角度看,保健品行业研发、生产和销售发生了全新变化

WTO给中国保健品企业带来了世界级的竞争对手,面临日益加剧的市场竞争,所有从事保健品生产的中国企业都应该清醒地认识到,未来保健品竞争的核心必将是科技含量,加强科技投入迫在眉睫。特别是已经有一定经济实力的企业更要重视保健品的应用基础研究,努力提高新产品的科技含量和质量水平,使保健品企业向高新技术企业过渡,科技含量高的产品成为主流。

只有保健品企业不断更新技术和提高技术含量,开发出效果好、质量高、有特点的第三代保健品,使产品从低层次的价格战、广告战中走出来,转向高层次的技术战、服务战,才能缔造出我国的保健品世界品牌,才有能力进军国际市场。电子信息技术的发展,也使电子商务成为销售重要渠道。通过投入设备和资金,开设网上购物的形式来发展更多的消费人群,同时也可以利用网络进一步宣传产品,以及运用让消费者先试后买、买什么都满意的销售理念。

资料来源:https://ishare.iask.sina.com.cn/f/iVyiOxU6Xs.html

## 第三节　企业战略中观环境分析

**名人名言**

一个企业进入一个陌生领域,在制定战略时,专业知识并不重要,关键在于摸清行业基本规律。

——柳传志

中观环境是指企业所在行业的内外要素的集合,行业是按产品或劳务的同一性质划分的产业类别。要想在竞争中取得优势,仅了解宏观环境是远远不够的,企业必须对于行

业的竞争结构有着充分的认识。著名战略管理学家迈克尔·波特(Michael Porter)认为有五种力量决定了一个企业在行业中的竞争能力。这五种力量是：同行业竞争者，潜在的新参加竞争者，替代产品，购买者和供应商。企业面临的威胁如图 2-1 所示：

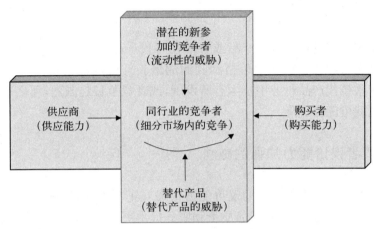

图 2-1　波特五力竞争模型

## 一、细分市场内激烈竞争的威胁

如果一个细分市场已经有了众多的、强大的或者竞争意识强烈的竞争者，那么该细分市场就会失去吸引力。如果该细分市场处于稳定或者衰退期，生产能力不断大幅度扩大，固定成本过高，撤出市场的壁垒过高，竞争者投资越大，那么情况就会越糟。这些情况常常会导致价格战、广告争夺战、新产品的推出，使公司要参与竞争就必须付出高昂的代价。

## 二、新竞争者的威胁

一个细分市场的吸引力因其进退的难易程度而有所区别。根据行业利润的观点，最有吸引力的细分市场应该是进入的壁垒高、退出的壁垒低，如图 2-2 所示：

图 2-2　壁垒和盈利能力

在这样的细分市场里，新的公司很难打入，但经营不善的公司可以安然撤退。如果细分市场进入和退出的壁垒都较高，且潜在利润诱人，那么公司所面临的风险也就更大，因为经营不善的公司难以撤退，必须坚持到底。如果细分市场进入和退出的壁垒都较低，那么公司便可以进退自如，获得的报酬虽然稳定，但不高。最坏的情况是进入细分市场的壁垒较低,而退出的壁垒却很高。于是,在经济良好时,大家蜂拥而入,但在经济萧条时,却很难退出。其结果是大家都生产能力过剩,收入下降。

### 三、替代产品的威胁

如果某个细分市场存在替代产品或者潜在替代产品,那么该细分市场就失去吸引力。替代产品会限制细分市场内价格和利润的增长。公司应密切注意产品的价格趋向。如果在这些替代产品行业中技术有所发展,或者竞争日趋激烈,那么这个细分市场的价格和利润就可能会下降。

### 四、购买者议价能力加强的威胁

如果某个细分市场中购买者的议价能力很强或正在加强,该细分市场就没有吸引力。购买者会设法压低价格,对产品质量和服务提出更高的要求,并且使竞争者互相斗争,所有这些都会使销售商的利润受到损失。如果购买者比较集中或者有组织,或者该产品在购买者的成本中占较大比重,或者产品无法实行差别化,或者顾客的转换成本较低,或者由于购买者的利益较低而对价格敏感,或者购买者能够向后实行联合,购买者的议价能力就会加强。销售商为了保护自己,可选择议价能力最弱或者转换销售能力最弱的购买者。较好的防卫方法是向实力较强的购买者提供其无法拒绝的优质产品。

### 五、供应商议价能力加强的威胁

如果公司的供应商能够提价或者降低产品和服务的质量,或减少供应数量,那么,该公司所在的细分市场就会没有吸引力。如果供应商集中或有组织,或者替代产品少,或者供应的产品是重要的投入要素,或转换成本高,或者供应商可以向前实行联合,那么,供应商的议价能力就会较强大。因此,与供应商建立良好关系和开拓多种供应渠道才是防御上策。

分析本企业的行业环境,有助于企业深入了解行业的市场规模、竞争形势、发展方向等经营环境状况,为企业投资和战略决策提供指导。

## 第四节 企业微观环境分析

> **名人名言**
>
> 　　现在的时代,战略正确之后细节决定因素,有很多细节处理不好,你的战略正确了也会失败。
>
> ——史玉柱

孙子曰：知己知彼，百战不殆；不知彼而知己，一胜一负；不知彼不知己，每战必殆。可见，企业制定战略目标及作出战略选择时，既要了解对手，也要了解自己，其中"知己"便是要分析企业的内部环境或条件，认清企业内部的优势和劣势。企业内部环境是企业战略制定的出发点、依据和条件，也是企业经营管理的基础。分析企业的内部环境是为了了解企业当前的发展状况，明确企业所具有的弱点和优势，使企业在激烈动荡的市场竞争当中充分发挥优势、利用企业资源；同时避免或改进企业的弱点。

企业的内部环境因素包括企业资源、企业能力和企业竞争优势，它们共同决定了企业在市场中的份额和地位。企业外部环境往往不可控制，内部环境就成了企业当中最灵活、最可控的变量，不少企业通过利用好内部资源、能力使其取得竞争优势，从而在市场竞争中获得一席之地。

## 一、企业资源分析

资源分析的目的是了解企业在资源上表现出来的优势和劣势，便于加以利用或调整。企业资源可以概括地分为有形资源、无形资源、人力资源三大类。

（一）有形资源

有形资源，顾名思义，是看得见摸得着、可数量化的资源，主要体现在财务资源和实物资源上。物质资源包括企业的土地、厂房、生产设备、原材料等，是企业的实物资源；财务资源是企业可以用来投资或生产的资金，包括应收账款、有价证券等。评估有形资源的战略价值时，需注意两个关键问题。首先，是否有机会可以更经济地利用财务资源、库存和固定资产，即能否用较少的有形资源获得同样或更大的产出。其次，怎样使现有的有限资源发挥更大的作用。

在不同的企业，同样的有形资产回报率也是不一样的，这取决于公司对有形资产的利用能力。同样的有形资产，在不同能力的公司中表现出不同的战略价值。有形资源一般都反映在企业的资产中。但是，由于会计核算的要求，资产负债表所记录的账面价值并不能完全代表有形资产的战略价值。

（二）无形资源

无形资源是指那些非物质性的、看不见摸不着的企业资源。在当代市场竞争中，无形资源的作用越来越受到企业的重视。无形资源通常具有不可见性和隐蔽性，植根于组织历史，伴随组织的成长而积累起来。

企业作为一种社会经济组织，在拥有有形资源的同时，也必然拥有种类繁多、不易计量与把握的无形资源。如商标权、专利权、专有技术、客户关系、企业形象、企业文化等多方面的内容，这些无形资源在企业的生产经营过程中发挥了不可或缺的作用。

（1）商标权。商标是用来辨识特定商品或劳务的标记，它是指专门在某类指定的商品或产品上使用特定的名称或图案的权利，一般包括独占使用权和禁止权两个方面。

（2）专利权。专利权指国家专利主管机关依法授予发明创造专利申请人对其发明创造在一定期限内所享有的专有权利。专利权一般包括发明专利权、实用新型专利权、外观设计专利权三个方面。

（3）专有技术。专有技术指不为外界所知，在生产经营活动中已采用了的、不享有法律保护的各种技术和经验。一般包括工业专有技术、商业贸易专有技术、管理专有技术等。

（4）企业形象。企业形象通常指社会公众对一个企业及其产品的评价、信念和态度。主要包括知名度和美誉度，是企业价值观念、管理和技术等因素的综合，是隐含在企业生产经营活动中的一种巨大的潜在力量。

（5）客户关系。客户关系通常指购买企业产品的顾客与销售、服务、制造企业在长期交往和共事中形成的相互关系，这种关系是无形的，对于企业产品销售量的提高影响巨大。

（6）企业文化。企业文化是指以企业价值观为核心的企业意识形态，包括企业价值观、企业经营理念、企业精神、企业经营方针、企业宗旨、企业规章制度、员工行为准则等。

### （三）人力资源

近年来，越来越多的企业重视对员工的人际沟通的技巧和合作共事的能力进行评估，识别出能力突出的员工，这也反映了企业对于人力资源愈加重视。人力资源主要包括组织成员向组织提供的技能、知识及推理和决策能力，这些能力也被称作人力资本。企业评价员工时，通常不仅考察他们的经验、工作业绩、资历，还要评估他们的职业习惯、态度，以及是否具有挑战未来的信心、能力和知识。

人力资源是推动企业发展的重要力量，利用好企业的人力资源就可以充分调动员工工作的积极性，提高工作效率。人力资源分析的主要内容有：

**1. 企业人力资源结构分析**

企业人力资源结构包括文化结构、专业技能结构、工种结构、自然结构等。需要对不同的结构进行全方面、多角度的分析。

**2. 企业人力资源配置状况分析**

分析企业人力资源配置状况就是对企业人力资源配置和要素运行进行有机考察，考察内容包括如下几个方面：

（1）企业中是否存在富余人员，在职成员是否各司其职。

（2）企业人力资源配置是否存在比例失调、轻重失衡的状况，各项工作的配合衔接是否顺利。

（3）企业是否能够准确把握人力资源配置的变化方向，并作出适应企业发展的人力资源战略规划。

**3. 企业战略管理者的分层分析**

企业战略管理者是企业内外部环境的分析者、企业战略的制定者、战略实施的领导者、战略实施过程的监督者和结果的评价者，包括企业战略高层管理者、中层管理者、基层管理者。企业战略管理者的分析，重点在于高层战略管理者的决策能力、创新能力、指挥能力及灵活应变能力分析；中层战略管理者的沟通协调能力及专业技能的熟悉程度分析；基层战略管理者的专业技能、组织水平、沟通能力、组织能力分析。

**4. 企业薪酬制度的分析**

薪酬包括企业工资、奖金、福利等一系列内容，分析企业的薪酬制度，需要了解员工对于薪酬制度的不同看法，分析薪酬制度的公平性、合理性和激励效果。

> 小 资 料

## 海底捞的成功之道

海底捞成立于1994年,是一家以经营川味火锅为主、融会各地火锅特色为一体的大型直营餐饮品牌火锅店,在多个城市都开有连锁门店。在总经理张勇的带领下,形成了独具特色的经营文化和模式。这种成功离不开其高质量的人力资源,更加离不开正确的人才战略。海底捞之所以能如此成功,离不开其具有前瞻性和规划性的人力资源战略。

1. 正确选择员工,降低招聘成本

在餐饮行业人员流动率一向是众多行业中非常高的,达到200%至300%都是正常情况。而海底捞从未受到人员流动的困扰。因为海底捞选择员工的渠道就和一般餐饮企业不同。海底捞推行亲情政策,就是鼓励员工内部推荐员工,安排同乡的人一块工作,使他们能更快地融入企业。很多餐饮企业因为担心同乡员工一起工作会躲在一起偷懒,所以分散同乡员工,海底捞却反其道而行之,这样同乡的员工在一起工作会更加有积极性,工作也更加有效率。同时,海底捞门店的店长全部都是从内部晋升的,这样不仅可以鼓励员工努力工作,也保证了领导层面的稳定性和忠诚度。所以,虽然海底捞的工资并不是很高,但是员工工作依然全心投入,为企业带来最大的效益。

2. 真诚对待员工,员工主动提高服务质量

在火锅店工作是非常辛苦的,可是在海底捞工作的员工每天对客人都是热情洋溢笑脸迎人,是什么让他们每天都如此开心地工作呢?秘诀在于海底捞人性化的管理。海底捞给员工的自由度很高,海底捞的一名普通员工可以决定能否给客人免单或加菜,一个店长、一个领班、一个员工,其财务决定权非常明确。如此充分的信任,让员工具有高度的主人翁意识,当然更愿意为公司服务。这种信任式授权源于张勇的人性假设论,他认为大多数人是能够道德自律的,所以滥用权力的人是少数,如果监控得法,滥用权力的人就会更少。因此授权利大于弊,因为大多数员工感受到公司的信任,工作就更积极,处理客人投诉更有效,顾客的满意度就会更高。这一套理论听起来似乎难以理解,但是却取得了非常好的效果。

海底捞给员工的福利也是非常独出心裁的,不仅向员工发工资,还会向员工的父母发工资,即每个月从员工的工资里寄几百块钱给他们的父母。这样,不仅员工感觉到贴心,他们的父母也会觉得这是个人性化的公司,当然更愿意他们的子女留在海底捞工作。海底捞为员工提供有暖气的楼房,有专门的宿舍长阿姨负责专门的宿舍管理工作;建立寄宿学校,让员工的孩子能够安心地学习;定期地家访,让员工和企业相互了解;对有杰出贡献的员工奖励全家旅游,如此种种,让员工能够安心工作,也对企业更加忠诚。对于企业高层主管,海底捞承诺,即使只在海底捞工作一天,也会在其离职的时候给予不少于八万元的安家费。这样完善和诱人的福利制度,使海底捞的员工感觉到家的温馨,所以才能处处为公司考虑。

**3. 巧用激励机制，充分挖掘员工潜力**

海底捞的店员从进店培训的第一天起，就被提供了非常大的舞台。海底捞对员工的信任度很高，但监督机制也是非常严格的，有些高压线是万万不能触碰的。企业给予员工信任，是希望员工能够把企业当成家，而不是没有底线和原则。海底捞的绩效考核只有一个标准，就是能不能干。所以大多数在海底捞工作的员工都认为海底捞比较公平。而公平感是所有企业最难解决的问题。一个企业如果不以工作好坏为唯一标准来提拔和奖励员工，就必然会设定一些其他标准，如学历、资历等，容易造成难以两全的局面。绩效考核元素越多就会越复杂，指标越多越容易失衡。海底捞简单有效的评价方法保证了较大的公平性，不仅被员工认可，同时员工也能根据自身的工作能力找到适合自己的发展方向。

资料来源：https://www.sohu.com/a/273240986_100299397

## 二、企业能力分析

能力分析是指对企业的关键性能力进行识别并进行有效性、强度特别在竞争性表现上的分析。单一的突出能力通常不能形成竞争优势。就像一支有着众多球星的足球队，如果对球星们没有有效的战略管理，就会使整个球队输掉比赛。这种管理集中体现在整个价值链中使资源不断增值，产生 1+1＞2 的效应。

（一）价值链分析法

价值链分析法是由美国哈佛商学院教授迈克尔·波特提出来的，运用系统性方法来考察企业各项活动和相互关系，从而识别评价企业能力和资源的一种方法。

迈克尔·波特认为，每一个企业的设计、生产、营销、交货及对产品起辅助作用的各种活动都可以用价值链表示出来，并且将企业所有经营管理活动分为基础性作业和支持性作业两大部分，基本活动包括内部后勤、生产经营、外部后勤、市场营销、服务；辅助活动包括企业基础设施、人力资源管理、技术开发、采购，如图 2-3 所示。

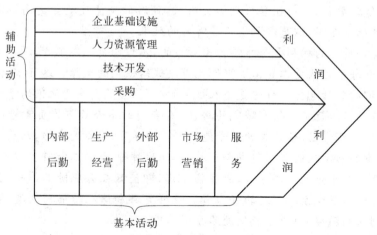

图 2-3　价值链分析法

从价值链中我们可知：

（1）企业各项活动之间都有密切联系。如原材料供应的计划性、及时性和协调性与企业的生产制造有密切的联系。

（2）各项活动都能给企业带来有形或无形的价值，如很容易被企业忽视的服务，如果企业密切注意顾客所需或做好售后服务，就可以提高企业的美誉度，从而带来无形价值。

（3）价值链不仅包括企业内部各链式活动，还包括企业外部活动，如与原材料供应商之间的关系，与顾客之间的关系。

（二）企业价值链的特点

（1）价值链分析的基础是价值，而不是成本，各种价值活动构成价值链。

（2）各种价值活动构成价值链，价值活动可分为两种活动：基本活动和辅助活动。基本活动是涉及产品的物质创造及其销售、转移给买方和售后服务的各种活动。辅助活动是辅助基本活动并通过提供外购投入、技术、人力资源以及各种公司范围的职能以相互支持。

（3）价值链列示了总价值。价值链除包括价值活动外，还包括利润，利润是总价值与从事各种价值活动的总成本之差。

（4）价值链不是孤立存在的，具有整体性。企业的价值链体现在更广泛的价值系统中。获取并保持竞争优势不仅要理解企业自身的价值链，而且也要理解企业价值链所处的价值系统。

（5）价值链具有异质性，不同的产业，价值链不同。在同一产业，不同企业的价值链也不同，这反映了它们各自的历史、战略以及实施战略的途径等方面的不同，同时也代表着企业竞争优势的一种潜在来源。

运用价值链的分析方法来确定核心竞争力，就是要求企业密切关注组织的资源和能力，要求企业特别关注和培养在价值链的关键环节上获得重要的核心竞争力，以形成和巩固企业在行业内的竞争优势。

### 三、企业竞争优势分析

不同的企业有不同的竞争优势，例如：技术优势、人才优势、创新优势、管理优势等。我们将这些优势归类会发现，所有的优势基本上可以分成两类，一类是总成本领先优势、一类是差异化优势。总成本领先优势通过有效途径，使总成本降低。差异化优势是通过提供高于同类产品的价值，并使这部分超额的价值超过其实现的成本而获得的竞争优势。

（一）成本领先优势的获取

1. 控制成本动因

成本动因又分为结构性动因、执行性动因、作业性动因三大类。结构性动因决定企业经济基础，企业成本在其具体生产经营活动展开之前就已被确定，这部分成本的影响因素即称结构性成本动因，包括经济规模、学习、生产能力利用模式等 10 种因素。执行性动因是指与企业执行作业程序相关的成本驱动因素,主要包括:凝聚力、全面质量管理、生产能力运用、产品结构、联结关系等。作业性动因是在上述成本动因既定的情况下,进行具体操作而应计入成本的因素,例如:购货作业动因是发送购货单数量。

2. 重构价值链

重构不同于改进,重构价值链可以从根本上改变企业的成本结构,使企业取得重大竞争优势。重构价值链包括三个方面:重构企业内部价值链;重构上下游价值链;价值链分解与整合。

(二) 差异化优势的获取

1. 增加独特性来源

当企业生产的产品在市场上具有独特性时,更容易在激烈的市场竞争中取得胜利。企业的独特性可以体现在多个方面,例如:采用了新型的材料、新颖的外观设计、完善的售后保障、过硬的商品质量等。海尔公司在成立之初只是一个几十人的小企业,在董事长张瑞敏的带领下全体员工严把质量关,使海尔以优秀的产品质量享誉全球。

2. 改变规则,创造独特性

在过去物资匮乏的时代,企业生产什么,消费者就只能消费什么,没有选择的余地。步入商品经济以来,随着全球化的加剧,卖方市场逐渐转变为买方市场,企业必须在独特性上花心思。要想让本企业生产的产品得到市场的认可,就必须时刻关注消费者的消费心理和消费倾向,预测未来产品的发展趋势。比如:人们对于手机的选购,从过去的小巧轻便到现在的大屏清晰;选购家用电器也不再仅仅注重价格,而是注重细节上的人性化。一个企业是否具有非凡的预见力,决定了它能否把握时代的先机,创造出独特性。

3. 重构价值链

重构价值链也是取得差异化优势的有效方法,比如采用全新的生产技术、独特的销售方式、令人印象深刻的推广宣传等。

## 第五节 企业战略环境 SWOT 总结分析

企业开展环境分析的直接目的在于判断出与企业发展相关的机会和威胁,以作为企业进行战略规划的依据之一。战略规划的一个重要原则是要充分发挥企业自身具备的优势以捕捉环境中出现的有利企业生存与发展的机会,对抗环境中出现的不利企业生存与发展的威胁。扬长抑短、避实就虚是企业战略成功的要义。

> **名人名言**
> 
> 在战略上,最漫长的迂回道路,常常又是达到目的的最短途径。
> 
> ——利德尔·哈特

## 一、SWOT 分析

### （一）SWOT 分析方法

SWOT 分析是营销分析中经常采用的一种方法,它把环境分析和企业分析结合一起,形成对企业战略地位的综合判断,作为企业制定企业战略的基础。S 指优势(Strength)、W 指劣势(Weaknesses)、O 指机会(Opportunities)、T 指威胁(Threats),SWOT 分析即对企业面临的机会、威胁和企业具备的优势、劣势的分析。机会与威胁是企业外部的,优势与劣势是企业内部的,内外部结合起来分析,考虑问题就全面了。

1. 企业优势分析

衡量一个企业及其产品是否具有竞争优势,不应站在企业的角度上,而是站在消费者的角度上。由于企业是一个整体,并且由于竞争优势来源的广泛性,较难确认竞争优势,所以,在做优劣势分析时必须从整个价值链的每个环节上,将企业与竞争对手做详细的对比。如产品制造工艺是否复杂,销售渠道是否畅通,以及价格是否具有竞争性等。如果一个企业在某一方面或几个方面的优势正是该行业企业应具备的关键成功要素,那么该企业的综合竞争优势就强一些。

2. 企业劣势分析

竞争劣势是指某种公司缺少或做得不好的东西,或指某种会使公司处于劣势的条件。常见的导致内部劣势的因素有：缺乏具有竞争意义的技能技术、缺乏有竞争力的有形资产或无形资产、关键领域的竞争能力正在丧失等。

3. 企业机会分析

企业的机会指对公司行为有吸引力的领域。市场机会是影响公司战略的重大因素。有些市场机会非常诱人,有些机会不具有什么吸引力。公司管理者应当根据自身的优势劣势确认每一个机会,评价每一个机会的成长和利润前景,选取与公司财务和组织资源匹配、可使公司获得最大竞争优势的机会。包括新产品、新市场、新需求、国外市场原有壁垒解除、竞争对手失误等。

4. 企业威胁分析

企业的威胁指的是环境中一种不利的发展趋势所形成的挑战。在公司的外部环境中,总是存在某些对公司的盈利能力和市场地位构成威胁的因素。外部威胁所产生的效应可能大也可能不大,公司管理者应当及时确认对公司未来利益的威胁,做出评价并采取相应的战略行动来抵消或减轻它们所产生的影响。企业的威胁包括：强大的新竞争对手、主要产品市场增长率下降、汇率和外贸政策的不利变动、人口特征或社会消费方式的不利变动、市场需求减少等。

### （二）SWOT 战略原则

SWOT 是企业战略地位分析的最主要方法之一,它通过对企业自身具备的优势(S)和劣势(W)的分析来判断企业的实力,通过对环境中的机会(O)和威胁(T)的分析来判断企业环境的吸引力,通过企业实力和环境吸引力来判断企业战略地位。这里的优势是指企业的能力与资源上较竞争对手强的地方,劣势是指企业的能力与资源上不如他人的地方,要注意的一是优、劣势具有相对的含义,敌我共有的优势或劣势不能算为优势或劣势,二是讨论到的能力与资源对企业战略地位具有重大影响作用。机会与威胁是指企业面临环境中已经出现、正在出现或即将出现的一种变动趋势或事件,如果这种趋势或事件对企业战略管理活动有利,它则是一种机会,如果不利的话则是一种威胁。有利的意思是,企业如果抓住的话,则企业战略地位会得到改善;不利的意思是,企业如果无法回避或应对的话,则企业战略地位会遭受损害。综合起来即形成对企业战略地位的判断,如著名的波士顿矩阵或GE九方图都是基于这样一个出发点。因此,优势、劣势、机会、威胁对企业战略选择也同样起着重大的制约作用,对应于SWOT的企业战略原则如表2-1所示。

表 2-1　优势劣势机会威胁的企业战略原则

| SWOT的判断 | 应遵循的企业战略原则 |
| --- | --- |
| 优势+机会(SO战略) | 开拓原则(Aggressive) |
| 优势+威胁(ST战略) | 抗争原则(Striking) |
| 劣势+机会(WO战略) | 争取原则(Move-over) |
| 劣势+威胁(WT战略) | 保守原则(Conservative) |

1. SO战略

如果企业面临着很好的发展机会,又具备很强的实力,那么企业就要坚定不移地实施开拓型的企业战略,充分发挥优势来捕捉机会,绝不能犹豫不决而坐失战机。开拓型的企业战略可以用产品/市场矩阵的不同战略原则来选择不同途径,可包括:充分发挥自己产品优势的市场发展战略(现有产品在新市场中推进);充分发挥自己品牌优势的产品发展战略(现有市场中推出新产品);充分发挥自己差异化优势的市场渗透战略(现有产品在现有市场上渗透)和充分发挥自己实力优势的多角化发展战略(新市场推出新产品,迈进全新业界和全新市场中去)。

2. ST战略

企业面临着很大的威胁,而又具备较强的实力,那么企业就要充分发挥自己的优势,以对抗环境中的威胁,争取竞争中的主动权。抗争的成功在于对威胁准确的判断和对实力的充分发挥。寻找时间差、区位差、层次差,使企业的资源和能力得到最充分的发挥,使得威胁削弱、转化或分散,其负面影响降低到最低程度。

3. WO战略

企业面临着很好的机会,但却缺乏相应的实力,那么企业就应最大限度调动各方面的积极性,对实力充分利用和对外力有效借助,争取尽可能多地捕捉住出现的机会,取得最大的发展。

4. WT战略

企业面临着极大的威胁,而自身的实力又非常薄弱,处于极其被动的境地,企业别无选择,只能采取低姿态,保守过关。保守型企业战略又有维持、局部收缩、全面收缩和战略转移之分。

---

**小 资 料**

### 上汽集团的SWOT分析

一、上汽集团的优势(S)

(1) 上海国资委控股的汽车企业。作为一个国有企业,特别是汽车这样受政策导向明显的产业来说。上汽集团可以第一时间捕捉到政策动向,摸透政策导向,及时调整公司战略,把握市场先机。

(2) 完全继承上海汽车工业(集团)总公司的衣钵,技术积累较为深厚。追溯上汽历史,堪称辉煌,曾连续二十多年领导国内轿车市场。从一个汽车修理和零配件企业发展到今天拥有汽车全系列产品以及核心零部件在内,产业链完整的国内销量最大的汽车企业集团,上汽经过了六十多年的发展,技术储备丰厚。

(3) 较早布局新能源汽车产业且后续投资巨大。早在2005年,上汽集团就开始布局新能源汽车,与高校及其他同类型企业合作研发新能源汽车。截至2012年,上汽在新能源汽车的基础建设方面已投入20亿元,后续还将投入60亿元,以保证新能源投入的持续性。

二、上汽集团的劣势(W)

(1) 在发动机等核心技术上缺乏自主研发能力。截至2013年11月,上汽集团才推出3款新能源汽车,分别为荣威旗下的750,E50,550。

(2) 品牌美誉度不够,受累于自主品牌低端定位的思维定式。因为国内汽车起步较晚,且发展受限,国有自主品牌美誉度在消费者中普遍偏低。

三、上汽集团的机遇(O)

(1) 受惠政策倾斜。随着"863"计划的深入开展,中国政府在"十五"、"十一五"、"十二五"中的资金投入巨大,上汽集团等汽车企业都获得了政府的政策扶持。这对于上汽集团来说是重大机遇,对企业的长远发展有至关重要的作用。

(2) 拥有长三角为中心辐射全国乃至全世界的巨大市场。上汽集团位于中国经济中心,依托长三角经济圈,辐射长江流域,市场巨大,潜力无限。且非洲、南美、东南亚等新兴市场需求活跃。

四、上汽集团面临的威胁(T)

(1) 来自比亚迪等新能源汽车优秀代表的巨大挑战。比亚迪从发展初期开始迅速控制了动力电池核心技术,并拥有实现大规模商业化的技术和条件。而上汽集团目前只推出了3款新能源汽车,与比亚迪差距巨大。

(2) 地方保护主义盛行,拓宽市场仍有难度。在江浙地区,通用、大众等品牌的汽车所占市场份额较大,东北则是一汽大众的产品占据主要市场。由于无形中的地方保护主义的影响,上汽集团难以在长三角地区形成有效的资源整合,规模效应的形成也面临重大阻力。

基于SWOT模型的战略分析：

(1) SO战略：依靠内部优势利用外部机会。上汽集团作为国有企业，拥有得天独厚的资源。在当前政府倡导厉行节约的背景之下，上汽集团应当加快面向市场的新能源汽车的研发与应用，争取实现多极增长。

(2) ST战略：依靠内部优势回避外部威胁。由于比亚迪汽车在汽车行业取得的成就巨大，上汽集团除了要提高自主研发能力之外，还要加强同相关高校、企业的合作。此外，其应转移视角，以若干重要城市为局部核心，形成块状发展，突破地方保护主义的负面影响。

(3) WO战略：利用外部机会克服内部弱点。目前国家正在大张旗鼓地进行公车改革，其市场容量非常可观。上汽集团应借公务用车采购的东风，实现自主品牌的逆袭。

(4) WT战略：减少内部弱点回避外部威胁。对于在关键技术领域的缺席，上汽集团要积极谋划，加强科研经费的投入，建立一支具备相当竞争力的科研团队，实现核心技术的自主拥有与突破。同时，还应建立一支强大的营销团队。这样，上汽集团才能实现全方位的高速发展。上汽集团作为超大型国有企业，依托政策红利，在自主创新、核心技术领域研发和自主品牌通病等问题上要努力克服，锐意进取。且在当下密切的国际交往中要制定"走出去"的战略，这样才能在广阔的中国市场及海外市场中分得一杯羹。

资料来源：https://wenku.baidu.com/view/090645fab307e87101f696e2.html

## 二、外部因素评价矩阵

EFE矩阵(External Factor Evaluation Matrix)可用于SWOT外部环境分析，其做法是从机会和威胁两个方面找出影响企业未来发展的关键因素，根据各个因素影响程度的大小确定权数，再按企业对各关键因素的有效反应程度对各关键因素进行评分，最后算出企业的总加权分数。

通过EFE矩阵，企业就可以综合分析自己所面临的机会与威胁。矩阵可以按以下五个步骤来建立。

(1) 列出在外部环境分析过程中确认的关键因素。因素包括影响企业及其所在产业的各种机会与威胁。首先列举机会，然后列举威胁。尽量具体，可能时采用百分比、比率和对比数字。

(2) 赋予每个因素以权重。数值由0.0(不重要)到1.0(非常重要)，权重反映该因素对于企业在产业中取得成功的影响的相对大小，机会往往比威胁得到更高的权重，但当威胁因素特别严重时也可得到高权重。确定权重的方法：对成功的和不成功的竞争者进行比较，以及通过集体讨论而达成共识，所有因素的权重总和必须等于1。

(3) 按照企业现行战略对关键因素的有效反应程度为各关键因素进行评分。分值范围为 1—4,"4"代表反应很好,"3"代表反应超过平均水平;"2"代表反应为平均水平;"1"代表反应很差。评分反映了企业现行战略的有效性,因此它是以公司为基准的,步骤 2 的权重是以产业为基准的。

(4) 用每个因素的权重乘以它的评分,即得到每个因素的加权分数。

(5) 将所有因素的加权分数相加,以得到企业的总加权分数。

无论 EFE 矩阵包含多少因素,总加权分数的范围都是从最低的 1.0 到最高的 4.0,平均分为 2.5。高于 2.5 则说明企业对外部影响因素能做出反应。EFE 矩阵应包含 10—20 个关键因素,因素数量不影响总加权分数的范围,因为权重总和永远等于 1。

### 某公司 EFE 矩阵分析

江苏某通信设备公司是专业从事手机销售与服务的民营企业,集移动电话批发、零售、售后服务为一体,在江苏地区移动通信行业具有较强影响力的专业性公司。案例分析的范围为 2013 年 11—12 月,地点为南京、苏州、徐州和扬州,调查对象包括卖场消费者、渠道批发商和渠道零售商(见表 2-2)。

**表 2-2　江苏某通信设备公司 EFE 矩阵**

| | 关键外部因素 | 权　重 | 评　分 | 加权值 |
|---|---|---|---|---|
| 有利因素 | 江苏手机消费全国第二 | 0.20 | 4 | 0.80 |
| | 农村手机消费增长 | 0.10 | 3 | 0.30 |
| | 高校市场潜力巨大 | 0.05 | 2 | 0.10 |
| | 工信部趋于管制,市场操作日趋规范 | 0.05 | 1 | 0.05 |
| | 国家加大通信固定资产投资 | 0.05 | 2 | 0.10 |
| 不利因素 | 手机趋于饱和,增长来自换机消费 | 0.15 | 3 | 0.45 |
| | 手机个性化日趋明显,对款式要求高 | 0.05 | 3 | 0.15 |
| | 低价位手机需求大,利润趋薄 | 0.10 | 2 | 0.20 |
| | 质量下降,消费者投诉多 | 0.05 | 1 | 0.05 |
| | 技术变化快,资源争夺激烈 | 0.10 | 3 | 0.30 |
| | 手机市场的寿命周期缩短 | 0.10 | 3 | 0.30 |
| 合计 | | 1.00 | | 2.80 |

需要说明的是,评价矩阵的权重的多少主要依据 5 位行业专家的经验值;利用外部有利因素的能力评分及避开外部威胁的能力评分主要依据以往公司市场操作的实际情况。

企业战略管理

公司 EFE 矩阵结果显示，其评价值为 2.80，高于 2.50，表明公司在利用外部机会和避开威胁方面要高于行业总体水平。根据资深营销专家的分析，手机通信行业的关键因素为：广告、销售能力、产品质量、价格竞争力、管理、财务状况、客户忠诚度、市场份额、资源状况等。分析结果显示，对该通信公司的竞争威胁按能力大小依次是：深圳天音、五星电器、蜂星通讯、江苏松联和其他竞争者。

资料来源：王启万，《用竞争矩阵分析法确定营销决策方法——江苏恒龙通信的个案研究》，《华东经济管理》，2005 年第 5 期

## 三、内部战略要素评价矩阵

内部因素评价矩阵（Internal Factor Evaluation Matrix，IFE 矩阵），可用于 SWOT 内部环境分析，其做法是从优势和劣势两个方面找出影响企业未来发展的关键因素，根据各个因素影响程度的大小确定权数，再按企业对各关键因素的有效反应程度对各关键因素进行评分，最后算出企业的总加权分数。IFE 可以帮助企业经营战略决策者对企业内部的主要优势与劣势进行全面综合的评价。其具体分析步骤如下：

（1）列出在内部分析过程中确定的关键因素。采用 10—20 个内部因素，包括优势和弱点两方面的。首先列出优势，然后列出弱点。要尽可能具体，要采用百分比、比率和比较数字。

（2）给每个因素赋以权重，其数值范围由 0.0（不重要）到 1.0（非常重要）。权重标志着各因素对于企业在产业中成败的影响的相对大小。无论关键因素是内部优势还是弱点，只要对企业绩效有较大影响的因素就应当得到较高的权重。所有权重之和等于 1.0。

（3）对各因素进行评分。1 分代表重要弱点；2 分代表次要弱点；3 分代表次要优势；4 分代表重要优势。评分以公司为基准，而权重则以产业为基准。

（4）将每一要素的权重与相应的评价值相乘，即得到该要素的加权评价值。

（5）将所有因素的加权分数相加，得到企业的总加权分数。

无论 IFE 矩阵包含多少因素，总加权分数的范围可以从最低的 1.0 到最高的 4.0，平均分为 2.5。总加权分数大大低于 2.5 的企业的内部状况处于弱势，而分数大大高于 2.5 的企业的内部状况则处于优势。

表 2-3 是对亚克斯·瑟克斯（Civcus-civcus Enterprises）进行内部评价的例子。

表 2-3 亚克斯·瑟克斯公司 IFE 矩阵

| 内 部 优 势 | 权重 | 评价值 | 加权评价值 |
| --- | --- | --- | --- |
| 美国最大的赌场公司 | 0.05 | 4 | 0.20 |
| 拉斯维加斯的客房入住率达到 95% 以上 | 0.10 | 4 | 0.40 |
| 活动现金流增加 | 0.05 | 3 | 0.15 |

(续表)

| 内 部 优 势 | 权 重 | 评价值 | 加权评价值 |
|---|---|---|---|
| 拥有拉斯维加斯狭长地带一英里的地产 | 0.15 | 4 | 0.60 |
| 强有力的管理队伍 | 0.05 | 3 | 0.15 |
| 员工素质较高 | 0.05 | 3 | 0.15 |
| 大多数场所都有餐厅 | 0.05 | 3 | 0.15 |
| 长期计划 | 0.05 | 4 | 0.20 |
| 热情待客的声誉 | 0.05 | 3 | 0.15 |
| 财务比率 | 0.05 | 3 | 0.15 |
| 内 部 劣 势 | 权 重 | 评价值 | 加权评价值 |
| 绝大多数房产都位于拉斯维加斯 | 0.05 | 1 | 0.05 |
| 缺乏多样性经营 | 0.05 | 2 | 0.10 |
| 接待家庭游客,而不是赌客 | 0.05 | 2 | 0.10 |
| 位于Lauyhling的房地产 | 0.10 | 1 | 0.10 |
| 近期的合资经营亏损 | 0.10 | 1 | 0.10 |
| 总　计 | 1.00 | | 2.75 |

资料来源:http://wiki.mbalib.com

由表2-3分析可见,该公司的主要优势在于其规模、房间入住率、房产以及长期计划,正如它们所得的4分所表明的。公司的主要弱点是其位置和近期的合资经营,总加权分数为2.75,表明该公司的总体内部优势高于平均水平。

## 本章小结

不同的企业具有不同的战略环境,如何选择最适合自己的企业战略,就要从企业战略环境分析入手。宏观战略环境主要包括政治法律环境、经济环境、社会文化环境、技术环境等。企业中观环境通过波特五力分析法来进行五种竞争力量的分析。但无论是宏观环境还是中观环境,关注的都是企业外部因素对战略的影响。从企业内部环境来看,企业资源、企业能力、企业竞争优势都是进行战略分析的重要因素。除此之外,SWOT分析法通过对企业内外部的优势、劣势、机会、威胁进行评判,制定适宜企业发展的战略。

## 思 考 题

1. 简述企业战略宏观环境的具体内容。
2. 在中观环境中,五种基本力量是如何影响企业战略的?
3. 企业内部环境分析包括哪几个方面?

4. 什么是 SWOT 分析？企业如何根据 SWOT 分析制定战略？

## 案 例 分 析

### 民族饮料行业的一颗明星

在 2008 年 12 月中国企业管理协会、中国企业家协会主办的全国市场竞争力调查活动中，汇源果汁不仅在果蔬类饮料中榜上有名，而且荣获消费者心目中理想品牌第一名，实际购买品牌第三名，令众多的业界人士刮目相看，赞叹不已。

饮料行业是我国食品工业的一个主要行业，特别是果蔬菜汁饮料，由于有着丰富的果品资源，所以具有广阔的发展前景。成立于 1992 年的北京汇源果汁饮料集团经过多年的不断探索与发展，已经成为果汁饮料行业中的骨干企业。北京汇源果汁饮料集团总公司在北京的怀柔、顺义，河南的巩义，湖北的宜昌，山西的右玉等建有多家现代化果汁罐装厂；在山东拥有大型的苹果、山楂浓缩汁生产基地；此外，还从美国 Auto Pack 公司引进了世界先进的瓶装生产线。汇源果汁集团共引进数十条国际一流的水果榨汁设备和无菌灌装生产线，占国内进口生产线总和的 1/10，生产规模曾居果汁加工行业之首。汇源果汁集团共开发出十大系列、近百个品种的果汁产品。ISO9002 国际质量认证的通过，使汇源果汁远销欧美等西方发达国家，拓宽了企业生存和发展的空间。

汇源果汁集团认为：我国是一个农业大国，长期以来农业经济的发展滞后于其他行业，生产力水平低，市场化程度低，丰富的资源优势不能转化为经济优势，导致这一现象的主要原因是农业产业化没有很好地发展起来，作为提高农副产品附加值的农业延伸行业——食品加工行业没有得到很好的发展。根据我国的国情，发挥地域优势，改变传统的生产方式，调整产业结构，依靠先进的科学技术，实施科教兴农。按照"优质优产高效"的原则，开展农副产品的深加工和发展优势产品，利用我国中西部地区山区水果资源丰富的优势，在"果"字上将大有文章可做。

加工系列果汁饮品每年需要各种水果、蔬菜原料数百万吨甚至上千万吨，极大地解决了果农卖果难的问题，不但增加了农民的收入，而且带动了农民绿化荒山、防风固沙、大力种植果树的积极性，对保护生态环境、发展绿色高效生态农业起到了积极的促进作用。

在发达国家，果蔬汁是一种常用的保健型饮料，它以最佳的搭配将各种营养成分集于一身，使人体获得最佳的营养吸收效果，从而促进身体健康。所以，果蔬汁又有"营养早餐"、"维生素和矿物质的鸡尾酒"的美称。

汇源果汁集团在水果产区建立浓缩汁基地，在大中城市消费区建立果汁罐装厂，以果汁饮料的工业化、现代化带动农业产业化的发展，把国家利益、企业利益、果农利益和消费者利益有机地结合在一起，以果促农、以果促商、以果促工、以果促林的良性发展，对开创和发展我国民族果汁饮料行业提供了新思路，开辟了我国饮料行业的新纪元。

资料来源：https://wenku.baidu.com/view/53db17262f60ddccda38a095.html

## 讨 论 题

运用波特五力分析法对汇源果汁集团公司所处的果汁饮料行业进行行业结构分析。

# 第三篇　企业战略选择

- 第三章　企业总体战略选择
- 第四章　企业竞争战略选择
- 第五章　企业合作战略选择
- 第六章　企业跨国经营战略选择

# 第三章　企业总体战略选择

## 学习要点

- 掌握企业战略选择的原则
- 理解战略选择的影响因素
- 掌握战略选择的步骤和方法
- 理解主要的战略类型

> **名人名言：**
> 到目前为止，取得这样的成果，我总结了一条经验：就是预先要把事情想清楚，把战略目的、步骤，尤其是出了问题如何应对，一步步一层层都想清楚；要有系统地想，这不是一个人或者董事长来想，而是有一个组织来考虑。当然，尽管不可能都想得和实际中完全一样，那么意外发生时要很快知道问题所在，情况就很好处理了。
> ——柳传志

环境分析是战略制定和评价的基础，但仅有环境分析并不能导出战略。企业需要在环境和战略方案之间做出决策。从环境分析到最终的战略决策，管理者需要在战略方案与环境之间的复杂关系中做出判断，但仅凭判断力是不够的，更需要借助科学的分析工具进行决策。本章介绍了战略选择的原则与误区、影响因素、逻辑框架与选择工具，以及常用的战略类型。

## 第一节　企业战略选择概述

> **名人名言：**
> 大环境改造不了，你就努力去改造小环境。小环境还是改造不了，你就好好去适应环境，等待改造的机会。
> ——柳传志

企业战略管理就是企业在符合和保证其使命的条件下，利用环境中存在的各种机会，规避各类威胁，协调企业与外部环境的关系，确定企业的业务范围、成长方向和竞争对策,合理地调整组织结构和配置企业的全部资源。战略选择和制定就是分析外部环境中的机会和威胁,分析企业内部的优势和劣势,进而选择和确定企业目标,选择和制定实现目标的行动方案的全过程。

## 一、战略选择的原则与误区

> **名人名言:**
> 　　大道理都是经过几千年验证的,你以为你是个例外,这种可能性微乎其微。
> 　　　　　　　　　　　　　　　　　　　　　　——王石

### (一) 企业战略选择的原则

企业战略是企业发展的蓝图,其意义在于规定了企业在一定时期内基本的发展目标,以及实现这一目标的基本途径,指导和激励企业全体员工为实现企业经营战略目标而努力。因此,企业经营战略的选择一般要遵循以下原则。

1. 长远性原则

企业经营战略考虑的不是企业经营管理中一时一事的得失,而是企业在未来相当长一段时期内的总体发展问题。经验表明,企业经营战略通常着眼于企业未来 3—5 年乃至更长远的目标。

2. 现实性原则

企业经营战略的长远性总是以现实性为基础的。企业经营战略的制定,离不开对企业未来发展的预测,而科学的预测必须以历史的事实和现实的状况为依据。因此,企业必须从现实的主观因素和客观条件出发,合理地选择企业经营战略。

3. 竞争性原则

在市场竞争中,企业可以选择进攻性的经营战略,也可以选择防御性的经营战略。但是,无论企业选择什么样的经营战略,都应当是在审时度势、全面衡量各种因素的基础上,为在激烈的市场竞争中求生存、求发展所作出的决定,其目的是为了在竞争中取胜。

4. 适应性原则

适应性是指企业经营战略必须与企业管理模式相适应。一方面,企业经营战略指导和制约着企业管理模式。企业一旦选择确定了企业经营战略,企业最高管理层就应当根据企业经营战略的要求来选择和调整企业的管理模式,即企业管理模式必须服从于企业经营战略。这是因为,企业经营战略需要一定的管理模式为其服务,才能最终实现企业战略目标,即企业的组织机构的设置、人财物等资源的配置、管理方法与手段的选择等都需要围绕企业经营战略来进行。另一方面,企业战略目标的提出与战略的制定,必须建立在企业现实可行的管理模式的基础上,否则就无法落实和实现企业经营战略目标。例如,一旦确定了发展高科技产品的经营战略,企业管理层就必须设法使企业职工队伍的素质与之相适应,没有一支高素质的员工队伍,要实现发展高科技产品的经营战略是不可想象的。

(二)战略选择陷阱

在管理实践中,战略管理者往往会陷入一些误区,这要求战略管理者在决策时要特别加以小心。企业战略选择的误区经常表现在以下几个方面。

1. 盲目跟随他人

这是指企业没有仔细分析企业特有的内外部环境条件和自身的资源情况,而是盲目地追随市场领导者或目前流行的战略态势,从而造成失误。

盲目追随他人往往发生在市场前景较为乐观、经济较为景气的时期。此时,诱人的外部环境会使大多数企业采取增长型战略。但是,结果常常是一哄而上,最后导致供大于求。而实力强大、竞争优势明显的企业将最终获得市场扩张的好处。真正遭受损失的就是那些盲目跟风、采用增长型战略的中小企业,它们并没有经过审慎的战略分析,而是照搬其他企业的战略态势。

2. 过度分散的投资领域

有些企业管理者认定投资于许多行业和业务领域,既能降低经营风险,又能显示出企业实力。因此,他们只要有机会就倾向于实行各种多元化经营战略。然而,多元化会使得企业资源分散和管理经验欠缺。这些都使得企业在各业务领域内的竞争实力受到影响。

3. 排斥紧缩性战略

管理人员排斥紧缩性战略是因为实行紧缩性战略即意味着管理人员的失败,而大多数人则不愿意看到自己的失败。另一类管理人员却是因为缺乏全局观念而排斥紧缩性战略,他们一方面没有认识到许多成本具有沉没成本特性,一旦投入就无法弥补,因而不如及早放弃或清算,另一方面他们没有意识到在企业有更好的业务机遇时,完全可以将其他不良运作的业务资源转移过来,从而实现企业资源的最优配置。

4. 战略规划与执行的非系统性

这里指的是战略规划在时间连续性、与未来环境的适应性方面不够系统,例如,战略制定出来实施的时间不长,就遇上主要管理人员的更换,由此造成战略态势的重新选择,使企业战略没有连续执行的效率,变得失去长期的总体效益。克服这一缺点的方法就是努力培养一种尊重既定战略,科学客观地执行战略的企业文化。只有这样,才能使企业战略发挥其应有的指导企业长期、全局的经营业务作用。

5. 克服缺点

许多面临困境的企业往往倾向于将更多的精力用于改正缺点,而不是想方设法利用自己的优点来获益。事实上,每个企业任何时候都会有缺点存在,同样也有优点存在。而对一个企业来说,由于受资源条件所限,通常很难做到既能从优点中获益,又能对缺点有所改正。考虑到改正缺点至多是起到减少失误的作用,而利用优点则有可能从中受益。所以,对于企业来说,比较积极的态度应该努力抓住机会,以免企业在不断解决沉积问题中丧失各种发展机会。

## 二、战略选择影响因素

如果在众多方案中只有一个具有明显优势的战略,而这一战略又恰与企业未来目标相符合,则战略选择是较容易的。然而,在一般情况下,经过对各方案的全面评价后,可能会发觉有好几项方案都是可以选择的,这时就需要考虑另外一些因素。这些因素包括目前战略的作用、企业对外依赖程度、企业对风险的态度、企业内部优势、时期性以及竞争对手的反应等。为了区别于上述的一些理性程序分析过程,我们不妨把这些因素称之为因素的判断,往往取决于管理人员的直觉和经验。

(一) 企业过去实施的战略

过去实施的战略往往是制定新战略的起点,企业曾经执行过的战略对管理人员选择未来战略有相当大的影响。企业管理人员在目前战略的设计和实施上投入了大量的时间和精力,他们更能接受与目前战略较接近,或较大程度上反映了目前战略主要内容的新战略。这种对目前战略的依赖性会渗透整个组织,因此企业经营具有连续性,企业未来战略方案受到企业过去实施的战略的限制。假如过去的战略没有重大失误,为企业的进一步发展奠定了良好的基础,而外部环境又允许的话,把未来战略定义在过去战略为其进一步发展奠定了良好的基础,而外部环境又允许的话,把未来战略定义在过去战略的进一步发展和提高上,也是可以的。因此,某项战略执行的时期越长,执行效果越好,就越难用其他战略替换。然而,有时由于条件变化,某项战略已明显不再适用,甚至严重束缚了企业对未来机会的准确把握、新思维方式的展开和新战略方案的选择,企业管理人员,特别是与该项战略相关的管理人员仍会尽力采取弥补措施,而不愿改换新战略。在这种情况下,企业不得不撤换某些高级管理人员,扶植、聘用新一代的管理者,选择和实施新的战略,以削弱目前战略对未来战略选择的影响。

(二) 企业领导人对风险的态度

风险是指蒙受损失和伤害的可能性。对企业的发展来说,一般会遇到以下一些问题:

(1) 更新企业的主导产品会遇到什么风险?
(2) 进行规模较大的技术改造会遇到什么风险?
(3) 进行规模较大的市场开拓会遇到什么风险?
(4) 大规模进入国外市场存在什么风险?
(5) 兼并一个或几个企业要承担什么风险?
(6) 改革企业的管理体制、组织机构、人员配备方式、人事劳动和工资分配制度会遇到什么风险?

任何对可供选择的战略方案的分析和评价,都只能降低风险,而不能消除风险。

企业领导人对风险的态度影响企业的战略选择和决策。有些企业极其不愿意承担风险,而另一些企业却渴望承担风险。愿意承担风险的企业通常采用进攻性战略,在它们被迫对环境变化做出反应之前就已经做出了反应,并着眼于广泛选择各种方案;回避风险的企业通常采用防御性战略。表3-1列出了这两类企业的几个一般特征。

表 3-1　两种类型企业的特征

| 愿承担风险的企业的一般特征 | 规避风险的企业的一般特征 |
| --- | --- |
| • 在迅速变化的产业环境中经营<br>• 寻求风险大、潜力大的投资环境<br>• 可能采取进攻性的发展战略<br>• 考虑广泛的战略方案<br>• 频繁地推出全新产品或进入新市场 | • 在稳定的产业环境中经营<br>• 规避风险大、潜力大的投资环境<br>• 可能采取防御性的稳定发展战略<br>• 考虑很少的战略方案<br>• 缓慢地推出新产品或进入新市场 |

许多大型企业集团往往试图通过保有愿意承担风险和回避承担风险的两种类型企业，以达到经营上的平衡。企业领导人对风险的态度，会增加或减少所考虑的战略方案的数目，并增加或减少采用特定战略方案的可能性。

(三) 企业对外部环境的依赖程度

企业存在于环境之中，而企业的外部环境实际上是顾客、竞争对手、资源状况、政府、企业所在社区，以及整个社会的影响。企业对这些环境力量的依赖程度也影响着企业战略选择的过程。总的情况是，对外部环境的依赖程度越高，企业选择战略的自由度就越小。

如果以企业对环境变化的反应为标志，可以把企业分成四种类型：

(1) 防御型企业，有狭窄的产品—市场领域，其高层管理者都是该领域的专家，一般不会去寻找该领域之外的新的机会；

(2) 希望型企业，总是不断地寻找新的市场机会，它们是在环境变化和不稳定状态中的创造者，其竞争对手也不得不对其种种创新行为做出反应；

(3) 分析型企业，同时在两类产品—市场领域中展开经营活动，其中一类相对稳定，另一类则变化无常，在前一领域里，它们密切注视着竞争者的动向，同时迅速采纳那些看上去最有希望的做法。

(4) 被动反应型企业，能经常觉察到环境的变化中极其不确定的因素，却不能及时做出有效的反应，这类企业是不稳定的，它们可能转变为以上三种类型企业中的一种，也可能被淘汰。

企业与外界环境之间关系的模式一旦形成，就会逐渐变成刚性的，总是限制企业决策者今后对未来战略的选择。

(四) 企业文化与企业内部的权力关系

企业文化是指影响一个企业的思维方式和行为方式的价值观。权力是指企业内部人员之间的关系，这种权利关系不仅仅是组织图上规定的各级领导人对下属的权责，还包括领导者和被领导者之间的素质差异。由于权力定义所造成的影响，以及企业内部已经形成的上下级之间关系的处理方式和习惯，综合上述这些才是企业内部真实的某个人影响另一个人 (或群体) 去做某件事的能力。如果这种影响力十分强大，就是所谓令行禁止的办事方式，反之，影响力如果十分薄弱，可能就是各行其是，很难把一件事做成。企业文化和企业内部的权力关系对企业战略的选择过程有重大的影响。

任何企业都有自己的文化。有些企业由于拥有独特的文化，促成了它们取得成功。

企业文化不是一成不变的,环境的巨大变化和企业战略的重大调整,就可能使原来的企业文化产生能否适应的问题。

鉴于企业文化与企业战略之间的相互促进、相互制约的密切关系,企业的高层领导必须从战略管理的高度,定期审视和重新审视企业文化。以下几个步骤是很有指导意义的:

(1) 明确企业战略管理所需要的企业文化类型;
(2) 确认企业内部目前的企业文化类型;
(3) 找出上述两种文化之间的差距;
(4) 研究和确定缩小这些差距的方法;
(5) 实施有关的决策方案;
(6) 定期地重复上述的完整过程。

企业领导人的权力对企业战略和企业文化的选择具有特别重大的影响。在一些大型企业中,如果强有力的企业领导人支持某个特定的企业战略方案,那么这个企业战略方案最终就会成为企业选择的战略方案。

### (五) 中层管理人员的影响

企业的中层管理人员对战略选择的影响也不容忽视。对一些企业的调查研究发现,他们的影响主要表现在中层管理人员和职能人员倾向于上报那些他们认为可能被上司接受的方案。

中层管理人员和职能人员为战略选择决策所提供的数据的内容和数量取决于以下几个方面:

(1) 收集数据的难易程度;
(2) 对日后数据执行他们需要负责的程度;
(3) 为获得他们认为有力的决策所必需的数据量;
(4) 他们认为上司作决策时所希望拥有的数据。

中层管理人员和职能人员的观点部分地受到他们个人的视野及其所在单位的利益的影响,因而他们对战略方案的评价往往各不相同。

中层管理人员和职能人员是通过草拟战略方案以及他们对各个方案的风险评价来影响战略选择的。一般来说,他们对战略方案做出的建议和评价,总是和过去的战略差异不大,从而少冒风险。

### (六) 企业所在行业的竞争格局

如果某一行业内个别企业由于开发了某种新产品取得成功,或者采用某种经营方式取得成功,那么,其他企业马上争相仿效。这种比较短视的战略选择,后来者成功率是不高的。如果没有创新的话,往往导致失败,但是一些比较成熟的、处于行业排头兵位置的实力强劲的大企业,它们的战略选择,包括它们的产品开发方向、定价水平,以及企业内部的组织机构和管理制度,对本行业的其他企业的巨大影响也是不容置疑的。当这些企业做出重大战略调整时,其他企业也不得不重新审视各自的战略地位,甚至也不得不重新做出战略选择。

### （七）决策时间要求的紧迫程度

决策时可利用的时间是否宽裕，对战略选择的影响也很大。特别是由于环境的突变或企业自身决策的重大失误，导致必须迅速重新做出战略选择的压力限制了企业所能考虑的战略备选方案的数量，同时减少了在评估方案时所能收集的信息。

另一种情况是战略选择时间过于宽松。这时，就会导致过于苛刻地追求战略方案的可靠性，从而无穷无尽地收集各种信息数据，忽略了战略选择本质上就是一种现在为将来不确定的环境而做出的确定性选择，结果只能是低效率运作，忽略主题，陷入枝节问题的争论，从而错过时机。

### （八）影响战略选择的社会、政治因素

社会和政治等方面的因素也会对企业及其管理者的战略选择产生影响。

#### 1. 社会环境的影响

企业生活在特定的社会环境中，因而其战略选择受到社会环境因素的制约。比如，社会的环境生态意识在世界各国有很大的差别，在社会发展的不同阶段也有明显的不同。因此，当企业的战略选择涉及社会的环境生态问题时，必须十分重视决策所带来的正面或负面影响。又如，社会生活的安定情况也是企业决策者进行战略选择时必须考虑的问题。特别是当社会处于不安定的情况下，企业采取撤退战略时，就必然涉及工人的就业问题，对此所造成的社会影响，必须加以关注。

#### 2. 社会道德观念的影响

当今的企业界已充分认识到企业利益与社会伦理道德保持一致性，是企业正常发展的必要条件。

在企业的发展中，必须对企业所有者、股东、职员、顾客和供应商等利益相关者负有责任。同时，企业还应对社区的发展承担一定的社会责任。如涉及防火及公共安全、废弃物处理、街道及道路保养等方面的问题，都会对社区居民带来影响，企业在战略选择中应加以充分考虑。

#### 3. 政治法律方面的影响

企业在制定战略时，也必须充分考虑到国际及国内政治方面的因素，以及法律法规方面诸多因素的影响。比如，有关反倾销、反补贴、保障措施和技术标准立法等方面，都有一系列的因素影响到企业的生存和发展，企业在制定和实施战略时，必须予以充分的重视。因此，面对复杂多变的国际国内形势，企业必须做好充分的准备，才能做出较为适当的战略决策。

## 三、战略选择综合框架

战略方案的选择是企业重大的战略决策，是决策者通过对若干可行方案的比较和择优，从中选择最优方案的过程。但是，由于条件的约束，最优方案可能不存在或难以选择，实际中更多被应用的是比较满意的标准。

企业决策者必须从众多的战略方案中选择一组具有吸引力的战略。这个过程可以分为三个阶段，如图3-1所示。

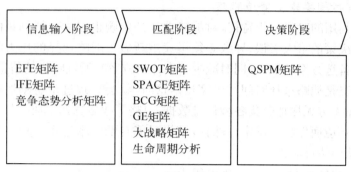

图 3-1　战略选择框架

第一个阶段是"信息输入阶段",即将环境分析的结果输入到分析框架,作为后续分析的基础。

第二个阶段是"匹配阶段",即将内外部因素进行综合分析,匹配出最可行的备选战略,这通常需要采用各种分析方法,例如 SWOT 分析、BCG 矩阵、GE 矩阵、SPACE 矩阵等。

第三个阶段是"决策阶段",即对各备选方案进行比较,确定优先次序,这一阶段常用的方法是 QSPM 矩阵。

其中,SWOT 分析、BCG 矩阵(波士顿矩阵)、GE 矩阵(通用矩阵)在本书之前章节分析中已有详细探讨,此处不再赘述。

(一) 外部因素评价矩阵

外部因素评价矩阵(External Factor Evaluation Matrix,EFE 矩阵)是一种对外部环境进行分析的工具,该工具的介绍详见第二章。

(二) 内部战略要素评价矩阵

内部因素评价矩阵(Internal Factor Evaluation Matrix,IFE 矩阵),是一种对内部因素进分析的工具,该工具的介绍详见第二章。

(三) 竞争态势分析矩阵

竞争态势矩阵(Competitive Profile Matrix,CPM 矩阵)用于确认企业的主要竞争对手,其相对于企业的战略地位,以及主要竞争对手的特定优势与弱点。CPM 矩阵与 EFE 矩阵权重和总加权分数的含义相同,编制矩阵的方法也一样。但是 CPM 矩阵中包括外部和内部两个方面的因素,评分则表示优势和弱点。

CPM 矩阵中的关键因素较为笼统,一般不包括具体的或实际的数据,而且要素可能集中于内部问题;CPM 矩阵中的因素不像 EFE 矩阵中那样划分为机会与威胁两类;在 CPM 矩阵中,竞争公司的评分和总加权分数可以与被分析公司的相应指标进行比较,这一比较分析可提供重要的内部战略信息。

(四) 战略地位与行动评价矩阵

战略地位与行动评价矩阵(Strategic Position and Action Evaluation Matrix,SPACE 矩阵)是一种较为复杂的战略匹配工具,主要分析企业外部环境及企业应该采用的战略组合。SPACE 矩阵利用两个内部维度——财务优势(FS)和竞争优势(CA);两个外部维度——环境稳定性(ES)和产业优势(IS)进行战略匹配分析。其中,FS 和

ES 构成纵坐标,CA 与 IS 构成横坐标。坐标轴将企业的战略地位分为四个象限,分别表示企业采取的进取、保守、防御和竞争四种战略模式。

SPACE 矩阵中,财务优势、竞争优势、环境稳定性和产业优势都是复合指标,可以通过各项次级指标来衡量(见表 3-2)。财务优势的评分范围为 1—5,分值越高,表示企业的财务优势越大;环境稳定性的评分范围为 −1——5,−1 表示环境非常稳定,−5 则表示环境动荡;产业优势的评分范围为 1—5,分值越高表示产业越具有价值;竞争优势的评分范围为 −5——1,−1 表示极具竞争优势,−5 则表示企业劣势非常明显。

表 3-2 SPACE 矩阵中各要素的综合评价

| 财务优势(FS) | 环境稳定性(ES) | 竞争优势(CA) | 产业优势(IS) |
| --- | --- | --- | --- |
| 投资收益 | 技术变化 | 市场份额 | 增长潜力 |
| 杠杆比率 | 通货膨胀 | 产品质量 | 盈利能力 |
| 偿债能力 | 需求变化性 | 产品生命周期 | 财务稳定性 |
| 流动资金 | 竞争产品的价格范围 | 用户忠诚度 | 专有技术知识 |
| 退出市场的方便性 | 市场进入壁垒 | 竞争能力利用率 | 资源利用 |
| 业务风险 | 竞争压力 | 专有技术知识 | 资本密集性 |
|  | 价格需求弹性 | 对供应商和经销商的控制 | 进入市场的便利性 |
|  |  |  | 生产效率和生产能力利用率 |

构建 SPACE 矩阵通常包括以下 6 个步骤:

(1) 选择构成财务优势(FS)、竞争优势(CA)、环境稳定性(ES)和产业优势(IS)的一组变量;

(2) 对构成 FS 和 IS 的各变量给予从 +1(最差)到 +6(最好)的评分值。而对构成 ES 和 CA 的轴的各变量给予从 −1(最好)到 −6(最差)的评分值;

(3) 将各数轴所有变量的评分值相加,再分别除以各数轴变量总数,从而得出 FS、CA、IS 和 ES 各自的平均分数;

(4) 将 FS、CA、IS 和 ES 各自的平均分数标注在各自的数轴上;

(5) 将 X 轴的两个分数相加,将结果标在 X 轴上;将 Y 轴的两个分数相加,将结果标在 Y 轴上;标出 X、Y 数轴的交叉点;

(6) 自 SPACE 矩阵原点到 X、Y 数值的交叉点画一条向量,这一条向量就表示企业可以采取的战略类型。SPACE 矩阵图如图 3-2 所示。

企业的最终战略地位决定了其战略行动,战略地位分为进取、保守、防御、竞争 4 个区域。不同的区域代表企业应考虑相应的战略行动。

向量出现在 SPACE 矩阵的进取象限时,说明该企业正处于一种绝佳的地位,即可以利用自己的内部优势和外部机会选择自己的战略模式,如市场渗透、市场开发、产品开发、后向一体化、前向一体化、横向一体化、混合式多元化经营等。

向量出现在保守象限意味着企业应该固守基本竞争优势而不要过分冒险,保守型战略包括市场渗透、市场开发、产品开发和集中多元化经营等。

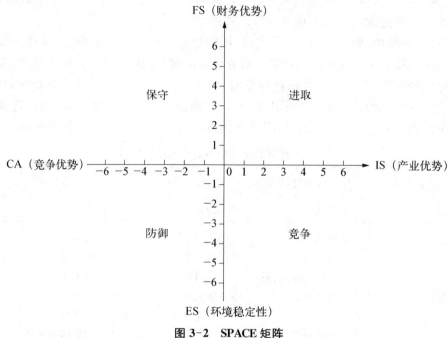

图 3-2 SPACE 矩阵

当向量出现在防御象限时,意味着企业应该集中精力克服内部弱点并回避外部威胁,防御型战略包括收缩、剥离、结业清算和集中多元化经营等。

当向量出现在竞争象限时,表明企业应该采取竞争性战略,包括后向一体化、市场渗透、市场开发、产品开发及组建合资企业等。

(五) 大战略矩阵

大战略矩阵(Grand Strategy Matrix)是一种较为常见的战略匹配工具。它基于两个评价数值:

横轴代表竞争地位的强弱;纵轴代表市场增长程度。它的优点是可以将各种企业的战略地位都置于大战略矩阵的四个战略象限中,并加以分析和选择。公司的各分部也可以按此方式被定位。位于同一象限的企业可以采取很多战略,图 3-3 列举了适用于不同象限的多种战略选择,其中各战略是按其相对吸引力的大小而分列于各象限中的。

大战略矩阵也适用于多元化企业。在该矩阵中:

位于第一象限的公司处于极佳的战略地位。对这类公司,继续集中经营在当前的市场(市场渗透和市场开发)是适当的战略。第一象限公司大幅度偏离已建立的竞争优势是不明智的。当第一象限公司拥有过剩资源时,后向一体化、前向一体化和横向一体化可能是有效的战略。当第一象限公司过分偏重于某单一产品时,集中化多元经营战略可能会降低过于狭窄的产品线所带来的风险。第一象限公司有能力利用众多领域中的外部机会,必要时它们可以冒险进取。

位于第二象限的公司需要认真地评价其当前参与市场竞争的方法。尽管其所在产业正在增长,但它们不能有效地进行竞争。这类公司需要分析企业当前的竞争方法为

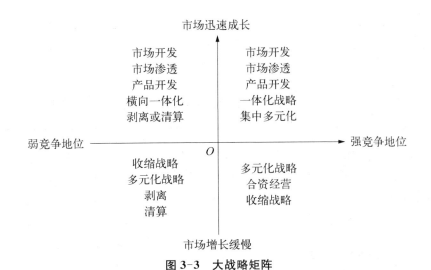

图 3-3 大战略矩阵

何无效,企业又应如何变革而提高其竞争能力。由于第二象限公司处于高速增长产业,加强型战略(与一体化或多元化经营战略相反)通常是它们的首选战略。然而,如果企业缺乏独特的生产能力或竞争优势,横向一体化往往是理想的战略选择。为此,可考虑将居于战略次要地位的业务剥离或结业清算,剥离可为公司提供收购其他企业或买回股票所需要的资金。

位于第三象限的公司处于产业增长缓慢和相对竞争能力不足的双重劣势下。在确定产业正处于永久性衰退前沿的前提下,这类公司必须着手实施收割战略。首先应大幅度地减少成本或投入;其次可将资源从现有业务领域逐渐转向其他业务领域;最后便是以剥离或结业清算战略迅速撤离该产业。

位于第四象限的公司产业增长缓慢,但却处于相对有利的竞争地位。这类公司有能力在有发展前景的领域中进行多元化经营。这是因为第四象限公司具有较大的现金流量,并对资金的需求有限,有足够的能力和资源实施集中多元化或混合式多元化战略。同时,这类公司应在原产业中求得与竞争对手合作与妥协,横向合并或进行合资经营都是较好的选择。

(六)竞争地位——生命周期矩阵

行业生命周期可以划分为幼稚期、成长期、成熟期和衰退期。而经营单位的竞争地位可划分为:主导地位、强劲地位、有利地位、可维持地位和软弱地位五种类型(见表 3-3),对竞争地位的测度通常基于产品线宽度、市场占有率、市场占有率的变化以及技术的变化等指标。

表 3-3 经营地位详解

| 主导地位 | 能够控制竞争者的行为,具有较广泛的战略选择,且战略能独立于竞争者做出。 |
|---|---|
| 强劲地位 | 能够遵循自己的战略和政策,而不会威胁到长期的地位。 |
| 有利地位 | 可能具有一定的战略优势,又能够保持其长期地位的好机会。 |

(续表)

| | |
|---|---|
| 可维持地位 | 具有证明其运营可持续存在的满意的经营绩效;通常以忍耐抵御最重要的竞争对手;又能够维持其长期地位的一般机会。 |
| 软弱地位 | 令人不满意的经营绩效,但有改进的可能;可能具有较好地位的特点,但有主要的弱点;短期内能够生存,但要长期生存下去必须改进其地位。 |

以行业成熟度为横坐标,竞争地位为纵坐标,这样组成一个具有20个单元的生命周期矩阵。企业可以根据自己在矩阵中的位置进行战略定位,图3-4给出了一些常规性的建议以供参考。

| | 幼稚 | 成长 | 成熟 | 衰退 |
|---|---|---|---|---|
| 主导地位 | 迅速增长、开创 | 迅速增长、获得成本领先、更新 | 防御、获得成本领先地位、更新 | 防御、集中一点、更新 |
| 强劲地位 | 开创、差异化、迅速增长 | 迅速增长、赶超、获得成本领先或差异化 | 获得成本领先地位、或集中一点、抑或差异化 | 寻找新市场、固守旧市场、随行业发展而增长、收获 |
| 有利地位 | 开创、差异化、集中一点 | 差异化、集中一点、赶超、随行业发展增长 | 收获、寻找新市场、固守旧市场、更新、差异化集中 | 紧缩、转变方针 |
| 可维持地位 | 开创、随行业发展而增长、集中一点 | 收获、赶超、固守阵地、寻找避风地、集中一点 | 收获、转变方针、寻找避风地、紧缩 | 放弃、紧缩 |
| 软弱地位 | 寻找避风地、迎头赶上、随行业发展自然增长 | 转变战略、紧缩 | 撤退、放弃 | 撤退 |

图 3-4 生命周期矩阵

资料来源:http://www.beidabiz.com/bbdd/kmsjk/kmsjk_zlgl/1004/10042/1827.htm

### (七)定量战略计划矩阵

定量战略计划矩阵(Quantitative Strategic Planning Matrix,简称 QSPM 矩阵)是战略决策阶段的重要分析工具。定量战略计划矩阵技术的主要功能是对备选方案的战略吸引力做出评价,从而确定战略方案优劣的定量关系,它也能够较为客观地指出哪一种战略是最佳的。

QSPM 利用第一阶段和第二阶段的分析结果来进行战略评价。QSPM 矩阵将第二阶段制定的各种战略分别评分,评分是根据各战略是否能使企业更充分利用外部机会和内部优势,尽量避免外部威胁和减少内部弱点,通过专家小组讨论的形式得出。得分的高低和 QSPM 的结果反映战略的最优程度。

QSPM 矩阵的格式见表 3-4。QSPM 顶部一行包括了各项备选战略。需注意的是,并不是所有的备选战略都要在 QSPM 中予以评价,战略分析者可以凭借直觉和经验剔除一些明显不可行的战略选择,只将可行的战略列入 QSPM 矩阵。

表 3-4  QSPM 矩阵

| 关键因素 | 权重 | 备选战略 1 | | 备选战略 2 | | 备选战略 3 | | …… |
|---|---|---|---|---|---|---|---|---|
| | | AS | TAS | AS | TAS | AS | TAS | |
| 外部因素 | | | | | | | | |
| 因素 1 | | | | | | | | |
| 因素 2 | | | | | | | | |
| …… | | | | | | | | |
| 内部因素 | | | | | | | | |
| 因素 1 | | | | | | | | |
| 因素 2 | | | | | | | | |
| …… | | | | | | | | |
| 总　计 | | | | | | | | |

QSPM 的左边一列为关键的外部和内部因素（来自第一阶段），顶部一行为可行的备选战略（来自第二阶段）。具体地说，QSPM 的左栏包括了从 EFE 矩阵和 IFE 矩阵直接得到的信息。在紧靠关键因素的一列中，将标出各因素在 EFE 矩阵和 IFE 矩阵中所得到的权数。在 QSPM 矩阵中一个重要的概念是战略的最优程度。它是根据各战略对外部和内部因素的利用和改进程度而确定的。QSPM 中包括的备选战略的数量和战略组合的数量均不限，分析的结果并不是非此即彼的战略取舍，而是一张按重要性和最优程度排序的战略清单。

建立 QSPM 矩阵的步骤如下：

（1）在 QSPM 矩阵的左栏列出企业的关键外部机会与威胁、内部优势与弱点。这些指标可以直接从 EFE 和 IFE 矩阵中得到。并给出每个外部及内部关键因素的权重，放在第二栏中。

（2）确认各种可行的备选战略，置于 QSPM 顶行。

（3）确定各备选方案的吸引力分数（Attractiveness Scores，AS）以表明各战略方案的相对吸引力，通常采用五级评分标准。

（4）计算吸引力总分（Total Attractiveness Scores，TAS），TAS 等于权重乘以吸引力分数。吸引力总分越高，战略的吸引力就越大。

（5）计算吸引力总分和（STAS），它由各方案的吸引力总分加总而得，分值越高，表明该战略方案越具有吸引力。

QSPM 可以量化地考察各种备选战略，无论是公司层的战略，还是各事业单位的战略，而且战略的数量不受限制。它将战略决策与相关的内外部关键因素结合起来，避免关键因素被忽视或偏重；而且，可以同时考察很多关键性因素和战略。实际上，QSPM 矩阵适用于任何类型的组织。

在 QSPM 矩阵中，外部因素与内部因素同等重要，这是一种风险中性的反映。决策者可以根据自己的风险偏好调整内外部关键因素的关系。可以将外部因素的权重设得更高,也可以将内部因素的权重设定得高一些。

然而,QSPM矩阵也有其局限性。权重和最优程度分数的确定往往需要依靠主观判断,尽管这些判断所依据的是客观信息,但不同的专家可能有不同的结论。

## 第二节 稳定型战略

> **名人名言:**
> 我最大的担心是,有一家公司也像百度这样专注于搜索引擎,而不是其他。
> ——李彦宏

稳定型战略(Stability Strategy),又称防御型战略(Defense Strategy)。稳定型战略是指企业遵循与过去相同的战略目标,保持一贯的成长速度,同时不改变基本的产品或经营范围。它是对产品、市场等方面采取以守为攻,以安全经营为宗旨,不冒较大风险的一种战略。

### 一、稳定型战略的特征

稳定型战略是指在内外环境的约束下,企业准备在战略规划期使企业的资源分配和经营状况基本保持在目前状态和水平上的战略。按照稳定型战略,企业目前所遵循的经营方向及其正在从事经营的产品和面向的市场领域,企业在其经营领域内所达到的产销规模和市场地位都大致不变或以较小的幅度增长或减少。

从企业经营风险的角度来说,稳定型战略的风险是相对较小的,对于那些曾经成功地在一个处于上升趋势的行业和一个变化不大的环境中活动的企业会很有效。由于稳定型战略从本质上追求的是在过去经营状况基础上的稳定,它具有如下特征:

(1)企业对过去的经营业绩表示满意,决定追求既定的或与过去相似的经营目标。比如说,企业过去的经营目标是在行业竞争中处于市场领先者的地位,稳定型战略意味着在今后的一段时期里依然以这一目标作为企业的经营目标。

(2)企业战略规划期内所追求的绩效按大体稳定的比例递增。与增长性战略不同,这里的增长是一种常规意义上的增长,而非大规模的和非常迅猛的发展。例如,稳定型增长可以指在市场占有率保持不变的情况下,随着总的市场容量的增长,企业的销售额的增长,而这种情况则并不能算典型的增长战略。实行稳定型战略的企业,总是在市场占有率、产销规模或总体利润水平上保持现状或略有增加,从而稳定和巩固企业现有竞争地位。

(3)企业准备以与过去相同的或基本相同的产品或劳务服务于社会,这意味着企业在产品的创新上较少。

从以上特征可以看出,稳定型战略主要依据是前期战略。它坚持前期战略对产品和市场领域的选择,它以前期战略所达到的目标作为本期希望达到的目标。因而,实行稳定型战略的前提条件是企业过去的战略是成功的。对于大多数企业来说,稳定型增长战略也许是最有效的战略。

## 二、稳定型战略的类型

### (一) 按照偏离战略起点的程度划分

#### 1. 无增战略

无增战略似乎是一种没有增长的战略。采用它的企业可能基于以下两个原因:一是企业过去的经营相当成功,并且企业内外环境没有发生重大变化。二是企业并不存在重大的经营问题或隐患,因而战略管理者没有必要进行战略调整,或者害怕战略调整会给企业带来损失。在这两种情况下,企业的管理者和职工可能不希望企业进行重大的战略调整,因为这种调整可能会在一定时期内降低企业的利润总额。采用无增战略的企业除了每年按通货膨胀率调整其目标外,其他暂时保持不变。

#### 2. 微增战略

企业在稳定的基础上,略有增长与发展的战略。

### (二) 从企业采取的防御态势上划分

#### 1. 阻击式防守战略(以守为攻)

这一战略的指导思想是"最有效的防御是完全防止竞争较量的发生。"它的操作方法是:

(1) 企业投入相应的资源,以充分显示企业已经拥有的阻击竞争对手进攻的能力。

(2) 不断明白无误地传播自己的防御意图,塑造出顽强的防御者形象,使竞争对手不战而退。

#### 2. 反应式防御战略

当对手的进攻发生以后,针对这种进攻的性质、特点和方向,企业采用相应的对策,施加压力,以维持原有的竞争地位和经营水平。

### (三) 从战略的具体实施来看

可以分为以下几种:

(1) 无增战略,与前面提到的无增战略相同。

(2) 维持利润战略。这是一种牺牲企业未来发展来维持目前利润的战略。维持利润战略注重短期效果而忽略长期利益,其根本意图是渡过暂时性的难关,因而往往在经济形势不景气时被采用,以维持过去的经济状况和效益,实现稳定发展。但如果使用不当的话,维持利润战略可能会使企业的元气受到伤害,影响企业长期发展。

(3) 暂停战略。在一段较长时间的快速发展后,企业可能会遇到一些问题使得效率下降,这时就可以采用暂停战略,即在一定时期内降低企业的目标和发展速度。暂停战略可以充分达到让企业积聚能量,为今后的发展做准备。

(4) 谨慎实施战略。如果企业外部环境中某一重要因素难以预测或变化趋势不明显，企业的某一战略决策就要有意识地放慢实施进度，步步为营，这就是所谓谨慎实施战略。

### 三、稳定型战略的适用条件

采取稳定型战略的企业，一般处在市场需求及行业结构稳定或者较小动荡的外部环境中，因而企业所面临的竞争挑战和发展机遇都相对较少。但是，有些企业在市场需求以较大的幅度增长或是外部环境提供了较多的发展机遇的情况下也会采取稳定型战略。这些企业一般来说是由于资源状况不足以使其抓住新的发展机会而不得不因此采用相对保守的稳定型战略态势。下面分别讨论一下企业采用稳定型战略的外部环境和企业自身实力的适用条件。

#### （一）外部环境

外部环境的相对稳定性会使企业更趋向于稳定型战略。影响外部环境稳定性的因素很多，大致包括以下几个方面：

(1) 宏观经济状况会影响企业所处的外部环境。如果宏观经济在总体上保持总量不变或总量低速增长，这就势必影响到该企业所处行业的发展，使其无法以较快的速度增长。因此，由于宏观经济的慢速增长会使得某一产业的增长速度也降低，这就会使得该产业内的企业倾向于采用稳定型战略，以适应外部环境。

(2) 产业的技术创新度。如果企业所在的产业技术相对成熟，技术更新速度较慢的话，企业过去采用的技术和生产的产品无须经过较大的调整就能满足消费者的需求和与竞争者的抗衡，这样使得产品系列及其需求保持稳定，从而使企业采纳稳定型战略。

(3) 消费者需求偏好的变动。这一点其实是决定产品系列稳定度的一个方面：如果消费者的需求变动较为稳定的话，企业可以考虑采用稳定型战略。

(4) 产品生命周期或行业生命周期。对于处于行业或产品的成熟期的企业来说，产品需求、市场规模趋于稳定，产品技术成熟，新产品的开发和以新技术为基础的新产品的开发难以取得成功，因此以产品为对象的技术变动频率低，同时竞争对手的数目和企业的竞争地位都趋于稳定，这时提高企业的市场占有率、改变市场的机会很少，因此较为适合采用稳定型战略。

(5) 竞争格局。如果企业所处的行业的进入壁垒非常高或由于其他原因使得该企业所处的竞争格局相对稳定，竞争对手之间很难有较为悬殊的业绩改变，则企业采用稳定型战略可以获得最大的收益，因为改变竞争战略所带来的业绩增加往往是不如人意的。

#### （二）企业内部实力

当外部环境较好，行业内部或相关行业市场需求增长，为企业提供了有利的发展机会，但这不意味着所有的企业都适于采用增长性战略。如果企业资源不充分，如资金不足，研发力量较差或人力资源有缺陷无法满足增长性战略的要求时，就无法采用扩大市场占有率的战略。在这种情况下,企业可以采取以局部市场为目标的稳定型战略,以使企业有限的资源能集中在自己有优势的细分市场,维护竞争地位。

当外部环境相对稳定时,资源较为充足和资源较为稀缺的企业都应当采取稳定型战略,以适应外部环境,但两者的做法可以不同。前者可以在更为广阔的市场上选择自己的资源分配点,而后者应当在相对狭窄的细分市场上集中自身的资源,选择稳定型战略。

当外部环境不利时,如行业处于生命周期的衰退阶段时,则资源丰富的企业可以采用一定的稳定型战略;而对那些资源不够充足的企业,如果它在某个特定的细分市场上有独特的优势,那么也可以考虑采用稳定型战略。

## 四、稳定型战略的优缺点

(一) 稳定型战略的优点

(1) 企业的经营风险相对较小。由于企业基本维持原有的产品和市场领域,从而可以用原有的生产领域、渠道、避免开发新产品核心市场的巨大资金投入、激烈的竞争抗衡和开发失败的巨大风险。

(2) 能避免因改变战略而改变资源分配的困难。由于经营领域主要与过去大致相同,因而稳定型战略不必考虑考虑原有资源的增量或存量的调整,相对于其他战略态势来说,显然要容易得多。

(3) 能避免因发展过快而导致的弊端。在行业迅速发展的时期,许多企业无法看到潜伏的危机而盲目发展,结果造成资源的巨大浪费。

(4) 能给企业一个较好的休整期,有利于企业积聚更多的能量,以便为今后的发展做好准备。从这个意义上说,适时的稳定型战略将是增长性战略的一个必要的酝酿阶段。

(二) 稳定型战略的缺陷:

但是,稳定型战略也有不少缺陷:

(1) 稳定型战略的执行是以市场需求、竞争格局等内外条件基本稳定为前提的。一旦企业的这一判断没有得到验证,就会打破战略目标、外部环境、企业实力之间的平衡,使企业陷入困境。因此,如果环境预测有问题的话,稳定型战略也会有问题。

(2) 特定细分市场的稳定型战略也会有较大的风险。由于企业资源不够,企业会在部分市场上采用竞争战略,这样做实际上是将资源重点配置在这几个细分市场上,因而如果对这几个细分市场把握不准,企业可能会更加被动。

(3) 稳定型战略也会使企业的风险意识减弱,甚至形成害怕风险,回避风险的文化,这就会大大降低企业对风险的敏感性、适应性和冒风险的勇气,从而增加了以上风险的危害性和严重性。

稳定型战略的优点和缺点都是相对的,企业在具体的执行过程中必须权衡利弊,准确估计风险和收益,并采取合适的风险防范措施。只有这样,才能保证稳定型战略的优点的充分发挥。

## 第三节 发展型战略

> **名人名言：**
> 人类的生活，必须时时刻刻拿最大的努力，向最高的理想扩张传衍，流转无穷，把那陈旧的组织、腐滞的机能一一的扫荡摧清，别开一种新局面。
> —— 李大钊

在投资组合中，由于收割、放弃的业务而使企业现有业务组合减少，另一方面，要扩大企业现有规模。这些都要求企业必须建立一些新的业务，以代替旧业务，否则，就不能实现预定的利润目标。

企业新业务发展战略思路如下：首先，在现有业务范围内，寻找进一步发展的机会。其次，分析从事某些与目前业务有关的新业务的可能性。最后，考虑开发虽然与目前业务无关，但具有较强吸引力的新业务。这样，就形成了密集性发展、一体化发展、多角化发展三种新业务发展战略，如图 3-5 所示。

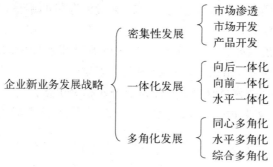

图 3-5　企业新业务发展战略

### 一、密集性发展

密集性发展（Intensive Growth）是指目标市场的全部潜力尚未达到极限，企业在现有的生产、经营范围内求得发展。这种发展可用"产品—市场矩阵"来研究（如表 3-5 所示）。具体有三种战略。

表 3-5　产品—市场矩阵

| 产品＼市场 | 现有市场 | 新市场 |
| --- | --- | --- |
| 现有产品 | 市场渗透 | 市场开拓 |
| 新产品 | 产品开发 | 多角化发展 |

## （一）市场渗透

市场渗透是在现有产品和现有市场不变的条件下，设法扩大市场占有率，增加销售收入，提高经济效益的一种进攻型战略。主要措施有：稳定并激励老顾客，使其增加购买次数，增加购买数量；从竞争者手中争取顾客。这些措施涉及产品、价格、分销、促销等策略的配合运用，目的是吸引新顾客，使更多的潜在顾客、从未使用过该产品的顾客转而购买本企业产品。

## （二）市场开发

这是指以现有产品为前提，不断开发新需求层，扩大销售市场的战略。主要措施有：

（1）扩大销售区域，寻找新的目标市场。如从本地市场扩展到外地市场，从国内销售扩展到国际市场销售。如我国的手机企业，目前普遍面临国内城市市场饱和的状况，要进一步扩大市场，有两个方向：一是集中开发国内的农村市场；二是走向国际市场，特别是东南亚、非洲等地区。

（2）为产品寻找新的用途，扩大需求层。自行车原来在国外是代步工具、运输工具，现在扩展为消遣、运动、健身的工具。洗洁剂、清洗液的主要用途是洗涤厨房用具，现在还可以用来洗蔬菜、水果等。

## （三）产品开发

以现有市场为对象，开发新产品投入市场，并尽可能地取得消费者的认可和欢迎，从而谋求企业成长的战略。

## 二、一体化发展

一体化发展（Integrative Growth）是指企业的发展扩展到自己的原材料生产和产品的深加工，以及扩展到同行业企业的生产、经营领域的发展战略。可分为向后一体化发展，向前一体化发展，水平一体化发展，如图3-6所示。

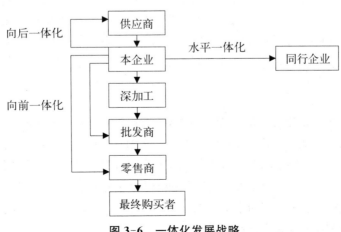

图3-6　一体化发展战略

### (一) 向后一体化

是指企业通过自己发展或通过联合、兼并若干原材料、零部件企业,从过去购买这些产品改变为自己生产,实行产供一体化。这样做的原因,一般是由于供应商盈利很高,或发展机会很好,通过一体化争取更多收益;还可避免原材料短缺,成本受制于供应商的危险。

例如:一家食品销售公司过去一直从食品厂进货,现在决定兼并一个濒临破产的食品加工厂,实行产供一体化;一个服装零售商向批发方向发展,实行批零兼营。

### (二) 向前一体化

是指把原先属于用户经营范围的工作,变为自己的经营范围,扩张自己的市场。一般地说,深加工产品比原材料、半制成品利润大得多,企业应努力谋求向前一体化发展。

例如:原来只种粮食的农民,现在自办面粉厂,自办食品厂;一家大型养鸡厂现在决定自设或兼并几个销售网点;一家批发企业现在决定增设或接办几个零售商店。

### (三) 水平一体化

指联合或兼并同类企业。这样可以扩大生产规模或增强经营实力,取长补短,共同寻找某些机会。合作经营、合资经营即属此种类型。

## 三、多角化发展

是抓住企业经营范围以外的市场机会,新增与现有产品有一定联系或毫无联系的新产品业务,实行跨行业的多样化经营,使企业的特长得到充分发挥,人力、物力、财力等资源得到充分利用,以实现企业业务的增长。这种发展战略有三种形式:

### (一) 同心多角化

同心多角化是企业利用原有的技术、设备、市场向外扩展,生产与原有产品有协同关系的新产品,满足新顾客。从字面上理解就是从同一圆心向外发展。这种战略有利于发挥企业原有设备技术优势,并且由于没有脱离原来的经营主线,风险较小,易于成功。同心多角化的特点是虽有较强的技术关联性,但原产品与新产品的基本用途是不同的。例如,手机和平板就是用途不同但生产技术联系密切的两种产品。很多生产手机的企业,例如苹果、小米、华为等耳熟能详的手机品牌也会在市面上推出自己的平板电脑。

### (二) 水平多角化

即企业通过跨行业投资,满足现有顾客的其他需要,以扩大业务经营范围,寻求新的增长。这种经营意味着向其他行业投资,企业应具备相当实力,也具有一定风险。但由于服务对象仍是原有顾客,易于市场开拓,有利于塑造强有力的企业形象。水平多角化的特点是原产品与新产品的基本用途不同,但存在较强的市场关联性。例如:一家原来生产钢笔的企业,现在又准备生产笔记本等其他用品满足学生市场的需要。一家生产录音带的企业,又决定开发激光唱片。

### (三)综合多角化

是企业通过投资或兼并等形式,把自己的业务范围扩张到与原来的产品、技术、市场完全不相关的领域,实行跨行业经营。发展初期,面临新产品和新市场,需要较多的投资、较新的技术和更高的管理水平,风险比较大。如果成功,可以快速扩大企业规模,带来更多的利润。这种战略一般适用于规模较大的企业。

例如:我国的白云山制药厂,除了生产药品外,还生产医疗器械、塑料餐具,从事汽车修配服务,组织白云山医疗队等。苏宁集团不仅在家电经营领域颇有建树,还介入了房地产和其他一些领域。

## 第四节 紧缩型战略

> **名人名言:**
> 无论是企业或个人,都应该专注于自己的领域,并坚持到底。因为人的精力是有限的,企业可利用的资源也是有限的,唯有专注如一,将所有的力量施于一点,才能超越别人,取得持久而非凡的成就。
> ——李彦宏

紧缩型战略(Retrenchment Strategy),又称退却型战略、收缩战略。紧缩型战略是指企业从目前的战略经营领域和基础水平收缩和撤退,且偏离起点战略较大的一种经营战略。与稳定型战略和增长型战略相比,紧缩型战略是一种消极的发展战略。一般的,企业实施紧缩型战略只是短期的,其根本目的是使企业挨过风暴后转向其他的战略选择。有时,只有采取收缩和撤退的措施,才能抵御竞争对手的进攻,避开环境的威胁和迅速实行自身资源的最优配置。可以说,紧缩型战略是一种以退为进的战略。

### 一、紧缩型战略的特征

紧缩型战略有以下特征:

(1)对企业现有的产品和市场领域实行收缩、调整和撤退战略,比如放弃某些市场和某些产品线系列。因而从企业的规模来看是在缩小的,同时一些效益指标,比如利润率和市场占有率等,都会有较为明显的下降。

(2)对企业资源的运用采取较为严格的控制和尽量削减各项费用支出,往往只投入最低限度的经管资源,因而紧缩型战略的实施过程往往会伴随着大量的裁员,一些奢侈品和大额资产的暂停购买等。

(3)紧缩型战略具有明显的短期性。与稳定和发展两种战略相比,紧缩型战略具有明显的过渡性,其根本目的并不在于长期节约开支,停止发展,而是为了今后发展积蓄力量。

企业战略管理

## 二、紧缩型战略的类型

### (一) 从采用紧缩型战略的原因来看

**1. 适应性紧缩战略**

它是指企业为了适应外部环境而采取的紧缩型战略。外部环境的变化主要有：整个国家的经济处于衰退之中，市场需求缩小，资源紧缺，从而导致企业在经营领域中处于不利地位。

**2. 失败性紧缩战略**

它是指企业由于经营失误造成竞争地位的下降，经济资源的短缺，只有撤退才有可能最大限度地保存实力。

**3. 调整型紧缩战略**

它是指企业为了利用环境中出现的新机会，谋求更好的发展，不是被动采用，二是有长远目标的积极的紧缩型战略。

---

**小资料**

### 万科的调整型紧缩型战略

在万科的发展史中，多元化到专业化的过程，以退为进，是经典的紧缩型战略。中国早期的企业，许多公司都跟风去搞多元化经营，万科就是其中一个。1984年万科从经营办公设备起家，1987年兴办工业，1988年进入房地产业，1990年初步形成商贸、文化、房地产、文化传播四大经营机构，到1991年确定综合商社发展模式。表面上看，万科的业务在不断扩展，东边不亮，西边亮。但从单个行业看，所涉及的项目规模不大，不能在行业形成规模优势，没有核心的业务，主导业务不明确，不知怎么保持在行业的优势；同时市场占有率也不大，只是在小打小闹。这一段时间，我们称之为多元化经营时期，王石领导下的万科战略目标模糊。导致的后果就是，万科快乐并痛苦着。

到1992年，万科老总王石把多元化经营时期所有亏的钱和赚的钱相加后，吃惊地发现结果竟然是赤字。痛苦反思之后，万科放弃了多元化经营，选择了走专业化道路，确立了以房地产开发为主导业务的专业化战略。

战略实施：

(1) 整体业务方面的收缩。退出与住宅无关的产业，从多元化经营向专营房地产集中。至1995年，房地产业务利润所占比重增长到75%以上，实现了多业务经营向主营业务为主导的专业化经营的过渡。

(2) 投资区域的集中。收缩住宅产业战线，从13个城市削减到深、沪、京、津四个城市，开始分期转让在全国的30多家企业股份。

(3) 提出以城市中档住宅为主，减少房地产业产品的品种。

(4) 资金的集中。在股权投资上，从1994年起，万科把在全国30多家企业持有的股份，开始分别转让，将资金回收用于主业。经历历时10年的"减法"，万科把最多时105家企业减至目前30多家，从涉足的18个行业，减至1个，万科终于走上了专业化发展房地产的道路，虽然有些企业市场占有率和发展前景可观，但还是迎合公司战略卖了，整体业务收缩。

在实施的过程中，万科甚至做了在外人看来错误的决定，将几个市场占有率高，有前景的企业卖掉。比如当时的扬声器厂，怡宝蒸馏水等。但事实是，万科是笑到最后的那个人。不为眼前利益斤斤计较，着眼未来。

通过战略的实施，万科将资源集中起来，实现资源的优化，强化了万科在房地产行业的竞争力，来实现未来持续的发展。实是以退为进。

万科的战略，属于明显的调整型紧缩战略。万科的紧缩型战略除了以上所说的内因外，还基于以下外因：

1. 国家宏观调控，经营环境恶化

由于20世纪90年代初期出现的房地产泡沫，国家1993年下半年开始紧缩银根，进行宏观调控。万科各地项目相继面临资金和市场困境，13个城市的超长管理链条使得管理面临捉襟见肘的局面。经营环境的恶化，客观要求万科集中有限资源，有选择性地进行重点经营。

2. 房地产业的发展前景依然广阔

自1993年我国对房地产业进行宏观调控以后，我国房地产业随之步入低谷，但我国经济正处在加速发展的时期，从长远来看，我国房地产业还处于起步阶段，未来还有很大的发展空间。高回报的房地产业为万科未来的发展提供了良好的发展平台。

3. 房地产的进入门槛较低

20世纪90年代初的房地产行业还处在起步阶段，市场还在探索时期，住宅生产模式简单，进入门槛较低，而且房地产公司普遍实力较弱，还没有形成垄断。万科进入房地产行业发展，以至形成核心竞争力，机会成本并不是很大。

从这里我们就可以看出，万科的紧缩型战略是积极主动的，是为了谋求未来更好的发展。

资料来源：https://www.qqhrggzy.cn/663571.html，作者有删减。

（二）实施紧缩型战略的基本途径

1. 抽资转向战略

抽资转向战略使企业在现有的经营领域不能维持原有的产销规模和市场，不得不采取缩小产销规模和市场占有率，或者企业在存在新的更好的发展机遇的情况下，对原有的业务领域进行压缩投资，控制成本以改善现金流为其他业务领域提供资金的战略方案。另外，企业在财务状况下降时也有必要采取抽资转向战略，这一般发生在物价上涨导致成本上升或需求降低使财务周转不灵的情况下。针对这些情况，抽资转向战略可以通过以下措施来配合进行：

（1）调整企业组织。这包括改变企业的关键领导人，在组织内部重新分配责任和权力等等。调整企业组织的目的是使管理人员适应变化了的环境。

（2）降低成本和投资。这包括压缩日常开支,实施更严格的预算管理,减少一些长期投资的项目等,也可以是适当减少某些管理部门或降低管理费用。在某些必要的时候,企业也会以裁员作为压缩成本的方法。

（3）减少资产。这包括出售与企业基本生产活动关系不大的土地、建筑物和设备;关闭一些工厂或生产线;出售某些在用的资产,再以租用的方式获得使用权;出售一些盈利的产品,以获得继续使用的资金。

（4）加速回收企业资产。这包括加速应收账款的回收,派出讨债人员收回应收账款,降低企业的存货量,尽量出售企业的库存产成品等。

抽资转移战略会使企业的主营方向转移,有时会涉及基本经营宗旨的变化,其成功的关键是管理者明晰的战略管理理念,即必须决断是对现存的业务给予关注还是重新确定企业的基本宗旨。

2. 放弃战略

在采取抽资转移战略无效时,企业可以尝试放弃战略。放弃战略是指将企业的一个或几个主要部门转让、出卖或停止经营。这个部门可以是一个经营单位,一条生产线或者一个事业部。

放弃战略与清算战略并不一样,由于放弃战略的目的是要找到肯出高于企业固定资产时价的买主,所以企业管理人员应该说服买主,认识到购买企业所获得的技术资源或资产能给对方增加利润。而清算战略一般意味着基本上只包括有形资产的部分。

在放弃战略的实施过程中通常会遇到一些阻力,包括:

（1）结构上或经济上的阻力,即一个企业的技术特征以及固定和流动资本妨碍其退出,例如一些专用性强的固定资产很难退出。

（2）公司战略上的阻力。如果准备放弃的业务与其他的业务有较强的联系,则该项业务的放弃会使其他有关业务受到影响。

（3）管理上的阻力。企业内部人员,特别是管理人员对放弃战略往往会持反对意见,因为这往往会威胁他们的职业和业绩考核。

这些阻力的克服,可以采用以下的办法：在高层管理者中,形成"考虑放弃战略"的氛围;改进工资奖金制度,使之不与放弃战略相冲突;妥善处理管理者的出路问题。

3. 清算战略

清算战略是指卖掉其资产或停止整个企业的运行而终止一个企业的存在。显然,只有在其他战略都失败时才考虑使用清算战略。但在确实毫无希望的情况下,尽早地制定清算战略,企业可以有计划地逐步降低企业股票的市场价值,尽可能多地收回企业资产,从而减少全体股东的损失。因此,清算战略在特定的情况下,也是一种明智的选择。要特别指出的是,清算战略的净收益是企业有形资产的出让价值,而不包括其相应的无形价值。

### 三、紧缩型战略的适用条件

采用紧缩型战略的企业可能是出于不同的动机,从这些动机来看,有三种类型的紧缩型战略：适应性紧缩战略、失败性紧缩战略、调整性紧缩战略。下面分别论述一下这三类不同动机的紧缩型战略的适用性。

（1）适应性紧缩战略使企业为了适应外界环境而采取的一种战略。这种外界环境包括经济衰退，产业进入衰退期，对企业的产品或服务的需求减小等。在这些情况下，企业可以采取适应性紧缩战略来度过危机，以求发展。因此，适应性战略的使用条件就是企业预测到或已经感知到了外界环境对企业经营的不利性，并且企业认为采用稳定型战略尚不足以使企业顺利度过这个不利的外部环境。如果企业可以同时采用稳定型战略和紧缩型战略，并且两者都能使企业避开外界威胁、为今后发展创造条件的话，企业应当尽量采用稳定型战略，因为它的冲击力要小得多，因而对企业可能造成的伤害就要小得多。

（2）失败性紧缩战略是指企业由于经营失误造成企业竞争地位虚弱、经营状况恶化，只有采用紧缩型战略才能最大限度地减少损失，保存企业实力。失败性紧缩战略的适用条件是企业出现重大的问题，如产品滞销，财务状况恶化、投资已无法收回的情况下。这里就涉及一个"度"的问题，即究竟在出现何种严重定额经营问题时才考虑实施紧缩型战略？要回答这一问题，需要对企业的市场、财务、组织机构等方面作一个全面估计，认真比较实施紧缩型战略的机会成本，经过细致的成本—收益分析，最后才能下结论。

（3）调整性紧缩战略的动机既不是经济衰退，也不是经营的失误，而是为了谋求更好的发展机会，使有限的资源分配到更有效的使用场合。因而，调整性紧缩战略的适用条件是企业存在一个回报更高的资源配置点。为此，需要比较的是企业目前的业务单位和实施紧缩型战略后的资源投入的业务单位。在存在较为明显的回报差距的情况下，可以考虑采用调整性紧缩战略。

## 四、紧缩型战略的利弊

### （一）紧缩型战略的有利之处

紧缩型战略的有利之处有：

（1）能帮助企业在外部环境恶劣的情况下，节约开支和费用，顺利地度过不利的处境。

（2）能在企业经营不善的情况下最大限度地降低损失。在许多情况下，盲目而且顽固地坚持经营无可挽回的事业，而不是明智地采用紧缩型战略，会给企业带来致命的打击。

（3）能帮助企业更好地实行资产的最优组合。如果不采用紧缩型战略，企业在面临一个新的机遇时，只能运用现有的剩余资源进行投资，这样做势必会影响企业在这一领域发展的前景，相反，通过采取适当的紧缩型战略，企业往往可以把不良运作处的资源转移一部分到这一发展点上，从而实现企业长远利益的最大化。

### （二）紧缩型战略的不利之处

与上述优点相比，紧缩型战略也可能给企业带来一些不利之处。

(1) 实行紧缩型战略的尺度较难以把握，因而如果盲目地使用紧缩型战略的话，可能会扼杀具有发展前途的业务和市场，使企业的总体利益受到伤害。

(2) 一般来说实施紧缩型战略会引起企业内外部人员的不满，从而引起员工情绪低落，因为实施紧缩型战略常常意味着不同程度的裁员和减薪，而且实施紧缩型战略在某些管理人员看来意味着工作的失败。

## 本章小结

从环境分析到最终的战略决策，管理者需要在战略方案与环境之间的复杂关系中做出判断，但仅凭判断力是不够的，更需要借助科学的分析工具进行决策。本章首先从战略选择的原则和误区、影响因素和综合框架几方面对战略选择进行了概述；接着分析了主要的战略类型：稳定型战略、发展型战略、紧缩型战略，并着重分析了这几种战略的特征、分类、适用条件和利弊得失。

## 思 考 题

1. 战略选择的原则有哪些？
2. 战略选择的误区有哪些？
3. 战略选择的影响因素有哪些？
4. 请简要叙述战略选择的过程，评述需要使用哪些理论工具。
5. 请分析稳定型战略、发展型战略、紧缩型战略各自的特点、区别、利弊，以及适用条件。

## 案 例 分 析

### 上海电气2015年实现多元发展战略 把握"一带一路"发展机遇

上海电气3月30日晚间公布2015年度业绩，2015年，公司围绕"以创新发展为主题，坚持技术高端化、结构轻型化、管控集团化、运作扁平化及产品智能化，夯实资产质量，保持健康状态，提高竞争能力和盈利能力"的总体思路，在新一轮经济结构调整转型时期，有序推进各项工作，保持了健康稳健的发展态势。公司全年实现营业收入人民币780.09亿元，较上年同期增长1.6%；归属于母公司股东的净利润为人民币21.29亿元，较上年同期下降16.6%；基本每股收益为人民币0.17元。

年报显示，在新能源及环保设备领域，全球核电市场于2015年逐渐复苏。随着中国自主研发的"华龙一号"获得越来越多的国家认可，再借助国家"一带一路"倡议，推进国内核电全产业链"走出去"成为中国国家外交的重要组成部分。2015年，集团顺利交付三代核电AP1000、EPR技术关键核岛主设备的制造任务，并完成了全球首台四代核电高温气冷堆压力容器的制造工作，继续巩固其核电产品在国内的技术领先地位。

中国风电行业整体情况良好，海上风电逐步成为技术成熟的可再生能源发电技术，预计未来将成为中国最具发展潜力的清洁能源产业之一。集团把握机遇，战略性开拓海上风电市场，并已中标江苏如东、江苏滨海、上海临港等海上风机合同，总装机容量达500 MW。目前集团在中国国内海上风电市场的占有率已经超过60%。2015年，集团新接风电机组订单达人民币110亿元，创历史新高。

2015年，集团新能源及环保设备板块实现营业收入人民币120.92亿元，同比增长23.7%，其中风电产品营业收入同比增长44.6%；板块毛利率为17.4%，同比增加4.7个百分点，主要由于2015年风电产品销售大幅提升且毛利率较上年同期增加3.7%所致。

在高效清洁能源设备领域，集团积极应对中国国内火电市场持续低迷的宏观背景，逐步从适应市场需求的被动开发，向产品研发引导市场需求的主动创新模式转变。2015年，集团自主设计制造的百万千瓦超临界二次再热火电机组顺利完成性能试验，为目前全球煤耗最低综合排放指标最好的火电机组。集团在海外市场也接连取得新突破，将在巴基斯坦塔尔煤田一区块坑口投资建设2台660 MW电厂。未来该电厂项目将采用集团660 MW高参数超临界机组，为集团进一步拓展海外超临界燃煤发电设备市场奠定基础。在燃气轮机领域，集团以收购意大利安萨尔多能源公司（以下简称"安萨尔多"）40.0%股权为契机，通过与安萨尔多在重型燃气轮机市场的通力合作，推动了集团对燃机设计和服务核心技术的吸收掌握，并加快实现集团燃气轮机业务的自主化进程，提升集团在全球能源装备领域的竞争力。

2015年，上海电气高效清洁能源设备板块实现营业收入人民币286.97亿元，与上年持平；板块毛利率为20.5%，较上年同期上升1.1%。

在工业装备领域，上海三菱电梯针对市场情况，更加重视与战略大客户的关系维护与开发。在与万达、恒大、中海、绿地、碧桂园、远洋、龙湖、复地、鲁能等核心战略伙伴继续保持密切合作的同时，增加与万科、中信的新合作，同时加强对二、三线城市的核心及大项目的跟踪力度，承接了东莞国贸中心、深圳湾一号及北京三星大厦等重大项目。2015年，上海三菱电梯不断拓展服务产业化发展，一方面受整个销售数量增长的影响，安装及维保收入保持持续较快的增长；另一方面，保养、维修站点不断加快建设的同时，通过信息化的建设以及各种保养作业形式的补充，保养承接率稳步提升，效率明显改善，修理及改造业务都有明显增长。上海三菱电梯2015年度的安装、维保等服务业收入为人民币40.88亿元，占电梯业务营业收入的比例超过23.0%。

2015年，上海电气围绕印机业务的整体退出战略，积极推进整个印机业务的改革调整。集团控股子公司上海机电股份有限公司与上海电气（集团）总公司完成了对美国高斯国际有限公司的债权转股权，并已将所持美国高斯国际有限公司全部股权转让，完成对印机业务战略性调整。

2015年，集团工业装备板块实现营业收入人民币239.45亿元，比上年同期下降8.0%，主要由于年内实现了印刷机械业务的战略退出；板块毛利率22.4%，比上年同期下降0.2%。

在现代服务业领域，集团围绕"一带一路"的倡议，于2015年将路径涉及的五十多个国家和地区作为工程产业重点市场，计划新增马来西亚、土耳其、波兰、巴基斯坦、哥伦比亚等海外销售网点，积极推进销售网点建设，实现多区域销售能力。集团的电站工程业务不再以单一火电为主，将开辟新能源和分布式能源市场；同时积极推进产融结合，加大项目投资和项目融资力度。2015年，上海电气的金融服务平台不断拓展服务功能，已逐步从单一内部银行向综合金融服务进行转型，并延伸出多元化的金融服务。

集团的财务公司进一步加强了集团全球司库功能建设;租赁公司进一步提高了对集团核心业务的支持力度;保险经纪公司则进一步加强了集团保险集中管理。

2015年,集团现代服务业板块实现营业收入人民币178.24亿元,比上年同期下降1.7%,主要由于2015年集团电站工程业务收入有所下降;板块毛利率为17.4%,比上年同期上升0.4个百分点。

谈及集团2016年的发展方向,上海电气董事长黄迪南先生表示:"展望未来,我们将以创新思维,积极破解难题,主动适应经济发展新常态,夯实资产质量,保持健康状态,提高竞争能力和盈利能力,全力将上海电气建设成为全球布局、跨国经营、具有国际竞争力和品牌影响力的跨国集团。"

资料来源:王璐,《上海电气2015年实现多元发展战略 把握"一带一路"发展机遇》,中国证券网,2016-03-30。http://ggjd.cnstock.com/company/scp_ggjd/tjd_bbdj/201603/3751301.htm

## 讨 论 题

1. 上海电气目前采取的是什么战略?这种战略有什么好处和不足?
2. 在印机业务方面,上海电气采用的是什么战略?这种战略有什么好处和不足?
3. 在未来,你认为上海电气应该从哪些方面提升其竞争力?

# 第四章 企业竞争战略选择

## 学习要点

- 理解三种基本的竞争战略
- 理解四种竞争地位战略
- 理解不同行业的竞争战略选择

> **名人名言：**
> 对手是帮手。
>
> ——埃德蒙·伯克

企业要想在激烈的市场竞争中立于不败之地,就必须在顾客导向的基础上树立竞争观念,识别竞争者的特点,分析它们的战略、目标、优势与劣势,制定竞争性营销战略,努力取得竞争的主动权。

## 第一节 企业一般竞争战略

> **名人名言**
> 不要顾忌竞争。谁做事漂亮,谁就能够在竞争中取胜。企图硬夺别人的生意,是犯罪的行为。
>
> ——亨利·福特(美国福特汽车公司创办人)

为了取得长期竞争优势,企业可以选择以下三种互相有内在联系的一般竞争战略:成本领先、差异化和集中性战略。

### ▶ 一、成本领先战略

（一）含义

成本领先战略(Overall Cost Leadership)是指通过有效途径,使企业的全部成本低于竞争对手的成本,以获得同行业平均水平以上的利润。在19世纪70年代,随着经验曲线概念的普及,这种战略已经逐步成为企业共同采用的战略。实现成本领先战略需要有一整套具体政策,即要有高效率的设备,积极降低经验成本,紧缩成本和控制间接费用以及降低研究开发、服务、销售、广告等方面的成本。要达到这些目的,必须在成本控制上进行大量的管理工作,即不能忽视质量、服务及其他一些领域工作,尤其要重视与竞争对手有关的降低成本的任务。

（二）优点

只要成本低,企业尽管面临着强大的竞争力量,仍可以在本行业中获得竞争优势。这是因为:

(1) 在与竞争对手的斗争中,企业由于处于低成本地位上,具有进行价格战的良好条件,即使竞争对手在竞争中处于不能获得利润、只能保本的情况下,本企业仍可获利。

(2) 面对强有力的购买者要求降低产品价格的压力,处于低成本地位上的企业仍可以有较好的收益。

(3) 在争取供应商的斗争中,由于企业的低成本,相对于竞争对手具有较大的对原材料、零部件价格上涨的承受能力,能够在较大的边际利润范围内承受各种不稳定经济因素所带来的影响;同时,由于低成本企业对原材料或零部件的需求量一般较大,因而为获得廉价的原材料或零部件提供了可能,同时也便于和供应商建立稳定的协作关系。

(4) 在与潜在进入者的斗争中,那些形成低成本地位的因素常常使企业在规模经济或成本优势方面形成进入障碍,削弱了新进入者对低成本者的进入威胁。

(5) 在与替代品的斗争中,低成本企业可用削减价格的办法稳定现有顾客的需求,使之不被替代产品所替代。当然,如果企业要较长时间地巩固企业现有竞争地位,还必须在产品及市场上有所创新。

（三）缺点

(1) 投资较大。企业必须具备先进的生产设备,才能高效率地进行生产,以保持较高的劳动生产率。同时,在进攻型定价以及为提高市场占有率而形成的投产亏损等方面也需进行大量的预先投资。

(2) 技术变革会导致生产工艺和技术的突破,使企业因过去大量投资和由此产生的高效率一下子丧失优势,并给竞争对手造成以更低成本进入的机会。

(3) 将过多的注意力集中在生产成本上,可能导致企业忽视顾客需求特性和需求趋势的变化,忽视顾客对产品差异的兴趣。

(4) 由于企业集中大量投资于现有技术及现有设备,提高了退出障碍,因而对新技术的采用以及技术创新反应迟钝,甚至采取排斥态度。

（四）适用条件

低成本战略是一种重要的竞争战略,但是,它也有一定的适用范围。当具备以下条件时,采用成本领先战略会更有效力:

(1) 市场需求具有较大的价格弹性;

(2) 本行业的企业大多生产标准化产品,从而使价格竞争决定企业的市场地位;

(3) 实现产品差异化的途径很少;

(4) 多数客户以相同的方式使用产品;

(5) 用户从一个销售商转向另一个销售商时，不会发生转换成本，因而特别倾向于购买价格最优惠的产品。

## 二、差异化战略

（一）含义

所谓差异化战略（Differentiation Strategy），是指为使企业产品与对手产品有明显的区别、形成与众不同的特点而采取的战略。这种战略的重点是创造被全行业和顾客都视为独特的产品和服务以及企业形象。实现差异的途径多种多样，如产品设计、品牌形象、技术特性、销售网络、用户服务等。如美国卡特彼勒履带拖拉机公司，不仅以有效的销售网和可随时提供良好的备件出名，而且以质量精良的耐用产品闻名遐迩。

（二）优点

只要条件允许，产品差异化是一种可行的战略。企业奉行这种战略，可以很好地防御五种竞争力量，获得竞争优势：

(1) 实行差异化战略是利用了顾客对其产品特色的偏爱和忠诚，由此可以降低对产品的价格敏感性，使企业避开价格竞争，在特定领域形成独家经营的市场，保持领先。

(2) 顾客对企业（或产品）的忠诚性形成了强有力的进入障碍，进入者要进入该行业则需花很大气力去克服这种忠诚性。

(3) 产品差异可以产生较高的边际收益，增强企业对付供应者讨价还价的能力。

(4) 由于购买者别无选择，对价格的敏感度又低，企业可以运用产品差异战略来削弱购买者的讨价还价能力。

(5) 由于企业具有特色，又赢得了顾客的信任，在特定领域形成独家经营的市场。便可在与代用品的较量中，比其他同类企业处于更有利的地位。

（三）缺点

(1) 保持产品的差异化往往以高成本为代价，因为企业需要进行广泛的研究开发、产品设计、采用高质量原料和争取顾客支持等工作。

(2) 并非所有的顾客都愿意或能够支付产品差异所形成的较高价格。同时，买主对差异化所支付的额外费用是有一定支付极限的。若超过这一极限，低成本低价格的企业与高价格差异化产品的企业相比就显示出竞争力。

(3) 企业要想取得产品差异，有时要放弃获得较高市场占有率的目标，因为它的排他性与高市场占有率是矛盾的。

（四）适用条件

(1) 有多种使产品或服务差异化的途径，而且这些差异化是被某些用户视为有价值的。

(2) 消费者对产品的需求是不同的。

(3) 奉行差异化战略的竞争对手不多。

以上我们讨论了成本领先战略和产品差异化战略，那么，这两者之间存在什么关系？在这两种战略中如何做出选择呢？1980年10月，美国的威廉·霍尔教授发表了《关于在逆境中争取生存的战略》一文。文章分析了美国钢铁、橡胶、重型卡车、建筑机械、汽车、大型家用电器、啤酒、卷烟等八个行业的实际情况,对这些行业的 64 家大型企业的经营战略进行了分析对比。结果表明,许多成功的企业有一个共同的特点,就是在确定企业竞争战略时都是根据企业内外环境条件,在产品差异化、成本领先战略中选择了一个,从而确定具体目标,采取相应措施而取得成功。当然,也有一些企业同时采取两种竞争战略而成功,如经营卷烟业的菲利浦·莫里斯公司,依靠高度自动化的生产设备,取得了世界上生产成本最低的好成绩,同时它又在商标、销售促进方面进行巨额投资,在产品差异化方面取得成功。但一般来说,不能同时采用这两种战略,因为这两种战略有着不同的管理方式和开发重点,有着不同的企业经营结构,反映了不同的市场观念。

在同一市场的演进中,常会出现这两种竞争战略循环变换的现象。一般来讲,为了竞争及生存的需要,企业往往以产品差异化战略打头,使整个市场的需求动向发生变化,随后其他企业纷纷效仿跟进,使差异化产品逐渐丧失了差异化优势,最后变为标准产品,此时企业只有采用成本领先战略,努力降低成本,使产品产量达到规模经济,提高市场占有率来获得利润。这时市场也发展成熟,企业之间竞争趋于激烈。企业要维持竞争优势,就必须通过新产品开发等途径寻求产品差异化,以开始新一轮战略循环。

## 三、目标聚集战略

### (一)含义

目标聚集战略(Focus Strategy)是指企业把经营的重点目标放在某一特定购买者集团,或某种特殊用途的产品,或某一特定地区,来建立企业的竞争优势及其市场地位。由于资源有限,一个企业很难在其产品市场展开全面的竞争,因而需要瞄准一定的重点,以期产生巨大而有效的市场力量。此外,一个企业所具备的不败的竞争优势,也只能在产品市场的一定范围内发挥作用。例如,天津汽车工业公司面对进口轿车和合资企业生产轿车的竞争,将经营重心放在微型汽车上,该厂生产的"夏利"微型轿车专门适用于在城市狭小街道行驶,且价格又不贵,颇受出租汽车司机的青睐。

目标聚集战略所依据的前提是,厂商能比正在进行更广泛竞争的竞争对手更有效或效率更高地为其狭隘的战略目标服务,结果,厂商或由于更好地满足其特定目标的需要而取得产品差异,或在为该目标的服务中降低了成本,或两者兼而有之。尽管目标聚集战略往往采取成本领先和差异化这两种变化形式,但三者之间仍存在区别。后二者的目的都在于达到其全行业范围内的目标,但整个目标聚集战略却是围绕着一个特定目标服务而建立起来的。

### (二)优点

实行集中战略具有以下几个方面的优势:

(1) 经营目标集中,可以集中企业所有资源于某一特定战略目标之上。

(2) 熟悉产品的市场、用户及同行业竞争情况,可以全面把握市场,获取竞争优势。

(3) 由于生产高度专业化,在制造、科研方面可以实现规模效益。这种战略尤其适用于中小企业,即小企业可以以小补大,以专补缺,以精取胜,在小市场做成大生意,成为"小型巨人"。例如,美国皇冠制罐公司是个规模很小,名不见经传的小型包装容器生产厂家,该公司以金属罐细分市场为重点,专门生产供啤酒、饮料和喷雾罐厂家使用的金属罐。由于公司集中全力,经营非常成功,令销售额达数十亿美元的美国制罐公司刮目相看。

(三) 缺点

集中战略也包含风险,要防止来自三方面的威胁,并采取相应措施维护企业的竞争优势:

(1) 以广泛市场为目标的竞争对手,很可能将该目标细分市场纳入其竞争范围。甚至已经在该目标细分市场中竞争,构成对企业的威胁。这时企业要在产品及市场营销各方面保持和加大其差异性,产品的差异性越大,集中战略的维持力越强;需求者差异性越大,集中战略的维持力也越强。

(2) 该行业的其他企业也采用集中战略,或者以更小的细分市场为目标,构成了对企业的威胁。这时选用集中战略的企业要建立防止模仿的障碍,当然其障碍的高低取决于特定的市场细分结构。另外,目标细分市场的规模也会造成对集中战略的威胁,如果细分市场较小,竞争者可能不感兴趣,但如果是在一个新兴的、利润不断增长的较大的目标细分市场上也采用集中战略,开发出更为专业化的产品,就会剥夺原选用集中战略的企业的竞争优势。

(3) 如果社会政治、经济、法律、文化等环境的变化,技术的突破和创新等多方面原因引起替代品出现或消费者偏好发生变化,导致市场结构性变化,此时集中战略的优势也将随之消失。

要成功地实行以上三种一般竞争战略,需要不同的资源和技巧,需要不同的组织安排和控制程序,需要不同的研究开发系统,因此,企业必须考虑自己的优势和劣势,根据经营能力选择可行的战略。表 4-1 列出三种竞争战略所需要的技能和要求。

表 4-1 一般竞争战略的要求[①]

| 一般竞争战略 | 共同需要的技能和资源 | 共同的组织要求 |
| --- | --- | --- |
| 成本领先战略 | 1. 持续的资本投资和获得资本的途径<br>2. 生产加工工艺技能<br>3. 严密的劳动监督<br>4. 设计容易制造的产品<br>5. 低成本的分销系统 | 1. 严密的成本控制<br>2. 经常而又详尽的成本控制报告<br>3. 结构严密的组织和责任<br>4. 以实现严格的目标为基础的刺激 |
| 差异化战略 | 1. 强有力的市场营销能力<br>2. 产品工艺技术<br>3. 创造性的眼光<br>4. 强有力的基础研究能力<br>5. 公司在质量或技术领先方面的声誉<br>6. 行业内长期形成的传统或吸取其他企业经营技能的独特的组合方式<br>7. 各种销售渠道强有力的合作 | 1. 对研究开发、产品开发和市场营销等职能活动强有力的协调<br>2. 用主观测定和刺激代替定量化的测定<br>3. 吸引高技能的工人、科研人员或有创新能力人才的舒适环境 |
| 集中性战略 | 针对特定战略目标的上述各种政策的结合 | 针对特定战略目标的上述各种政策的结合 |

---

① 甘碧群,《市场营销学(第三版)》,武汉大学出版社,2002 年 11 月,第 211 页。

同样，一般性竞争战略还需要不同的领导风格，适合各种战略的企业文化，这些因素对能否成功实施一般战略影响也较大。

## 第二节 不同市场地位的企业竞争战略

### 一、市场领先者战略

所谓市场领导者（Market Leader），是指在相关产品的市场上市场占有率最高的企业。一般来说，大多数行业都有一家企业被公认为市场领导者，它在价格调整、新产品开发、配销覆盖和促销力量方面处于主导地位。它是市场竞争的导向者，也是竞争者挑战、效仿或回避的对象。如美国汽车行业的通用汽车公司、电脑行业的IBM、软饮料行业的可口可乐公司以及快餐业中的麦当劳公司等。

这些市场领导者的地位是在竞争中自然形成的，但不是固定不变的。如果它没有获得法定的特许权，必然会面临着竞争者的无情挑战。因此，企业必须随时保持警惕并采取适当的措施。

一般来说，市场领导者为了维护自己的优势，保持自己的领导地位，通常可采取三种战略：一是设法扩大整个市场需求；二是采取有效的防守措施和攻击战术，保持现有的市场占有率；三是在市场规模保持不变的情况下，进一步扩大市场占有率。

（一）扩大市场需求总量

一般来说，当一种产品的市场需求总量扩大时，受益最大的是处于市场领导地位的企业。因此，市场领导者应努力从以下三个方面扩大市场需求量：

1. 挖掘新用户

每一种产品都有吸引顾客的潜力，因为有些顾客或者不知道这种产品，或者因为其价格不合适或缺乏某些特点等而不想购买这种产品，这样，企业可以从三个方面发掘新的使用者。如香水制造商可设法说服不用香水的妇女使用香水（市场渗透策略）；说服男士使用香水（新市场策略）；或者向其他国家或地区推销香水（地理扩张策略）。

在发掘新使用者方面，一个非常成功的范例是庄臣公司的婴儿洗发精。由于美国1960年代以后出生率下降，婴儿用品市场逐步萎缩，为摆脱困境，庄臣公司决定针对成年人发动一场广告攻势，向成年人推销婴儿洗发精，取得了良好效果。不久以后，该品牌的婴儿洗发精就成为整个洗发精市场的领导者。

2. 开辟新用途

公司也可通过发现并推广产品的新用途来扩大市场。杜邦公司的尼龙就是这方面的典范。每当尼龙进入产品生命周期的成熟阶段，杜邦公司就会发现新用途。尼龙首先是用作降落伞的合成纤维；然后是作女袜的纤维；接着成为男女衬衫的主要原料；再后又成为汽车轮胎、沙发椅套和地毯的原料。每项新用途都使产品开始了一个新的生命周期。这一切都归功于该公司为发现新用途而不断进行的研究和开发计划。

同样,顾客也是发现产品新用途的重要来源,例如凡士林刚问世时是用作机器润滑油,但在使用过程中,顾客发现凡士林还有许多新用途,如作润肤脂、药膏和发蜡等。因此,公司必须注意顾客对本公司产品使用的情况。

3. 提高使用量

促使使用者增加用量也是扩大需求的一种重要手段。例如牙膏生产厂家劝说人们每天不仅要早晚刷牙,最好每次饭后也要刷牙,这样就增加了牙膏的使用量。再如宝洁公司劝告用户,在使用海飞丝洗发精洗发时,每次将使用量增加一倍,效果更佳。

(二) 保护市场占有率

处于市场领导地位的企业,在努力扩大整个市场规模时,必须注意保护自己现有的业务,防备竞争者的攻击。例如,可口可乐公司必须对百事可乐公司常备不懈;柯达公司要防备富士公司的进攻等。

市场领导者如何防御竞争者的进攻呢? 最有建设意义的答案是不断创新。领导者不应满足于现状,必须在产品创新、提高服务水平和降低成本等方面,真正处于该行业的领先地位,同时,应该在不断提高服务质量的同时,抓住对方的弱点主动出击,此所谓"进攻是最好的防御"。

市场领导者即使不发动进攻,至少也应保护其所有战线,不能有任何疏漏。IBM公司之所以决定生产个人电脑,其部分原因就是为了防止其他公司乘虚而入、站稳脚跟后发展壮大。堵塞漏洞要付出很高的代价,随便放弃一个产品或细分市场,"机会损失"可能更大。柯达公司因为 35 毫米照相机蚀本就放弃了这一市场,但是日本人却想方设法对这种照相机进行改进,使之便于操作,从而迅速取代了价格较低的柯达照相机。由于资源有限,领导者不可能保持它在整个市场上的所有阵地,因此,它必须善于准确地辨认哪些是值得耗资防守的阵地,哪些是可以放弃而不会招致风险的阵地,以便集中使用防御力量。防御策略的目标是要减少受到攻击的可能性,将攻击转移到威胁较小的地带,并削弱其攻势。具体来说,有六种防御策略可供市场领导者选择。

1. 阵地防御

阵地防御(Position Defense)就是在现有阵地周围建立防线,这是一种静态的消极的防御,是防御的基本形式,但是,不能作为唯一形式。对于营销者来讲,单纯防守现有的阵地或产品,就会患"营销近视症"。当年,亨利·福特为他的 T 型车的近视症付出了沉重的代价,使得年赢利 10 亿美元的福特汽车公司从顶峰跌到濒临破产的边缘。

与此相对比的是,现在可口可乐公司虽然已经发展到年产量占全球饮料半数左右的规模,但仍然积极从事多角化经营,如打入酒类市场,兼并水果饮料公司,从事塑料和海水淡化设备等工业。总之,遭受攻击的市场领导者如果集中全部资源,一味防御,那将是十分愚蠢的。

2. 侧翼防御

侧翼防御(Flanking Defense)是指市场领导者除保卫自己的阵地外,还应建立某些辅助性的基地作为防御阵地,必要时作为反攻基地。特别要注意保卫自己较弱的侧翼,防止对手乘虚而入。例如,1970 年代美国的汽车公司就是因为没有注意侧翼防御,遭到日本小型汽车的进攻,失去了大片阵地。

### 3. 先发防御

先发防御(Preemptive Defense)是一种更积极的防御策略,是在敌方对自己发动进攻之前,先发制人抢先攻击。具体做法是,当竞争者的市场占有率达到某一危险的高度时,就对它发动攻击;或者是对市场上的所有竞争者全面攻击,使得对手人人自危。

有时,这种以攻为守是侧重心理作用,并不一定付诸行动。如市场领导者可发出市场信号,迫使竞争者取消攻击。一家美国大型制药厂是某种药品的领导者,每当它听说一个竞争对手要建立新厂并生产这种药时,就放风说自己正在考虑将这种药降价,并且要考虑扩建新厂,以此吓退竞争者。

当然,企业如果拥有强大市场资产——品牌忠诚度高、技术领先等,面对对手挑战,可以沉着应战,不轻易发动进攻。如美国亨氏公司对汉斯公司在番茄酱市场上的进攻,就置之不理,结果后者得不偿失,以败阵告终。

### 4. 反击防御

当市场领导遭到对手降价或促销攻势,或改进产品、市场渗透等进攻时,不能只是被动应战,应主动反攻即反击防御(Counteroffensive Defense)。领导者可选择迎击对方的正面进攻、迂回攻击等策略。例如,美国西北航空公司最有利的航线之一——明尼阿波利斯至亚特兰大航线,受到另一家航空公司降价和促销进攻时,西北航空公司采取的报复手段是将明尼阿波利斯至芝加哥航线的票价降低,由于这条航线是对方主要收入来源,结果迫使进攻者不得不停止进攻。

### 5. 运动防御

运动防御(Mobile Defense)要求领导者不但要积极防守现有阵地,还要扩展到可作为未来防御和进攻中心的新阵地,它可以使企业在战略上有较多的回旋余地。

### 6. 收缩防御

有时,在所有战场阵地上进行全面防御会力不从心,从而顾此失彼,在这种情况下,最好的行动是实行战略收缩——收缩防御(Contraction Defense),即放弃某些薄弱的市场,把力量集中用于优势的市场阵地中。例如,美国西屋电器公司将其电冰箱品种由40种缩减到30种,占其销售额的85%。

### (三) 提高市场占有率

市场领导者设法提高市场占有率,将此作为增加收益、保持领导地位的一个重要手段。在美国市场上,市场份额提高一个百分点就意味着数千万美元的收益。如咖啡市场份额的一个百分点就值4 800万美元,而软饮料市场的一个百分点就是1.2亿美元。美国的一项称为"企业经营战略对利润的影响"(PIMS)的研究表明,市场占有率是影响投资收益率最重要的因素之一,市场占有率越高,投资收益率越大,市场占有率高于40%的企业其平均投资收益率相当于市场占有率低于10%者的3倍。因此,许多企业以提高市场占有率为目标,例如,美国通用电气公司要求它的产品在各市场上都要占据第一或第二位,否则就要撤退。该公司就曾将电脑和空调两项业务的投资撤回,因为它们在其中无法取得独占鳌头的地位。

但是,有些学者对该项研究提出不同意见。他们在对某些产业的研究中发现,有些企业其市场占有率虽然较低,但其利润率高,它们的特点是产品质量较高,相对其高质量来说价格中等或偏低,产品经营范围狭窄,其中大部分企业都是生产常用的工业部件或原材料,对其产品很少改动。对有些行业的研究结果表明,市场占有率和利润率之间存在一条 V 形关系曲线。在 V 形曲线上,大企业趋向于追求占领整个市场,并通过实现规模经济而获得较高的利润回报率。弱小的竞争者可集中经营某些较窄的业务细分市场,制定专用于该细分市场的生产、市场营销和配销的策略方针,通过建立专业化竞争优势也能获得较高的利润率。在 V 形曲线底部的中等竞争者,既不能获得规模经济效益,又不能获得专业化竞争优势,因此利润回报率最低。

随着企业在其所服务的市场上获得的市场占有率超过其竞争者,盈利就会增加。奔驰公司获得高额利润,是因为它在其所服务的豪华汽车市场上是一个占有率高的公司,尽管它在整个汽车市场上占有率并不是很高。

不过,公司切不可认为在任何情况下市场占有率的提高都意味着收益率的增长,这还取决于为提高市场占有率所采取的营销策略是什么。有时为提高市场占有率所付出的代价会高于它所获得的收益,因此,企业在提高市场占有率时应考虑以下三个因素:

(1) 引起反垄断诉讼的可能性。许多国家为维护市场竞争,制定了反垄断法,当企业的市场占有率超过一定限度时,就有可能受到反垄断诉讼和制裁。

(2) 经济成本。当市场份额已达到一定水平时,再提高一步的边际成本非常大,甚至得不偿失。

(3) 企业在争夺市场占有率时所采用的营销组合策略。有些营销手段对提高市场占有率很有效,但却未必能提高利润。只有在下列两种情况下,市场占有率才同收益率成正比:

① 单位成本随着市场占有率的提高而下降。福特汽车公司在 1920 年代销售 T 型车便是采取了这种策略。

② 公司在提供优质产品时,销售价格的提高大大超过为提高质量所投入的成本。美国学者克罗斯比(Crosby)认为:质量是免费的,因为质量好的产品可减少废品损失和售后服务的开支等,这就节约了成本。但是,其产品应投消费者之所好,这样消费者就愿意支付超出成本的高价。

## 二、市场挑战者战略

在行业中名列第二的企业称为亚军公司或者追赶公司,例如汽车行业的福特汽车公司、软饮料行业的百事可乐公司等。这些亚军公司对待当前的竞争形势有两种态度:一种是向市场领导者和其他竞争者发动进攻,以夺取更大的市场占有率,这时它们可称为市场挑战者(Market Challenger);另一种是维持现状,避免与市场领导者和其他竞争者产生争端,这时它们称为市场追随者(Market Follower)。

市场挑战者如果要向市场领导者和其他竞争者挑战,首先必须确定自己的战略目标和挑战对象,然后再选择适当的进攻策略。

> **名人名言**
> 新的竞争不是发生在各个公司的工厂生产什么产品,而是发生在其产品能提供何种附加利益。
>
> ——莱维特(美国学者)

(一)确定战略目标和挑战对象

战略目标同进攻对象密切相关,针对不同的对象存在不同的战略目标。一般说来,挑战者可以选择以下三种公司作为攻击对象:

1. 攻击市场主导者

这一战略风险很大,但是潜在的收益可能很高。为取得进攻的成功,挑战者要认真调查研究顾客的需要及其不满之处,这些就是市场领导者的弱点和失误。如美国米勒啤酒之所以获得成功,就是因为该公司瞄准了那些想喝"低度"啤酒的消费者为开发重点,而这一市场在以前却被忽视了。此外,通过产品创新,以更好的产品来夺取市场也是可供选择的策略。例如,施乐公司通过开发出更好的复印技术(用干式复印代替湿式复印),成功地从3M公司手中夺走了复印机市场。

2. 攻击规模相当者

挑战者对一些与自己势均力敌的企业,可选择其中经营不善而发生危机者作为攻击对象,以夺取它们的市场。

3. 攻击地方性小企业

一些地方性小企业中经营不善而发生财务困难者,可作为挑战者的攻击对象。例如,美国几家主要的啤酒公司能成长到目前的规模,就是靠吞并一些小啤酒公司,蚕食小块市场而得来的。

(二)选择总进攻策略

在确定了战略目标和进攻对象之后,挑战者要考虑进攻的策略问题。其原则是集中优势兵力于关键的时刻和地方。总的来说,挑战者可选择以下五种战略:

1. 正面进攻

正面进攻(Frontal Attack)就是集中兵力向对手的主要市场发动攻击,打击的目标是敌人的强项而不是弱点。这样,胜负便取决于谁的实力更强,谁的耐力更持久,进攻者必须在产品、广告、价格等主要方面大大领先对手,方有可能成功。

进攻者如果不采取完全正面的进攻策略,也可采取一种变通形式,最常用的方法是针对竞争对手实行削价。通过在研究开发方面大量投资,降低生产成本,从而在低价格下向竞争对手发动进攻,是持续实行正面进攻策略最可靠的基础之一。日本企业是实践这一策略的典范。

2. 侧翼进攻

侧翼进攻(Flanking Attack)就是集中优势力量攻击对手的弱点,有时也可正面佯攻,牵制其防守兵力,再向其侧翼或背面发动猛攻,采取"声东击西"的策略。侧翼进攻可以分为两种:一种是地理性的侧翼进攻,即在全国或全世界寻找对手相对薄弱的地区发动攻击。例如,IBM 公司的挑战者就是选择一些被 IBM 公司忽视的中小城市建立强大的分支机构,获得了顺利的发展;另一种是细分性侧翼进攻,即寻找市场领导企业尚未很好满足的细分市场。例如,德国和日本的汽车生产厂商就是通过发掘一个尚未被美国汽车生产厂商重视的细分市场,即对节油的小型汽车的需要,而获得极大发展。

侧翼进攻不是指在两个或更多的公司之间浴血奋战来争夺同一市场,而是要在整个市场上更广泛地满足不同的需求。因此,它最能体现现代市场营销观念,即"发现需求并且满足它们"。同时,侧翼进攻也是一种最有效和最经济的策略,较正面进攻有更多的成功机会。

3. 围堵进攻

围堵进攻(Encirclement Attack)是一种全方位、大规模的进攻策略,它在几条战线发动全面攻击,迫使对手在正面、侧翼和后方同时全面防御。进攻者可向市场提供竞争者能供应的一切,甚至比对方还多,使自己提供的产品无法被拒绝。当挑战者拥有优于对手的资源,并确信围堵计划的完成足以打垮对手时,这种策略才能奏效。日本精工表在国际市场上就是采取这种策略。在美国,它提供了约 400 个流行款式、不断更新的产品和各种吸引消费者的促销手段,取得了很大成功。

4. 迂回进攻

迂回进攻(Bypass Attack)是一种最间接的进攻策略,它避开了对手的现有阵地而迂回进攻。具体办法有三种:发展无关的产品,实行产品多元化经营;以现在产品进入新市场,实现市场多元化;通过技术创新和产品开发,以替换现有产品。

例如美国高露洁公司在面对强大的宝洁公司竞争压力下,就采取了这种策略:即加强高露洁公司在海外的领先地位,在国内实行多元化经营,向宝洁没有占领的市场发展,迂回包抄宝洁公司。该公司不断收购纺织品、医药产品、化妆品及运动器材和食品公司,结果获得了极大成功。

5. 游击进攻

游击进攻(Guerrilla Attack)主要适用于规模较小、力量较弱的企业,目的在于通过向对方不同地区发动小规模的、间断性的攻击来骚扰对方,使之疲于奔命,最终巩固永久性据点。游击进攻可采取多种方法,包括有选择的降价,突袭式的促销行动等。应该指出的是,尽管游击进攻可能比正面围堵或侧翼进攻节省开支,但如果想打倒对手,光靠游击战不可能达到目的,还需要发动更强大的攻势。

### 三、市场跟随者战略

美国市场学学者李维特教授认为,有时产品模仿(Product Imitation)与产品创新(Product Innovation)一样有利。因为一种新产品的开发和商品化要投入大量资金,也就是说,市场领导者地位的获得是有代价的。而其他厂商仿造或改良这种产品,虽然不能取代市场领导者,但因不必承担新产品创新费用,也可获得很高的利润。一般来说,跟随战略可分为以下三类:

(一) 紧密跟随

紧密跟随(Following Closely)是指跟随者尽可能地在各个细分市场和营销组合领

域仿效领导者。这种跟随者有时好像是挑战者,但只要它不从根本上危及领导者的地位,就不会发生直接冲突。有些跟随者表现为较强的寄生性,因为它们很少刺激市场,总能依赖市场领导者的市场努力而生存。

### (二)有距离跟随

有距离跟随(Following at a Distance)是指跟随者在某些方面紧随领导者,而在另一些方面又自行其是。也就是说,它不是盲目追随,而是择优跟随,在跟随的同时还要发展自己的独创性,但同时避免直接竞争。这类跟随者之中有些可能发展成为挑战者。

### (三)有选择地跟随

此外,还有一种特殊的跟随者在国际市场上十分猖獗,即"冒牌货"。这些产品具有很大的寄生性,它们的存在对许多国际驰名的公司是一个巨大的威胁,已成为新的国际公害,因此必须制定对策,以清除和击退这些"跟随者"。

## 四、市场补缺者战略

几乎每个行业都有些小企业,它们专心致力于市场中被大企业忽略的某些细分市场,在这些小市场上通过专业化经营来获取最大限度的收益。这种有利的市场位置不仅对于小企业有意义,而且对某些大企业中的较小业务部门也有意义,它们也常设法寻找一个或多个既安全又有利的补缺。这种有利市场位置在西方被称为"niche",即补缺基点。

所谓市场补缺者(Market Nicher),是指精心服务于市场上被大企业忽略的某些细小部分,而不与这些主要的企业竞争,只是通过专业化经营来占据有利的市场位置的企业。

补缺市场的特征有:有足够的市场潜量和购买力;市场有发展潜力;对主要竞争者不具有吸引力;企业具备有效地为这一市场服务所必需的资源和能力;企业已在顾客中建立起良好的信誉,足以对抗竞争者。

获取补缺的主要策略是专业化,公司必须在市场、顾客、产品或渠道等方面实行专业化。一般来讲,企业可以通过以下十个方面来实施市场补缺战略:

(1)最终用户专业化。

即专门致力于为某类最终用户服务。例如书店可以专门为爱好或研究文学、经济、法律等的读者服务。

(2)垂直层次专业化。

即专门致力于生产—分销循环周期的某些垂直层次的业务。如制铝厂可专门生产铝锭、铝制品或铝质零部件。

(3)顾客规模专业化。

即专门为某一种规模(大、中、小)的客户服务。如许多补缺者专门为大公司忽略的小规模顾客服务。

(4)特定顾客专业化。

即只对一个或几个主要客户服务。如美国一些企业专门为西尔斯百货公司或通用汽车公司供货。

(5) 地理区域专业化。

即专为国内外某一地区或地点服务。

(6) 产品或产品线专业化。

即只生产一大类产品。如美国的绿箭公司专门生产口香糖,现已发展成为一家世界著名的跨国公司。

(7) 客户订单专业化。

即专门按客户订单生产预订的产品。

(8) 质量与价格专业化。

即选择在市场的底部(低质低价)或顶部(高质高价)开展业务。

(9) 服务项目专业化。

即专门提供一种或几种其他企业没有的服务项目。如美国一家银行专门承办电话贷款业务,并为客户送款上门。

(10) 分销渠道专业化。

即专门服务于某一类分销渠道,如生产适用于超级市场销售的产品。

市场补缺者要承担较大风险,因为补缺本身可能会枯竭或受到攻击,因此,在选择市场补缺时,营销者通常选择两个或两个以上的补缺,以确保企业的生存和发展。不管怎样,只要营销者善于经营,小企业也有机会为顾客服务并赢得利润。

## 第三节  不同行业的竞争战略

**名人名言**

故用兵之法,十则围之,五则攻之,倍则分之,敌则能战之,少则能逃之,不若则能避之。

——《孙子兵法》

在不同行业发展阶段,其行业结构不同,因而企业的战略选择也不同。在制定战略时,除了要注意行业结构特点外,还要注意行业战略陷阱。

### 一、新兴行业中的竞争战略

波特在《竞争战略》中这样定义新兴行业:新兴行业是指由技术创新、相对成本关系、新的消费者需求或者其他有可能催生新产品或者服务商机的经济和社会变革推动的新成立或者重生的行业。从制定战略的观点来看,新兴行业的基本特征是没有既定的游戏规则。新兴行业中的竞争问题是必须确立竞争规则,以便企业有章可循、获得发展。缺乏游戏规则是一把双刃剑,既带来了风险,也带来了机遇。处在新兴行业的企业,需了解行业结构、限制发展的因素,进而进行战略选择。

### (一)新兴行业的结构特征

新兴行业在结构方面有一些典型特征,这些特征与是否存在竞争基础或者竞争规则有关,也与行业初始阶段的规模或者新异程度相关。

#### 1. 技术上的不确定性

新兴行业的技术,具有不同程度、不同方面的不确定性。这些不确定性包括产品的结构、生产技术、产品标准、生产工艺等。这些需要企业进行试验、调整、改进、直至成熟。这一过程要求企业投入研发费用,增加了成本。

#### 2. 缺乏统一的行业标准

新兴行业中,有关行业活动、行业关系、行业评判等方面的标准、模式尚未完全形成,甚至没有。行业的先行企业,往往可以使自己企业的产品特征、组织方式、经营方式或分销渠道成为行业的标杆,建立先发优势。这种先发优势可以成为阻碍其他潜在竞争者进入市场的有力障碍。从这点来看,新兴行业先行企业的战略选择,将在很长一段时期内影响企业在行业中的地位,甚至影响到行业的结构特征。

#### 3. 战略上的不确定性

新兴行业内部的企业探索各种战略,没有公认的"正确"战略。所有企业都在摸索中前进,按照不同的产品结构和配置或者生产技术,在产品和市场定位、营销、服务等方面采用不同的方法。同时,企业通常对行业新兴阶段竞争对手、客户的特征、行业条件等知之甚少。没有人了解竞争对手是谁,也没有现成的可靠的行业销售和市场份额数据可供参考。尽管存在战略上的不稳定性和探索性,但由于这种不稳定性和探索性是全行业的特征,所以任何能发现并实施恰当战略的企业都能在业绩上形成突破。

#### 4. 初始成本很高但随后成本迅速下降

由于产品新、产量低、供应链不完备,导致初始成本很高。然而随着技术的进步,工艺的改进,生产规模的扩大,工人技能的提高,供应链的完备,生产成本会迅速下降。

### (二)限制行业发展的因素

新兴行业都面临着一些不同程度的制约行业发展的因素或者问题。这些制约因素或者问题起源于行业新兴的性质,以及对外部经济的依赖特征等外在因素。具体可以分为以下几类。

#### 1. 难以获得原材料或生产部件

新兴行业的发展需要找到新的供应商或者扩展现有供应商的产能,甚至需要改变或者改良原材料或部件来满足行业发展的需要。在行业发展的过程中,原材料和部件的缺乏在新兴行业中非常普遍。

#### 2. 原材料价格不断上升

由于需求的不断增长和供应的不足,关键原材料的价格往往会在新兴行业的早期阶段不断攀升。这种情况一部分是因为供求关系的经济规律导致,另一部分是因为供应商奇货可居的行为造成的。

#### 3. 缺乏基础设施

新兴行业往往要面临因缺乏基础设施而导致的原材料供应困难或者其他问题,这些问题包括分销网络、服务设施、训练有素的工程师、配套的相关产品或服务(例如电动汽车需要充电站网络)。

4. 缺乏产品或技术标准

无法针对产品或者技术标准达成一致意见激化了原材料或者配套产品供应短缺的问题,进而制约了行业改善成本。缺乏产品或技术标准是由于新兴行业中产品和技术具有高度的不确定性造成的。

5. 对技术过时的担忧

如果认定第二代或者第三代技术的出现会大幅度使当前存在的产品过时,消费者就会采取观望态度,等待更好或更便宜的产品出现,这样就会使新兴行业的发展受到阻碍。这种现象在当前很多新兴行业内存在,比如手机和个人电脑。

6. 消费者的困惑

新兴行业的消费者经常迷茫,这种迷茫主要源于行业存在多种生产方法、技术路线,以及各家企业之间相互矛盾的说法等。所有这些现象都是技术不确定、缺乏行业标准的外在表现。这些问题会强化消费者购买产品时的风险意识,从而压制了行业销售额的增长。

7. 产品质量的不稳定

新兴行业中有很多新成立的企业,由于行业缺乏统一标准,技术不确定,导致行业内产品的质量不稳定,且参差不一,良莠不齐。产品质量不稳定的问题虽然可能只存在于少数几家企业,但会对整个行业的形象和可信度带来极大的负面影响。

8. 在金融界的形象和信誉不佳

由于行业较新,不确定因素较多,客户、行业前景及产品市场充满疑虑,以及产品质量不稳定,使得新兴行业在金融界的形象和可靠度都不佳,甚至很差。这种情况不仅会削弱企业获得低成本融资的能力,而且还可能影响客户获得信用的能力。

9. 监管许可

新兴行业为满足某种需求而需要采用新的方法或技术,且需要得到当局的批准,那么在获得监管机构承认和批准的时候,企业就常会遇到拖延和扯皮。当然,另一方面,政府当局的支持、鼓励也会使新兴行业得到快速发展。如太阳能光伏发电行业,在中国政府的扶持下,最近得到了飞速发展。

10. 受威胁企业的反应

由于新兴行业的发展,某些企业或者行业必然会受到威胁。受到威胁的企业或行业可能会采用多种手段和新兴行业博弈。其中一种是通过政治手段施压,另一种是通过谈判解决。如果行业面临着被新兴行业替代的威胁,其采取的措施往往是降低价格、放弃利润(或者是增加营销支出),也有可能是增加研发投资以增加被威胁产品或服务的竞争力。图 4-1 反映了增加研发投资而增加竞争力。如果受到威胁的行业选

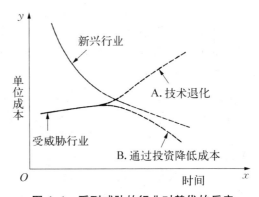

图 4-1 受到威胁的行业对替代的反应

择提高质量、降低成本，那么新兴行业中的企业必须快速地降低学习成本，并降低与规模有关的成本。

为保持销售量，受到替代威胁的行业不惜牺牲利润、降低定价，或者加大投资以降低成本，这种行为与被替代行业的退出壁垒有关。如果不管由于什么原因，使得退出壁垒过高，那么受威胁行业就会孤注一掷地抵制与反击新兴行业的成长。

### （三）新兴行业竞争战略

新兴行业中的企业制定战略必须要处理由这个时期行业特点所决定的不确定要素及其带来的风险问题。这些因素从两方面影响战略制定。一方面是增加了战略的制定的难度，因为此时竞争规则尚未确立，行业结构没有明朗，还处在变化当中，而分析竞争对手也有很大的困难。但是这些因素另一方面造就了战略制定的灵活性，因为行业处在新兴阶段，游戏规则并未发展成熟，在战略选择上具有最大的自由度，优秀的战略决策往往能最大限度提升企业的业绩。因此，处于行业新兴阶段的企业，制定战略时，应重点考虑以下几个方面。

#### 1. 塑造行业结构

新兴行业中最主要的战略问题是企业塑造行业结构的能力。企业通过其战略选择，力争在产品定位、营销方法、定价策略和运营模式等方面建立一套有利于自身发展的竞争原则。在行业特有的经济规律和资源的约束下，企业寻找的战略方向是能帮助自己确立长期有利竞争地位的，并在此基础上制定竞争规则。

为了促进行业结构的形成，企业需要主动地为行业发展做出一定的贡献。例如，促进行业标准的形成，协助成立行业协会等。这些活动可能会增加企业的支出，但这些活动能帮助企业渗透市场，塑造行业结构，获得长期的经济和非经济效益。

#### 2. 供应商和渠道的角色的改变

从战略的角度来看，随着行业规模的增长，行业的价值越来越高，因而对其供应商和经销商的吸引力越来越大，因而供应商和经销商可能会随之改变经营策略。新兴行业中的企业必须为供应商和分销渠道的经营策略的变化做好应对的准备。供应商可能更加愿意满足行业所需产品的种类、服务和交付等方面的特殊需求。同样，经销商见到有利可图，也更加愿意投资与企业在基础设施或者广告方面进行合作。企业如能尽早察觉并利用供应商或者经销商角色的变化，就更能获得战略杠杆。

#### 3. 改变行业进入壁垒

在新兴行业中，会存在早期进入壁垒，如原材料、适用技术、分销渠道、成本优势、高风险等方面。但是，这些早期壁垒消失得很快。随着行业规模的扩大和技术的成熟，进入壁垒的形式会发生变化。因此，新兴行业中的企业必须要评估当前和未来的壁垒、行业对不同种类企业的吸引力以及被吸引企业克服壁垒的能力，从而判断未来可能进入行业的企业的性质。并根据这个判断，建立自己在行业中独特地位的新方法，逐步减少单纯地对技术和产品方面的依赖。一般来讲，行业越成熟，进入壁垒就越是向资本、规模、创新等方面倾斜。

#### 4. 确定适当进入时机

企业面临的一个关键战略决策是"何时进入新兴行业对企业最有利"。过早进入

（或者率先进入）的风险较高，但面对的进入壁垒较低，能获得长期回报。若行业具有以下特征时，企业须尽早进入：

（1）企业的形象和声誉对买方很重要，企业可以通过成为行业先行者提升自己的声誉。

（2）当行业的经验曲线效应强时，早早进入能帮助企业在重要的业务领域里学习；经验很难被模仿，而且不会因为连续的技术更新换代而失效。

（3）在消费者的忠诚性较高的行业中客户忠诚度较高，因此企业向客户出售产品的时间越早，积累的收益就越多。

（4）当较早与供应商及分销商建立关系能获得明显的成本优势的行业，企业应该争取较早地进入。

但是，在下列情况下，过早进入行业需要企业承担较高的风险：

（1）行业发展早期的竞争和市场细分的基础与行业后来的发展情况完全不同。因此，企业积累的经验或者技术可能没有用，需要付出巨大的转变成本，才能跟得上行业的发展。

（2）开辟新市场的成本很高，包括教育客户、获得批准等方面。同时，开辟新市场的收益也不可能被企业独自享有。

（3）早期与小型新企业展开代价昂贵的竞争，且这些小企业很快就会被后来更可怕的竞争对手所取代。

（4）技术改变会使企业在行业发展早期所做的投资失效，而后来进入的企业因为拥有更先进的产品和工艺而获得竞争优势。

5. 战术行动

新兴行业发展面临的限制因素或问题，从另一个角度来看，也指明了企业可采取某些战术行动，通过这些战术行动可以提升自己的战略竞争地位。

（1）尽早与原材料供应商达成战略合作协议，优先获得原材料，可以使企业在碰到原材料短缺的情况下，获得竞争优势。

（2）若资本市场（如华尔街）看好某个行业，就可以充分利用融资渠道融资，即使这个企业目前并不需要资金。这能够大大减少企业的资本成本。

6. 应对竞争对手

在新兴行业中应对竞争对手是一大难题，尤其对于那些曾是先行者且占有大量市场份额的企业来说更是如此。具体表现在，一方面，先行企业与新进入者和自立门户者存在着竞争；另一方面，为了行业的发展，先行企业又不得不依赖竞争对手。在新兴行业中普遍存在一个问题，即先行企业在投入过多资源保护自身较高的市场份额的同时，对长期以来不太有可能成为市场骨干力量的企业做出反击。虽然在行业新兴阶段，偶尔要求企业对竞争对手做出激烈的反应很有必要，但是企业最好把精力放在提高自身的竞争优势、推动行业的发展进度上。可以通过许可加盟或者其他形式鼓励特定的竞争对手进入市场。比如特斯拉，通过开放电动车制造的技术专利，鼓励更多的企业进入电动车行业。只有这样，电动车行业才能快速发展，特斯拉才会有更大的市场。随着行业发展的成熟，先行企业可以尽早鼓励一些靠量取胜的企业入行，分散竞争压力。

## 二、成熟行业中的竞争战略

处于成熟阶段的行业,产品供给足以满足市场需要,同时生产产品的技术和工艺也基本上不存在保密性,大部分企业都具备了必需的甚至是相同的技术水平,维持着薄利的经营活动。

在充分竞争的市场上,企业竞争的结果是产品趋同。为了让消费者能识别自己企业的产品,同时迎合消费者的特殊需求,企业纷纷为自己的产品赋予其他企业所不具备的特性,这表示企业试图进入差别化经营阶段。

### (一)成熟行业的特点

行业进入成熟期表现在以下几个方面。

**1. 产品技术成熟**

行业成熟阶段的产品技术成熟,企业对于产品制造和供应上的技术已很少有突破的愿望,因为市场尚未形成对新技术的期望。由于行业内各家企业提供的产品均能满足购买者的需求,因此购买者对企业产品的选择越来越取决于产品的价格,或价格与服务的组合。

**2. 竞争程度加剧**

在行业成熟阶段,由于技术为各家企业所掌握,产品成本日趋一致(甚至不同厂家的供应商是同一家),产品日趋同质,因此,企业面临更为激烈的市场竞争。由于技术成熟、产品标准化及寻求低成本战略等需求,企业竞相投资于具有资源优势的国家和地区,从事全球性的生产和经营活动。同时,在成熟行业中,企业所服务的国内市场往往增长缓慢且趋于饱和,在竞争的压力下,企业转向经济发展比较落后、行业演变尚未进入成熟期的国家或地区。在这种情况下,企业开始走向国际化经营的道路。

**3. 收购兼并增多**

在行业成熟阶段,一些企业利用自己的优势,进行兼并与收购,从而进行垂直一体化经营或多元化经营,以提高国际竞争力。

### (二)成熟行业竞争战略

成熟行业的特点要求企业重新审视经营战略,实现战略的转移,具体内容有以下 8 个方面。

**1. 审视现行的企业战略**

随着行业的成熟,在行业新兴时期制定的战略必定不再适用,需要调整。行业快速增长往往掩盖了战略的错误(如果有),给行业内几乎所有企业提供了生存甚至繁荣的空间。企业实施战略的试验程度很高,有很多战略可以共存。但一旦行业成熟,战略的弊端(如果有)就会暴露无遗。行业成熟会迫使企业首度面对三大通用战略的选择:总成本领先战略、差异化战略和目标聚集战略,这种选择生死攸关。

**2. 合理设置产品组合**

在行业成熟期,异常惨烈的成本竞争和市场份额竞争,将导致产品成本核算更加严格。企业必须将不赢利的产品从产品线中剔除出去,从而集中精力发展那些具有特殊优势(比如技术、成本或者产品形象)或者具有理想买方的产品。

3. 技术和工艺流程的创新

工艺创新的重要性会随着行业的成熟而不断增加,设计产品及其生产系统从而降低生产和控制的成本,这些措施的回报也会随着行业的成熟而增多。创新销售系统、先进的信息系统等措施都能为企业带来竞争力。

4. 注重降低成本

价格竞争激烈是行业成熟阶段的基本特征,通过优化产品设计、使用更便宜的零部件、提高生产和销售的效率及削减管理费用等方法,企业可以获得低成本优势,从而在竞争中发挥价格优势。

5. 扩大现有客户的购买范围

增加现有客户采购数量要比寻找新客户更有效率。企业可以采用供应外围关联产品和服务、更新产品、扩大产品范围等途径扩大对现有客户群体的销售量。这样的战略能促使企业涉足相关的行业,这比寻找新的客户花费更少。在发展比较成熟的行业里,赢得新客户往往意味着与竞争对手争夺市场份额,其代价往往很高。

6. 横向并购战略

所谓横向并购就是并购同行业的其他企业。成熟行业,剧烈的竞争会导致一部分企业出现亏损,为成功企业提供横向并购的契机。这种战略的好处是既可以"消灭"竞争者,从而降低竞争程度,又可以获得市场份额,还可使企业可以在更大的程度上获得规模效应,创造成本优势。

7. 国际化经营

随着国内市场的饱和,企业可以积极地开拓国际市场。由于各个国家内部市场的发展状况不一致,国内市场饱和的产品在国外市场却可能拥有巨大的需求。同时,企业也可以把生产向不发达国家和地区转移,以降低生产成本和费用,提高产品的国际市场竞争能力。

8. 向相关行业转移

在行业成熟阶段,进行行业转移是不少企业采用的有效战略之一。企业向相关行业转移有利于企业利用已经拥有的技术和其他核心专长。在这一转移过程中,原有成熟业务为新业务的发展提供了稳定的资金支持,然后用新产品淘汰原有产品,提前结束原有产品的生命周期,同时分散资本风险。对于那些既没有技术优势又没有资本优势的企业,通过合资的方式进行行业转移是个不错的选择,即企业利用自己在市场或其他某些资源方面的优势,与其他公司合资,迅速转入其他地区或其他行业。一般来讲,企业在行业成熟阶段最具实力,承受变革的能力最强,所以企业战略上的重大变革往往发生在这个阶段。

(三) 成熟时期的战略陷阱

虽然在行业成熟时期企业和消费者都变得更为成熟,供求关系趋于稳定,企业仍然可能落入某些有特色的战略陷阱。这些陷阱归纳如下。

1. 现金陷阱——在成熟的市场上投入资金建立市场地位

企业的现金投入目的是为了日后获得回报,收回最初的投资。在发展成熟、增速缓慢的行业中,通过投入资金来提高市场份额往往是不奏效的。因此成熟的业务可能有资金陷阱。如果企业没有坚实的市场地位,却试图在一个成熟的市场中占有大量市场份额,问题就会一发不可收拾,因为企业已经完全丧失了赢利的机会。

2. 为了短期利润轻易地放弃市场份额

在成熟行业中,面对利润压力时,一些企业在牺牲市场份额或者放弃营销、研发或者其他必要的投资的基础上,努力保持过去的赢利水平,这会影响企业未来的市场地位。如果规模经济在成熟的行业非常重要,低利润率将是行业必然。随着行业合理化过程的推进,企业必然要经历一段时间的低利润期,为了避免对此过度反应,企业一定要保持清醒的头脑。

3. 对价格竞争的不理智反应

在成熟行业中,价格战是不可避免的。企业进行激烈的价格竞争,有可能是获得市场份额、确立自身长期低成本优势的必要行为。

4. 对行业变化的怨恨

行业中的变化,如营销技巧、生产方法和工艺流程,对于行业的长期发展非常重要,但常常受到抵制。当今社会,变革是大势所趋,成熟的企业要勇于变革,以不被淘汰。

5. 过于强调创造性的新产品

虽然一个行业在早期增长阶段的成功依赖于研发与新产品,但在成熟阶段新产品和新应用往往不容易取得。此时,企业不应该过度地关注创造性的研发工作,正确的方法是以标准化代替求新,改进并积极地推销现有产品。

6. 以坚持"高质量"为借口而不去适应竞争对手侵略性的定价和营销行为

高品质是企业的核心优势,但是随着行业的成熟,质量差异化可能会弱化。在行业成熟阶段企业就算能够保持质量的差异化,但具有丰富产品知识的消费者可能愿意以较低价接受质量不错的产品,而并不苛求高档品质。遗憾的是许多企业没有认识到它们并不拥有质量最高的产品或它们的质量不必要过高。

7. 即将来临的生产能力过剩

在行业成熟时期,由竞争引起的工厂现代化和对生产能力的超量投入使某些企业拥有过剩生产能力。这种生产能力可能会造成管理压力从而导致坠入现金陷阱。可取的做法往往是出售或剧减过剩能力,但很明显,生产能力不应被出售给竞争对手。因此,企业对产能的扩张要进行合理评估。

### 三、衰退行业中的竞争战略

行业周期与产品生命周期类似,行业发展到一定阶段后会进入衰退期。用产品生命周期来定义行业衰退期的典型特征,可知这个阶段利润大幅度降低、产品线精简、研发投入和广告开支大幅度缩水、竞争企业的数量锐减等。应对行业衰退的广为人知的政策是收割战略,即减少投资,最大限度实现企业的现金流,最终完全撤资。

研究表明,行业衰退期竞争的实质和企业在这个阶段可供选择的战略方针都很复杂。在各个行业的衰退期,企业的反应和整个行业的竞争态势大相径庭。

（一）衰退行业的特点

1. 衰退原因的多样化

导致行业衰退的原因有多种，主要体现在以下3个方面。

（1）技术替代。技术革新创造了替代产品（如数码相机取代了光学相机），或者通过显著的成本与质量的变化而生产了替代产品（如人造皮革对应皮革），导致顾客对传统产品的需求减少。

（2）需求的变化。由于社会或者其他可能改变消费者需求或者品位的因素，导致行业整体需求下降。例如，不可降解的塑料包装制品的需求下降主要原因是社会问题，即政府为了减少白色污染而出台的限制措施。

（3）人口因素。购买某种产品的客户群规模减小引起需求下降，导致某一行业的衰退。

2. 衰退的不确定性

在行业衰退阶段，一样存在不确定性，导致企业对未来需求继续衰退的评估不准确，甚至无法评估。如果企业认为行业需求会反弹或者止跌回稳，就有可能继续坚守阵地，留在行业内。虽然会面临激烈竞争、销售量大幅缩水等局面，但是这些企业依然会努力保持自己的竞争地位。相反，如果所有企业都坚信行业需求会继续下降，就会选择有计划地退出该行业。

但是有时，由于衰退缓慢，又被某些短期因素所干扰，企业更难以估计未来的衰退状况。同时，企业也难以判断行业是平缓地衰退，还是由经济的周期性波动所造成的短期现象，从而难以采取适当战略。

3. 剩下的需求结构

随着需求的下降，剩下的需求板块的性质决定了行业衰退期留守企业的赢利能力。如果某个细分领域被替代的可能性不大，其需求不受影响，那么在这个细分领域保持竞争地位的企业，就算行业衰退了，它也能捍卫自己的竞争地位免受竞争力量的负面影响。

4. 退出壁垒

企业进入行业要遭遇进入壁垒，当企业对自身的投资不再获得最好的回报而想退出时，行业总有一些因素迫使企业留守行业，这就是退出壁垒。退出壁垒越高，让企业留守衰退行业的有利条件就越少，这让企业进退为难。

形成退出壁垒的原因有以下4个方面。

（1）专业化资产。如果企业的资产，包括固定资产或运营资产，在业务领域、企业或者使用地点方面呈现高度专业化的特征，企业这类资产的清算价值就会降低，这个行业的退出壁垒也会相应提升。如果企业资产的清算价值较低，从经济的角度来看，企业最好保留这项业务，哪怕未来该业务领域的预期现金流很低。

（2）退出的固定成本。企业退出会产生固定成本，这些固定成本有时是巨大的，例如管理人员的工资、重新培训的费用、违反合同的费用与罚金及再投资费用等。这些过高的固定成本提升了行业退出壁垒。

（3）战略上、管理上和感情上形成的壁垒。企业考虑退出某一行业可能会影响企业各个战略组成部分之间的相互关联性,影响到企业的财务信誉,尤其是对实行垂直一体化战略的企业,影响会更大。同时也会影响经理人员与员工的士气与感情,进而影响企业的劳动生产率和企业的形象。

(4)政府与社会方面的障碍。例如,我国目前所面临的下岗职工的安置问题,地方政府考虑的"政绩"问题等。因此在考虑退出时,企业要妥善处理与退出障碍有关的事宜。

### (二)衰退行业竞争战略

讨论行业衰退期的战略,人们谈及的不外乎收割或放弃两种选择。不过除此之外,有很多战略可供企业选择,重点是如何将战略与特定的行业或者企业匹配。选择何种战略则由行业结构对企业存留的合适程度和企业与竞争对手的相对地位决定,如图 4-2 所示。

|  | 企业实力 | |
|---|---|---|
| 行业结构 | 强 | 弱 |
| 有利 | 领导地位或合适地位 | 收割或迅速放弃 |
| 不利 | 合适地位或收割 | 迅速放弃 |

图 4-2 衰退行业的战略选择

#### 1. 领导地位战略

采取这种战略的条件,一方面是行业结构十分有利,例如预期市场销售的不确定性比较小,退出的壁垒很低等;另一方面是企业与竞争对手相比,具有较强的竞争优势。为了取得领导地位进而取得收获,企业可以采取的相应措施有:

(1)在产品定价、营销等方面采取积极的措施,如增加广告投入,以提高市场占有率;

(2)兼并某些竞争对手的资产加强自身的竞争能力;

(3)降低竞争者的退出壁垒;

(4)通过扩大投资,开发新产品或工艺创新,进一步提高企业的竞争力和留守决心。

#### 2. 合适地位战略

实施这种战略的企业与竞争对手相比具有较强的实力,但企业试图取得领导地位有一定的困难,实施放弃战略会严重影响企业的收益。为此,企业可以对现有市场进行细分,然后选择一两个细分市场作为企业的目标市场,以获取较高的收益。当然,针对选定的目标市场,企业有时也需要开发新的技术与产品,因此要增加一定的再投资。

#### 3. 收割战略

在收割战略中,企业努力做到业务现金流的最优化。为此,企业会减少或者大幅砍掉新投资、减少生产设备的维修、充分利用剩余的业务实力来提升产品价格或者收获后续销售中塑造的良好商誉。在此过程中,连广告和研究费用都有可能减少。一些常用的策略是:

(1)减少产品的种类;

(2)减少分销渠道的数目;

(3)减少同小客户的交易量;

(4) 降低在交货时间、维修和销售补助等方面的服务水准。

实施收割战略的前提是企业能利用过去赖以生存的某种优势和衰退阶段的行业环境，避免陷入惨烈的竞争大战。如果企业不具备某些优势，企业的成本会上升、质量会下降、停止广告宣传，从而遭遇销量的骤减。

4. 迅速放弃战略

实施这一战略的条件是企业的自身实力有限，而行业的不确定性和退出障碍较高。企业的目的是最大限度地收回投资。选择放弃战略的时机可以在行业进入衰退之前或成熟阶段，而不是在衰退明朗化之后才做出决定。这是因为，在衰退期出售资产的价格往往会被低估，当然也会有一定的风险。

(三) 衰退行业的战略陷阱

对衰退行业的研究揭示了许多潜在的陷阱。

1. 无法确认行业衰退

企业对处在衰退期的行业的复兴持乐观的态度，没能真正客观地观察行业衰退的实质，这有可能是因为企业长期以来非常认同行业或者对替代品的预见过于短视。存在较高的退出壁垒可能对管理者如何评价环境产生影响，这些管理者总是在寻找乐观的信号，因为悲观情绪会让企业苦不堪言。企业需要清醒认识面对的实际情况，捕捉并确认衰退的信号。

2. 一场消耗战

与具有高退出壁垒的竞争对手竞争通常导致灾难。这种竞争对手被迫对竞争对手的行为做出异常激烈的反击。在没有巨大投资的前提下，进攻者将无法取得应有的地位。

3. 缺乏明显优势的收割战略

在衰退阶段，除非行业结构极为有利，否则缺乏明显优势的企业采用收割战略常常导致惨败。因为一旦服务恶化或价格上涨，客户们将迅速转移业务。收割过程中，重新出售业务的价值也下降了。

如果企业能够预计到衰退阶段的情况，它就能在成熟时期采取措施从而提高自己在衰退期的竞争地位，有时这些行动花费很少：

(1) 尽量减少提高退出壁垒的投资或行动；
(2) 将战略重点转移到衰退条件下有利可图的细分市场上；
(3) 在这些细分市场上创造转换成本。

# 本 章 小 结

企业面对行业竞争者的一般竞争战略有：成本领先战略，指通过有效途径，使企业全部成本低于竞争对手的成本，以获得同行业平均水平以上的利润；差异化战略，指使企业产品与竞争对手产品有明显的差异，形成与众不同特点而采取的战略；目标聚集战略，指企业把经营的重点目标放在某一特定购买集团，或某种特殊用途的产品，或某一特定地区上，来建立企业的竞争优势及其市场地位。这三种战略的适用条件不同。

企业在市场竞争中有四种竞争战略：市场领先战略、市场挑战战略、市场跟随战略和市场补缺战略。

企业可能处于新兴行业、成熟行业或衰退行业,处于不同行业面临不同的战略选择的问题。针对每个行业,都应先分析行业结构,然后根据行业结构分析战略选择,最后介绍战略陷阱。新兴行业的战略关键是识别限制行业发展的因素或问题,然后据此制定战略。新兴行业的战略重点是塑造行业结构,建立行业游戏规则,从而有利于自身长期发展。成熟行业竞争最激烈,因而成熟行业的战略目的是建立竞争优势。在成熟行业中,企业面临一般战略的选择:总成本领先战略、差异化战略和目标聚集战略。这种选择关系到企业的生死,不可不谨慎选择。衰退行业的战略选择,除了需要关注收割或放弃两种选择外,更要关注其他战略选择:领导地位战略、合适地位战略、收割战略、迅速放弃战略。在制定衰退行业的战略时,要仔细分析行业退出壁垒和剩余需求结构,这是决定战略选择的重要因素。

## 思 考 题

1. 企业如何识别竞争者?
2. 企业如何评估竞争者的实力与反应?
3. 竞争者的一般竞争战略有哪几种?
4. 市场挑战者的竞争策略有哪些?
5. 新兴行业的行业结构特点是什么?发展限制因素是什么?战略选择是什么?
6. 成熟行业的结构特点是什么?战略选项是什么?有什么战略陷阱?
7. 衰退行业的结构特点是什么?战略选项是什么?有什么战略陷阱?

## 案 例 分 析

### 诺基亚的没落

2013年10月,手机领域昔日全球老大、市值曾位居全球上市公司之首的诺基亚以区区72亿美元出售了旗下最核心的手机业务,这一售价还不足当年辉煌时期公司上千亿市值的零头。

从2012年年底卖公司总部大楼到2013年10月以"白菜价格"贱卖核心业务,看来在困境中苦苦挣扎的这位昔日巨人真的快走到了尽头。辉煌了整整十几年的企业仅仅三两年就走向破落,诺基亚的沉沦给了我们三点启示。

首先,品牌不是万能的,单靠品牌的力量不可能让消费者永远爱你没商量。

诺基亚的品牌不可谓不响亮。莫说如日中天时期,就是这些年江河日下,其品牌价值仍然在全球名列前茅。2011年虽然跌出全球前十,但仍然保持在第十四位,品牌价值甚至高于宝马和路易威登。但是品牌这一金字招牌并没有阻止诺基亚市场份额的快速下滑。

笔者曾经是诺基亚品牌的忠实拥趸,在过去十几年间一直用诺基亚手机。在苹果、三星崛起以后,笔者出于对诺基亚品牌的偏爱,试图拒绝接受这两个后起之秀。但是最终还是选择了投降,原因就是在诺基亚的产品线中已经找不到可以抗衡的产品。而使用了苹果和三星以后,笔者才深深地感觉到,诺基亚真的老了。

由此可见,品牌对一个公司固然重要,但如果没有有竞争力的产品做支撑,品牌的力量也会苍白无力，不可能让消费者做到从一而终。

说到产品，许多人有一个误区，认为质量决定一切。其实，在需求日益多元的今天，产品质量绝非消费者选择产品的唯一标准。这是诺基亚给我们的第二点启示。

平心而论，直到今天，诺基亚手机的稳定性和耐用性都仍然有口皆碑，返修率仍低于竞争对手。但是质量稳定和经久耐用并没有让诺基亚守住市场份额，这就说明，对于手机这类时尚性很强的、介于快速消费品和耐用消费品之间的电子产品，单单靠产品质量过硬是无法守住天下的。

原因不复杂，质量稳定可靠只是消费者选择产品时考虑的因素之一而绝非全部。对于换代周期只有18个月的手机这类时尚电子产品，耐用性和返修率这些质量要素甚至成不了消费者考虑的首选，特别是对于更换手机最频繁的年轻用户，在他们的选择权重中，质量可能还比不上外观、功能和价格。因此，靠质量稳定这一卖点，诺基亚没有吸引市场上最有活力的年轻用户。

对于企业，选择怎样的发展战略至关重要。在发展战略上，是大胆创新还是简单重复，这其实已经为今后命运走向埋下了伏笔。诺基亚给我们的第三点启示就是：创新肯定有风险，但守旧和重复，只能是死路一条。

说到重复，诺基亚此次出售核心业务其实就是再次重复过去的成功战略。以"壮士断腕"的精神彻底甩掉传统业务，集中精力发展无线网络设备和地图等新业务，以图东山再起。

这种大胆跨界、大开大合的做法在诺基亚百年历史上的确两次获得成功。比如百年前靠木材、橡胶起家的诺基亚，在20世纪中后期毅然卖掉传统业务，跳到电子领域生产电视机。20世纪八九十年代，诺基亚又卖掉已经做到欧洲第二的电视机业务，涉足全新的移动通信领域，并一举做到全球最大。

但是，再一再二难再三，笔者认为，此次发展战略上的跨界重复，风险远远大于前两次，它会让诺基亚东山再起抑或加速衰亡，目前还很难说。

首先，前两次转型是主动为之，而此次则是被动选择。主动和被动恰恰是企业转型成功与否非常关键的因素。

其次，上两次跨界转型诺基亚都是前瞻性地跨入了朝阳产业，而且是具有革命性的市场巨大的主流产业，而今天的诺基亚似乎并没有找到此类接续产业。

更重要的是，前两次转型时期的诺基亚，体量都不能和今天同日而语。换言之，那时候的诺基亚还是一家区域性公司，还有船小好调头的优势。而已经做到行业老大、成长为巨人企业的诺基亚，依旧狗熊掰棒子似地完全抛弃核心业务而重打鼓另开张，其风险可想而知。

资料来源：http://media.people.com.cn/n/2013/1014/c40606-23189131.html

# 讨 论 题

根据以上信息，并查阅相关资料，以及本章有关内容，简要评述诺基亚的战略。

# 第五章 企业合作战略选择

## 学习要点

- 掌握产业集群的概念和形成机制
- 掌握企业并购的概念和动因
- 掌握战略联盟的概念和特征
- 理解产业集群的优势、企业互动与合作
- 理解战略联盟的运作形式和成功条件
- 了解企业并购的操作程序与关键环节

> **名人名言：**
> 万人操弓，共射一招，招无不中。
>
> ——《吕氏春秋》

所谓企业的战略合作是指企业双方或多方为了自身的生存、发展和未来而进行的整体性、长远性、基本性的谋划，并在合作期间实现共赢的一种合作方式。自20世纪90年代末以来，无论是国家层面还是企业层面，都根据自身利益及其在国际体系中的位置，努力寻求与其他国家或企业结成某种战略伙伴关系，谋求在更多方面的合作和发展。如美俄、法俄、日美、日俄、俄印，以及中俄、中美、中加等先后建立了各种形式的战略合作伙伴关系。在企业层面，以我国企业为例，山东浪潮集团与美国微软公司缔结全球战略合作伙伴关系，以国际视野为本土客户服务；中国电力与埃森哲的战略合作，范围将涵盖企业战略设计、组织机构规划和流程重组等领域。建立战略合作伙伴关系已经成为新形势下政治和经济发展的新的运作模式。

## 第一节 产业集群与集群企业合作

> **名人名言：**
> 能用众力，则无敌于天下矣；能用众智，则无畏于圣人矣。
>
> ——孙权

## 一、产业集群的概念

产业集群(Industrial Cluster)是在特定领域中大量产业联系密切的企业及相关机构在空间上的集聚,并形成强劲、持续竞争优势的现象。产业集群已经发展成为世界上最为典型的产业生态系统表现形式,如美国硅谷的电子产业、印度班加罗尔的软件产业。产业集群是复杂的,产业集群系统中各部分之间的关系和相互作用比各部分本身更重要。

## 二、产业集群的形成机制

在市场系统中,产业集群是具有认知性的一个结构层次,它会以很多共同的资源参与市场竞争,很多时候,这种竞争并不存在明显的排斥性,甚至集群内的企业数目和规模都会上升,集群的自我发展和自组织能力强于单独的厂商,所以,产业集群是整个市场系统中相互作用较为强烈的集体。系统内集体的一般形成机制如下。

(一)内聚效应

市场系统的分布是非均匀的,事实上,也很少有系统是完全均匀的。在不完全均匀的系统中,一部分主体之间的交互作用相对强烈于其外部主体,成为构成集体的基本机制。

这种内聚效应可能是偶然发生的,例如 Thomas Schelling 列举的例子,其中一个是交通中的好奇心效应(Curiosity Effect)。一条分隔开来的高速路,其东向发生的交通事故会导致西向交通的堵塞,原因是另一侧的人会减速看究竟发生了什么。产业集群的形成也是如此,最初可能带有一些偶然性,是市场系统某一地点耦合引发集群的。但如果更深入地分析主体之间的作用机制,还是可以找出内聚效应形成的一般来源,从而可以主动施加一些影响,干预产业集群的形成。

(二)优先耦合

单独主体的属性倾向于被组织进入某相近的系统内,正如人们喜欢住在同族人附近一样,这会导致自我建立邻里关系的种族隔离结果。优先耦合是构成集体的主要力量。开始的模糊性显露,决定了哪种属性在市场系统过程中起着基础角色作用,主体在其中利用属性操作,了解自己和其他主体相互区别的属性——做什么和如何做。

## 三、产业集群内部企业的战略优势

集群内企业的竞争优势可以通过直接经济要素的竞争优势和非直接经济要素的区域创新系统两个方面来体现。总体而言,集群内企业会具有如下各种竞争优势。

(一)运行成本的降低

集群降低内部企业运行成本主要表现在降低生产成本和降低交易费用两个方面:一是集群内企业、相关支持主体在地理上和心理上的接近使得企业能够十分方便地开展生产活动,高效发达的地方生产协作系统会有效地降低生产成本。在假定技术条件不变的情况下,生产成本优势可用集聚经济、规模经济、劳动分工、范围经济和劳动力供给等加以解释。二是集群内企业可以降低交易费用成本。集群内企业经济活动根植于地方社会网络,有助于形成共同的价值观念和产业文化,交易频率的增加和环境不确定性的减少,有利于克服机会主义和增加信息交流,从而降低交易成本。

### (二) 产品差异化能力的增强

随着科学技术的迅猛发展和全球范围内市场竞争的加剧,产品的生命周期越来越短,顾客的需求变得更为挑剔,更倾向于尝试个性化、多样化的新产品,要求企业对顾客需求的变化做出敏捷的反应。产业集群产品的差异化包含水平方向和垂直方向的产品差异化。水平方向的产品差异化是指品种、规格、款式、造型、色彩、所用原材料、品牌等方面的不同;垂直方向的差异化是指同种产品内在质量的不同。集群产品差异化的潜力主要体现在水平方向上,这种产品的差异化在很大程度上依赖于产品的精心设计。

### (三) 分享区域品牌优势

企业通过集聚的群体效应,形成"区位品牌"优势。"区位品牌"与单个企业品牌相比,前者是众多企业品牌精华的浓缩和提炼,更具有广泛的、持续的品牌效应。而且相对于产业集群,单个企业的生命周期是相对短暂的,品牌效应难以持续,集群中的企业遵循优胜劣汰竞争规律,只要不是由于技术或自然资源等外部原因使集群衰退或转轨,区位品牌效应更易持久,因此"区位品牌"对集群内企业是一种珍贵的无形资产。集群形成"区位品牌"后,可以利用这一品牌价值,通过批发商零售和专卖等形式来获取纵向一体化利润。

### (四) 市场议价能力增强

集群内拥有大量从事相似和互补活动的企业,企业可以便利地从不同的供应商处采购原材料,也很容易找到顾客。在不同的集群结构和市场结构下,集群内的企业拥有不同的市场议价力,主要表现在作为买方和卖方力量两个方面。作为买方的议价能力主要表现在集群内的主导产业一般都有较高的市场占有率,可以实现大批量购买,特别在原材料的供应方面,甚至能够对原材料的质量标准、规格、型号等作统一的要求;同时集群内也有部分配套的供应商,对群外供应商构成替代威胁,增强了讨价还价能力;此外,群内研究机构和行业协会的帮助,以及企业对市场需求状况的分析,有助于形成较完备的信息,进一步增加议价能力。

### (五) 创新能力的增强

在当今社会,创新能力是每一个企业获取持续竞争优势的关键。由于资源的限制,单个中小企业往往难以实现创新功能的内部化。产业集群这种产业组织形式,可以把众多中小企业联合起来,在集群内部形成集体创新功能。特别是集群内由于空间接近性和共同的产业文化背景,或因企业的技术、管理人员通过参与行业协会或地方政府组织的各种正式和非正式的活动,不仅能够加强编码化知识和技术的交流与扩散,而且为区域集群内的隐含性、非显性知识传递和扩散提供了条件,容易形成集群创新网络。中小企业和其上下游的供应商、客户、代理商甚至竞争对手及相关中介协会、政府部门、金融机构等形成协同创新效应,很大程度上强化了集群内企业的创新能力。

#### （六）资金获取的便利

中小企业集群获取金融贷款比一般分散的中小企业具有优势，主要有以下几方面原因。

(1) 集群内的中小企业具有较高的信用。因为集群内的企业多为本地企业，在长期的生产经营活动中体现出自身的信誉程度，同时，集群对违约或是低信誉企业形成了强大的惩罚机制，抑制了企业机会主义行为的发生。

(2) 降低了银行的业务成本。产业集群内众多的企业同处于一个行业或相关行业中，银行可以在行业协会、地方政府的产业规划中获得更多、更完备的信息。而且银行通过对同一行业的许多企业贷款，从规模经济中受益，从而降低了银行从事信贷业务的相关成本，单笔业务的收益较小，但积少成多，因此银行倾向于支持产业集群的信贷活动。

(3) 降低了银行的信贷风险

① 产业集群内中小企业集中，银行向众多企业贷款时可以在同类企业中进行比较后再作出选择，对企业资金的需求量、贷款期限、频度等容易掌握，因而能使银行的经营风险降低；

② 产业集群内的信贷风险更体现在产业风险上，而确定产业的风险具有一定的可预测性。除了正式金融机构获取资金的便利，由于共同的区域社会文化因素的影响，以及平时频繁的交往，容易生成相互的信任，企业能够在本地企业、个人中获取发展资金。这种资金互助的现象在我国许多集群经济中都有不同程度的表现，弥补了我国金融体制安排不太适合中小企业发展要求的缺陷，从而塑造了非集群企业不可比拟的竞争优势。

#### （七）应变能力的提高

中小企业集群能够提高企业在市场上的应变能力。由于地理邻近与相互信任，有关产品、技术、竞争等市场信息可以在集群内企业间迅速集中和传播，且成本很低。市场信息的迅速反馈与传递是小企业发挥其灵活机制优势的前提，市场信息可以帮助企业洞察市场环境的变化，捕捉有利的市场机会，以便及时调整产品结构，避免或降低因市场变动造成的损失。对于多品种、小批量、临时急需的订货，集群内可以用最快的方式通知各协作生产企业备料加工。由于集群企业间已经建立一定的协作基础，不必讨价还价和签订加工协议。面对瞬息万变的国际市场，这一快捷反应能力，具有竞争上的独特优势。技术发展和需求变化不仅为专业化生产商提供了很大的生存机会，而且还使它们实现了规模生产，两者形成良性循环，不断提高集群内企业的整体生产效率和应变能力。

### ▶▶ 四、产业集群内的企业合作与互动

在产业集群中主体本身就具有适应性，主体的属性和与其他主体的相互区别决定了它们做什么和如何做，正如复杂适应系统中主体相互适应，交互作用，构成系统中的集体。

从主体在产业集群内活动的分布来看,其相互作用有以下几种。

(一) 基于分工的企业合作

产业集群的竞争优势在很大程度上取决于其内部知识和能力的专业化分工程度。对专业化分工的组织模式分析表明,成熟的产业集群不仅仅是同类企业的简单叠加,而应该是一定程度的专业化分工、发挥整体竞争优势的企业集合。同时,企业集群合作创新作为包括制造商、供应商、销售商,有时甚至是竞争对手共同参与的一个协调合作的非线性过程,集群专业化分工的组织模式将对产业集群企业合作创新产生重要影响。在企业集群中存在两种类型的专业化服务:一类是以横向分工为主,即对集群的主导产品在内部按档次、品种、款式横向组织生产,这种横向的产品分工表现出来的主要为扁平的分工体系结构;另一种是采用纵向分工,即按生产链的上下游来分别组织生产。一般来说,这两种组织方式并不是截然分开的,在发达的集群内这两种生产组织方式同时并存,从而形成"按照一定专业化生产要求形成的生产组织方式"的专业化分工网络。

分工是主体交互作用的重要形式,是集群维持和提升集体效率的基本方式。如果说最初集群的产生具有偶然性,那么哪个集中区域尽快完善了集群内的分工体系,哪个集群也就在整个市场系统中表现出一些新的特色或者属性。

分工的形式是多样化的,无论在什么形式下,分工成为厂商衍生、分化和降低交易费用的规律性行为。

(二) 基于创新的企业合作

面临不确定的市场竞争环境,合作创新已成为企业集群能否良性发展的关键模式。合作创新通常以合作伙伴的共同利益为基础,跨越自身边界、实现企业间信息和资源共享、优势互补,使得各主体间信息倾向于对称分布,不确定性信息减少,并提升成员间的信任关系。各主体有明确的合作目标、合作期限和合作规则,合作各方在技术创新的全过程或某些环节共同投入、共同参与、共享成果、共担风险。借助这种特殊的组织结构,集群内信息能够快速流动、传播和共享,企业间能够建立长期、稳定的创新协作关系。

一项技术创新往往涉及多个学科,企业可以从不同的知识源获得技术的相同效应。学术界、产业内上下游企业或不同产业间都成为技术融合的潜在来源,新技术、新产品的研制开发和创新难度进一步加大,尤其是大型技术含量高的信息技术产品在研制中一般都需要多种先进设计技术、制造技术和质量保证技术,所需资金投入巨大,创新风险随之增加,技术外溢效应更加明显,而企业合作创新往往可以避免区域研发项目选择的重复性和高风险,提高创新效率。知识作为一种潜在的公共产品,在创新过程中其溢出将产生新的技术创意,导致企业之间对新技术的学习效应,由此使传统的封闭式技术创新模式越来越不适用。由于技术创新的复杂性使得资源共享与能力互补的单个优势企业难以控制,通过合作创新技术和市场信息能够在集群内企业间便捷传播,研发项目产生的外部正效应有利于实现内部吸收,使合作企业分享创新成果。

从创新行为看,集群成员企业之间技术和知识的垂直和水平扩散构筑了当地化的创新系统。如果以创新主体企业为核心,这种当地化创新网络在纵向上表现为供应商和客户的产业链互动关系,其中更为重要的是"供应商—生产商"关系,如通过创新过程的R&D外包,实现利润分享;再如,通过增加订单提高供应商从事产品创新和工艺创新的积极性。这两种现象在我国产业集群中比较典型,如温州低压电器产业集群内部零配件企业和集成企业之间的行为,同时包含以上两种互动。如果把上述"供应商—生产商"关系在产业链上向下延伸,同样说明"生产商—用户"关系在创新行为中的互动作用,用户成为非常重要的创新源泉。在成员企业间技术和知识的水平扩散,表现为横向的竞争互动和合作互动关系,其中竞争互动占主导地位,而合作互动情况相对较少。这种由横向和纵向关系相互交错形成的创新网络,从微观层次看,它能增加企业学习新技术的机会,由于新技术知识往往是非正式或非显性的,因此更容易在近距离地理范围内流动。

(三)基于要素的企业合作

从要素互动看,集群成员企业之间可以表现为管理要素互动、中间要素互动、资金要素互动等。

(1)在管理要素互动方面,集群成员之间的知识外溢,使管理信息为成员共享,促进企业预测未来发展趋势,而且企业间的正式和非正式协作还有助于企业学习优秀的组织模式和管理模式等。

(2)在中间要素互动方面,集群内部产业链上下游之间的买卖关系存在,比单独一个企业内部垂直一体化战略更能产生知识的流动和技术要素互动。

(3)在资金要素互动方面,这种互动不仅反映在风险投资上,而且还出现资金在企业之间的流动,如我国产业集群成员之间的资金拆借在一定程度上可以解决中小企业向银行贷款困难的问题。从技术流动的角度看,资金市场对新的创新型企业而言,成为实施新技术知识组合和匹配产生的主要途径。

(四)共享

前面已经论及了主体之间的共享是如何更好地产生内聚效应的。在集群内部,平台及网络的共享降低了新厂商的进入成本,在产业较为集中的地区,也安排了各种制度,以降低厂商的研发和信息成本。

(五)基于市场需求的合作

一般来说,产业集群内许多企业规模都很小,譬如意大利的许多中小企业集群、我国当前江浙一带的诸多企业集群,单个企业的规模都非常小,竞争力也很弱,但是,众多小企业聚集在一起却产生了相当大的力量,如温州生产的打火机,占了世界低端市场80%以上的份额。但是这样的竞争力在产业集群的发展过程中不是一帆风顺的,有可能由于不符合规模经济的要求而遭受挫折,在经历阵痛之后方可看到合作发展的前景和机会。如云南花卉产业集群在发展初期,由于企业之间缺乏合作,在面临一次较大的市场机会时,单个企业无法独立满足客户的要求,错失发展的良机。

## 五、产业集群内企业合作的达成

产业集群的最重要特点之一就是它的地理集中性,即大量的相关产业相对集中在特定的地域范围内。由于地理位置接近,产业集群内部的竞争自强化机制将在集群内形成"优胜劣汰"的自然选择机制,刺激企业创新和企业衍生。在产业集群内,大量企业相互集中在一起,既展开激烈的市场竞争,又进行多种形式的合作。如联合开发新产品,开拓新市场,建立生产供应链,由此形成一种既有竞争又有合作的合作竞争机制。这种合作机制的根本特征是互动互助、集体行动。通过这种合作方式,中小企业可以在培训、金融、技术开发、产品设计、市场营销、出口、分配等方面,实现高效的网络化互动和合作,以克服其内部规模经济劣势,从而能够与比自己强大的竞争对手相抗衡。在产业集群内部,许多单个的、与大企业相比毫无竞争力的小企业一旦同发达的区域网络联系起来,其表现出来的竞争能力就不再是单个企业的竞争力,而是一种比所有单个企业竞争力简单叠加起来更加具有优势的全新集群竞争力。集群使得许多本来不具有市场生存能力的中小企业,由于参与到了集群里面,不但生存了下来,而且还增强了集群的整体竞争力。

### (一)内生性合作

集群企业之间相互为邻、集聚共生及长期形成的各种良好关系为集群企业的合作提供了便利。处于同一产业集群内的企业由于其相互间独特的关系,具有先天的内生性合作关系,如通过技术共享、共同营销等方式进行合作。而同处一个供应链条上的企业之间由分布在不同企业的若干条生产线或分支单线协同作业,形成一条分工合作十分严谨的产业价值链,这给中小企业发展提供了广阔的空间。因此,加入产业链,形成产业群,相互之间形成内生性的合作关系,这样才能产生集群优势,集群内的企业之间才能健康、有序地发展。

### (二)强制性合作

集群形成和发展过程中,随着集群内企业的内生性合作的增强和持续发展,企业之间的合作可能演变为一种共同发展所必需的行为。譬如集群发展壮大后,需要投资于相关的教育、培训、检测和鉴定等公用设施,公共物品共享使资源在产业集群内具有更高的运用效率。这种强制性的合作要求,使单个企业可以借助集群内企业的整体力量,可以加大广告宣传的投入力度,利用群体效应,形成"区位品牌",从而使每个企业都受益。强制性合作需要注意企业之间的冲突必须控制在良性的冲突范围内,否则会导致集群竞争力的下降或解体。

### (三)制度性合作

企业之间的合作从零散的、偶发性的到形成长期战略性合作伙伴关系,相互从制度性层面上建立合作制度,加强整体规划,各经济体之间的互补性呈逐渐增强态势,由功能性合作进入制度性推进。

## 六、产业集群内的企业竞争

集群企业彼此接近,会受到竞争的隐形压力,产业集群内由于同类企业较多,竞争压力激励着企业的技术创新,也迫使员工相互攀比,不断学习。企业间邻近,带来了现场参观、面对面交流的机会,这种学习、竞争的区域环境促进了企业的技术创新。

集群重塑了竞争形态,把竞争从单个企业之间提升到了更大的群体之间。集群内企业的内部竞争存在于更大的竞争之中,所以集群内企业对于大竞争的需求可以减弱内部摩擦,即集群间的竞争容易加强集群内部的合作。企业对于集群整体竞争优势的依赖及寻求自身发展的压力,使得群内企业处于不断的竞合博弈中,形成了新型的竞合关系。单个企业在竞合博弈的网络化成长中寻求发展,并在这一竞合过程中影响整体的竞争优势。

(一) 同质企业之间的产品竞争

一个集群内同类企业之间的竞争非常明显。虽然在短期内可能会以相互之间的合作为主导或仅有微弱的竞争关系,但从长期来看,由于其产品同质性所决定,竞争才是企业间永恒的主题。如在浙江嵊州领带产业的集群中,大量中小企业集聚在一起,形成了国内最大的批发、零售市场,挑剔的买主在当地能够货比三家,因此企业之间存在着激烈的竞争,为在竞争中立于不败之地,企业必须提高产品的质量。

横向形成产业集群之初,企业之间更多的表现为竞争关系,也就是产品属于同一种类。某个区域产生横向产业集群,第一批企业示范效应作用特别大,从而有更多的企业模仿出现。我国沿海发达地区的许多产业集群的最初形成就是如此。但由于竞争的原因,产品之间在品种、规格、款式、造型、色彩、所用原材料、等级、品牌等方面,甚至在内在质量上都存在差异。随着企业的不断增加,形成了基础设施共用、专业化供应商的存在、专业化劳动力供应等优势,形成一种良性强化,甚至形成了一种以地域命名的产品品牌(如温州皮鞋),进而产生了产业集群。

(二) 市场竞争

在集群内,不论是同质企业还是异质企业,由于资源、劳力特别是市场方面的原因,导致相互之间竞争关系非常强,从而出现因过度竞争所致的产品质量恶性循环、不断退化的过程。从企业的角度,又源于企业之间竞争的"囚徒困境";从消费者的角度,是由于市场信息不对称。所以,一方面,应加强企业之间的合理竞争教育,培育具有国际优势的核心能力,使企业之间能在更高的层次上进行竞争;另一方面,应加强对消费者的引导,通过各种媒体让消费者了解产品性能、特点、参数等方面的情况,让消费者掌握更多的信息。

(三) 创新竞争

集群内企业之间的合作增加了企业的创新能力和促进企业增长,集群不仅有利于提高生产率,也有利于促进企业的创新。集群能够为企业提供一种良好的创新氛围,也有利于促进知识和技术的转移扩散,还可以降低企业创新的成本。集群内的企业在具有良好的创新氛围的同时,由于各自在人才、资源、产品、市场等方面的竞争和争夺,努力在创新中竞争成功。

不是所有集群内企业能够同一程度地享受到集群带来的战略优势,不同的集群特征和企业特点会影响到企业能够获取的竞争优势的类别及其程度。正如现实中发现同一集群内有些企业持续成长而有些企业却成长缓慢甚至迅速消亡。企业的规模和成长阶段及企业的声誉和技术能力等企业层面许多因素影响了企业从集群获取竞争优势的种类和程度。规模较大的企业一般与地方企业具有较多的分工协作关系,也更容易得到地方政府和中介组织的关注和扶持,总体上会获取更多种类和程度的竞争优势。拥有良好社会声誉的企业可以更容易地获取其他企业、政府部门、中介机构等组织的支持。可以较为容易地获取企业发展所需的资金、技术、人才等要素,也就是容易获取这些竞争优势。因此,需要更深入了解集群竞争优势在不同企业之间的分布规律,以及企业获取竞争优势的影响因素,才能提供更有针对性的措施。

### 小资料

#### 诸暨大唐袜业产业集群

一双袜子的分量有多重?在诸暨大唐镇,它能直接养活 7 万人。2011 年,大唐生产各类袜子 82 亿双,实现工业总产值 235 亿元、是名副其实的"中国袜业之乡"、"国际袜都"、"中国袜子名镇"。目前,大唐工业产值的 70%、农民收入的 70%、农村就业的 70% 都来自这一产业。

1. 大唐袜业发展历程

大唐袜业萌芽于 60 年代末,起步于 70 年代,发展于 80 年代,繁荣于 90 年代,升级于新世纪。目前大唐袜业已形成了以大唐镇为中心,辐射 12 个周边镇乡,吸纳从业人员近 10 万人的一大产业集群。

2. 经济布局

作为诸暨市的经济重镇,现已形成了以袜业为主导,弹簧、机械、织布等行业共同发展的产业格局。2011 年,大唐镇实现国内生产总值 55 亿元,工业总产值 365 亿元,财政收入达 7.3 亿元,综合实力位列全国百强,浙江省十强。

大唐目前的一、二、三产比例为 3∶57∶40,总体上呈现出一、二、三产协调发展的产业格局,即以袜业为主导,机械五金、纺织、家具四大产业共同发展,其中袜业产业占工业产业的 70%。大唐镇还涌现出宏磊、花海等一批主业突出、竞争力强、带动作用大的大型企业集团。

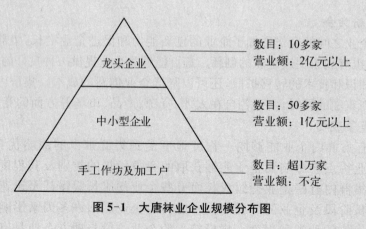

图 5-1 大唐袜业企业规模分布图

表 5-1　诸暨大唐镇袜企规模

| 企业规模 | 企业数量 | 特　点 | 企业代表 |
|---|---|---|---|
| 龙头企业 | 10多家 | 走中高端路线 | 丹吉娅袜业、莎耐特袜业 |
| 中小型企业 | 50余家 | 新、专、特、精 | 龙兴针织 |
| 手工作坊加工户 | 超1万家 | 受龙头企业统一管理 | — |

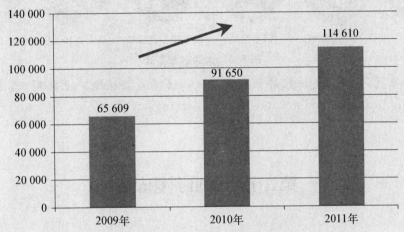

图 5-2　诸暨大唐2009—2011年度出口贸易额（单位：美元）

3. 袜业优势

（1）规模总量优势。2011年，大唐镇共生产各类袜子82亿双，实现工业总产值235亿元、销售收入214亿元和利润17亿元，产量占全国的65%、全球的三分之一强，在全国乃至全世界奠定了举足轻重的地位。

（2）产业结构优势。大唐袜业集群的水平分工和垂直分工极为明显，形成了一条完备的产业链。从袜业机械制造到原料生产，再到袜子的生产、染整、定型、包装、营销、物流等全过程，一应俱全。由于生产要素的高度集聚，使得资源配置成本大幅度降低，竞争力大大增强。

（3）装备技术优势。大唐袜业目前共有各类袜机12.7万台，其中具有国际先进水平的高档电脑袜机近6万台，还有钱猴岛配套设备2万台，袜业的部分装备、配套设备和关键技术已达到国际先进水平。此外，大唐袜业还有1家国家高新技术企业、5家袜业研究所、2家轻纺产品检测中心、30多家厂办研究所。

（4）品牌集聚优势。大唐袜业本身已经是一个区域性整体品牌。通过积极扶持企业创牌，目前，大唐有中国名牌3只，中国免检产品2只，中国驰名商标11只。

（5）市场集散优势。2002年建成启用的大唐轻纺袜业城，总投资2.1亿元，占地400亩，是国内最大的袜业综合商贸城。

（6）外向带动优势。近年来，大唐每年引进合同外资均超过4 000万元。一些知名袜子和原料企业，如美国杜邦、德国拜尔、日本伊藤忠等。

### 4. 大塘镇袜机的升级史

60—70年代
手摇袜机

70—90年代
Z503棉袜机

70—90年代
161罗纹机

70—90年代
女装提花丝袜机

1994年至今
马太克1000E

90年代至今
国产单针筒袜机

图 5-3 大唐袜业变迁

资料来源：《浙江块状经济系列调查——诸暨大唐袜业产业集群》，《浙江新闻网》，http://biz.zjol.com.cn/05biz/2011zt2/datang/

## 第二节 企业并购战略

> **名人名言：**
> 他山之石，可以攻玉。
> ——《诗经·小雅·鹤鸣》

### 一、并购的概念与动因

并购是兼并（Mergers）与收购（Acquisitions）的合称，指一家企业以现金、证券或其他形式购买取得其他企业的产权，使其他企业丧失法人资格或改变法人实体，取得对这些企业决策控制权的经济行为。根据我国《公司法》第一百八十四条规定，"公司合并可以采取吸收合并和新设合并两种形式"。所谓吸收合并，就是在两个或两个以上的公司合并中，其中一个公司吸收了其他公司而继续存在。新设合并就是两个或两个以上的公司在合并以后同时消失，在一个新的基础上成立一个新的公司。收购是指一家公司通过购买目标公司的股票或资产，以获得对目标公司本身或资产控股权的行为。收购是进入新业务的战略途径之一，通常有两种主要类型：一是产业资本的行为，作为长期投资，最终目的是要加强被收购业务的市场地位；二是金融资本的行为，目的在于转手获利。当收购或合并不是出自双方共同意愿时，可以称之为接管（Takeover）或敌意托管（Hostile Takeover），也称恶意接管。

企业并购含义如图 5-4 所示。

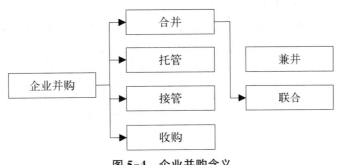

图 5-4　企业并购含义

企业并购是一项复杂的系统工程，除需投入大量的人财物资源外，并购往往还需要冒巨大的风险，但是全世界的企业并购波澜壮阔，范围广泛，足以荡涤每个角落。这主要源自并购动因的推动。

推动企业并购的因素很多，从内部动因看，是企业对市场份额、效率、定价力量、更大规模经济收益及趋利避害的追求，包括通过横向并购来扩大市场占有率，获得规模经济效益；通过纵向并购降低交易费用，获得垄断利润；通过混合并购分散经营风险，实现技术转移及资本有效配置；通过跨国并购构筑在全球范围内的竞争力等。

从外部条件看，包括经济全球化趋势、竞争压力、股价的波动、互联网、电子商务、虚拟经营、各个产业——从金融服务到能源，从通信到运输——法规管制（包括反垄断法管制）的减轻等。从具体目的看，包括更好地利用现有生产能力，更好地利用现有销售力量，减少管理人员，获取规模经济效益，减少销售波动，利用新的供应商、销售商、用户、产品及债权人，得到新技术，减少赋税等。

关于并购的动因，经济学家、管理学家、企业家和政府官员结合各自的角色给出了不同的说明，如表 5-2 所示。

表 5-2　并购动因的各方观点

| 各方代表 | 动因 |
| --- | --- |
| 经济学家 | 产业组织<br>要求财务<br>管理要求 |
| 管理学家 | 战略发展与管理效率 |
| 企业家 | 消除无效率的管理者追求经营与财务协同进行战略重组获得低估的<br>价值传送信息<br>解决代理问题<br>依靠市场力量<br>合理避税<br>基于分配的考虑 |
| 政府官员 | 公平与效率 |

综合起来看，企业并购动因主要包括以下几个方面。

### (一)高效率地实现跨越式发展

企业可以通过内涵式也可以通过外延式获得发展,两者相比,采用并购外延这种方式的效率更高。尤其是在进入新行业的情况下,谁领先一步,谁就可以取得原材料、渠道、声誉等方面的先手,在行业内迅速建立领先优势,优势一旦建立,别的竞争者就难以取代。因此,并购可以使企业把握时机,赢得先机,增加胜势。目前中国有6 000多家旅行社,但即使最大的旅行社总资产也不及美国运通公司的1%,并购重组将是下一步中国的旅行社必然面对的事实。

### (二)降低进入壁垒和发展风险

企业进入一个新的行业会遇到各种各样的壁垒,包括资金、技术、渠道、顾客、经验等,这些壁垒不仅增加了企业进入这一行业的难度,而且提高了进入的成本和风险。如果企业采用并购的方式,先控制该行业内原有的一个企业,则可以绕开这一系列的壁垒,以较低的成本和风险迅速进入这一行业。

### (三)实现优势互补的协同效益

不同的企业在不同的经营领域具有其优势,由此可以利用并购来发挥各自的长处、弥补各自的短处。并购后通常能使管理层业绩得到提高或产生某种形式的协同效应,包括生产协同效应、管理协同效应、经营协同效应、财务协同效应、人才和技术协同效应等,因此可以获得正的投资净现值。

### (四)加强对市场的控制能力

在横向并购中,并购最明显的利益便是立即扩大市场占有率,而无须经过一番市场争斗。并购活动提高了并购企业的市场份额,从而带来垄断利润。根据哈佛商学院PIMS(Profit Impact of Market Strategies)模型的研究,公司之间在盈利能力和净现金流上所产生的差异,80%可以归于市场因素,其中最重要的是市场占有率,而提高市场占有率最有效的途径是并购活动。利用并购还可以快速争取客户或进入陌生的市场,且一并攫取当地的客户与渠道。另外,在市场竞争者不多的情况下,由于并购而导致竞争对手减少,企业可以增加讨价还价的能力,可以以更低的价格获取原材料,以更高的价格向市场出售产品,从而扩大企业的盈利水平。

### (五)增强企业的国际竞争能力

企业进入国外新市场,面临着比进入国内新市场更多的困难,主要包括企业的经营管理方式、经营环境的差别、政府法规的限制等。通过采用并购东道国已有企业的方式进入,不但可以加快进入速度,而且可以利用原有企业的运作系统、经营条件、管理资源等,使企业在并购后能顺利发展。另外,由于被并购的企业与东道国的经济紧密融为一体,政府的限制相对较少,这有助于跨国发展的成功。

### (六)获取价值被低估的公司

从理论上讲,在证券市场中,公司的股票市价总额应当等同于公司总体的实际价值。但由于信息的不对称性和未来的不确定性等多方面原因,上市公司的价值经常被低估。如果企业认为自己可以比目标企业的经营者做得更好,那么该企业可以收购这家公司,通过对其经营获取更多的收益,或在收购目标公司后经过整合包装重新出售,从而在短期内获得巨额差价收益。

### （七）避税

并购活动能使净营业亏损和税收减免得到递延，增加资产基础（通过重新估价），实现税赋最小化。各国公司法中一般都有规定，一个企业的亏损可以用今后若干年度的利润进行抵补，抵补后再缴纳所得税。因此，如果收购企业每年产生利润，而目标企业历史上存在着未抵补完的正额亏损，则收购企业不仅可以低价获取目标企业的控制权，而且可以利用其亏损进行避税。

## 二、企业并购的内外生变量

不论企业并购的理念、动机和行为存在怎样的差异，并购的完成都离不开以下四个内外生变量。

### （一）并购资源供给

从理论上来看，并购资源的供给是无限的，只要有足够的资源和实力，任何企业或资产均可成为并购的对象，而且并购资源的供给离不开经济体制的转变、经济增长方式的转变、经济周期的转变、重大经济事件的转变和产业升级调整的转变。

### （二）并购资源结构及定价

由于没有一种经济社会能够完全供给人们所需要的并购资源，也就是说，并购供给事实上并非理论上的无穷供给，因此必须对各种可能的供给形态予以挖掘。另外并购供给结构的失衡，也常常使并购行为无功而返，因为并购资源结构及定价的错位，会极大地制约着企业并购的成功率。

### （三）并购资源需求

相对并购资源的供给而言，并购资源的需求永远是并购行为主动方，因为再合理、再匹配的并购供给，没有并购需求的允诺，并购行为便无法成立，并购供给也就成为无效供给。所以并购行为如同商品实现"惊险的跳跃"，关键在于并购需方，只要并购需方积极主动，并购行为就成功了大半。并购需求受到经济增长与景气水平、竞争压力、并购管制程度、并购成本和资本市场深化指数的影响。

### （四）财富创造潜力和水平

企业并购的目的或是基于竞争战略的考虑，着重中长期生存与发展，或是基于价值增值的考虑，着重短中线的投资回报，不论出于何种考虑，并购的最根本目的与动机在于财富的创造，财富创造的潜能越大，并购的需求就越强。

## 三、企业并购的方式

企业的并购有多种类型，从不同的角度有不同的分类方法，下面分别从并购双方所处的行业、并购的方式、并购的动机、并购的支付方式进行分类。

### （一）按照并购双方所处的行业状况划分

（1）横向并购。这是指处于同行业、生产同类产品、提供相似服务或生产工艺相似的企业间的并购。这种并购实质上是资本在同一产业和部类内集中，迅速扩大生产规模,提高市场份额,增强企业的竞争能力和盈利能力。

(2)纵向并购。这是指生产和经营过程相互衔接、紧密联系的企业间并购。其实质是通过处于生产同一产品的不同阶段的企业之间的并购,实现纵向一体化。纵向并购除了可以扩大生产规模,节约共同费用之外,还可以促进生产过程的各个环节的密切配合,加速生产流程,缩短生产周期,节约运输、仓储费用和能源。

(3)混合并购。这是指处于不同产业部门、不同市场,且这些产业部门之间没有特别的生产技术联系的企业之间的并购。包括三种形态:产品扩张性并购,即生产相关产品的企业间的并购;市场扩张性并购,即一个企业为了扩大竞争地盘而对其他地区的生产同类产品的企业进行的并购;纯粹的并购,即生产和经营彼此毫无关系的产品或服务的若干企业之间的并购。混合并购可以降低一个企业长期从事一个行业带来的经营风险,还可以使企业的技术、原材料等各种资源得以充分利用。

(二)按照是否通过中介机构划分

(1)直接收购。这是指收购企业直接向目标企业提出并购要求,双方经过磋商,达成协议,从而完成收购活动。如果收购企业对目标企业的部分所有权提出要求,目标企业可能会允许收购企业取得目标企业新发行的股票;如果是对全部产权提出要求,双方可以通过协商,确定所有权的转移方式。由于在直接收购的条件下,双方可以充分密切配合,因此相对成本较低,成功的可能性较大。

(2)间接收购。这是指收购企业直接在证券市场上收购目标企业的股票,从而控制目标企业。由于间接收购方式很容易引起股价剧烈上涨,同时可能会引起目标企业的激烈反应,因此会提高收购成本,增加收购的难度。

(三)按照并购的动机划分

(1)善意并购。收购公司提出收购条件以后,如果目标企业接受收购条件,这种方式称为善意并购。在善意并购下,收购条件、价格、方式等可以由双方高层管理者协商进行并经董事会批准。由于都有合并的愿望,因此,这种方式的成功率较高。

(2)恶意并购。如果收购企业提出收购要求和条件后,目标企业不同意,收购企业只有在证券市场上强行收购,这种方式称为恶意收购。在恶意收购下,目标企业通常会采取各种措施对收购进行抵制。证券市场也会迅速作出反应,股价迅速提高。因此恶意收购中,除非收购企业有雄厚的实力,否则很难成功。

(四)按照支付方式划分

(1)现金收购。这是指收购企业向目标企业的股东支付一定数量的现金而获得目标企业的所有权。现金收购是一种单纯的收购行为。一旦目标企业的股东得到了对所拥有股份的现金支付,就失去了任何选举权或所有权,这是现金收购方式的一个突出特点。一般而言,凡不涉及新股票发行的收购都可以视为现金收购,即使是由收购者直接发行某种形式的票据完成收购,也是现金收购。在这种情况下,目标企业的股东可以取得某种形式的票据。但其中丝毫不含有股东权益,只表明是对某种固定的现金支付所作的特殊安排,是某种形式的推迟的现金支付。

现金收购会对收购企业的流动性、资产结构、负债等产生影响,所以应该进行综合权衡。此外,现金收购涉及一个重要的税务管理问题。由于企业股票的出售变化是一项潜在的应税事件,它涉及投资者的资本损益,在实际取得资本收益的情况下,则需交纳资本收益税。因此,如果被收购的目标企业原有股东接受现金形态的出资,就需要缴纳资本收益税。

(2)股票收购。这是指收购企业通过增加发行本企业的股票,以新发行的股票替换被收购的目标企业的股票,获得目标企业的所有权。收购完成后,被收购的目标企业的股东并不会因此失去他们的所有权,只是这种所有权由被收购企业转移到收购企业,使他们成为并购后的企业的新股东。

并购后的企业的新股东。并购后的企业所有者由收购企业的股东和原目标企业的股东共同组成。

(3)综合证券收购。综合证券收购又称混合证券收购,是指在收购过程中,收购企业对目标企业提出收购要约时,其出价不仅仅有现金、股票,而且还有认股权证、可转换债券等多种形式的混合。这种并购方式具有现金收购和股票收购的特点,收购企业既可以避免因支付过多的现金而造成本企业资本结构的恶化,保持良好的财务状况,又可以防止控制权的转移。

## 四、企业并购的操作程序与关键环节

对所有企业而言,并购的具体程序大体都可分为以下几步。

(一)接触和谈判

企业并购双方可直接进行洽谈,也可以通过产权交易市场。大多数企业的并购接触和谈判是秘密进行的,目的在于防止对企业雇员、客户、银行带来不利影响,避免企业股价的波动,也有利于双方敞开谈判。

(二)签订保密协议

企业并购双方在谈判时先签订保密协议,具体规定哪些信息应当公开,什么人才能知悉这类信息,如何对待和处理这些信息(事后归还或销毁)等。签订保密协议后,一旦违反则应赔偿损失或受到处罚。

(三)签订并购意向书

谈判到一定阶段,就应制作意向书。这种意向书分为有约束力的和无约束力的两种。主要内容包括收购价格的数额或计算公式、收购对象的资产范围、收购时间进度安排、关键问题陈述和保证、特别条款(如需经政府批准的项目等)。

(四)履行应当的谨慎义务

从签订保密协议到订立正式协议之前,有一个十分重要的称为"履行应当的谨慎义务"的步骤,即出售方(目标企业)有义务对本企业及资产的关键问题和全面情况作陈述和保证,陈述必须真实、准确、完整,不得有虚假记载、误导性陈述或者重大遗漏。收购方对企业及有关资料文件进行检查,以保证并购顺利进行。

(五)确定价格

对被并购企业的现有资产进行评估,清算债权、债务,确定资产或产权的转让底价,以底价为基础,确定成交价。双方直接接触的可协商定价,通过产权交易市场通过招标确定。

### (六) 签订并购协议

并购协议是整个过程最重要、最关键的文件,要全面、准确反映谈判内容和双方意图,协议一般由律师起草和制作。主要内容为:并购价格和支付方式;交易完成的条件(包括具备法律要求的有关方面意见)和时间;规定交易完成前风险承担有关义务和责任,保证交易顺利完成;规定交易完成后有关义务和责任。

### (七) 履行相关手续

相关手续包括归属所有者确认,并购双方的所有者签署协议(全民企业所有者代表为审核批准并购的机关),报政府有关部门备案、审查(或批准),办理产权转让的清算、交割手续等。

### (八) 收购后整合

收购完成后,对目标公司的经营进行重整,使其与公司发展战略相符。

> **名人名言:**
> 当时,我们公司严禁用收购这个词,而是叫整合。因为这是在中国,理解团队的心理、理解员工的心理是最终整合成功的关键。
> ——谭智

## 五、并购绩效的评价

依据国内外的并购事件,并购的绩效评价大体可从市场、财务、分配和价值四个方面进行,详见表5-3。

表5-3 并购绩效评价指标

|  | 市场评价 | 财务评价 | 分配评价 | 价值评价 |
| --- | --- | --- | --- | --- |
| 评价含义 | 以市场绩效对比评价 | 以财务绩效对比评价 | 以收益分配对比评价 | 以财富创造水平对比评价 |
| 评价指标 | 行业地位能力<br>行业区位能力<br>产品扩张能力<br>经营管理能力<br>公司成长能力 | 偿债能力<br>资本结构<br>财务结构<br>经营效率<br>盈利能力 | 每股净收益<br>股息发放率<br>普通股获利率<br>投资收益率 | 协同效应<br>并购溢价 |

## 六、企业并购的风险与防范

在上述从并购进入到并购完成的过程中,始终陪伴着并购决策者的就是风险。代表国际并购市场缩影的美国企业并购,经历了四次高潮期,但每次并购浪潮涌过之后,总会有成千上万的企业铩羽而归,欧洲和日本也大体如此。

(一)企业并购的风险

对并购企业来讲,仅了解风险的含义和来源远远不够,对风险的分类的认识非常必要,如图 5-5 所示。

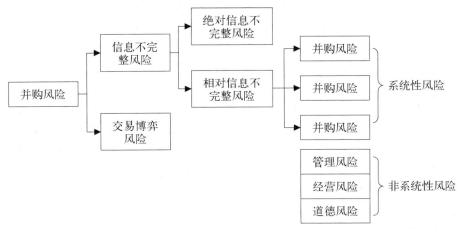

图 5-5 企业并购风险类型

在上述的并购风险分类中,存在着导致并购高失败率的主风险群,提供了主要的风险防控对象。

(1)政策风险。由政治风险、体制风险、法规风险和战乱风险构成。如重大政治经济事件突现、并购监管制度改变、反垄断反欺诈政策出台及并购创新管制的松紧调整都会极大地影响并购的进程和结局。

(2)多付风险。多付风险包括显性多付和隐性多付两种,前者为买价多付,后者属于并购所得额外负担,如或有负债、资产失实等。

(3)运营风险。属于并购后整合风险范畴,包括管理风险和经营风险两类,前者指管理协同达不到预期水平,后者指两家企业无法形成关联经营协同效应,常见于战略性企业并购。

(4)道德风险。主要来自两类人为风险:并购中介不能诚信经营和并购内部成员违背职业操守。这类风险较难防范和查证,需要特别提防。

(二)企业并购的风险防范

并购是一柄双刃剑,既可以产生很大的收益,也可能产生灭顶之灾。为保证企业间并购的成功,应从以下几方面注意防范风险。

(1)明确并购的战略意图。企业并购的目的是多种多样的:优势互补、集聚资金、扩大规模、降低成本、提高市场占有率、培育企业核心能力、增强企业全面竞争力、防范发展风险、追求最大利润等不一而足,但其根本目的还是寻求长远健康持续发展。一些企业的并购活动忽视长期战略,缺乏把企业做成百年老店的战略考虑,往往出于当下的经营或财务压力而采取股票市场短期的战术行为,通过证券市场的并购,实现其初始的融资"圈钱"目的。这种短期行为的直接危害是扰乱了企业的正常生产经营活动,耗费大量资金、人力、物力，从长远看不利于企业长远发展目标的实现。

（2）充分意识到并购的风险性。企业并购是高成本、高风险经营。高成本不仅表现为并购完成成本，还体现在整合与营运成本，并购退出成本和并购机会成本上。高风险是指在并购过程中可能出现的各种风险：营运风险，信息风险，融资风险，反收购风险，法律风险，体制风险。其中任何一种或几种风险的发生都会导致并购失败——并购不能或并购不成，甚至被反并购。因此，企业在并购过程中，在关注其各种收益、成本的同时，要充分意识到并购的风险性，要做好预案和各种相应的应对措施。

（3）注重目标企业的分析与评估。许多并购的失败是由于事先没有能够很好地对目标企业进行详细的审查。在并购过程中，由于信息的不对称性，买方很难像卖方一样对目标企业有充分的了解。许多收购方在事前都想当然地以为自己已经很了解目标企业，但事实上在收购程序结束后，才发现情形并非想象中的那样，目标企业中可能存在以前没有注意到的重大问题：以前所设想的机会可能根本就不存在；或者双方的企业文化、管理制度、管理风格很难融合。因此很难将目标公司融合到整个企业的运作体系当中，从而导致并购的失败。因此，在收购一家公司之前，必须进行全面的分析，了解公司的价值、审查经营业绩、判断目标企业是否与收购企业的整体战略发展相吻合，以决定是否对其进行收购，以什么样的价格收购以及收购后的整合工作。

（4）充分发挥中介机构作用。在资本市场上企业被视为一种商品，企业间的兼并、收购是资本市场的一种重要交割活动。资本市场交割因其特殊性和复杂性，需要专门的中介机构，运用高度专业化的知识、技术及经验提供服务。在企业并购过程中，中介机构的作用应是自始至终的。管理咨询公司、金融顾问公司、投资银行、会计审计等事务所、律师事务所等多种中介机构可在企业并购中发挥多方面的作用。

（5）并购筹资量力而为。在并购过程中，并购方的实力对于并购能否成功有着很大的影响，因为在并购中收购方通常要向外支付大量的现金，这必须以企业的实力和良好的现金流量为支撑，否则企业就要大规模举债，造成本身财务状况的恶化，企业很容易因为沉重的利息负担或者到期不能归还本金而导致破产，这种情况并购中并不鲜见。

（6）强化并购后的整合。收购目标企业后，很容易形成经营混乱的局面，尤其是在敌意收购的情况下，这时许多管理人员纷纷离去，客户流失，生产混乱，因此需要对目标企业进行迅速有效的整合。通过整合，使其经营重新步入正轨并与整个企业的运作系统的各个部分有效配合。不同的企业有着风格迥异的经营理念、管理体制、人事制度，乃至企业文化。片面强调并购企业的优越性，而对被并购企业的一贯作风全盘否定，既不利于企业资源的充分利用，也不利于实现优势互补的协同效益。在某些情况下，还会引起生产经营上的剧烈动荡，引发兼并后遗症。众多企业重组过程中出现的业绩滑坡、人事纠纷等内部不经济行为并不是偶然现象。

因此并购完成之后，应从资产、组织结构、企业文化、管理体制、业务流程、销售网络等方方面面进行一体化整合，使其与企业的整体战略、经营方针协调一致、互相配合。

抵御"零成本收购"、"低成本扩张"的诱惑。海尔的"休克鱼"理论曾被搬上哈佛商学院的讲台，但并不是所有的"休克鱼"都能被激活。在市场经济发展初期，企业普遍缺乏市场观念和管理意识，当时海尔把相对先进的经营体系引进濒临绝境的企业，确实创造了引人瞩目的成就,实现了"零成本收购"和"低成本扩张",但是随着市场机制的发育完善,"休克鱼"能否被激活不能一概而论。实际上要真正激活生存质量很低的"休克鱼"通常必须支付高昂的成本代价。

## 七、中国企业并购的瓶颈与发展

同国外上百年的发展历程相比,中国企业并购的运行史不算长,真正的企业并购在中国还只是近二十年的事。20世纪九十年代以来,随着经济体制改革的深化和资本经济的迅速崛起,中国经济和资本结构调整的步伐正在加快,企业间的要素流动及资源整合越来越成为政府和企业关注的核心问题。为了加速经济改革、调整和发展的节奏,迅速融入WTO框架下国际资本与产业的大分工、大协作的新环境,中国政府和企业一直致力借助政策法规、市场机制等各方面力量,积极利用兼并收购手段调整产业结构、优化资源配置,取得了令世人瞩目的成就。

但是也应该看到,目前中国的企业并购还存在着诸多的问题和不足,这主要表现在以下几方面。

（一）并购的理念、策略及方法跟不上并购创新的要求

中国企业并购更多地集中在传统并购上,而且结构不均衡,虽然总体供求旺盛,但总体理念过于趋同,规模过于弱小,技法过于单一,目标过于理想,阻碍了众多潜在的创新并购。

（二）并购的力度和广度有待全力发掘

中国企业并购起步较晚,资本经济欠发达,每年的并购总额不足百亿元人民币,单笔最大成交额也不超过十亿元人民币,而且密集成交区主要集中于上市公司和竞争行业并购,同全球每年数千亿乃至数万亿美元的并购规模存在较大差距。

（三）并购操作须进一步拓展和规范

大多数的并购事件源于传统、简单的政府推动等"原发性"合并和现金收购、债务重组等初级并购模式,很难与最新的并购潮流同步,而且部分并购关系人为了谋求小团体的利益,不惜践踏职业道德,损害了相关者利益。

（四）并购主管部门的监管与服务供应尚需强化

由于我国证券市场处于建立发展与经济转轨时期,对并购认识的模糊、规制的不健全和改革的不配套,使得对并购市场的管理还存在不少急需解决的问题,需要在沟通监管与服务规制方面加大创新力度,指导企业并购实践。

---

**小 资 料**

### 中国医药企业境外并购进入加速轨道

"中国药企通过内生增长,处于一些转折点,需要到境外寻找继续增长的机会。"易界管理合伙人蒋小旭在接受第一财经记者专访时表示,中国医药企业一直有很强

的境外并购需求,今年以来,这种趋势越发明显。

以三胞集团为例,今年6月三胞集团完成对美国生物医药公司Dendreon 100%股权的收购交割,从而拥有了后者全球首例且唯一被FDA批准的前列腺癌细胞免疫治疗药物Provenge,创下了中国药企第一次全资收购美国原研药的纪录。

细胞免疫治疗是肿瘤治疗的最新发展方向,在国内仍处于临床试验和试验前阶段。三胞集团总裁杨怀珍此前对媒体表示,通过此次交易,三胞集团不仅获得Provenge细胞免疫治疗药物的完整知识产权,而且还获得了Dendreon公司顶尖的人才团队、世界先进水准的细胞免疫药物研发平台、生产平台、临床应用平台、物流配送平台等,更重要的是,还收获了被称为细胞药物核心的质量管控标准与质量保证体系。

"(中国企业跨境并购)以前更多是仿制药、专利过期药,世界首发的原研药收购是一个标志性事件,也标志着中国药企以后会向更有含金量的方向发展。"蒋小旭对第一财经记者评价。

事实上,医药圈今年不断被国内巨头海外并购的消息刷屏。10月,复星医药完成收购印度药企GlandPharma 74%股权的交割,以10.91亿美元创下目前为止中国本土药企最大海外并购案。9月,三生制药和中信联合收购加拿大生物制药公司。6月,仙琚制药拟出资共1.1亿欧元分别收购意大利一家原料药企和一家医药销售公司。5月,人福医药宣布拟收购安思尔旗下包括杰士邦公司在内的全球两性健康产业业务资产。

易界《2017年前三季度跨境并购趋势报告》显示,今年前三季度医疗健康行业共发生32宗跨境并购案例,而2016年同期为21宗;金额方面,今年前三季度医疗健康跨境并购涉及金额47亿美元,2016年同期数字为37.8亿美元。

罗兰贝格管理咨询公司合伙人金毅对第一财经记者表示,国家政策和企业自身战略需求是驱动中国医药企业跨境并购的两个重要动力。

"医药行业是'政策市',中国现阶段政策的变动和对医药创新的鼓励,对行业的发展起到关键作用。"金毅对第一财经记者表示,从去年上半年到现在国家支持药品创新的政策力度是前所未有的,药品一致性评价、《"健康中国2030"规划纲要》等每一个政策都会推动医药企业并购加速。

金毅补充道,企业自身吸收国外先进技术经验、发展规模和新业务,以及专业化分工都会推动中国药企海外并购。

经过多年摸爬滚打,中国企业"走出去"的行为越来越理性,境外并购都与自身需求挂钩。蒋小旭认为:"国内医药细分领域的龙头企业,确实有国际化战略需求,都在考虑在海外买技术,要么拓展销售渠道,要么把自己的品牌做一些国际化安排。"

而在并购的领域范围上,随着国内大健康市场的发展,医药企业也开始通过跨境并购完善自身生态布局。除了传统的药物领域投资,保健品和医疗服务也成为并购热点。

CRO(医药研发合同外包服务机构)巨头药明康德近日宣布收购美国临床研究

机构 RPG，拓展全球临床研究和一体化开发服务能力。通化金马也在 7 月宣布竞购澳大利亚 I-MED 公司，开拓海外影像诊断业务。另外，爱尔眼科 4 月宣布将以约 1.52 亿欧元收购西班牙眼科医院集团 Clínica Baviera, S.A. 的 90% 股份，通过对这一欧洲最大连锁眼科医疗上市公司的收购，爱尔眼科将成为全球最大眼科医疗机构。

并购成功只是走出去的第一步，如何进行业务整合、控制风险是中国医药企业更需要考虑的问题。

"国内企业到一个新的地方，对当地的法规、政策，甚至工资、薪酬水平都是陌生的，用中国的管理经验来管理国内的人和组织，海外并购时，国外的管理手段也是陌生的。"金毅对第一财经记者表示。

金毅认为，企业首先应该明确自己全球化战略的目的是什么，并对团队和组织进行有效匹配，同时讲究"管理的艺术"。"要明确并购后的近期、中期、远期目标是什么，同时明确企业哪些职能需要整合，哪些要有灵活度。"

蒋小旭对第一财经记者指出，投后管理是中国企业境外并购普遍存在的问题。

"医药行业需要很多专业知识，以及对境外运营环境的理解。中国企业需要通过专业运营团队帮助过渡，包括当地运营团队或者收购公司已有团队。同时更多的是把国内的业务和国外业务做协同，一部分走出去，一部分引进来。"蒋小旭对第一财经记者表示。

"当时想的是买一家公司，买之后怎样管理这家公司成为问题。境外并购，第一是战略要清晰，第二是投后管理要通盘考虑。"蒋小旭评价。

资料来源：《中国医药企业境外并购进入加速轨道》，《第一财经日报（上海）》，2017-10-24。http://money.163.com/17/1024/04/D1G3NO8Q002580S6.html#from=keyscan

## 第三节 战略联盟

**名人名言：**
　　我意识到，一个人的成功不完全是你的才华，关键是你能统占整合多少资源，然后达成一个整合的目标。

——江南春

20 世纪 90 年代，企业战略联盟符合经济全球化的客观要求，同时也标志着不是你死就是我活这种传统的市场竞争模式的瓦解。"共赢"将成为 21 世纪的金子模式。随着时代的发展，战略联盟除了具备组织的松散性、相互独立性、合作与竞争的共存性、行为上的战略性、地位的平等性、优势的互补性和范围广泛性以外，出现了新的趋势和规律，即出现率和失败率"双高"、国际化发展趋势明显、地域和产业上高度集中、以非股权方式建立的战略联盟呈上升趋势、选择上的主动性等特点。

## 一、战略联盟的概念

战略联盟(Strategic Alliance)最早是由美国 DEC 公司总裁简·霍兰德和管理学家杰·奈格尔提出,随即在实业界和理论界引起巨大反响。从 20 世纪八十年代初以来,战略联盟这种组织形式在西方和日本企业界得到了迅速发展,尤其是跨国公司之间在全球市场竞争中纷纷采用这种合作方式。但战略联盟的概念自从被提出以后,并没有在理论上对其进行严格的定义。迈克尔·波特(M.E.Porter)在他的《竞争优势》一书中提出:"联盟是指企业之间进行长期合作,它超越了正常的市场交易但又未达到合并的程度,联盟的方式包括技术许可生产、供应协定、营销协定和合资企业"。在波特看来,"联盟无须扩大企业规模而可以扩展企业市场边界"。蒂斯(Teece,1992)则从另外一个角度对战略联盟进行了较为明确的界定,他认为战略联盟是两个或两个以上的伙伴企业为实现资源共享、优势互补等战略目标而进行的以承诺和信任为特征的合作(Cooperation)活动。包括:① 排他性的购买协议;② 排他性的合作生产;③ 技术成果的互换;④ R&D 合作协议;⑤ 共同营销。

具体来说,企业战略联盟是指两个或两个以上的企业为了实现资源共享、风险或成本共担,优势互补等特定战略目标,在保持自身独立性的同时通过股权参与或契约联结的方式建立较为稳固的合作伙伴关系,并在某些领域采取协作行动,从而实现"双赢"或"多赢"。

> **小资料**
>
> **中国电信:与法国电信战略合作**
>
> 2011 年 10 月 12 日,中国电信与法国电信在北京签署战略伙伴框架协议,该协议旨在发挥双方在网络和服务领域的互补优势,进一步提升中国电信在中国和亚太地区,法国电信在欧洲和非洲地区的影响力,提高双方在全球客户市场的服务能力。
>
> 中国电信董事长王晓初表示:"战略合作框架的签署将极大促进相关业务领域的密切合作,进而实现为客户提供高质量全球服务的理念。"
>
> 法国电信董事长理查德表示:"本协议的签署标志着法国电信与亚太地区最重要的运营商之一——中国电信的合作迈出重大一步。双方将在网络接入和服务方面紧密合作,并促进企业的全球发展。"
>
> 根据框架协议,合作内容包括改善 Orange 在中国的服务支持,改善中国电信在欧洲的接入,以及双方对国际光缆网络的接入服务,并为双方的客户提供 Wi-Fi 国际漫游服务。
>
> 资料来源:陈静,《中国电信:与法国电信战略合作》,《中国证券报—中证网》,2011-10-12。

## 二、企业战略联盟的特征

企业战略联盟的特征有以下几方面。

### （一）组织灵活

这种新型的组织模式一般由一些独立公司包括制造商、供应商等，有时是往日的竞争对手临时组成，它们聚集迅速灵活。

### （二）边界模糊

传统的企业组织均具有明确的层组和边界，而战略联盟则是企业之间以一定契约联结起来对资源进行优化配置的一种组织形式，一般是突破行业界限而组成的战略联合体。

### （三）关联松散

战略联盟不是通过行政方式进行协调，也不是通过纯粹的市场机制进行协调，而是兼具了市场机制与行政管理的特点，合作各方主要是通过协商方式解决各种问题。

### （四）运作高效

战略联盟的实力，单个企业是无法比拟的，它可以综合各方面的资源优势来完成单个企业难以胜任的各项经营任务，具有提升企业竞争力，分担风险，防止过度竞争，扩张市场以及获得规模经济效应等高效功能。

### （五）技术先进

战略联盟借助信息网络，彼此联系，共同工作。联盟关系依赖于利用彼此的技术优势，可以使产品迅速达到世界一流水平。

### （六）彼此信任

联盟成员之间彼此依赖是必不可少的，这也就要求它们比往昔更多地相互信任。它们将要有一种共同的使命，每个伙伴公司的命运都将依赖于其他成员。

## 三、基于企业战略联盟的价值链分析

"价值链"最早由波特教授提出，他认为企业是一个综合设计、生产、销售、运送和管理等活动的集合体，其创造价值的过程可分解为一系列互不相同但又相互关联的增值活动，总和即构成"价值系统"。其中每一项经营管理活动就是这一"价值系统"中的"价值链"。企业的价值系统具体包括供应商价值链、生产单位价值链、销售渠道价值链和买方价值链等。"价值链"包括"支持活动"和"基本活动"。"支持活动"是指企业的辅助性增值活动，包括企业组织、人事管理、技术开发和采购。"基本活动"，即企业的基本增值活动，如材料购进、产品开发、生产加工、成品发送、市场营销和售后服务。这些活动都与商品实体的加工流转直接相关。"价值链"的各个环节之间相互关联、相互影响，特别是上一个环节对下一个环节有直接的影响。

### （一）企业战略联盟与价值链环节中的核心专长互补

在某些价值增值环节上，本企业拥有优势，在另外一些环节上，其他企业可能拥有优势。为达到"双赢"的协同效应,相互在各自价值链的核心环节上展开合作,可促使彼此核心专长得到互补,在整个价值链上创造更大的价值,这是企业建立战略联盟的原动力。

国外跨国公司把企业的价值创造过程分解为一系列相互关联的增值活动,其中各个环节的经营管理活动之间相互影响,并共同决定整条价值链的收益。而单个企业不可能在所有经营环节都保持绝对优势,因为这样将要承担过大的投资支出及风险;因此,不同的跨国公司只能在具有比较优势的环节上发展自己的核心能力。而要实现各个环节对价值链增值的最大贡献,就必须在各自的优势环节展开合作,从而达到互利共进的效果。战略联盟便是这种合作的典型形式。

价值链互补生产的重要意义,也充分体现在美国两大公司近年来的经营实践中。英特尔于 1994 年进入商用计算机主板制造业,试图以其芯片设计能力的垄断优势为依托进一步控制微机制造。但结果是事与愿违,1996 年被迫将其主板生产能力从 2 000 万降至 1 200 万,而 1997 年更是降至 1 000 万。英特尔在此项投资中损失高达 5 亿美元,究其原因主要是英特尔本身并不熟悉主板生产技术和管理,无法和中国台湾已经成熟的主板生产商竞争。由此可见,即便是英特尔这样实力雄厚的大公司也会因逆流而上翻船。相反,多年亏损的苹果计算机(Apple)公司在 1996 年将其最大的生产基地卖给了一家名不见经传的公司 SCI,"全神贯注"于新产品开发,结果在 1997 年第 4 季度该公司实现了近四年来的首次盈利,这主要是因为其将公司更多的资源集中在价值链中的核心战略环节。

我国企业对在价值链上合作生产、实现优势互补还缺乏充分的认识。大多数企业在新产品开发后首先想到的是扩建生产线,从而陷入固定资产投资过多、资金周转不足的困境。TCL 在 1992 年决定进军彩电市场,在短短 5 年之内迅速成长为国内屈指可数的彩电生产企业,其成功之道在于 TCL 独具慧眼,不是重复引进生产线,而是集中自身的核心优势,抓住价值链中战略环节,着力进行 TCL 品牌塑造和产品销售战略环节,并和拥有生产优势的彩电制造企业组建战略联盟,使其在彩电生产和营销价值链上形成核心优势互补,从而迅速占领国内彩电市场。

(二)企业战略联盟与价值链一体化竞争

技术进步的加快和市场范围的扩大促使社会生产分工不断深化,许多产品和服务的价值增值过程被分解为更长更细的链条。单个企业只能占据整个产品或服务价值链中的某一部分环节,为求得整个价值活动中的最大增值,这将促使位于不同价值链环节上的企业进行相互合作。企业之间建立战略联盟,也就顺应了产品空间的分化与市场空间价值链一体化的需要。欧洲"空中客车"飞机是整体化的产品,然而其部件却由分散在英、法、德、西四国的众多飞机制造公司生产,从某种意义上讲,"空中客车"是欧洲航空制造企业战略联盟的产物。价值链分析表明:企业战略联盟是为适应产品空间的分化和市场空间的价值链一体化而产生的,并且成为两者有效对接的纽带。

(三)联盟网络与价值链群的竞争

从不同价值链群的竞争来看,战略联盟对促使价值链的一体化竞争也具有非常突出的意义。价值链群的竞争是由上下游企业联合组成完整的价值提供系统而展开的竞争,它是一种联合竞争的形式。美国著名的市场营销专家科特勒在其《营销管理》一书中进行的阐述能清楚地展示发生在企业竞争过程中的这种带有革命性的变革。竞争的成败不仅取决于整个链条中单个企业生产经营管理水平,而且取决于整个链条中所有企业生产经营的质量,取决于链条中各个企业之信息网络构建及其运用的效率,取决于网络中各个企业之间伙伴关系的耦合程度。哪个企业更善于发展自己与上下游企业之间的合作关系,哪个企业就能赢得整个价值链上的竞争优势。而这种合作关系只有通过企业之间建立战略联盟才能有效形成。在个人电脑行业,联想和微软通常被认为是一个链群,苹果公司只是一家公司;Cisco 系统是一个链群,而 Bay Networks 也只是一家公司。联想、微软与惠普公司成功地击败各自的竞争对手,其中最重要的一条策略就是通过各种形式的联盟,吸收了众多的合作伙伴和追随者,把企业发展为一个强大的链群。

(四)企业战略联盟与共享价值链中的"净竞争优势"

美国战略管理学家迈克尔·波特在《竞争优势》一文中分析指出:由于价值链环节中市场渠道、销售队伍、生产设备和技术成果等共同因素的存在,企业之间的相关业务单元能对价值链上的活动进行共享,从而通过这种共享可有效地降低业务活动的成本或增强其差异化竞争优势。例如,共享市场渠道和销售队伍的业务单元可以使销售成本降低,或使销售人员向顾客提供独特的产品组合(增强其差异化竞争优势)。如能在共享价值链中有效地削减业务活动的成本或产生规模效益、差异化优势和学习效应,则可视为实现共享收益。当这种共享收益超出其中的共享成本时,即获取所谓的"净竞争优势"。在价值链的某一共享环节中获取共享收益,同时也将不可避免产生共享成本(即包括协调成本、妥协成本和僵化成本)。共享成本的存在将可能抵消共享收益,使"净竞争优势"减少甚至消失,使共享价值链中的潜在竞争优势不能完全或无法转化为现实的竞争优势。

## 四、联盟的战略优势

"1+1>2"是企业之间在价值链各环节中进行联盟合作、产生更大经济绩效的形象描绘,不同环节的企业通过结为联盟伙伴关系,可促使联盟企业聚合自身的核心专长集中于某一环节,从而获取专业化经济效果,而相互之间的联盟合作又可在整个价值链上实现一体化经济。

另外,联盟还使不同环节的企业实现功能和专长上的互补融合,优势叠加所产生的经济效果使部分之和大于整体,由此可见,价值链上的企业联盟可集中体现这种互补效应。联盟可以带给合作双方资源互享的机会,允许双方以较小的代价获得自己欠缺的能力。如旅游行业中,餐馆与酒店常常结成联盟来扩充它们的经营网点。联盟使餐馆获得优越的营业位置和接近客人的机会,饭店也得到了餐馆品牌带来的价值。例如,商人威克(Trader Vics)作为率先与饭店结成联盟的餐馆之一,在几家希尔顿饭店、曼谷的马里奥特河畔皇家花园饭店、东京和新加坡的新奥尼特饭店中都设有分店。露丝·克雷丝烧烤屋在马里奥特、假日和威斯汀中也都设了分店。美味餐馆是得克萨斯一家著名的休闲性地方连锁店,也与布里斯托饭店建立了战略联盟。此外,许多度假区都设有类似于大型超市中的食品专柜,专门经营知名品牌快餐店的食品。利用知名的餐馆可以吸引饭店管理人员的注意,并且为餐馆创造了扩大分销渠道的机会。

### 五、战略联盟的运作形式

根据企业近年来战略联盟的实践,从股权参与和契约联结的方式来看,可把企业战略联盟归纳为以下几种重要类型。

#### (一) 共同研究与开发

这是企业之间契约性战略联盟的最主要的一种形式。由于汇集了合作各方的核心资源优势,既高效地加快了开发速度,提高了成功的可能性,又大大地降低了合作各方的开发费用与风险。

#### (二) 定牌生产

联盟范围内合作的一方具有知名品牌,但生产能力不足,另一方则有剩余生产能力。有剩余生产能力的一方可以为知名品牌的一方生产产品,然后冠以知名品牌进行营销。

#### (三) 合资经营

合资企业是战略联盟最常见的一种类型。它是指将各自不同的资产组合在一起进行生产,共担风险和共享收益,但这种合资企业与一般意义上的合资企业相比具有一些新的特征,它更多地体现了联盟企业之间的战略意图,而并非仅限于寻求较高的投资回报率。为了保证联盟双方各自的相对独立性和平等地位,通常追求的是股权几乎对等的50%与50%的合资企业,如美国的科宁公司和墨西哥的威特罗公司,为开拓和占领对方国家市场分别在美国和墨西哥建立了两个合资企业,在美国由科宁控制51%股份,威特罗占49%,在墨西哥的股权结构刚好相反。这样既可保持双方的对等地位,又可发挥各自的"地缘优势"和积极性,这是经济全球化时代企业通过建立战略联盟而达到共同开拓世界市场等战略目标的一个例证。

#### (四) 特许经营

联盟范围内的合作各方通过特许的方式组建网络方式的联合体,其中一方拥有重要的无形资产,以签署特许协议的方式准许其他各方使用其品牌、专利或专有技术。特许方可以通过特许权获取收益,并可利用规模优势加强无形资产的维护与增值,而受许方也可利用该无形资产扩大销售,提高收益。

#### (五) 相互持股投资

相互持股投资(Equity Investments)通常是联盟成员之间通过交换彼此的股份而建立起一种长期的相互合作的关系。与合资企业不同的是,相互持有股份不需要将彼此的设备和人员加以合并,通过这种股权联结的方式便于使双方在某些领域采取协作行为。它与合并或兼并也不同,这种投资性的联盟仅持有对方少量的股份,联盟企业之间仍保持着其相对独立性,而且股权持有往往是双向的。日航、全日空两大航空公司因国际航线乘客减少,2001年度出现巨额赤字,与上一年度相比,两家企业的营业额分别减少6%和7%。日航公司的正常项目利润和纯利润分别减少500亿和400亿日元,全日空公司则将分别减少150亿和110亿日元。面对困境,日本航空公司开始重组。日本最大的航空公司日本航空公司和第三大航空公司佳斯公司就设立新的相互持股公司的形式合并基本达成协议。两大航空公司作出这一决定的目的是提高国内航线的效益。日航同佳斯建立的相互持股公司在日本国内和国际航运市场分别占有48%和75%的份额。同时日航也希望这样能够有助于其逆势扩张国内业务,削减成本及扭亏为盈。

从联盟内容上来看,在开发、生产、供给和销售各个价值链环节上都可能形成战略联盟,美国NRC组织根据战略联盟在不同阶段的合作内容进行了详细分类,如表5-4所示。

表5-4 战略联盟的分类

| | |
|---|---|
| 研究开发阶段的战略联盟 | 许可证协约 |
| | 交换许可证合同 |
| | 技术交换 |
| | 技术人员交流计划 |
| | 共同研究开发 |
| | 以获得技术为目的的投资 |
| 生产制造阶段的战略联盟 | OEM(委托定制)供给 |
| | 辅助制造合同 |
| | 零部件标准协定 |
| | 产品的组装及检验协定 |
| 销售阶段的战略联盟 | 销售代理协定 |
| 全面战略联盟 | 产品规格的调整 |
| | 联合分担风险 |

资料来源:根据National Research Council有关内容形成

战略联盟的内容非常丰富,内容相当广泛,如研究开发阶段的合作通常是联盟成员之间合作研究和开发某一新的产品或技术,同时也可以提高现有的技术水平。联盟各方将它们的资金、技术和设备及各种优势加以组合,共同开发新产品,如美国通用电气公司、美国的罗尔斯—罗伊斯和法国的斯奈克马签署了一项利用日本基金来研发未来新型的喷气式客机。

企业战略联盟中的竞争与合作是相互交织融合在一起的,不同于通常意义上的竞争与合作行为。传统的企业竞争方式通常是充满血腥味的"零和博弈",市场竞争如同在有限的市场内"分蛋糕",此消彼长,而战略联盟有利于形成新的竞争原则,竞争与合作是一种新的辩证关系,竞争是合作中的竞争,合作是竞争中的合作,从某种程度上讲,合作有利于充分提高竞争效率。

## 六、战略联盟成功的条件

为保证战略联盟能够实施成功,必须从以下各方面做好准备。

### (一)谨慎选择合作伙伴

合作双方具备很好的互补性,即所谓真正能够各取所需,实现双赢。如果双方没互补性,仅仅是单方面获益,合作将很难真正开展下去。比如前几年,索尼和三星公司开始在液晶面板方面进行合作,双方投资数十亿美元在韩国建立第七代乃至第八代的液晶面板工厂,而且三星公司还象征性地获得 51% 的股份,就是因为索尼早年的战略失误,导致在液晶面板方面缺乏核心技术和生产能力,迫切需要三星公司提供技术和生产能力以适应不断增加的液晶平板电视的需求。而反过来,三星公司也需要索尼公司的巨额投资一起加强对液晶面板技术的投入,以保持在市场上的领先优势,与其他液晶面板生产线的厂商一起竞争,从而夺取市场大蛋糕。同时,索尼也向三星开放其"Memory Stick"(记忆棒)的移动存储技术,允许三星公司在其数码产品上使用记忆棒技术。

### (二)战略转换成功的前提——信息畅通

企业要根据竞争环境进行战略调整,首先必须能够感知外部环境的变化,了解与企业发展所有相关的资源及其拥有者的发展与态势,准确掌握企业发展面临的外部环境动态,初步形成关于外部环境发展趋势的正确判断,发现潜在机会,排查潜在问题,帮助企业及时、准确地实施战略决策,具备远见卓识,不仅能适应外部变化,而且能预见变化,甚至引导变化,从而在竞争中创造优势。

### (三)联盟高效运作的基础——动态能力创新

企业的组织和管理过程是构建动态能力的核心,也是企业创造竞争优势的基础。在超竞争的环境下,企业难以长期保持其现有能力创造的竞争优势。因此企业要通过持续创新来优化企业资产资源,改造企业原有组织和管理过程,适应市场环境的变化。创新是创造动态能力的源泉,基于动态能力竞争战略的目标或者核心就是创新,创新通过转化为组织能力,最终实现能力创新。

### (四)保持联盟合作关系长久不衰的润滑剂——相互信任、增进沟通

联盟团队中的合作各方应在合作的事业范围内把相互间利益视为一个整体,形成一个有力的伙伴团队。这样,就能使双方各有的资源得到优化组合,取得 1+1>2 的协同效果,从而才能应对强势竞争者的挑战。为使联盟优势得到巩固,必须经常关注可能削弱和分裂联盟团队的各种危机,通过伙伴各方频繁、广泛地交流,不断增进信任,从而消除各种可能的潜在危机。

# 本 章 小 结

随着市场竞争的加剧,企业合作越来越成为企业获取优势、高效利用资源的战略方式。本章分析了产业集群形成与作用机制、产业集群内部企业的合作与互动;企业并购的概念、动因、类型、程序和并购过程应注意的关键问题;战略联盟的内涵与外延、主要

特征和发展趋势,并结合价值链原理阐述了战略联盟企业的合作与互补及联盟企业的竞合关系。合作战略虽然能够使企业之间达到优势互补和节省资源的作用,但是也存在风险。企业在选择合作战略时,需要认真分析相应合作战略的风险及自身的特点,以更好地发挥合作战略的优势。

## 思 考 题

1. 产业集群企业如何加强内部的合作创新?
2. 与非集群内企业相比,集群内的企业具有哪些竞争优势?
3. 企业实施并购的动因有哪些?
4. 企业并购过程中应该注意哪些问题?
5. 举例说明企业战略联盟的主要形式。
6. 战略联盟实施成功需要做好哪些准备?

## 案 例 分 析

### 吉利收购沃尔沃,是双赢吗?

**1. 吉利汽车简介**

浙江吉利控股集团始建于1986年,1997年进入汽车领域,多年来专注实业,专注技术创新和人才培养,取得了快速发展。现资产总值超过2 000亿元,在近期揭晓的2017年度《财富》杂志世界500强排行榜中,浙江吉利控股集团以314.298亿美元的营收位列第343位,强势攀升67位,这也是其自2012年首次进入榜单以来连续六年进入世界500强,连续十四年进入中国企业500强,是中国汽车行业十强,是国家"创新型企业"和"国家汽车整车出口基地企业"。2012年7月,吉利控股集团以总营业收入179.85亿欧元(约1 500亿人民币)进入世界500强,成为唯一入围的中国民营汽车企业。4月18日车展前夕的吉利品牌发布会上,吉利宣布取消了现有的吉利帝豪、吉利英伦和吉利全球鹰3个子品牌,这三个品牌都归为吉利一个品牌,并采用了全新的LOGO。

**2. 沃尔沃与沃尔沃轿车**

如果有人研究过沃尔沃的历史,会发现,在1999年沃尔沃轿车宣布卖给福特之前,其实经营状况并没有很差,那么为什么沃尔沃轿车选择"卖身"给来自美国的福特呢?

这就要从沃尔沃集团成立之初说起了。

在1926年的时候,SKF集团董事会批准提案,正式成立一家生产民用量产汽车的公司,取名为沃尔沃汽车公司,即AB Volvo公司。

注意,这时的沃尔沃公司指的是AB Volvo,并且是挂靠在SKF集团下面的。沃尔沃成立之后,虽然推出的第一款车OV4因为"脑残"设计而销量惨不忍睹,但是好歹吸取教训,紧接着又推出了两款"智商在线"的车子PV4、PV651。这两款车虽然放在现在看不怎么样,但是在当时还是挺不错的,再加上是瑞典第一"国产车"的名头,所以销量还是很可观的。

销量上去了,自然就有钱了。"钱包"满满的AB Volvo自然不再甘心在SKF集团的控制之下,于是在1935年的时候,AB Volvo脱离了SKF集团,真正成为一家独立运营的汽车公司,并且在瑞典证券交易所上市。

脱离了SKF集团之后不久,虽然就遇到了金融危机和二战的双重打击,但幸运的是,瑞典是个中立国,所以沃尔沃并没有受到毁灭性的打击。

战后,德国、美国的那些个老牌车厂多少都受到了战争的负面影响,沃尔沃抓住了老牌车厂的"虚弱"期,凭借一系列的安全技术,顺利扩张自己的轿车业务。与此同时,AB Volvo的商用车业务也开始发展起来。

随着当时轿车需求量与生产量的逐渐增加,以及财务方面轿车所占比重越来越大,在1979年的时候,沃尔沃正式将乘用车部分从沃尔沃汽车公司(AB Volvo)独立出来,成立了沃尔沃轿车公司(VOLVO Car Corporation)。

沃尔沃轿车业务独立出来有什么好处呢?

最大的好处就在于可以细分市场,沃尔沃轿车可以更加专心地应对乘用车市场,有针对性地进行研发。要知道此时的沃尔沃公司,旗下的业务除了轿车,还包含了卡车、大客车、飞机、轮船、工程机械等多种业务。如果不把越来越重要的轿车业务分离出来,很容易造成管理上的混乱。

3. 沃尔沃首次"卖身"福特

沃尔沃轿车业务虽然独立出来,但是实际上此时还是属于沃尔沃公司(AB Volvo)的。

在19世纪90年代的时候,沃尔沃的轿车虽然销量不错,但是作为一个定位豪华车的品牌,沃尔沃轿车的盈利能力有限,远不如卡车、大客车等商用车带来的利润大,甚至每年沃尔沃公司都需要拿出大笔的资金,对沃尔沃轿车进行补贴。

开发新车需要非常巨大的前期投入,这也是为什么很多豪华品牌做着做着就倒了,最后只能投靠通用、大众这些"土豪"。

这样就造成了一个非常尴尬的局面:轿车业务发展得还不错,但是干不过BBA;商用车市场占有率很高,在欧洲仅次于奔驰,但是没钱发展。

轿车和商用车必须取其一,否则整个集团都会被拖垮。最终,沃尔沃公司选择留下"会赚钱"的商用车业务,把"败家"的轿车业务出售了。

1999年,沃尔沃公司(AB Volvo)宣布出售沃尔沃轿车(VOLVO Car Corporation)。最终,沃尔沃选择了当时拥有庞大全球资源的福特。根据沃尔沃与福特达成的协议,福特以60亿美元价格买下沃尔沃轿车公司,沃尔沃商标今后由两家公司共同拥有。

这意味着,靠着福特这个"大金主","沃尔沃"这个品牌,不仅不会被轿车业务拖垮,相反地,还会因为福特庞大的资金、资源的支持,得到更加广阔的发展。简单来说,就是沃尔沃(AB Volvo)用福特的钱,养自己的儿子,然后儿子还能跟自己姓。

为什么福特愿意当"隔壁老王"?很简单,当时的沃尔沃虽然动力、车身设计等方面不是最优秀的,但是安全技术绝对是世界领先的。花钱买个"儿子",还能带回一堆世界领先的安全技术,这笔账怎么看都还是很划算的。

4. 沃尔沃二次"卖身"吉利

沃尔沃轿车在跟了福特"爸爸"后,果然没有失望。福特不仅放手让沃尔沃发展,同时还用其全球采购和巨大的前期投入大力支持沃尔沃的业务。到了2001年,沃尔沃轿车公司利润就增长近15%，达到72亿瑞典克朗。

但是，福特在经历了上世纪末本世纪初的全面扩张之后，由于市场变化及公司相对竞争力下降，开始出现连续亏损。比如仅仅是轮胎"召回门"事件，就让福特损失了55亿美元。

到2006年，福特已经从北美汽车业界的老二退到老三老四的水平了。福特公司决定重组公司资产，卖掉那些烧钱的豪华品牌，比如阿斯顿马丁、捷豹、路虎。此时，沃尔沃并不在出售名单上。

吉利的掌门人李书福当时也得到了这个消息。他判断福特肯定会把沃尔沃也给卖掉。所以，在2007年的时候，李书福专程跑到美国，与福特当时的掌门人取得了联系。不过当时福特掌门人并没有把李书福放在眼里。毕竟吉利2007年的收入大约为100亿人民币，而沃尔沃同年的收入是106亿美元！简直就是"癞蛤蟆想吃天鹅肉"。

结果，2008年的金融危机让福特的亏损达到了258亿美元！这下子，福特重组进程必须加快。福特终于拿出了沃尔沃，标价60亿美元，比当年收来的时候还便宜了4亿美元！

李书福这次找来了罗斯柴尔德银行方面大中华区的负责人作为财务顾问，给福特公司报出了35亿美元的报价。福特一听，呵呵，这么点钱？不卖！

到了2009年，李书福收到福特的通知，3月30号美国政府公布《汽车制造商未来发展计划》前，递交标书。这次李书福给的报价更低，只有20亿！因为罗斯柴尔德银行调查出沃尔沃到2009年6月收入才30多亿美元，评估价不超过30亿美元！

最后的谈判结果，大家都知道了，吉利最终以18亿美元外加后期9亿美元，拿下了沃尔沃轿车百分百股权加很多专利。

虽然说27亿美元远低于最初报价的60亿美元，但是也不是一笔小数目，所以吉利当时还找高盛借了钱。因此，最终吉利能够成功以低价拿下沃尔沃，背后有很多金钱以外的因素的(比如罗斯柴尔德家族、高盛银行势力等)。

5. 吉利买沃尔沃的原因

如今可是全球化的社会，汽车工业更是如此。但是我国的自主品牌基本都还处在刚起步的阶段，人家国外品牌少说都是有半个世纪的历史了。

面对全球化，国产车不可能一直依靠销售廉价车来生存，必然要有过硬的产品、高端的研发团队以及最为重要的，能够把国产车销往全世界的销售渠道。这些对于自主品牌出身的吉利来说，是很难在短时间做到的。

一步一步慢慢走？不好意思，时间不等人。等五十年后，你研究出了自己的汽油发动机，马力再大，稳定性再好，也没用，因为那会儿大家说不定都已经用电动车了。更别说在全球打响知名度了。

自己埋头苦干行不通，当然是要寻求外力的帮助。收购一个成熟的高端外国品牌，就是一条捷径。吉利收购沃尔沃，就是抓住了一个走向全球的机会。

吉利最聪明的做法就在于，没有直接把沃尔沃并入吉利品牌下面，而是让沃尔沃保持相对独立(这点可以从命名上看出来，吉利收购后的沃尔沃，全称为沃尔沃亚太)。

吉利非常清楚沃尔沃的技术和人才经验储备远超过自己，盲目吞并沃尔沃的技术无异于拔苗助长,另一方面也会连累了沃尔沃,所以现在的吉利一方面消化吸收沃尔沃技术的同时,也在不断地自我提高。而沃尔沃"卖身"给吉利后,毫无疑问又找到了新的出路,沃尔沃依旧是沃尔沃,吉利却不仅仅是吉利。

6. 吉利收购后的沃尔沃

为了确保沃尔沃高端和贵族血统,李书福表示并购之后"吉利是吉利,沃尔沃是沃尔沃。沃尔沃继续专注在顶级豪华汽车领域的发展。吉利不生产沃尔沃,沃尔沃也不生产吉利"。

从官方发布的2016年沃尔沃汽车财报来看,营业利润大涨66.0%,达到110亿克朗(约合12.4亿美元),利润率已经达到6.1%。沃尔沃首席执行官哈坎·萨缪尔森(Hakan Samuelsson)表示,沃尔沃的2020年目标是年销80万辆,利润率达到8.0%。从2016年的数据来看,除了BBA之外,尚无任何一个豪华品牌年销量能突破70万辆,最高的雷克萨斯仅为67万辆。

表5-5　2008—2016年沃尔沃汽车全年利润汇总　　　（单位：亿克朗）

| 年　份 | 营业利润 | 净　利　润 |
| --- | --- | --- |
| 2008 | −116.21 | 盈利 |
| 2009 | −51.85 | 盈利 |
| 2010 | 23.40 | 盈利,不详 |
| 2011 | 16.36 | 盈利,不详 |
| 2012 | 5.42 | −0.66 |
| 2013 | 19.19 | 9.60 |
| 2014 | 22.52 | 5.08 |
| 2015 | 66.20 | 44.76 |
| 2016 | 110.00 | 75.00 |

表5-6　沃尔沃2016年全球销量　　　（单位：辆）

|  | 2016年12月 | 同比变化 | 2016年全年 | 同比变化 |
| --- | --- | --- | --- | --- |
| 中　国 | 10 171 | 3.6% | 90 930 | 11.5% |
| 美　国 | 10 129 | 8.4% | 82 726 | 18.1% |
| 瑞　典 | 7 726 | −14.9% | 70 268 | −1.3% |
| 西　欧 | 23 769 | −2.8% | 206 144 | 4.1% |
| 其他市场 | 9 009 | −4.5% | 84 264 | 2.5% |
| 合　计 | 60 804 | −2.1% | 534 332 | 6.2% |

从销量分布上来看,沃尔沃在中国、美国和西欧三大主要市场均取得了增长,其中美国市场的增幅高达18.1%,中国仍然是销量最高的单一国家,达到了90 930台,在豪

华品牌销量排行榜上,落后于 BBA 以及凯迪拉克(11.8 万台)、雷克萨斯(10.9 万台),位列第六。

表 5-7 沃尔沃 2016 年各车型销量

|  | 2016 年 12 月 | 同比变化 | 2016 年全年 | 同比变化 |
| --- | --- | --- | --- | --- |
| S40 | 0 | — | 1 | 100% |
| S60 | 2 539 | −7.5% | 24 458 | −32% |
| S60L | 4 438 | 10.0% | 35 585 | 30.1% |
| S60CC | 169 | −38.1% | 1 898 | 148.4% |
| S80 | 49 | −92.4% | 3 109 | −54.0% |
| S80L | 16 | −97.5% | 63 | −98.2% |
| S90 | 2 050 | 100% | 7 383 | 100% |
| V40 | 9 123 | −12.9% | 80 099 | −3.9% |
| V40CC | 2 500 | −3.8% | 21 281 | −8.6% |
| V60 | 5 422 | −3.8% | 42 236 | −17.7% |
| V60CC | 2 015 | 5.7% | 18 401 | 83.9% |
| V70 | 524 | −83.7% | 14 888 | −46.5% |
| V90 | 2 461 | 100% | 7 637 | 100% |
| V90CC | 37 | 100% | 37 | 100% |
| XC60 | 18 987 | −87.2% | 161 092 | 0.9% |
| XC70 | 404 | — | 23 714 | −21.4% |
| XC90 | 10 070 | 9.7% | 91 522 | 125.3% |
| C70 | 0 | — | 1 | −91.7% |
| 合计 | 60 804 | 2.1% | 534 127 | 6.2% |

尽管销量势头不错,但沃尔沃依然面临两大难题:

① 过于依赖 XC60。这款中型 SUV 承载了沃尔沃超过 30% 的销量;被寄予厚望的 XC90 在美国销量尚可,但在中国却遭遇滑铁卢,导致 XC90 的全球年销量止步于 91 522 台。

② 销量绝对数较小。沃尔沃目前已有 S60L、S90、XC60 和 XC Classic 四款国产车型,但尚未有一款车型能成为细分市场上的主流,哪怕是 XC60 月销量也不过三四千,还不到奥迪 Q5 的零头。

7. 收购沃尔沃后的吉利

(1) 品牌形象没有得到提升。

和奇瑞捷豹路虎项目遭到用户调侃不同,吉利沃尔沃项目在初期虽然也遭受了用户的质疑,但到目前为止,民族自豪感还是占据了上风。加上国产沃尔沃幸运地使用了"沃尔沃亚太"这样的尾标,而非"吉利沃尔沃",因此国产沃尔沃依然保持住了豪华品牌的高端形象。但沃尔沃国内团队换帅过于频繁,无论在品牌、营销还是服务方面,沃尔沃与一线合资品牌还是有较大差距。

品牌方面,沃尔沃多年来主打的安全性得到了延续,加深了用户的认知,但却没有提升更谈不上升华。提到沃尔沃的安全,依然是老生常谈的三点式安全带、主动刹车系统等,并未有更多的创新;营销层面,沃尔沃的声势也偏弱,在微博微信乃至天猫京东等互联网介质上的存在感较低。

服务方面,全国仅有区区200多家经销商网点,并且这还是在沃尔沃将渠道门槛下调到200万元的背景下取得的成绩,至于沃尔沃4S店销售的服务水平以及维修保养价格等劣势,相信很多车主、准车主都有领教或耳闻,在此无须赘述。

(2) 沃尔沃技术助吉利高端化。

当年很多有识之士在一片质疑声中力挺吉利收购沃尔沃,重要的原因就是,吉利不仅得到了沃尔沃轿车品牌的使用权,还得到沃尔沃全部的技术专利,这对于缺乏核心技术的自主品牌来说意义重大。如今,吉利旗下的车型,从沃尔沃技术里是否有获益呢?

2012年,吉利获准使用三项沃尔沃的淘汰技术,包括中型汽车平台、汽车内部空气质量技术以及安全领域技术。2015年4月9日,基于沃尔沃提供技术支持的KC平台上首款车型吉利博瑞上市,成为了吉利的首款B级车。截至目前,博瑞的月销量在三五千台,量不大但总算达到了及格线,也是自主品牌高端化进程中难得的突破。幸运的吉利,幸运的沃尔沃。

还记得吉利收购沃尔沃后,著名经济学家郎咸平的一个节目引发了全民讨论。时至今日主流意见认为沃尔沃项目总体上是成功的,部分媒体断章取义故意曲解郎咸平的原意,批评、讽刺郎的判断失误。但完整观看那期节目的人应该都清楚,郎对于吉利沃尔沃最大的质疑在于工会可能带来的风险以及部分人大肆吹捧,认为吉利从此具有了世界一流汽车制造体系的能力。吉利幸运地得到了沃尔沃工会的支持,却也仍在制造体系的道路上上下求索,并未获得吃一颗就能得到20年功力的仙丹妙药。

不得不说,吉利是幸运的,在这8年间,瑞典成功地走出金融危机,沃尔沃项目的重生给瑞典增加了数千个工作岗位,一线工人甚至再度获得加班的机会,沃尔沃工会在这8年里也十分给力,未给管理层制造太多的麻烦,事实上这8年里,全瑞典仅有一次港口工人的大规模罢工,高福利社会的瑞典为了从金融危机里走出来,甚至大幅缩减了国民福利,并且幸运地获得了全体民众的支持。因此说,吉利沃尔沃能走到今天,吉利方面的智慧和努力固然重要,瑞典全社会的同心同德也是非常关键的因素(想想希腊吧)。

沃尔沃在被福特决定抛弃之日起,已经很难回归一线品牌阵营,今天的销量数据也证实了这一点。但吉利沃尔沃成功地从破产边缘回归到正常发展的轨道上来并实现盈利,赢得下一步发展的时间和空间,这也是显而易见的。对于吉利来说,制造体系的提升非朝夕之功,从沃尔沃学习经验和技术也还是要在公司间条款的框架内进行,并不是说吉利收购了沃尔沃,就可以随意将沃尔沃的知识产权拿给吉利使用。但至少,沃尔沃帮助吉利拿到了进军20万元以上市场的入场券,不敢说未来一定能大卖,但至少它具备了比其他自主高端车型更好销的基础。

不管怎样,你始终不能否认,这8年我们在观察和讨论吉利现象的时候,相比李书福发表"汽车就是四个轮子加2排沙发"言论的时代,少了一份戏谑多了一份尊重。

资料来源:根据以下资料进行整理,《吉利收购沃尔沃是一笔赚翻了的买卖》,2016-12-15,http://www.sohu.com/a/121549503_397438;《吉利收购沃尔沃第八年,对错成败该如何评价?》,2017-06-08,中国汽车网,http://auto.ifeng.com/quanmeiti/20170608/1089897.shtml

## 讨 论 题

1. 吉利收购沃尔沃可以得到哪些好处?
2. 被吉利收购的沃尔沃可以得到哪些好处?
3. 并购后,双方组织融合的程度如何?有哪些利弊?
4. 并购绩效如何?试谈谈你的看法。

# 第六章　企业跨国经营战略选择

**学习要点**

- 跨国经营概述
- 跨国经营环境分析
- 国际市场进入方式
- 国际化经营的战略类型
- 跨国公司的组织和控制
- 中国企业跨国经营现状与存在的问题

> **名人名言：**
> 虽然竞争的全球化在表面看来或许会使国家不再举足轻重,但事实上它使国家的作用更加重要了。
>
> ——迈克尔·波特

随着经济全球一体化的推进,企业进行跨国经营是当今世界经济的一大特征。企业在他国进行经营,面临的商业环境和母国完全不同。商业环境的不同往往会带来经营风险。企业在进行跨国经营时,要分析国际商业环境,选择合适的战略模式,才能提高跨国经营的成功率或盈利能力。

## 第一节　跨国经营概述

> **名人名言：**
> 兵者,国之大事,死生之地,存亡之道,不可不察也。
>
> ——《孙子兵法》

经济全球化是指世界经济活动超越国界,通过对外贸易、资本流动、技术转移、提供服务、相互依存、相互联系而形成全球范围的有机经济整体的过程。经济全球化是商品、技术、信息、服务、货币、人员等生产要素的跨国、跨地区的流动。这种流动把全世界连接成为一个统一的大市场,各国在这一大市场中发挥自己的优势,接受世界生产分工。经济全球化,有利于资源和生产要素在全球的合理配置,有利于资本和产品在全球流动,有利于科技在全球的扩张。经济全球化是当代世界经济的重要特征之一,也是世界经济发展的重要趋势。

## 一、经济全球化的必然性、特征和影响

### (一)经济全球化的必然性

根据前面的定义,经济全球化的实质是资本的全球化,是生产社会化和经济关系国际化发展的客观趋势。经济全球化有其必然性:

(1)新科技革命和生产的高度社会化为经济全球化提供了物质条件;

(2)国际贸易的高度发展为经济全球化提供了现实基础;

(3)国际金融的迅速发展成为经济全球化的重要推动力;

(4)国际间相互投资的发展加速了经济全球化的进程。

### (二)经济全球化的特征

经济全球化主要有以下特征:

(1)生产国际化。这主要是指国际生产领域中分工合作及专业化生产。现代国际化生产分工是深入到部门层次和企业层次的专业化分工,是一种国际化生产网络。其中最典型的是企业生产工艺流程分工和专业化分工,例如波音747飞机有400万个零部件,由分布在65个国家1 500个大企业和15 000多家中小企业参加协作生产。这种企业层次的国际化生产,使得原来在一个企业内部进行的研发、设计、生产或组装等一系列的活动环节分布到全球进行,从而形成了生产组织的国际化。

(2)产品国际化。全球生产总额中出口所占的比重不断提高,最直接的表现为现代国际贸易的迅速增加。世界上几乎所有的国家和地区的众多企业都以不同的方式、不同程度地卷入了国际商品贸易。现在国际贸易已占到世界总生产额的三分之一以上,并且还在稳步增长。

(3)金融国际化。生产和产品的国际化使得国际间资金流动日益频繁,形成了金融的国际化。金融的国际化反过来又会促进生产和产品的国际化。

(4)技术研发与利用的国际化。首先,技术对生产和经济有着重要作用,生产国际化带动国际技术贸易的不断增长。其次,从研发的情况来看,由于现代科技发展以高科技研发为中心,而高科技研发投入高,风险大,使很多企业感到力不从心,所以形成了越来越多的国际联合开发,以降低风险和缩短研发周期。这加快了现代技术研发的国际化。

(5)世界经济区域一体化。生产、投资、贸易发展的国际化使各国间经济关系越来越密切,特别表现在区域经济关系上,为了适应新形势的发展,以区域为基础,形成了国家间的经济联盟。如欧盟,美、加、墨自由贸易区、东盟等等。

(6)资本流动全球化。生产全球化必然带来贸易全球化,生产和贸易全球化又必然带来资本的全球化。这三者间相互联系,相互依赖。如今各地区金融中心和金融市场形成了有机整体,资金在全球范围内流动,哪里能获相对高利就流向哪里。

### (三)经济全球化的影响

经济全球化是当今世界经济和科技发展的产物,在一定程度上适应了生产力进一步发展的要求,促进了各国经济的较快发展。但同时,也使世界经济的发展蕴藏了巨大的风险。

#### 1. 经济全球化的积极作用

(1) 有利于各国生产要素的优化配置和合理利用。一国经济无论多发达,总会受本国资源和市场的限制,全球资源和市场一体化,能使一国经济最大限度地摆脱资源和市场的束缚。经济全球化,可以实现以最有利的条件来进行生产,以最有利的市场来进行销售,达到世界经济发展的最优状态,提高经济效率,使商品更符合消费者的需求。

(2) 促进了国际分工的发展和国际竞争力的提高。经济全球化促进了全球市场的不断扩大和统一,以及生产的国际化分工更加深化,各国可以充分发挥自身优势,从事具有最大比较优势研发或生产活动,扩大生产规模,实现规模效益。比如欧美企业把研发放在本国,将生产放在东南亚等发展中国家,这样可以利用本国的技术与知识优势进行创新,利用东南亚的低价劳动力进行生产制造,充分利用各地区的优势。经济全球化可以促进产业的转移和资本、技术等生产要素的加速流动;可以弥补各国资本、技术等生产要素的不足,使之能够积极参与国际市场竞争,迅速实现产业演进和制度创新,改进管理,提高劳动生产率,积极开发新产品,提高自身的国际竞争力。中国改革开放以来,以合资或独资的方式,不断引进资本、技术以及先进管理经验,取得了巨大成功。现在大量中国企业,如海尔,走到海外,投资设厂,或收购当地企业,不断提升其国际竞争力。这就是经济全球化带来的好处。

(3) 促进了经济结构的合理优化和生产力的不断提高。经济全球化带来了科技研究和开发的全球化,使现代科学技术在全球范围内得到迅速传播。现代科技创新是世界性的,任何国家的科学技术活动,都必须也只能以世界上现有的科技成果为基础。经济全球化带来科学技术的世界性流动,使各国,特别是发展中国家可以引进世界上自己需要的先进科学技术,借助"后发优势",促进科技进步、经济结构的优化和经济发展。比如中国高铁,就是一个很好的例子。中国吸收利用德国、法国、日本等高铁强国的高铁技术,研发自己的高铁,形成了涵盖高铁车辆制造、路基建设、通讯调度等完善的高铁技术体系、设计制造能力,同时打造了完整的高铁产业链。目前中国高铁正以质量可靠、价格合理的优势走向全球。

(4) 促进世界经济多极化的发展。经济全球化使国际经济关系更加复杂,它使以往的国别关系、地区关系发展成为多极关系和全球关系,同时推动了处理这些关系的国际协调和合作机制的发展。如欧盟、东盟、WTO等。目前世界形成了美国、中国、日本、欧盟、俄罗斯主宰世界的多极格局,并且这个格局还在持续演变中。

#### 2. 经济全球化的消极作用

但是,经济全球化是在不公平、不合理的国际经济旧秩序上形成和发展起来的。西方发达资本主义国家在经济全球化中占有主导地位和绝对优势,在制定全球化游戏规则时,西方发达资本主义国家往往会强化自身利益,牺牲发展中国家利益,使得南北差距有扩大的风险。

根据以上分析,对于发展中经济体来说,必须充分认识经济全球化带来的机遇和挑战,努力克服自身的弱点,才能趋利避害,获得最大可能的利益。

## 二、企业实施跨国经营的意义和目的

跨国经营是指企业以国际需求为导向,以扩大出口贸易为目标,进行包括海外投资、营销在内的一切对外经营活动,如资源获取、产品生产、市场开发、销售等等。企业置身于世界市场并发挥自身比较优势,开展对外经济技术交流,参与国际分工、国际协作和竞争等一系列经营活动。所以,企业的国际化经营,是为了寻求更大的市场、寻找更好的资源、追逐更高的利润。

企业跨国经营,主要的目的离不开市场因素、劳动力因素、自然资源因素、贸易壁垒因素和全球战略一体化因素。

### (一)市场因素

企业实施国际化经营旨在占据和扩大海外市场。它包括以下两种具体情形。

(1) 开拓国际新市场。当某产品本国市场进入成熟后,要想获得更大的市场份额,相当难。这时,如果能进入国际市场,也许能为产品找到新的增长点。比如在"一带一路"倡议的指引下,中国很多企业参与"一带一路"国家的基础建设,将钢材、水泥等产品销往他国。钢材、水泥这些产品在中国已经产能过剩,市场达到极限。

(2) 满足当地客户需求。不同国家、地区市场客户需求不一样,用本国的标准或全球统一的标准不可能同时满足所有客户的需求。因此,企业在当地投资建厂,生产满足当地客户需求的产品,是占领当地市场必要的策略。比如,麦当劳在美国和中国销售的食品种类和口味有很大差异,这就是为了满足不同地区客户需求。

### (二)劳动力因素

在知识经济时代,劳动力可分为两类:知识工作者和生产工人。对大多数企业来讲,这两类劳动力都需要。企业要创新,就需要研发人员,这类人员属于知识工作者。在产品制造生产时,需要生产工人。由于各国科技发展、教育水平、文化的不同,导致了各国的劳动力智力水平不同。目前很多欧美跨国公司将研发留在本国、生产放在劳动力便宜的他国。这样可以利用本国的高层次人才进行研发创新,利用他国低成本进行生产,资源配置优化。

### (三)自然资源因素

企业为了获得稳定并相对便宜的原料来源而实施跨国经营,有以下几种情况:

(1) 维护原料来源的稳定性,常常是使原材料的供应多地化,减少国际市场的供给与价格变化的影响;

(2) 在海外寻找国内的劣势资源,获得本国稀少或相对不足的原料;

(3) 利用生产区位优势,当地生产制造,减少原料运输成本和产品运输成本。

### (四)贸易壁垒因素

由于贸易保护的存在,一些发达国家也会通过进口配额、苛刻的产品检验标准限制外国产品输入。而一些发展中国家为保护本国产业,改善国际收支,减少外汇支出,也往往采取一些诸如关税保护的措施,降低外国产品在本国市场的竞争力。因此,企业通过跨国经营可绕过高额关税、低进口配额、进口管制等贸易保护措施。

### （五）全球战略一体化因素

大型跨国公司为了进一步增强竞争优势而采取的全球战略与多元化经营，有以下两种情况。

（1）企业在世界范围内按照价值链配置研发、原材料采购、生产、营销、售后服务等经营活动。比如很多欧美公司，将研发留在本国，生产放在东南亚，采购中心放在中国，全球呼叫中心放在印度。

（2）多元化经营，企业通过并购他国企业的股份，使自己的经营领域由一个领域扩展到多个领域，实现多样化经营。

## 第二节 跨国经营环境分析

> **名人名言：**
> 故知战之地，知战之日，则可千里而会战；不知战地，不知战日，则左不能救右，右不能救左，前不能救后，后不能救前，而况远者数十里，近者数里乎！
> ——《孙子兵法》

国际经营环境的复杂性及多变性，比国内经营环境要严重得多，表现在国际经营环境的影响因素多；以及国际经营环境的范围更广。因此，开展跨国经营的企业，必须十分认真地分析国际化经营战略环境，全面而准确地了解不同国家的地域和地理环境、历史与文化、经济发展的不同情景，以及人口结构、需求特点等情况。只有在这样的基础上，才有可能制定出制胜的战略。

### 一、国际市场环境

企业开展国际经营，实质上是做国际市场营销。国际市场营销是指对商品和服务流入一个以上国家的消费者或用户手中的过程进行计划、定价、促销和引导以便获取利润的活动。与国内市场营销相比较，国际市场营销的唯一差别在于其营销活动是在一个以上国家进行的。因为营销的概念、过程和原则具有普遍性，所以会导致管理者盲目认为"在一个以上国家"进行营销活动，与在国内进行营销活动大同小异。实际上，国际市场营销活动具有复杂性和多样性。国内市场营销和国际市场营销的区别不在于营销概念的不同，而是在于实施营销计划的环境不同。海外市场的特殊性来源于一系列的陌生问题，以及为了应付国外市场上出现的不同程度的不确定性所需要采取的各种各样策略。

文化、法律限制、政府管制、多变的消费者以及其他一些不可控因素，可能而且事实上常常会影响深思熟虑的营销计划的实施效果。成功的管理者制定的营销计划需能最佳地适应经营环境中不可控因素带来的不确定性。

(一) 文化因素

文化是智慧群族的一切群族社会现象与群族内在精神的既有、传承、创造、发展的总和。它涵括智慧群族从过去到未来的历史，是群族基于自然的基础上所有活动内容。是群族所有物质表象与精神内在的整体。具体人类文化内容指群族的历史、地理、风土人情、传统习俗、工具、附属物、生活方式、宗教信仰、文学艺术、规范、律法、制度、思维方式、价值观念、审美情趣、精神图腾等等。

文化与某一人群的生活方式相关，因而学习市场营销学，特别是国际市场营销学，必须了解文化。营销即通过满足消费者需求和欲望来实现利润，所以成功的营销者必须研究文化。例如，在传达促销信息时，必须使用对目标市场(文化)来说有意义的、能识别的符号。在设计产品时，产品的风格、用途及相关的其他营销活动必须做到在文化上是可以接受的，这样才会有可操作性，才会成功。事实上，文化贯穿在一切营销活动中，包括定价、促销、分销渠道、产品、包装及产品式样。所以营销者的工作，事实上也成了文化的组成部分。这些所作所为与文化间的相互作用决定营销的成败。

人们的消费方式，需求或欲望的优先次序，以及满足需求或欲望的方式都属于文化范畴，文化影响、形成和决定人们的生活方式。在了解当地消费者需求时，必须了解当地文化。市场及市场行为是一国文化的组成部分。如果不明白市场是文化的产物，那么就很难真正理解市场的演变过程及其对营销活动的反应过程。市场是营销活动、经济条件以及文化因素三者共同作用的产物。营销者需不断调整其活动以适应市场的文化需求。

同时，文化包括它的所有因素，深刻地影响了管理风格和经营方式。缺乏对他国商务惯例和习俗的了解与理解，会给商业运作带来巨大障碍。在制定跨国经营战略时，有些公司常以为来自不同文化的同行与自己一样，有相近的利益、动机和目的——"他们和我们一模一样"。尽管他们可能和"我们"在某些方面相似，但仍有不少差异，如果双方不能正确看待这些差异并做出恰当反应，最终可能导致失去商业机会。

为了在国际市场营销中取得成功，了解他国的管理风格，即商业文化、管理理念和经营方式和行为，并努力适应这些方面的差异，是很重要的。除非管理者保持灵活的经营方针，采用各种不同的经营形式，承认诸如思维、当地的商务节奏、宗教习俗、政治结构等基本模式存在差异，否则就难以获得令人满意的经营成果。

(二) 政治环境

经营所在国的政治环境会深深地影响企业的经营，不论企业大小，也不论是国内公司还是跨国公司。国际经营中不可否认且又十分关键的现实问题之一就是，东道国政府与母国政府的合作关系将深深影响企业在东道国的经营。政府对国际环境做出的反应通常是制定并执行政府认为必要的政策，来解决特定环境所带来的问题。政府所关心的焦点反映在政府的政策之中，是如何结合本国的资源状况及政治观点，最大限度地促进本国利益。政府可以根据自己的意愿，通过对公司经营活动的鼓励、支持或打击、禁止、限制等方式，来控制和限制公司的经营活动。国际法赋予主权国家可以允许或禁止公司或个人在其境内从事经营活动，控制其国民经营的地域范围。因此，国家的政治环境是国际经营必须关心的重要问题。

### (三) 国际法律环境

鉴于不同国家间法律体系的巨大差异性和复杂性,本书不对各个国家的法律进行分别探究。但是,有些问题对于绝大多数国际营销业务具有普遍性,这些问题是司法管辖权、争端解决、知识产权、网络法规及相关问题。在他国从事商务活动时,听取法律专家的意见是明智的。法律体系的基础对法律的制定、解释及裁定有着深刻的影响。在了解法律问题前,需了解一下法律体系的基础。

**1. 法律体系的基础**

世界上绝大多数法律体系的基础由四大渊源组成。这些法律体系可分为:

（1）英美法系:起源于英国,英国、美国、加拿大及曾经受英国统治过的其他国家多属于这一法系。

（2）大陆法系:起源于罗马法,德国、日本、法国及非伊斯兰与非社会主义国家多属于这一法系。

（3）伊斯兰法系:起源于对《古兰经》的诠释,巴基斯坦、伊朗、沙特阿拉伯及其他伊斯兰国家多属于这一法系。

（4）源于俄罗斯及前苏联共和国、东欧、中国及其他社会主义国家的商法体系,这些国家的法律体系以国家的经济、政治及社会政策为中心。

因为这些法律体系之间或内部的正式法律程序有非常大的差异,所以了解这四大法律体系间的差异很重要。

**2. 国际法律争端中的司法管辖权**

司法管辖权,是指法院或司法机构对诉讼进行聆讯和审判的权力。当发生国际商业争端时,决定哪种法律体系具有司法管辖权,是国际经营所面临的一个重要问题。不同国家国民之间的争端不可由某种超国家的法律体系来裁决,因为世界上并不存在一个司法机构来处理不同国家国民之间的商业争端。发生法律争端的三种情况是:

（1）政府之间;

（2）公司与政府之间;

（3）公司之间。

政府之间的争端(1)可由国际法庭裁决,而其他两种情形的争端(2)(3)必须由争端双方中的一方国家的法庭负责处理或通过仲裁来解决。除非商业争端牵涉到国家间的争议,否则国际法庭或任何类似的世界法庭都不会受理。因为并不存在"国际商法",所以跨国经营企业必须注意有关各国的法律体系,包括母国的法律以及经营所在国的法律。国际商业争端必须根据所涉国家中某一国的法律来解决,因此最重要的问题是应采用哪国的法律。司法管辖权通常按以下方法中的一种来决定:

① 根据合同中所包含的司法管辖权条款;

② 根据合同的签订地;

③ 根据合同条款的执行地。

如果签订的合同或法律文书中已包含了司法管辖权条款,那么可以很明确地决定司法管辖权,比如:

双方特此同意：本协议签约地为美国纽约州；涉及本协议的任何争议将根据美国纽约州的法律来裁决。

这一条款规定，如果发生争端，那么应以纽约州的法律为依据。即使是向另一国的法院提起诉讼，也很可能同样得根据纽约州的法律进行判决。

3. 解决国际争端

如果国际商业活动出现了问题，如购货者拒绝付款、产品质量低劣、装运货物延误或者任何其他问题，那么跨国经营者有什么办法呢？处理任何国际争端的第一步都是采取非正式途径以解决争议。若这一步不能取得成功那么跨国经营者必须采取更果断的行动。这些行动可以是调解、仲裁或最后一招——诉讼。大多数跨国经营者大多愿意通过仲裁来解决争端，而不是起诉对方公司。

(1) 调解。商业交易的大多数争端可通过非正式途径来解决。一旦解决无望，那么可首先采用调解这一重要手段。调解是争端双方请求第三方来调解分歧而达成一个不具约束力的协议。不同于仲裁与诉讼，调解会议属私人性质，双方与调解人之间所有的会议均保密，双方所做的声明也许不被公开或者不用做任何随后的诉讼或仲裁的证据。实践表明，调解的成效极佳，大多数争端通过调解可得到解决且争端双方恢复了业务交往。

(2) 仲裁。如果不选择调解或者调解失败，那么就可采用仲裁方式。仲裁的通常程序是由有关双方选择公正、知情的一方或几方作为仲裁人，并由仲裁人来判定事情的是非曲直并做出双方同意执行的裁决。虽然可采用非正式仲裁方式，但大多数仲裁是在那些更为正式的国内及国外仲裁机构的主持下进行的。这些仲裁机构是为了给商业争端的调解提供方便而专门组建的。这些机构拥有经验丰富的仲裁人并制定了有关仲裁程序的正式规则。在大多数国家经过正式调解达成的决定在法律上是有效的。因为仲裁广受欢迎，所以由国家、组织及机构建立的仲裁中心数量急剧增加。所有的仲裁中心均采用了标准化规则和程序来处理案件，每个仲裁中心各有所长。其中较为有影响力的仲裁中心有：

① 美洲商事仲裁委员会(The Inter-American Commercial Arbitration Commission)；

② 加拿大—美国商事仲裁委员会(The Canadian-American Commercial Arbitration Commission)：受理解决加美两国企业间的争端；

③ 伦敦仲裁法庭(The London Court of Arbitration)：其裁决可由英国法律及英国法院强制执行；

④ 美国仲裁协会(The American Arbitration Association)(www.adr.org)；

⑤ 国际商会(The International Chamber of Commerce) (www.iccwbo.org/arb；选择 Arbitration 条目)。

正式仲裁组织所采用的程序基本相似。在接到仲裁请求后，仲裁组织首先尝试对争端双方进行调解。如果调解失败，那么就启动仲裁程序。原告与被告各从所认可的仲裁人中挑选一人为己方辩护，再由仲裁组织指定第三名仲裁人。该仲裁人通常从众多杰出的律师、法学家或教授中挑选。

（3）诉讼。出于种种原因，人们尽力避免法庭诉讼。大多数涉及两国公民之间诉讼的当事人相信，几乎所有的胜诉都是有名无实的，因为诉讼的费用、时间上的耽搁以及事态的持续恶化给人带来的烦恼远远超过了胜算带来的利益。最好的忠告是尽可能寻求其他解决办法而不是进行诉讼。

4. 知识产权保护

知识产权或工业产权是公司所掌控的资产中极具价值的部分，比如品牌、版权、以及专利。根据世界品牌实验室（World Brand Lab）发布的 2017 年《中国 500 最具价值品牌》分析报告，国家电网品牌价值 3 298.87 亿元、腾讯品牌价值 3 251.12 亿元、海尔品牌价值 2 918.96 亿元、中国人寿品牌价值 2 871.56 亿元、华为品牌价值 2 859.82 亿元。在国际商业活动中，企业如何保护品牌的知识产权是个问题。通常，这些资产的产权可通过法律来保护从而免受其他公司的侵犯，但有以下问题值得注意。

（1）使用在先与注册在先。

美国属于英美法系国家，知识产权的所有权按使用在先原则来确立，即谁能证明自己最先使用，那么谁通常被认为是合法的所有者。然而，在许多大陆法系国家，所有权按注册在先而不是"使用在先"原则来确立，即谁先注册商标或其他产权，谁就被认为是合法的所有者。如果一家公司相信通过证明自己最先使用某一商标或品牌，便总能在另一国家确立所有权，那就错了，该公司将冒失去这些资产的风险。

（2）国际公约。

① 欧洲专利合作协定（PCT）。该协定使得在成员国间的专利申请变得更为方便。它规定申请人在美国提出一项专利申请时，美国专利部门的国际检索报告同样适用于作为该协定下其他成员国对该申请人就其他专利提出的申请是否给予保护的评价依据，从这一点上来讲，该协定的覆盖面很广。② 欧洲专利公约（EPC）。该公约建立了一个区域性专利体系，允许任何国家申请单一的欧洲专利。公司可以选择国别专利体系（如公司只想在少数成员国保护商标或专利），也可以选择申请在全部 27 个成员国内受到保护。商标的保护期为 10 年，并可延期。不过，如果商标在 5 年内并未使用，那么专利就会被收回。一旦专利得到批准，那么该专利在申请中所指定的所有国家都具有同等效力。③《与贸易有关的知识产权协议》（TRIP）。世界贸易组织的一项重要条款——《与贸易有关的知识产权协议》（TRIP）是迄今为止最为全面的关于知识产权的多边协议。《与贸易有关的知识产权协议》对当今国际协议中所涉及的全部知识产权领域制定了保护标准。根据《与贸易有关的知识产权协议》的三项主要条款，成员国应于 2006 年前达到最低保护标准，制定执行知识产权的程序和补救措施，并保证依照世界贸易组织的争端解决程序来处理成员国间与贸易有关的知识产权争端。

5. 各国商法

如果在多个国家从事经营，那么营销者必须对各种法律体系保持警觉。特别是该营销者制定了一个在几个国家实施的统一的营销计划，那么法律问题变得尤为麻烦。即使不存在语言与习惯方面的差异，国与国之间的法律差异仍能给营销计划的实施带来麻烦。

（1）营销法律。所有国家都有法律来规范促销、产品开发、商标使用、定价及分销渠道等营销活动。在一些国家,营销法律数量不多而且执法不严,而在另外一些国家营销法律完备复杂而且执法严厉。在不同国家之间,虽然法律涉及领域相同但是其执行和解释却差别巨大。欧盟的有关促销法律就是这一差异的典型例证。在奥地利,法律明文禁止有奖销售、发放赠品和使用优惠券。而在丹麦,在不出现"免费字样",不胁迫消费者购买产品的前提下,法律允许商家在合理的范围内进行有奖销售。

(2) 反托拉斯法。在 20 世纪的大部分时间里,除了美国外,反托拉斯在世界大多数国家要么不存在要么未实行。现在,欧盟、日本和许多国家已开始积极实施它们的反托拉斯法,这些法律是在模仿美国反托拉斯法的基础上制定的。在反垄断、价格歧视、供应限制及强制推销领域,欧洲法院已实行了严厉的反托拉斯处罚。

## 二、识别国际化机遇

国际化战略是指让企业在本国市场以外的市场销售产品或服务的战略。企业通过国际化策略将其业务扩展到更多的国家,同很多其他国家的企业进行竞争。企业实施国际化战略并将其业务扩展到全球更多地方的动机有很多,如果企业能成功实施国际化战略,可以得到三大根本利益。

(一) 国际化的动机

(1) 延长产品的生命周期。一个企业通常先在本国市场上推出新产品,特别是那些发达国家,如美国、德国、法国、英国等。接着,其他国家对这项产品的需求随之产生,于是企业开始将本地制造的产品出口。当国外市场上的需求增长到一定程度时,该公司就会开始海外运营,以便获得更大竞争力。

(2) 建立容易获取原材料的渠道。比如矿产公司和能源公司会尽可能在世界范围内进行经营,以获取更多的资源,然后再将这些资源卖给那些有需求的生产企业,特别是矿产和能源消耗很大的企业。再比如有些企业,劳动力成本是企业很大的成本开销,因此将其生产基地建在劳动力成本相对比较低廉的国家。

(3) 全球运营一体化的压力。全球化是世界经济不可逆转的趋势,企业为了适应经济全球化的趋势,必须采取国际化战略。

(4) 更好地建立全球研发能力。利用全球范围内的人才、技术建立创新能力。

(5) 抢占新兴市场。像中国和印度这样新兴的大规模市场也为国际化带来了强大动力,这是由于它们对产品和服务潜在的巨大需求。这个新兴市场是任何大企业都不可忽视的潜在市场,因此世界上的大企业都在积极进入中国和印度这样的新兴市场。

(二) 国际化战略的三个根本利益

(1) 扩大市场规模。通过采用国际化战略在本国市场以外的市场建立强大的支配地位,企业能够有效扩大潜在市场的规模。世界上大部分公司的成长都发生在国际市场中。当然,国际市场的规模也会影响企业采用国际化战略时所能获得的收益程度。通常较大的市场意味着较高的潜在投资回报和较低的投资风险。

(2) 规模经济和学习效应。在生产运营中,企业可以通过扩大产品市场来取得规模经济。从更大的范围来讲,企业通过将产品的生产、销售、配送和服务过程标准化,在国外市场学习如何将成本降到最低,从而为消费者增加价值。

(3) 区位优势。欧美企业通过国际化战略将公司工厂设立在海外市场,可以帮助公司获取廉价的劳动力、能源和资源,其他的区位优势包括获得重要的供应商和消费者等。对于中国企业来讲,采取国际化战略,可以获得当地渠道和消费者。

### (三) 各种环境因素的分析

国际市场机会的分析,主要是对国际市场客观环境的分析。一个企业在进行国际市场经营活动时,除了研究市场需求以外,还要分析各种环境因素,企业要能够灵活地适应外部环境因素的变化。这些信息主要包括以下几个方面:

(1) 经济:有关经济增长、通货膨胀、商业周期趋势及诸如此类的一般性资料,其分部产品的盈利性分析,具体行业的经济研究,海外经济分析,主要经济指数。

(2) 文化、社会与政治形势:从非经济角度对影响其分部业务的有关情况做总体的考察。除了显而易见需要考察的内容外,考察的对象还包括生态、安全、闲暇时间及其对分部业务的可能影响。

(3) 市场情况:对公司所面临的细分市场(包括国际市场)情况做详细分析。

(4) 技术环境:对与公司业务有关的技术的现状,根据不同产品进行分类总结。

(5) 竞争态势:在国际范围内考察竞争者的销售收入、市场细分方法、产品及国际经营策略。

分析国际市场机会所需的资料和情报,可以从以下渠道获得:

(1) 二手资料。政府、行业协会、专业机构提供的资料。

(2) 原始资料。企业或企业委托专业的调研机构通过调研获得的一手资料。

正确地识别、分析、选择国际市场机会,可为企业制定国际市场经营战略,开展国际市场经营活动打下坚实的基础。

## 三、国际竞争优势分析

在跨国经营中,企业为了正确制定国际化经营战略,除了要对国际市场机会进行准确识别,还要分析企业参与国际竞争的优势。企业参与国际化经营的竞争优势,不仅涉及企业本身的优势,还包括一个国家的经济、社会、政治等环境因素的影响,同时还涉及国家的国际竞争优势来源。迈克尔·波特的"钻石体系"可以用来分析国际竞争优势,如图6-1所示。

### (一) 生产要素

每个国家都有经济学家所称的生产要素。生产要素是任何一个企业最上游的竞争要素。生产要素可分为初级生产要素和高级生产要素。

1. 初级生产要素

包括自然资源、气候、地理位置、非技术人工与半技术人工、资本等。这些是被动继承的或只需要简单的私人及社会投资就能拥有。但是在国家或企业的竞争力上,这类生产要素的重要性已经越来越低了。

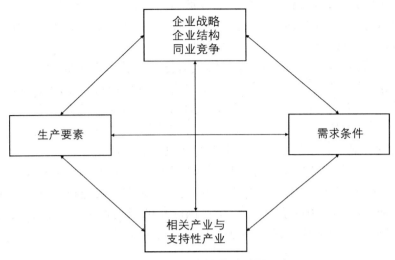

图 6-1　国家竞争优势的关键要素

2. 高级生产要素

包括现代化通信的基础设施、高等教育人力（如科学家和工程师）以及各大学研究所等。这些要素需要先在人力和资本上大量而持续的投入才能获得。高级生产要素对提升竞争优势越来越重要。企业若要以独树一帜的产品或独特的生产技术等获得高层次的竞争优势，必须先创造高级生产要素。

（二）需求状况

这是指跨国公司其母国的需求状况。国内市场的影响力主要通过客户需求的形态和特征来施展。这种市场特征会影响企业如何认知、解读并回应客户的需求。国内市场需求的压力会驱使企业努力改善和创新，形成更先进的竞争优势。

（三）相关产业与支持性产业

一个企业的潜在竞争优势是因为它的相关产业具有竞争优势，因为相关产业的表现与能力，自然会带动上下游的创新和全球化。瑞典在钢珠、刀具等钢制品的强势地位，来自该国专业炼钢产业的成就。相关产业则会影响各种生产要素的结构和形成的比重。相关产业的运作会刺激专业性生产要素的创造和升级，这些因素通常是可以转换的。相关产业既包括同类型的产业，也包括上游和下游产业。相关产业的竞争优势取决于以下因素：

（1）紧密合作的可能性；

（2）互补性和需求拉动作用；

（3）相关企业的密集度和信息环境质量。

（四）企业战略/企业结构/同业竞争

竞争优势第四个关键要素就是企业，这包括该如何创立、组织、管理公司，以及竞争对手的条件如何等。国家环境会影响企业的管理和竞争形式。每家企业的管理模式虽有不同，但是和其他国家比较之后，最终会显现出其民族文化的特色。企业成功的前提不但是企业必须善用本身的条件、管理模式和组织形态，而且还要掌握国家环境的特色。例如德国的企业中，具有工程和技术背景的高层管理者比较喜欢发展系统化的产品，改善流程，并避免尝试高风险的竞争。这种特征使德国在光学、化工、综合加工机等需要高度技术和重视工程的产业上非常成功。

企业股东结构、资本市场特色、运营模式对竞争优势有两方面的影响。一方面是，它们会影响这个国家的企业在寻求资金时的态度，对风险性利润的评估、投资时间的长短，以及投资回报率的考虑。另一方面是，资本市场的影响随产业对资金的需求程度而定。例如，一个国家的资本市场可能效率落后，但因为私营企业发达而依然弹性十足，原因是影响竞争优势的还包括钻石体系中的其他关键要素。

创造与保持竞争优势的最大外在因素，是国内市场强有力的竞争对手。国际竞争中，成功的企业必然先经过国内市场的竞争，迫使企业进行改进和创新。海外市场则是竞争力的延伸。本国市场竞争者越强，企业国际化的成功概率越大。如果没有本国市场的实战历练，企业想击败强劲的外国对手，事实上很困难。

## 第三节 国际市场进入方式

**名人名言：**
　　上兵伐谋，其次伐交，其次伐兵，其下攻城。
　　　　　　　　　　　　　　　　　　　　——《孙子兵法》

### 一、国际市场的进入

跨国公司进入国际市场，主要有贸易型市场进入模式、契约型市场进入模式、投资型市场进入模式三大类。

（一）贸易型市场进入模式

所谓贸易型市场进入模式（也称为"出口"进入方式），就是通过向东道国或地区出口商品进入该市场。具体做法有直接出口和间接出口两种。

1. 直接出口

直接出口是指企业拥有自己的外贸部门，或者使用目标国家的中间商来从事产品的出口。直接出口有利于企业摆脱对中间商的依赖，培养自己的国际商务人才，积累国际市场营销的经验，提高产品在国际市场上的知名度。但同时也要承担更多的风险。

2. 间接出口

间接出口是指企业通过本国的中间商（既专业性的外贸公司）来从事产品的出口。此种方式下，企业可以利用中间商现有的销售渠道，不必自己处理出口的单证、保险和运输等业务。同时，企业在保持进退国际市场和改变国际营销渠道的灵活性的情况下，还不用承担各种市场风险。但会失去对产品销售和服务的控制,企业形象和声誉可能受影响,并无法积累经验。

（二）契约型市场进入模式

契约型市场进入模式,指企业通过与东道国或地区的法人订立长期的合作协议进入该国或地区。契约型市场进入模式输出的是技术、技能、劳务和工艺,而非产品。具体做法有授权经营、服务合同、建设合同或生产合同。

1. 授权经营

授权经营是企业快速发展占领市场并获取利润的有效方式,是指企业将自己的无形资产,如注册商标、企业标志、专利等经营资源,以合同形式转让给东道国法人使用,以换取授权费和其他经济补偿。授权经营最明显的好处是能绕过进口壁垒的困扰,而且政治风险很小,但是这种方式不利于对目标国市场的营销规划和方案的控制,还可能将被许可方培养成强劲的竞争对手。

2. 服务合同

服务合同指企业通过服务合同进入国际市场的一种做法,有技术协议、管理合同、服务合同等。

（1）技术协议。企业向对方提供技术或为解决各种难题提供技术咨询的有偿服务活动。

（2）管理合同。企业以合同形式承担另一公司的一部分或全部管理任务,以提取管理费、一部分利润或以某一特定的价格购买该公司的股票作为报酬。

（3）服务合同。企业为对方提供金融、营销、人员培训或其他方面的有偿服务。服务合同可以使企业不承担风险和责任而获得可观的收入,但收入只限于固定期间的酬金或特定项目的酬金。

3. 建设合同或生产合同

主要有交钥匙工程、合同生产等。

（1）交钥匙工程。企业通过与国外企业签订合同并完成某一工程项目,然后将该项目交付给对方的方式进入外国市场。它是劳动力、技术、管理甚至是资金等生产要素的全面进入和配套进入外国市场。

（2）合同生产又称 OEM 生产,是指企业与国外制造商签订合同,并由该制造商生产产品,而企业负责产品销售的一种合作形式。合同制造能使企业尽快进入国际市场,其风险极小。它有利于企业同国外制造商建立合伙关系或在将来买下它的全部产权。但企业赚到的只是销售利润。

（三）投资型市场进入模式

投资型市场进入模式属于进入国际市场的高级阶段,是指企业将资本、管理、销售、财务转移到东道国或地区,建立受本企业控制的分公司或子公司,有独资经营、合资经营、战略联盟等几种。

1. 独资经营

独资指企业直接到目标国家投资建厂,独资经营是本企业拥有所投资企业 100%的股份,独立经营,独享利益,独担风险。

### 2. 合资经营

合资指的是与目标国家的企业联合投资，共同经营、共同分享股权及管理权，共担风险。

### 3. 购并

购并是本企业通过对东道国的企业进行参股或收购来进入东道国市场。

### 4. 战略联盟

就是本企业与东道国合作伙伴或公司为了相互需要，分担风险并实现共同目的而建立的一种合作关系。战略联盟可以迅速开拓新市场，获得新技术，提高生产率，降低营销成本，谋求战略性竞争优势。

### （四）进入国际市场的产品特征

通过市场调研，发现了可供开发的市场机会后，企业就应选择目标市场，探寻客户需求，根据客户需求提供产品或服务。并根据东道国或地区的市场环境制定营销策略，尽快占领目标市场。产品有以下几种定位。

### 1. 低成本产品

低成本是一种竞争优势，如果企业拥有低成本的优势，可以考虑采取这种策略进入国际市场。中国大多数产品都是以低成本策略进入国际市场的。

### 2. 创新和特色产品

差异化是另一种竞争优势。创新和特色可以是产品产生差异化，获得竞争优势。企业只有通过不断地创新，才能开发特色产品，发展产品的功能，提供竞争对手没有的甚至没有想到的功能，使产品功能更齐全、更完善，从而更具竞争力。苹果公司的产品属于这类。

### 3. 高质量产品

产品质量主要用产品的可靠性和适应性或实用性指标来衡量。可靠性是指产品在使用过程中能可靠地实现其符合用户需要的功能；适应性则是指产品能在不同条件下可靠地实现其功能，因此能在不同场合满足用户基本相同的需要。如德国公司的产品在国际市场以高质量著称。

## 二、国际市场的渗透

企业虽然可以通过某个区域或某细分市场为突破口进入国际市场，但企业的目标绝不仅仅限于该市场。在该区域市场或细分市场上取得立足之地以后，企业下一步的任务就是要策划如何以此为基础进入更广阔的市场。

### （一）产品渗透

产品渗透有两种方式：利用现有产品开辟新市场实现渗透，或向现有市场提供新产品实现渗透。这种方式风险最小、所需资源投入最少。

### （二）渠道渗透

企业进入国际市场初期可能主要借助于当地市场上现有的销售渠道。这样做的好处是可以利用当地现有渠道的知名度和覆盖度，促进企业产品迅速地被用户所接受，或至少可以部分地化解当地市场对企业产品的抵制。但随着企业对当地市场了解的逐步加深,以及企业的产品在当地市场上逐步得到认可后,企业有必要建立自己的销售网络,以获得可持续的竞争优势。

企业在进行销售渠道渗透时需要考虑以下必要条件:

(1)企业有足够的经济实力,能够建立并维持一定规模的销售网络。建立和管理独立的销售渠道,企业需要负担相当高的费用、建立庞大的管理团队。从长期来看,如果企业缺乏足够的经济实力,则难以建立和管理这样的销售渠道。

(2)市场或目标市场要有足够的规模,否则渠道没有经济性。如果企业在当地市场上没有达到一定规模的销售量,那么利用当地代理商来进行销售和提供售后服务在经济上是合理的,建立自己独立的销售网络则是不经济的。

(3)企业对国际市场有长期的目标。建立独立的销售渠道是一种长期投资,这种投资无疑将增加企业的运营成本,以及在具体市场上的退出障碍。因此,如果企业对目标市场没有长期的打算,那么即使企业有足够的经济实力,即使在当地市场的销售额已达到相当规模,也不宜建立自己独立的销售网络。

(4)产品特点。如果企业生产和销售的是一种技术上已经完全成熟的标准产品,那么在这种情况下,任何代理商都有能力来提供销售及售后服务。反之,如果企业提供的是有特殊要求或具有新技术的产品,则需考虑建立独立的销售网络。

## 第四节 国际化经营的战略类型

**名人名言:**

昔之善战者,先为不可胜,以待敌之可胜。

——《孙子兵法》

企业可选的国际化战略有:业务层国际化战略(international business-level strategy)和公司层国际化战略(international corporate-level strategy)。在业务层面,企业可选择的战略有:总成本领先战略、差异化战略、集中低成本战略、集中差异化战略。在公司层面,企业可选择的战略有:多国化战略、全球化战略和跨国化战略。企业要想获得战略竞争力,就要保证其选择的每项国际化战略都是基于其核心竞争力提出的。

### 一、业务层国际化战略

企业不管采用哪种国际化战略都要首先制定国内市场战略,如果是多元化经营的企业,其战略则包括业务层战略和公司层战略。企业制定国内市场战略的重要性在于在国内市场建立营销能力和核心竞争力,从而为其企业国际化战略奠定成功的基础。

市场不是孤立的,因此企业不能将市场孤立起来选择和实施战略。在国际化战略方面,企业的国内市场条件会影响其在国内市场所培养能力和核心竞争力的强弱,继而影响其在国际市场中所能建立的能力和核心竞争力。企业根据国内市场情况,可选择以下基本战略:总成本领先战略、差异化战略、集中低成本战略、集中差异化战略。如图 6-2 所示。

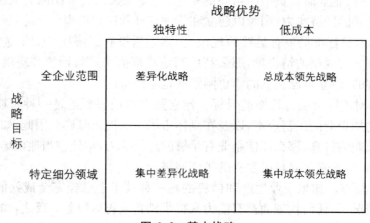

图 6-2 基本战略

（一）总成本领先战略

总成本领先战略要求企业积极建立大规模的高效设施,通过经验积极降低成本,严格控制成本和管理费用,避开次要客户,在价值链的各环节（如研发、生产、服务、销售团队管理和广告等环节）实现成本的最小化等。要获得总成本领先地位,企业需要占有较高的市场份额或者具备其他竞争优势,比如优先获得原材料（如中国和东南亚产品价格便宜,就因为劳动力成本低）等。此外,企业设计的产品要易于生产,开拓多种相关产品来分担成本,要服务于主要的消费群体,实现较高的销售额。

（二）差异化战略

差异化战略,即企业提供被全行业认可的独特产品或者服务。差异化战略实施的方法有很多种,包括独特的设计或者产品形象、技术实力、独特的功能、客户服务、经销商渠道等。在理想状态下,企业可以通过多个方面实现差异化。这里同样可以运用波特的价值链进行分析。

实现差异化战略可能会阻碍企业获得较高的市场份额。差异化战略要求客户认可企业生产某类产品或者提供某类服务的独特性,这与较高的市场份额本身就相悖。实际中更普遍的情况是企业为实现差异化,往往要放弃低成本优势,因为实现差异化战略所采取的措施和行动成本较高。同时即使成功实现了差异化战略,业内大部分消费者都认可了其卓越的品质,但并非所有客户都愿意或者有能力承受较高的价格。

（三）集中成本领先战略

集中成本领先战略,即集中于特定的买方群体、产品类别或者地域市场的低成本战略。可综合利用总成本领先战略所述手段实现。

### (四) 集中差异化战略

集中差异化战略,即集中于特定的买方群体、产品类别或者地域市场的差异化战略。可综合利用差异化战略所述手段实现。

## 二、公司层国际化战略

公司层国际化战略以公司地理位置多元化为重点。当企业跨国家或者跨地区销售多元化产品时,就需要采用公司层国际化战略。公司层国际化战略由公司总部制定,而业务层和外国子公司管理者根据战略类型提供支持与执行。公司层国际化战略由两个维度来决定——全球整合的需求和本土迅速反应的需求,如图6-3所示。

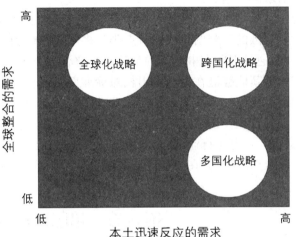

图6-3 公司层国际化战略

### (一) 多国化战略

多国化战略是指企业将战略和业务决策权分配到各个国家或地区的战略业务单元,从而使得每个单元有能力提供满足本土化需求的产品。当对本土迅速反应的需求较高,而对全球整合的需求较低时可采取该战略。每个国家的消费者的需求、行业状况(竞争者的数量和类型)、政治法律结构和社会标准的不同将影响这些需求,因此多国化战略侧重于按照国界将不同的竞争市场分割开来。为了满足当地消费者的特定需求,子公司或者地区管理者有权决定所要生产的产品。因此该战略能让企业面对各个市场的异质需求时做出最优反应。当企业所服务的市场和消费者的需求存在巨大差异时,采用多国化战略是最为合适的。

多国化战略的应用通常会扩大当地市场份额,因为企业会关注当地顾客的特定需求。但是由于市场的差异化、分散化以及不同国家业务单元采用的战略不同,公司作为一个整体却不能实现资源共享,因此多国化战略不利于公司实现规模效益,导致成本更高。

### (二) 全球化战略

全球化战略是由企业总部决定各个国家或地区所要采用的战略业务。当企业的全球整合需求高,而本土快速反应需求低时可选择全球化战略。全球化战略在各国之间寻求更高层次的产品标准化,并在条件较有利的国家集中进行生产经营活动。企业通过全球化战略,满足世界各地相似的消费者需求,生产和分销相同或者相似的产品,从而建立规模经济。当企业所服务市场和消费者之间的差别不大时,采用全球化战略是最有效的。

有效提高企业的全球化经营水平有助于各国子公司之间的协同合作和资源共享,

将决策权集中在公司总部,并慎重做出实现资源共享和各个公司协同发展的决策。

### (三) 跨国化战略

跨国化战略是在全球激烈竞争的情况下,企业为了追求成本效益和区位效益,转移自己的核心竞争力,同时为了满足当地市场的需要而采取的战略。在这种战略下,母公司与子公司、子公司与子公司的关系是双向的,不仅母公司向子公司提供产品与技术,子公司也可以向母公司提供产品与技术。跨国化战略使企业可以实现全球化的效率和本土化的敏捷反应的统一。该战略可以解决企业对于全球整合和本土迅速反应有强烈需求的问题。

跨国化战略的核心原则是按照最佳区位开展每一种特定活动。企业的资产和能力是分散的。跨国化战略有点类似多国化战略和全球化战略的结合。实行跨国战略的公司,通过把所有事业部的独特贡献整合到全球经营中去,使总部和某一事业部联合做出的创新能够潜在地开发出相对标准而又适合于多种市场的灵活产品和服务。通过利用组织内部的这种交流和知识流动,增强对所有竞争环境的适应性和灵活性。

企业在选择上述各种战略时,需仔细分析自己的产品、市场需求,制定合适的战略。例如,在电子行业里,企业面临的区域性的细分市场的压力小,主要是成本竞争,可以采取全球战略;而在家电这样的消费品行业里,企业则需要采用跨国战略。

## 第五节 跨国公司的组织和控制

> **名人名言:**
> 凡用兵之法,将受命于君,合军聚众,圮地无舍,衢地交合,绝地无留,围地则谋,死地则战。途有所不由,军有所不击,城有所不攻,地有所不争,君命有所不受。
> ——《孙子兵法》

### 一、跨国公司的组织结构

#### (一) 跨国公司组织结构的基本要求

跨国公司的组织结构是指为实现跨国经营目标而确定的一种内部权力、责任、控制和协调关系的形式。企业在组织设计时通常要考虑以下3个方面的要素。

(1) 企业经营活动的基本职能。如生产、销售、财务、人事、研究与开发,以及信息和控制系统。

(2) 企业经营业务的类型。经营业务不同,组织设计的要求显然也不会相同,如产品制造、专业销售、综合性投资等。

(3) 企业经营的活动空间,即跨国经营时涉足的国家和地区。地域不同,跨国公司所面临的社会文化背景和政治、经济等环境会有很大差别,组织结构的设计也会因此而异。

前两个要素具有一般性,第三个要素则是跨国企业在组织设计时特别要加以重视的要素。

(二)跨国公司组织结构的演进

跨国公司组织结构的演变,是指跨国公司组织结构总体形态的演变。企业随着市场的需求,向海外寻求发展,逐步成为跨国公司,开辟了新的区域性市场、新的产品系列、新的职能,甚至新的技术或财务活动。这些都要求企业在管理组织上发生相应的变化,以适应新的需求。跨国公司组织结构的形式演进主要经历了以下两大阶段。

(1)国际事业部阶段。国际事业部是在企业进出口部基础上产生的。国际事业部的功能主要是为跨国公司整体筹划国外经营政策和战略设计;管理和协调国外子公司的产品和生产、销售、资金调拨;为各子公司之间的协调和配合提供信息。

(2)全球性战略组织阶段。主要有3种形式:全球性产品事业部组织结构、全球性地区事业部组织结构、全球性矩阵组织结构。

与国际化战略相对应,跨国公司的组织结构可以有以下选择:企业选择多国化战略,则可以选择全球性地区事业部组织结构;企业选择全球化战略,则可以选择全球性产品事业部组织结构;企业选择跨国化战略,则可以选择全球性矩阵组织结构(以地区导向和产品导向结合的组织结构)。

## 二、跨国公司的经理人才

企业国际化经营能否取得成功,还有一个重要因素:人才管理政策。在不同国家的子公司应制定一套适合当地情况的人才管理政策,以吸引和使用具有专门知识和技能的技术人才和经理人才。聘用当地人管理子公司三个好处:一是当地经理人深知本地语言、文化、市场状况和当地雇员的情况,给管理工作带来许多方便;二是可以部分解决当地劳动力就业问题;三是可以帮助公司处理好和东道国之间的关系,特别是当地政府关系。

企业进行国际化经营时,必须加强跨国型经理人才的培训与开发。美国战略管理学家纽曼教授指出,跨国经理人才需要具备5个特殊条件:

(1)语言;
(2)对不同文化传统的敏感及适应程度,包括交流能力和较强的事业心;
(3)具备国际贸易和财政的知识和经验,深知所在国的经济问题;
(4)拥有处理公司的业务程序、技术和商业成功的经验;
(5)具有不屈不挠的精神,以及灵活处理各种事务的能力。

## 三、国际化经营战略的控制

企业要有效地实施国际化经营,首先必须制定好合理的国际化战略,然后确保战略的有效执行。在战略执行时，需对以下几个方面加强控制。

### （一）所有权控制

跨国公司对海外子公司的所有权控制，是一个十分重要的问题。对子公司的所有权多少就意味着对子公司控制程度的大小，通过控股，使母公司在董事会成员中占绝对多数，从而控制了企业对重要事项的决策，使子公司的运作更能符合母公司的意图。但是每个国家对所有权的问题都非常敏感，甚至对外国公司的控股加以干预。因此，在争取获得控股权的同时，还应注意不要引起东道国的反感。在达不到所有权的控制时，应争取从其他方面增加控制力。

### （二）人员控制

跨国公司通过培养子公司忠实的经营者，加强与子公司经理人员的感情交流，以及通过"文化熏陶"来实现对子公司的控制。但是，要注意尊重东道国的文化和礼仪。主要有两种形式：个人控制和私访控制。

(1) 个人控制是指国际企业让海外子公司的关键人物参与母公司的正式或非正式的组织活动，从而达到控制子公司的目的。

(2) 私访控制则是通过旅行、考察、个人接触等私访活动使企业内人人感到同处一个和睦的大家庭，从感情上维系住子公司。

### （三）信息控制

跨国公司可以看成是不同国家企业之间资本、产品和知识交易而构成的网络。信息不断地从一个子公司流向其他公司又反馈回来，因此跨国公司越来越依赖于国际信息网络来协调它们的国际经营活动，以及实现对子公司的控制。

### （四）财务控制与评价

对海外子公司的经营业绩评价主要有三种技术方法：投资回报分析，财务预算分析和历史比较分析。

投资回报分析是获利能力分析的一个重要部分。投资者和债权人，尤其是长期债权人，比较关注企业基本的获利能力。对于投资者而言，投资报酬是与其直接相关的、影响其投资决策的最关键的因素，因此，投资回报分析的最主要分析主体是企业所有者。

财务预算分析是指在预算正式确定、下达之前进行的对预算指标的分析调整工作，也就是在预算执行前所进行的预算分析工作。预算的事后分析是非常重要的。如果编制的是全年预算，而希望在每个月或每个季度时跟踪实际完成的情况，则可以利用预算报表来分析其完成率与差异值；同时，它可以指导企业合理地编制下一预算期间的预算。

历史比较分析是通过分析历史各期的变动，以便于对企业偿债能力的变动趋势做出判断。有利于吸取历史的经验和教训、发现问题、改善企业的偿债能力。短期偿债能力的历史比较分析采用的比较标准是过去某一时点的短期偿债能力的实际指标值。这种比较分析对评价企业自身偿债能力是很有益的。比较标准可以是企业历史最好水平，也可以是企业正常经营条件下的实际值。在分析时，经常采用与上年实际指标进行对比的方法。

通过对上述控制手段的组合使用，可以建立起一套国际企业对国际经营战略的控制机制，具体分为3个方面，如表6-1所示。

表 6-1  3 种类型的控制机制

| 数据资料的控制机制 | 管理人员的控制机制 | 解决争议的控制机制 |
| --- | --- | --- |
| 信息系统 | 选择关键管理人员 | 决策责任的确定 |
| 评价系统 | 企业发展途径 | 调节者 |
| 资金分配 | 奖惩制度 | 经营小组 |
| 战略计划 | 管理开发 | 协调委员会 |
| 预算 | 社会化模式 | 特别工作组 |

（1）数据资料的控制机制，用于收集和提供与国际经营有关的数据资料。

（2）管理人员的控制机制，用于把管理人员的愿望和自身的利益观念从对子公司的自主权力的要求转移到对国际经营活动的关心，以及对国际企业的全球经营活动的关心。

（3）解决争议的控制机制，用于解决设在各个国家中的子公司在实行交易时所引起的争议。

上述 3 类机制的强度、可选择性、连续性及需要高层管理的支持各不相同，应根据企业的具体情况采用适合自己的控制机制。

## 四、国际化经营战略实施的关键问题

### （一）战略伙伴的选择

通过授权经营或设立合资企业结成战略联盟的形式，是国际企业进入别国市场的普遍做法。在这样的情况下，战略伙伴的选择就成为一个关键问题。在建立国际战略联盟时，双方不但要考虑各自的战略目标，而且要考虑各自的资源，争取战略目标一致，资源互补，从而实现 1+1＞2 的合作。

### （二）国际经营战略风险与防范

如跨国经营环境分析中指出，企业在实施国际化经营时，要面对复杂而多变的国际经营环境。国际经营环境的影响因素多、范围广，因此企业在他国进行生产经营，必然会遇到一些在国内生产经营时不太会遇到的特殊情况，有些风险是比较大的，值得引起格外的关注和重视。

#### 1. 政治风险与防范

由于政治与经济密不可分，国内企业在国际化经营过程中往往会遭遇政局动荡、政策调整、政治抵制等政治风险。由于影响深远、破坏性强，政治风险甚至成为经营、管理之外的最大风险。中移动竞购巴基斯坦电信失败，部分原因就来自西方国家的阻挠；中石油虽然最终收购哈萨克斯坦油田成功，但由于哈方政府为保持对本国资源的战略控制而进行干预，中石油不得不做出让步，使得部分商业目的难以实现。政治风险的防范措施主要有一体化策略和合资经营或合作经营策略。所谓一体化策略，即国际化经营的企业成为东道国经济的一个组成部分，且已融入东道国社会。最简单的做法是使用本地化的公司名称，并与东道国政府和其他政治集团建立良好的关系，雇用和提升当地人。所谓合资经营或合作经营策略，就是由东道国政府批准，与当地企业进行合资经营或合作经营。

2. 外汇风险与防范

外汇风险即因外汇市场变动引起汇率的变动，致使以外币计价的资产上涨或者下降的可能性。外汇风险可能具有两种结果，或是获得利益；或是遭受损失。一个国际企业组织的全部活动中，即在它的经营活动过程、结果、预期经营收益中，都存在着由于外汇汇率变化而引起的外汇风险。在经营活动中的风险为交易风险，在经营活动结果中的风险为会计风险，预期经营收益的风险为经济风险。对于企业来说，汇率变动是企业无法控制的。外汇风险的防范，必须对国际汇市进行密切的跟踪和预测分析。同时，应尽可能地进行公司内部交易，控制和调节外汇风险。

3. 交易风险与防范

交易风险是由成交到结算之间的时间差所造成的，交易风险有报价风险和供货风险两种情况。报价风险往往是报价时有利可图的生意，到成交时由于汇率的变动，已经无利可图，这在大型工程项目的投标或成套设备的出售、采购时尤为重要。其防范措施主要有币种选择和汇率选择两种。供货风险即在接到订单，开始生产到完工交货之间的时间内发生变化的风险，但这又是企业可以控制的，措施是企业尽可能建立一套灵活反应的生产管理体系，进行产销协调，缩短从订单到交货的时间。

（三）跨文化管理

跨文化管理，即在全球化经营中，企业对子公司所在国的文化采取包容的管理方法，在跨文化条件下克服不同文化的冲突，并据以创造出企业独特的文化，从而形成卓有成效的管理过程。

跨文化管理真正作为一门科学，是在20世纪七十年代后期的美国逐步形成和发展起来的。其目的在于研究如何在不同形态的文化氛围中设计出切实可行的组织结构和管理机制，最合理地配置企业资源，最大限度地挖掘和利用企业人力资源的潜力和价值，从而最大化地提高企业的综合效益。

一般来说，跨文化管理研究的重点主要有以下4个方面：

（1）企业的行为如何随着文化的不同而变化；

（2）在世界范围内企业行为的差异是在扩大、缩小，还是保持不变；

（3）跨国公司如何在东道国的文化中实现有效管理；

（4）企业如何管理文化差异，如何将这种差异转化为企业的一种资源等。

当然，文化与管理的关系是一个非常重要的内容，文化模式与管理模式有密切的关系。企业跨文化管理有以下策略可以选择：

（1）本土化策略。即根据"思维全球化和行动当地化"的原则来进行跨文化的管理。

（2）文化相容策略。根据不同文化相容的程度可分为以下两种策略：① 文化的平行相容策略。这是文化相容的最高形式，习惯上称之为"文化互补"。即在国外的子公司中不以母国的文化作为主体文化，母国文化和东道国文化之间虽然存在文化差异，但却并不互相排斥，反而互为补充，同时运行于公司的操作中，充分发挥跨文化的优势。② 隐去两者主体文化的和平相容策略。即管理者在经营活动中刻意模糊文化差异，隐去两者文化中最容易导致冲突的主体文化,保存两者文化中比较平淡和微不足道的部分,使得不同文化背景的人均可在同一企业中和睦共处。

(3) 文化创新策略。即将母公司的企业文化与国外分公司当地的文化进行有效的整合,通过促进不同的文化相互了解、适应、融合,从而在母公司文化和当地文化的基础之上构建一种新型的企业文化。以这种新型文化作为国外分公司的管理基础,不仅使全球化经营企业能适应不同国家的文化环境,而且还能大大增强竞争优势。比如日本的跨国公司建立了更适合于其民族文化和环境的跨文化管理系统,增强了竞争优势。

(4) 文化渗透策略。文化渗透是一个过程,需要长时间观察和培育。跨国公司并不试图在短时间内迫使子公司当地员工服从母国的人力资源管理模式,而是凭借母国强大的经济实力所形成的文化优势,对于子公司的当地员工进行逐步的文化渗透,使母国文化在不知不觉中深入人心,使子公司员工逐渐适应这种母国文化并慢慢地成为该文化的执行者和维护者。

跨文化管理,对国际化经营的企业来讲,要做好3方面的工作。

① 识别文化差异。不同类型的文化差异(比如价值观、生活习惯、或风俗)可以采用不同的措施来克服,因此跨文化管理的第一步就是识别文化差异,选择合理的应对策略。

② 针对性训练。对子公司的员工尤其是管理人员进行跨文化培训是解决文化差异,搞好跨文化管理最基本、最有效的手段。其主要形式有:文化教育、环境模拟、跨文化研究、语言培训。

③ 培育企业共同价值观,加强企业文化建设。国际化经营的企业要向员工宣传、介绍母公司在经营中所推崇的理念及奉行的目标,让员工逐步接受,并以此为契机,建设既体现母公司经营理念,又符合东道国文化传统的企业文化。

## 第六节 中国企业跨国经营现状与存在的问题

> **名人名言:**
>
> 知己知彼也,百战不殆。
>
> ——《孙子兵法》

随着社会的发展进步与经济全球化的到来,跨国经营是每一个想要参与国际竞争企业的必然选择。跨国经营也是中国企业促进自身发展、增强企业国际竞争力而必须做出的重大选择。我国企业要想在全球竞争中立于不败之地,必须全面把握当今经济发展格局,积极参与竞争,并顺应新趋势不断调整跨国经营战略。

### 一、中国企业跨国经营现状

(一) 中国迎来对外投资"黄金期"

自2005年以来,中国对外直接投资流量连续10年持续增长,2015年达到了1 456.7

亿美元,是2005年的13倍多(如图6-4)。2016年是"十三五"规划开局之年,1—6月我国对外非金融类直接投资达到888.6亿美元,同比增长58.7%。中国企业对外投资迎来"黄金期"。

图6-4　2005—2015年中国对外直接投资增长

中国企业海外并购激增的驱动因素主要是"走出去"的时机与利好环境。

1. 政策开放

自2014年开始,我国在对外投资的审批环节上大幅简政放权,形成了"备案为主、核准为辅"的管理模式,境外直接投资项下外汇登记改成由银行直接审核办理,一系列的政策开放释放了企业海外投资的潜在活力。

2. 资金面支持

2015年下半年,我国放松货币政策,信贷与社融投放总体保持在较高水平,实体经济资金面整体趋于宽松。受国内产能过剩、产业结构调整等影响,加之全球经济尚处于复苏期,优质低估值企业较多,促使优秀的中国企业将目光投向国际市场。另外出于远期对人民币汇率的担忧,促使企业加强海外优质资产的配置以抵御风险。

(二) 中国企业投资亚、欧及北美地区较多

从海外投资的区域分布来看,2015年中国企业海外投资主要集中在亚、欧及北美地区,比重分别为30%、29%和25%。其中在亚洲投资180起,涉及投资金额3 865.75亿美元;在欧洲投资177起,投资金额1 769.14亿美元;在北美投资152起,投资金额为503.71亿美元。

(三) 跨国并购不断攀升,绿地投资显著增长

从投资方式来看,根据CCG收录的2000—2016年上半年中国企业对外投资2 858起案例,跨国并购案例数为2 515起,占总案例数的88%,可见跨国并购成为中国企业对外投资的主要方式。从2006年起,中国企业跨国并购案例数直线上升,2015年再创历史新高,达到498起(如图6-5所示)。

中国企业海外并购主要是为了获得资源、技术、品牌和市场渠道。例如,联想收购

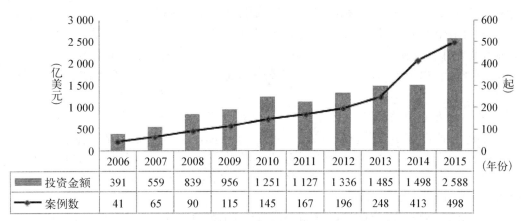

图 6-5 2006—2015 年中国企业跨国并购规模

IBM 的 PC 部门,借力 IBM 品牌力度获得全球营销网络;美的收购东芝的白色家电,弥补了在核心技术上的空白,把东芝在电子控制领域的技术应用到家电智能领域,提高美的国际制造水平。

相对于跨国并购,中国企业在海外的绿地投资数目相对较少,但是投资金额超过海外并购金额,主要是劳动密集型和资源密集型企业选择在欠发达或是发展中国家进行投资,以获得原材料和劳动力。在"一带一路"倡议构想下,中国企业投资非洲多以绿地投资为主。另外,正在寻求转型升级的"中国制造"把目光投向德国,继 2014 年之后,再次成为在德绿地投资项目数量第一的国家。根据德国联邦外贸与投资署的数据,与 2014 年相比,2015 年中国在德投资项目数量增长了 37%。

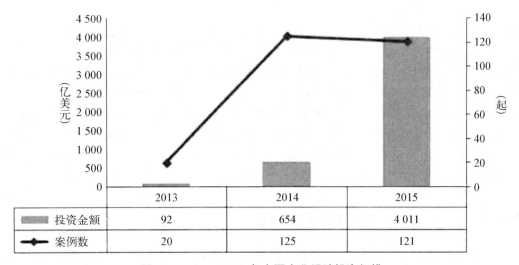

图 6-6 2013—2015 年中国企业绿地投资规模

美国为最大限度维护本国利益与安全,对来自其他国家的兼并收购审核较为严格,但相对欢迎绿地投资申请。因为绿地投资不仅能增加美国经济总量,带动相关产业发展,还能加强当地基础设施建设,提供就业岗位,促进当地社会发展。我国企业在美国的绿地投资项目，如 2014 年福耀玻璃在俄亥俄州的汽车玻璃工厂、2015 年延锋汽车内饰公司在田纳西州的工厂等已取得了较大进展。2015 年中国在美国的绿地投资包括泉林纸业在弗吉尼亚州 20 亿美元的造纸厂、玉皇化工在路易斯安那州 18.5 亿美元的甲醇工厂项目，以及吉利汽车旗下沃尔沃公司在北卡罗来纳州的汽车生产基地等，都进展顺利。

（四）企业参与境外经贸区建设，打造海外投资的大平台

中国企业在"走出去"过程中，积极参与境外经贸合作区建设，形成了企业集群式海外投资的重要平台和中国企业品牌国际化宣传的重要载体。2015 年中国企业在建境外经贸合作区 75 个，其中 53 个分布在"一带一路"沿线国家。已通过考核的 13 个合作区中，10 个位于"一带一路"沿线国家。

企业积极参与境外经贸合作区的建设，已成为促进中国与东道国之间经贸合作双赢的重要举措。作为我国企业"走出去"的重要平台，境外经贸合作区为入园投资企业提供了包括信息咨询服务、运营管理服务、物业管理服务和突发事件应急服务等四项主要服务。一方面，合作区在不断推动中国企业"抱团出海"、形成海外产业集聚、维护企业合法权益等方面发挥重大作用，另一方面还为东道国增加就业，提高税收，扩大出口，从而深化双边经贸合作关系。

例如，泰中罗勇工业园的中策橡胶集团项目，总投资 150 亿泰铢，是目前中国制造业对泰投资的最大项目。中策（泰国）工厂整个生产线基本完成，2015 年年末达到 420 万套/年的规模。中策集团入驻泰中罗勇工业园后，在全球大宗商品低迷的背景下，不但促进了泰国天然橡胶销售，还带动中国国内橡胶轮胎行业的多家配套企业先后入园，起到集群式"走出去"的效果。从单个企业的竞争转变为产业链的竞争，由此大幅提升了中资企业的国际竞争力。

再如，吉海农业有限公司进入赞中经贸合作区，截至 2015 年已投资 2 500 万美元，在赞比亚建设食用菌工厂、吉林农业产业示范园等项目。吉海农业向赞比亚农户普及食用菌种植技术，与赞比亚农业部合作，将科学的示范性工厂化培植技术与当地农民传统式培植相结合，逐步形成赞比亚的木耳、平菇、香菇等食用菌类培植带，带动赞比亚农民从事食用菌产业，推动了赞比亚的社会与经济发展，帮助当地居民走上脱贫道路，并受到赞比亚各界的广泛关注。在稳步拓展赞比亚市场的同时，吉海农业还计划将产品出口至赞比亚周边国家，在非洲打造具有国际影响力的中国农产品品牌。

## 二、中国企业跨国经营存在的问题

我国企业的国际化进程是伴随着改革开放而逐步发展起来的。尽管我国企业在跨国经营方面取得了较好成绩，但由于起步较晚，与世界顶级跨国公司相比仍有较大差距。

（一）产品科技含量低、创新意识与创新能力较弱

世界跨国公司的渗透和发展，在很大程度上依靠高科技产品和知识、技术密集型产

品。高技术产业引领时代发展方向,其对跨国企业的生存与发展意义非凡。我国跨国企业在科技研发和投入方面相对发达国家比较落后,许多企业没有技术优势、技术创新意识不强。我国企业尽管跨国经营、投资范围较广、涉及行业较多,但是其主要是以资源开发、初级制造为主,高新技术产业才刚刚起步。

(二)人力资源管理存在缺陷,不能满足国际市场竞争需要

高度组织型的企业,客观上需要严密科学的管理系统、管理制度与激励机制。总体来讲,我国现有的跨国经营企业,尤其是中小跨国企业大都缺乏现代人力资源的概念。企业普遍缺少精通外语、了解国际市场、熟悉海外直接投资操作的优秀跨国经营管理人才。且我国跨国企业普遍存在组织功能不健全、管理制度与国际运行规则不相符等问题,这些问题的存在严重阻碍我国企业跨国经营的发展。另外,缺乏有效的激励机制和监督制约机制,相当比例的外派经营管理人员与技术人员的积极性、主动性不高,责任意识不强。

(三)跨国经营投资决策过程不科学,投资风险较大

中国跨国企业,尤其是中小企业往往缺乏对国际经营大环境以及对投资区域、投资项目等缺乏翔实的可行性分析,往往盲目决策、贸然行动或者随波逐流、亦步亦趋,没有形成准确的市场定位和强大的核心竞争力,这加大了跨国经营的风险。我国企业跨国经营尚处于初期发展阶段,海外投资规模小,抗风险能力弱。

## 三、提高我国企业跨国经营水平的建议

(一)加大科研投入,使产品(服务)水平达到国际标准

我国的跨国经营如果依旧依赖自然资源、依靠价格优势参与国际市场竞争,则难以拥有长久的竞争优势。只有注重科技投入、技术创新,增大研发力度,并通过技术引进、消化吸收来实现技术升级,建立和完善企业的技术创新系统,不断提高科技水平和创新能力,才有可能在激烈的国际竞争中赢得主动、取得优势。

(二)培养和引进国际化优秀经营管理人才,建立科学的管理制度

人力资源是企业的第一资源,对人的管理应该胜过对企业其他资源的管理。长期以来中国跨国企业对海外业务人才的培养不够重视,这导致中国跨国企业经营业绩没有达到预期。培养和引进专业技能扎实、通晓外语、精通相关法律的综合型的经营管理人才是中国企业海外经营成功的必要条件。同时采取有效的激励措施、完善用人体系、建立科学管理制度,储备人才,减少不合理的人才流动。

(三)制定科学的投资决策过程、完善可行性分析

在对海外市场、对东道国、对投资项目进行全面调研和考察的基础上,做出科学全面的可行性分析和评估。充分考虑项目的条件和近远期效益,并结合企业自身实力来做出健康科学的国际发展战略,防止或减少盲目投资所带来的经济风险。采用循序渐进的扩张方式更有利于其通过学习曲线来积累海外经营经验,在逐步升级的过程中,扩大海外投资规模,降低风险。

## 本 章 小 结

随着全球经济一体化,企业跨国经营越来越重要。企业在考虑跨国经营时,首先要分析跨国经营环境,其中文化、政治、法律因素需要重点分析。其次要合理选择国际市场进入方式:贸易型、契约型、投资型。企业在制定国际化经营战略时,要考虑是业务层面的国际化战略,还是公司层的国际化战略;如果选择的是公司层的国际化战略,则要考虑选择多国化、全球化还是跨国化战略。跨国公司的组织和控制比较复杂,涉及所有权、人员、信息以及财务的控制。中国企业作为国际舞台上的新兴力量,其活跃度越来越高。中国企业在国际分工及产业链上有自身的特点和优势,因此在制定跨国经营战略时要扬长避短,制定合适战略。

## 思 考 题

1. 在经济全球化的浪潮中,企业如何应对,并做大、做强?
2. 哪些因素影响企业跨国经营战略?
3. 国际市场进入方式有哪几种类型?
4. 国际市场的渗透模式是什么?
5. 跨国公司组织构造的基本要求有哪些?
6. 跨国经营所遇到的各种问题应如何解决?
7. 国际化战略选择有几种模式?各是什么?
8. 企业如何根据自己的实际情况进行国际化战略选择?

## 案 例 分 析

### 华为海外扩张的悲喜剧

1. 华为公司介绍

华为是全球领先的信息与通信技术(ICT)解决方案供应商,专注于ICT领域,坚持稳健经营、持续创新、开放合作,在电信运营商、企业、终端和云计算等领域构筑了端到端的解决方案优势,为运营商客户、企业客户和消费者提供有竞争力的ICT解决方案、产品和服务,并致力于未来信息社会、构建更美好的全联接世界。目前,华为约有18万名员工,业务遍及全球170多个国家和地区,服务全世界三分之一以上的人口。

(1) 华为的价值观。

为客户创造价值。华为和运营商一起,在全球建设了1 500多张网络,帮助世界超过三分之一的人口实现联接。华为和企业客户一起,以开放的云计算和敏捷的企业网络,助力平安城市、金融、交通、能源等领域实现高效运营和敏捷创新。华为智能终端和智能手机,正在帮助人们享受高品质的数字工作、生活和娱乐体验。

推动行业良性发展。华为主张开放、合作、共赢,与客户合作伙伴及友商合作创新、扩大产业价值,形成健康良性的产业生态系统。华为加入360多个标准组织、产业联盟和开源社区,累计提案4.9万篇。面向云计算、NFV/SDN、5G等新兴热点领域,与产业伙伴分工协作,推动行业持续良性发展。

促进经济增长。华为不仅为所在国家带来直接的税收、就业促进、产业链带动效应，更重要的是通过创新的ICT解决方案打造数字化引擎，推动各行各业数字化转型，促进经济增长，提升人们的生活质量与福祉。

促进社会可持续发展。作为负责任的企业公民，华为致力于消除全球数字鸿沟，在珠峰南坡和北极圈内，都有华为人的身影；在西非埃博拉疫区、日本海啸核泄漏、中国汶川大地震等重大灾难现场，华为深知灾难面前通信的重要性，华为选择了坚守；华为的"未来种子"项目已经覆盖96个国家和地区，为各国青年学生提供来中国培训实习的机会。

为奋斗者提供舞台。华为坚持"以奋斗者为本"，以责任贡献来评价员工和选拔干部，为员工提供了全球化发展平台、与世界对话的机会，使大量年轻人有机会担当重任，快速成长，也使得十几万员工通过个人的努力，收获了合理的回报与值得回味的人生经历。

(2) 华为的坚守。

华为十几万人，29年坚持聚焦在主航道，抵制一切诱惑；坚持不走捷径，拒绝机会主义，踏踏实实，长期投入，厚积薄发；坚持以客户为中心，以奋斗者为本，长期艰苦奋斗，自我批判。我们不会辜负时代慷慨赋予我们的历史性机遇，为共建更美好的全联接世界，一往无前。

2. 华为国际化经营现状

在美国《华尔街日报》的网站上，输入"Huawei（华为）"一词进行搜索，从2010年1月15日到2012年1月18日（《华尔街日报》网站能搜索的最长时限是两年）共有337条结果，几乎都是关于华为在海外扩张的新闻。从搜索结果可以看到，华为海外扩张覆盖了五大洲，既有印度、尼日利亚、阿尔及利亚等不发达国家，也有美国、德国、英国等传统经济强国。

这家全球极负声望的美国财经媒体，给了华为这家中国企业前所未有的重点关注。

用时下最流行的一句话来说就是，"美国人是有多爱华为？"其实不然。从2008年开始，华为在美国先后进行了4次收购，出价最高，但均以失败告终。

于是，华为吸取了教训，不再在美国市场上谈"收购"，甚至在去年年底宣称"计划缩减"被美国视为"眼中钉"的伊朗业务。也许正因如此，当华为低价智能手机在美国市场上热销时，《华尔街日报》给了其久违的正面评价："他们在一定程度上使得美国低收入家庭迅速用上了智能手机，同时也让这个美国阶层实现了手机上网。"

美国圣地亚哥一家廉价手机服务供应商的销售人员诺玛·梅嘉在去年10月一个生意清淡的晚上抱怨说，手机运营商Cricket Wireless开在街对面的营业厅门庭若市，把她的客户全抢走了。那个营业厅的亮点，就是在出售一款新型的低价智能手机，这款低价手机是中国电信设备生产商华为技术有限公司制造的。

的确，如果没有一部能查邮件、发微博、上网甚至消费的智能手机，似乎有落伍之嫌。以苹果iPhone为行业领航的智能手机，是目前移动通信业的发展趋势。但苹果等品牌价格不菲，而近3年来的金融动荡让很多西方消费者将目光转向中国品牌华为。

随着电信运营商把目光投向美国电信业最后几个增长来源之一——让低收入消费

者使用智能手机,华为眼疾手快地"奉上"了一些最便宜的手机。

看上去华为手机在美国市场的业绩蒸蒸日上,但这个品牌在美国消费者那里几乎没有任何认知度,"Huawei"一词似乎没有几个西方人能念得出来。在《华尔街日报》的采访中,一些顾客甚至将"Huawei"误说成"Hawaii(夏威夷)"、"Maui(毛伊:夏威夷的一个岛屿)"。

有趣的是,这和20世纪60年代日本三菱公司(Mitsubishi)刚刚进入美国市场时候的情形,几乎一模一样。不过Mitsubishi今天已是全球家喻户晓的品牌,所有人都能准确地叫出这个绕口的日本名字。

3. 华为的国际化道路

两万元人民币起家,成立于1988年的华为,如今已是世界第二大通信设备制造商,也是为数不多的中国"世界品牌"。华为的国际化道路采取了"农村包围城市"战略。首先,华为在国内生产总值较低的东南亚及拉美国家建立销售网络。在这些欠发达市场占据先机后,它又逐渐向较富裕的中东国家展开攻势。最终,华为将目标锁定在发达国家,并在这些竞争激烈的市场上分得一杯羹。

在品牌国际化的道路上,华为成了多家跨国企业的设备供应商,比如IBM、英特尔、微软、摩托罗拉等都和华为有战略合作伙伴关系。这些行业巨擘也给华为提供了很好的学习借鉴机会,使华为的运营管理更为国际化。不仅如此,华为也不惜花重金聘请知名管理咨询公司,来协助其制定长期策略。

科技创新和价格优势,也许是华为在短时间内成为通信设备及方案领域强手的最主要原因。在公司设立之初,华为的研发投入只占到销售额的很小份额。但如果想和诸如诺基亚、摩托罗拉之类的大企业竞争,就必须在不降低产品性能的同时,提供价格优势。目前,华为和主要竞争对手的销售额,及研发投入的差距正在缩小。

在研发方面,华为还有一个高招就是"反向创新",将为发展中国家设计的科技创新介绍到发达国家来。在给发展中国家设计通信基础设施建设时,成本控制非常重要。因此,给发展中国家的方案效率往往更具优势。

不难想象,当华为成为一家能用低价提供世界一流设备和服务的公司时,发达国家在这个领域的霸主地位就会受到严重威胁。这些威胁不仅在于华为的技术和价格竞争,还在于谁能来占领未开垦市场的先机。很显然华为在新兴市场的优势无可比拟。

4. 华为在海外遇到的问题

但是,作为高科技产业的通信业,通常也具有较高的隐形贸易壁垒。比如美国就以"保护数据安全和国家安全"为由,为难华为在美国的市场化进程。尽管华为在世界范围的光纤领域具有24.0%的市场占有率,在北美它只取得0.9%。

2008年,华为也因"数据安全"被迫放弃用22亿美元竞标收购一家美国高科技企业3Com。而美国和伊朗之间的危机,也给华为的北美业务蒙上阴影,因为美国指责华为向伊朗提供通信技术。美国商务部取消了华为为美国警察、消防以及医疗部门提供急救无线网络技术的资格。但实际上,很多西方公司如诺基亚和西门子在伊朗的业务也都非常活跃。

另一方面,华为及很多其他中国企业也都因为在国际市场经验不足,屡吃官司。这也显示出中国企业经营管理的一些问题。中国企业的管理模式与管理经验,和上个世纪相比,都具有了历史性飞跃;但和西方国家相比,我国法律基础还是相当不健全。因此从中国走出去的企业,法律意识还比较淡薄。有的公司缺乏用法律保护自己的意识,也有的公司用中国的"常规"来接轨世界,反而频遭起诉。

比如最近华为英国分公司的一名英籍员工,就因种族歧视理由起诉了华为,原因是华为在英国雇佣的中国籍员工太多,而英国法律不允许企业因为种族、肤色、性别和年龄等原因,对任何一个员工产生偏好。这也显示出我国企业在国际化时,对当地尤其是对发达国家法律体系理解的缺失。

英国霍金路伟律师事务所称,中国企业在法律服务方面的投入极少,约是美国公司的 2.0%。因此当中国公司来到法律制度较健全的西方国家时,常常会因为各种缘由被起诉,而这些被起诉的理由,在中国根本不存在。

在 21 世纪,几乎所有中国制造企业都希望走向"中国创造"。创造和制造虽仅一字之差,给企业、员工、经济及环境带来的影响却天壤之别。苹果 iPhone 和 iPad 背面赫然写着"加利福尼亚州设计,中国组装"。这短短一句话背后的含义,是中国工人夜以继日的工作,仅拿到 1.8% 的利润。为此,华为在英国伦敦成立了设计中心,因为欧洲有很多年轻又有创意的设计师,这对提高华为未来的核心竞争力很有必要。

资料来源:宋云、陈超,《企业战略管理》(第 5 版),首都经济贸易大学出版社,2013 年版。

## 讨 论 题

根据以上资料,以及可查询到的资料,讨论以下问题:
1. 华为为何要实施国际化经营?其意义何在?
2. 华为在进入国际市场时采用的是什么战略?
3. 华为在进入国际市场时产品策略是什么?
4. 华为在国际化经营时遇到了什么问题?该如何解决?

# 第四篇　企业战略实施

- 第七章　企业职能战略
- 第八章　企业部门战略

# 第七章 企业职能战略

## 学习要点

- 掌握战略实施的主要阶段
- 掌握组织结构的基本类型
- 理解组织结构对战略的限制作用
- 了解企业战略与企业文化的关系
- 理解领导者应该具备的战略素质和思考逻辑
- 理解企业战略控制的主要内容
- 了解战略变革和创新对企业发展的重要意义

**名人名言:**

如果有两种选择:一是一流的团队,三流的执行能力;二是三流的团队,一流的执行能力。我情愿选择后者。

——马云

仅仅能够形成新战略并不能保证战略的成功,经理们还必须能够将战略愿景转化为实在的步骤。制定一项合理的战略计划远比实施要容易得多,正如一名主管人员所说,决定想去哪里对我们来说非常容易,重要的是使整个组织按照这一新的秩序行动。战略实施比战略制定更加困难的原因在于:参与范围广泛的各种活动;大量的管理性活动;在实施过程中面临的多种选择;对管理技巧的需求;需要解决的各种混乱;组织内对战略变化的抗拒;以及许多不同工作小组的协调等许多问题。

研究发现,大约有一半的兼并没有达到期望目标。毕马威(KPMG)对 1996—1998 年的 700 件大型合并案例的调查显示,约有 83% 的合并案在合并完成后的一年内没能提高兼并组织股东的价值。在一次对 93 家美国《财富》500 强公司的调查中发现,一半以上的公司在努力实施某一项战略变革时遇到以下 10 个问题(按出现的频率排序):

(1) 实施经历的时间比原计划长;
(2) 出现了未预想到的大问题;
(3) 各种活动协调不力;
(4) 相互竞争的活动和冲突转移了战略实施的关注力;
(5) 实施战略的职工缺乏必要的工作能力;
(6) 低层职工缺乏培训;

（7）不可控制的外部环境因素引发了问题；
（8）部门经理未提供足够的领导和方向；
（9）对所实施的关键的任务和行动定义不明确；
（10）信息系统缺乏必要的监督。

## 第一节　战略计划实施

> **名人名言：**
> 　　计熟事定，举必有功。
> 　　　　　　　　　　　　——刘禹锡《为淮南杜相公论西戎表》

### 一、战略实施的概念

　　战略一经确定，重点就转向将之转化为行动和目标结果，也就是战略实施。战略实施是通过制订规划、预算和程序使战略和政策投入行动，将组织的战略计划转变为行动，继而转变为结果，是执行有关战略计划所需要的所有活动和选择的总和。

　　战略实施是一项整个管理团队的工作。因为组织的首席执行官和各业务分支、各部门和关键运营单位的领导对战略成功的实施都负有责任，战略实施的过程涉及组织结构中的每一部分，从最大的组织单位到最小的基层工作小组。所有的经理在其权责领域内都是战略实施者，所有的雇员都是参与者。因此，成功实施战略的要点之一是管理层能够对组织变革的有关事宜进行清楚而有说服力的传达和沟通，唤起人们对战略足够大的热情，将战略的实施过程转变为一场全公司的行动。

### 二、战略实施的框架

　　战略实施是战略管理中最没有理论依据、最不固定的部分。没有理想的步骤清单，更没有现成的被证明是确定有效的道路。做什么和不做什么的最佳依据来源于公开的经验和学习中得到的教训，而且它们对于不同公司的影响也是不同的。一些公司行之有效的方法在其他公司可能收效甚微。这不仅仅是因为不同经理在使用某种方法时的效果不同，而且每一种战略实施的情况都发生在不同的组织环境中。因此，公司要依据具体的经营活动和竞争环境、工作环境和文化、政策、激励机制和组织结构，采取某种特定的战略实施方式。

　　虽然战略实施没有固定的框架，但一般来说，战略实施都应该经历战略发动、战略规划、战略运作和战略评价四个阶段（如图 7-1 所示）。

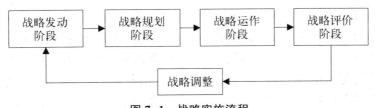

图 7-1 战略实施流程

（一）战略发动阶段

战略实施的人员一般比战略制定的人员多得多，而且他们来自不同的工作和职能岗位。各级经理及每一位职工都以不同的方式参与到战略实施的过程中。组织中许多与战略实施有密切关系的人可能没有参与到战略的制定过程中。他们很可能对战略有其他的理解，加之组织中存在的各种既得利益和惯性力量，战略实施过程中必然会产生各种疑惑和障碍。

因此，在战略发动阶段，公司要就组织使命、目标、战略和政策的改变，以及这些变化对公司的重要性进行充分有效的沟通，努力使组织中各层次的人都参与战略实施过程中。公司要对组织管理人员和员工进行培训，向员工讲清楚组织内外环境的变化给组织带来的机遇和挑战、旧战略存在的弊病、新战略的优点以及风险，向他们灌输新思想、新观念，提出新口号和新概念，消除不利于战略实施的旧观念和旧思想，以使大多数人逐步接受新战略。另外，需要强调的是，在发动员工的过程中必须要努力争取战略关键执行人员的理解和支持，必要时考虑机构和人员的调整问题以扫清战略实施的障碍。

（二）战略规划阶段

战略规划阶段要将组织战略分解为几个实施阶段，确定各阶段的目标、相应的政策措施、部门策略，制定出分阶段目标的时间表。要对各分阶段目标进行统筹规划、全面安排，并注意各个阶段之间的衔接，远期的目标方针可以概括一些，但近期阶段的目标方针则应尽量详细。对战略实施的第一阶段更应注意，新战略与旧战略要很好地衔接，以减少阻力和摩擦，第一阶段的分目标及计划更应注意具体化和操作化，应该制订年度目标、部门策略、方针与沟通等措施，使战略最大限度地具体化，变成组织各个部门可以具体操作的业务。具体地说，这一阶段的主要任务可以分为以下三个。

1. 总体战略分解

企业总体战略只是一张宏伟的蓝图，要想把战略付诸实践，就必须对总体战略进行分解。对战略的分解主要是基于时间和空间两个维度。企业战略从时间上分解为各阶段目标和进度规划。空间维度的分解则是依据公司的组织结构，基于总体战略，制定各事业部或部门的分战略，或者依据地域分布来分解，例如跨国公司将其战略分解为北美市场战略、欧洲市场战略等。无论何种维度的分解，分解后形成的战略体系必须协调一致，保证公司沿着正确的方向前进。

对企业战略进行分解，常用的方式一般有三种。一种是从上到下的方式，企业按照组织机构的层级关系，把战略层层分解，直至最低层。这种方式容易导致下级缺少执行战略的动力，引发对战略的抵制。一般适用于领导者有较高的权威，并且战略实施比较容易的情况。另一种方式是从下到上，强调全员参与和充分沟通，战略目标由下级机构提出，经过汇总和反馈，最后形成企业的战略体系。这种方式有利于战略的执行，但对员工素质要求较高。第三种方式,我们称之为渐进式的分解,管理高层在宣布战略目标时有意识地使目标模糊化,确切地说只是提供一个战略方向,我们可称之为导向性目标。接着促使员工就这些模糊目标展开讨论,在此目标逐渐为大多数人所接受时,再提出更为详细的目标或由员工进一步讨论更为可行的目标,最后得出一个具体而清晰的目标。这种方式既能保证集中领导,也能发挥下级的积极性,只是战略分解的过程可能较为漫长。例如斯坦摩斯公司的分级目标(如图7-2所示)。

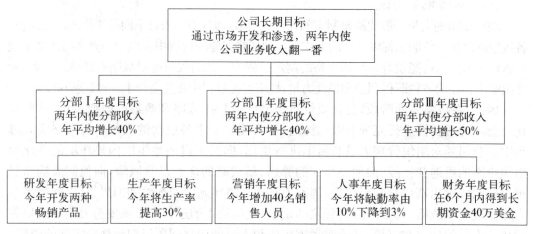

图7-2 斯坦摩斯公司的分级目标

资料来源:[美]弗雷德·R·戴维.战略管理[M].李克宁译.北京:经济科学出版社,2006:247.

2. 制订规划、预算和政策

科学有效的规划、预算和政策能够将战略转化为一系列的行动规划,为这些行动分配资源,并指导它们向着正确的方向前进,最终保证战略目标的实现。

变革矩阵能够帮助管理者制定和评价规划,确定变革的速度和次序、在哪里实施变革以及变革对组织的影响。如图7-3所示,纵坐标上标示的是某制造厂的目标实践(新规划),纵轴上标示的是现在的实践。我们可以看到,新战略都包含一系列的规划和行动,它们中的每一个都有可能与现有实践相矛盾,由此带来实施问题。矩阵构建的步骤如下:

(1)相互比较每一个新规划,检查它们是互补(+)、相互干扰(-)或不相关(空白)。

(2)用同样的符号表示目前实践之间的相互关系。

(3)对比每一目标实践与目前实践之间的相互作用,在矩阵右下方的格子内予以表示。

(4)评价各新规划(即目标实践)对实现战略的相对重要性。

(5)检查整个矩阵,找到有问题的区域。在这些区域中,目标规划要么相互干扰,要么与目前的实践活动相冲突。

矩阵中负的符号越多,负项的权重越大,实施时问题就越多。利用变革矩阵可以回答的问题有:

(1)可行性。新规划和活动是否能形成稳定一致的系统?目前的活动是否协调稳定?转换过程是否困难?

(2)管理的顺序。变革从何处开始?这一顺序是否影响成功性?是否存在合理的

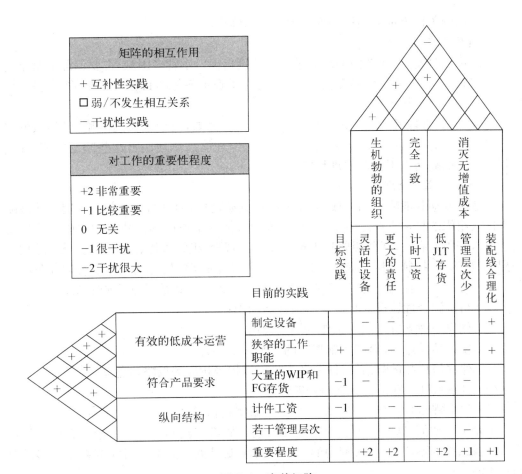

图 7-3 变革矩阵

资料来源：E.Brynjolfsson, A.A.Renshaw, and M. Alstyne, The Matrix of Change, Sloan Management Review(Winter 1997), page. 43. Reprinted by permission of publisher. Copyright 1997 by Massachusetts Insitute of Technology. All rights reserved.

停止点？

（3）变革的节奏和性质。变革应该是缓慢的还是迅速的，累进的还是突变的？应该同时变革哪一组目前的活动？

（4）对利益关系群体的评价。是否忽视了那些重要的活动或相互作用？是否应该从有兴趣的利益关系群体处获得更多的投入？哪一个新的规划和现有的活动提供了最大的价值来源？

制定了规划后，还需要为相关的环节或部门确定预算。确定预算是组织最后一次检查所选择战略的可行性。只有具体计算了每一条战略实施的成本后，才能知道战略是否完全可行。

此外，还需要建立政策和程序以指导日常工作。广义的政策包括准则、方法、程序、规则以及为实现既定目标而努力工作的管理活动。政策为管理控制活动确定了框架，确定了在战略实施过程中什么可以做，什么不可以做，为管理活动设立了边界和约束。

政策在可能的条件下都应当以书面的形式予以陈述。

3. 明确战略重点

明确不同时期、不同部门的战略重点和关键指标。不管多困难,都要保证战略重点的顺利实施,监控关键指标的变化。另外,还需要确定各战略目标和指标的优先权,以便在相互冲突时进行决策。

此外,各级管理者必须明确一些关键的问题。例如,由谁来实施战略,必须做哪些工作以将组织的运营导向新的方向等。在高层经理能满意地回答这些问题之前,即使计划得再好的战略也不会获得理想的效果。

(三) 战略运作阶段

在战略发动和战略规划完成后,企业战略开始运作,通过组织中的各种因素使战略真正进入组织的日常生产经营活动中去,成为具体的工作内容。战略的实施运作主要与下面六个因素有关,即各级管理人员的素质和观念、组织机构、组织文化、资源结构与分配、信息沟通、控制及激励制度。通过这六个因素使战略转化为具体的管理任务:

(1) 建立一个有竞争力、生产能力和资源力量的组织以成功地实施战略;

(2) 将资源合理地投入相关的价值链活动中;

(3) 创立一种支持战略的工作环境和公司文化;

(4) 发挥领导作用,提高实施战略的水平;

(5) 建立信息和运营系统,使公司人员可以担当相应的战略角色;

(6) 开展最佳实践活动并促进不断改善;

(7) 将报酬和激励与达到业绩目标和战略实施相联系。

不管形式如何,这些管理过程会反复出现在战略实施的过程中。根据企业所处环境和自身条件的不同,这些过程中的一项或几项变得更加关键或者需要耗费更多的时间和资源。

另外,在战略实施过程中,管理者还要不断地提出问题。例如,组织的财务条件和竞争能力的差别,是否存在需要改进的重要资源弱点或需开发的新能力,公司拥有的资源满足创建持续竞争优势所需的程度,必须改变的惯性行为的力量强弱等。

(四) 战略的评价与控制阶段

战略是在变化的环境中实践的,组织只有加强对战略执行过程的控制与评价,推进战略的改进,才能适应环境的变化,保证战略目标的实现。战略评价总体上分为战略基础审查和企业绩效评价两阶段。这一部分内容将在第九章详细介绍,在此不再赘述。

## 第二节　战略与组织结构

**名人名言:**

　　州总其统,郡举其纲,县举其目,各职守不得相干,治之经也。

——傅玄《傅子·安民》

战略与组织结构的有效结合是企业生存和发展的关键因素之一。一个企业的成功就在于能制定适当的战略,同时能建立适当的组织架构以贯彻其战略。企业战略的变化往往会导致组织结构的变化,组织结构的重新设计又能够促进企业战略的实施,企业的战略与组织结构之间是一个动态的匹配过程。孤立地制定战略或进行组织结构设计都很难奏效,只有将两者视为一个有机整体,并放在不断地变化着的环境中去考量,才可能有效地促进企业健康持续的发展。

> 在科技、社会日新月异的今天,企业要想生存和发展,就必须根据内外环境的变化,及时调整组织结构。在短短十几年时间里,联想的组织结构变了好几次:从大船结构到舰队模式;从众多的事业部到整合为六大子公司;从北京联想、香港联想分而治之到统一平台……联想几乎每年都在变。但经过几次"折腾",联想已经摆脱了大多数民营企业小作坊式的经营模式,走向大集团、正规化、协同作战的现代企业管理模式。通过调整,联想不断打破阻碍自己发展的"瓶颈",从而不断走向成熟。

## 一、组织结构的基本类型

组织是为实现某些特定目标,通过分工与合作,由不同层次的权力和责任制度而构成的人的集合。组织结构是表明组织各部分排列顺序、空间位置、聚散状态、联系方式及各要素之间相互关系的一种模式。没有一成不变的、普遍适用的、最佳的组织模式,不同的企业及同一个企业的不同发展阶段,都应当根据当时的企业内部条件和外部环境(即权变因素)来设计与之相适应的组织结构。组织结构因企业环境、企业战略、企业技术、人员状况、企业规模、企业寿命周期等因素的不同而有所不同。

常见的组织结构形式有:直线型组织结构、职能型组织结构、直线—参谋型组织结构、直线—职能参谋型组织结构、事业部制组织结构和矩阵结构。

### (一) 直线型组织结构

直线型组织结构也称为单线型组织结构,是最早使用、也是最为简单的一种组织结构类型。"直线"是指在这种组织结构中职权从组织上层"流向"组织的基层。如图7-4所示。

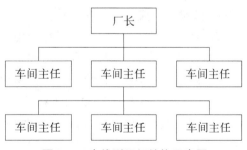

图 7-4　直线型组织结构示意图

这种组织结构的特点是:每个主管人员对其直接下属有直接管理权;每个人只能向一位直接上级报告;主管人员在其管辖的范围内,有绝对的管理权或完全的管理权。

其优点是:结构比较简单,责任与职权明确,上层主管作出决定可能比较容易和迅速。

其缺点是：在组织规模较大的情况下，业务管理比较复杂，所有的管理职能最终都集中到一个人，因此对最高管理者的能力要求较高；而当该"全能"管理者离职时，难以找到合适的替代者；部门间协调差。

该种组织结构类型一般只适用于那些没有必要按职能实行专业化管理的小型组织或应用于现场作业管理。

（二）职能型组织结构

职能型组织结构也称为多线性组织结构。其特点是采用按职能分工实行专业化的代替直线型的全能管理。如图7-5所示。

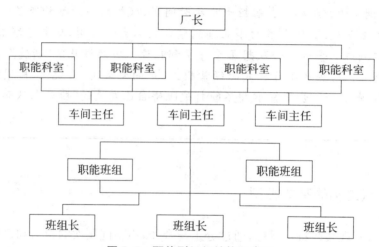

图7-5 职能型组织结构示意图

其优点是：具有适应管理工作分工较细的特点，能充分发挥职能机构的专业管理作用；由于吸收专家参与管理，减轻了上层主管人员的负担，使他们有可能集中注意力以履行自己的职责。

其缺点是：由于存在多头领导，妨碍了组织的统一指挥，易造成管理混乱，不利于明确划分职责与职权；各职能机构往往不能很好地配合，横向联系差；在科技迅速发展、经济联系日益复杂的情况下，对环境发展变化的适应性差；强调专业化，使主管人员忽略了本专业以外的知识，不利于培养上层管理者。

实际工作中，很少有纯粹的职能型组织结构。

（三）直线—参谋型组织结构

也叫直线—职能制。它是在直线型和职能型的基础上，取长补短，吸取这两种形式的优点而建立起来的，目前绝大多数企业都采用这种组织结构形式。这种组织结构形式把企业管理机构和人员分为两类：一类是直线领导机构和人员，按命令统一原则对各级组织行使指挥权；另一类是职能机构和人员，按专业化原则从事组织的各项职能管理工作。直线领导机构和人员在自己的职责范围内有一定的决定权和对所属下级的指挥权，并对自己部门的工作负全部责任；而职能机构和人员，则是直线指挥人员的参谋，不能对直接部门发号施令，只能进行业务指导，如图7-6所示。

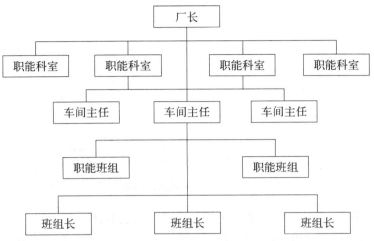

图 7-6　直线—参谋型组织结构示意图

其特点是:按组织职能来划分部门和设置机构,实行专业分工,并实行统一指挥;将管理机构和人员分为两类,一类是直线指挥部门和人员,另一类是参谋部门和人员;实行高度集权。

其优点是:各级直线主管人员都有相应的职能机构和人员作为参谋和助手,因而能对本部门进行有效管理;而每个部门都由直线人员统一指挥,满足了现代组织活动需要统一指挥和实行严格的责任制度的要求。

其缺点是:下级部门主动性和积极性的发挥受到限制;部门之间缺乏沟通,不利于集体决策;各参谋部门和直线指挥部门之间不统一时,易产生矛盾,使上层主管的协调工作量大;难以从组织内部培养熟悉全面情况的管理者;整个组织的适应性较差,反应不灵敏。

该组织结构对中小型组织较适用,但对于规模大、决策时需要考虑的因素复杂的组织则不太适用。

（四）事业部制组织结构

事业部制组织结构是由美国的斯隆在 19 世纪 20 年代初担任美国通用汽车企业副总经理时研究和设计出来的,故被称为"斯隆模型"。

其管理原则是"集中政策,分散经营",即在集中领导下进行分权管理。企业按产品、地区或经营部门分别成立若干个事业部。该项产品或地区的全部业务,从产品设计直到产品销售,全部由事业部负责。各事业部实行独立经营、单独核算。高层管理者只保留人事决策、财务控制、规定价格幅度及监督等大权,并利用利润等指标对事业部进行控制。事业部的经理根据企业最高领导的指示进行工作,统一领导其所管辖的事业部和研制、技术等辅助部门。事业部制组织结构适合大型的或跨国的企业,如图 7-7 所示。

其优点是:有利于采用专业化设备,并能使个人的技术和专业化知识得到最大限度的发挥;每一个产品部都是一个利润中心,部门经理承担利润责任,这有利于总经理评价各部门的业绩;在同一产品部门内有关的职能活动协调比较容易,比完全采用职能

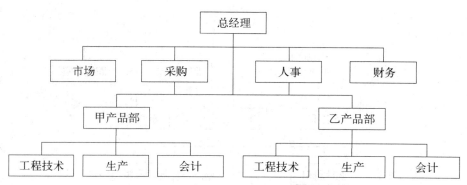

图 7-7　事业部制组织结构示意图

部门管理更具弹性;容易适应企业的扩展与业务多元化要求。

其缺点是:需要更多的具有全面管理才能的人才,而这类人才往往不易得到;每一个产品分部都有一定的独立权力,高层管理人员有时会难以控制;对总部的各职能部门,例如人事、财务等,产品分部往往不会善加利用,以致总部一些服务不能被充分地利用。

（五）矩阵结构

这是在组织结构上,既有按职能划分的垂直领导系统,又有按项目划分的横向领导系统的结构,如图 7-8 所示。

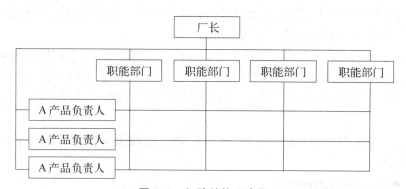

图 7-8　矩阵结构示意图

其优点是:灵活性、适应性强;有利于把组织的垂直联系与横向联系更好地结合起来,加强各职能部门之间的协作。

其缺点是:稳定性较差;实行双重领导,可能会出现多头指挥现象。

企业组织结构要处理好三大类因素:

（1）信息结构,是指公司的各个层次和职务之间的信息分布和流动的结构,例如,公司总部需要了解什么样的信息,而不需要了解什么信息;

（2）决策权力的分配,是指公司在各个层次,各个岗位,以及以什么方式分配各种决策权力,包括正式或者非正式的权力;

（3）评价和激励机制,包括部门和员工的绩效评价机制、管理激励机制和文化约束机制。

## 二、企业战略影响组织结构

企业战略影响组织结构的两个方面,一是不同的战略要求不同的业务活动,从而影响组织职能和部门的设计。具体地表现为战略收缩或扩张时企业业务单元或业务部门的增减等。二是战略重点的改变会引起组织工作的重点改变,从而导致各部门与职能在企业中重要性的改变,并最终导致各职能和部门之间关系的相应调整。对于组织战略目标的实现而言,组织是一个强有力的工具,而且战略的成功,也往往取决于其组织结构是否与战略适应。

传统的组织理论强调工作分工与专业化、严格的权力等级、统一指挥、正规化和正式的报告系统。近几年来随着市场环境的变化所有这些观念也都在变化,相对于传统的高耸的、机械式的组织结构,人们正在试图建立一种扁平化的、有机式的组织结构。传统组织与现代组织的比较如表7-1所示。

表7-1 传统组织与现代组织的比较

| 传统的、高耸的、机械式组织 | 现代的、扁平的、有机式组织 |
| --- | --- |
| • 以垂直结构为主导<br>• 强调分工和工作专业化<br>• 任务是刚性界定的<br>• 严格的权力等级,众多的规章制度<br>• 垂直沟通和报告系统<br>• 很少的团队、任务小组<br>• 集中决策 | • 以水平结构为主导<br>• 任务的共享<br>• 任务通过工作小组来调整和重新界定<br>• 松散的等级,较少的规章制度<br>• 水平的、面对面的沟通<br>• 众多的团队、任务小组<br>• 决策的分权化 |

与分销活动,与此同时,它们发展了管理层级组织。这些早期的层级式企业首先采用的典型组织结构方式是直线—职能型结构。这种组织结构使得企业能够对劳动进行专业化分工,并有助于实现制造、营销和分销活动中的规模经济。

到1900年,许多大企业的战略开始发生转变。为了继续挖掘出规模经济与范围经济的潜力,企业把目光从单一行业或单一市场中移开。例如,杜邦公司和宝洁公司通过产品的多元化来实施其扩张战略,到1920年杜邦公司的产品已经扩大到涂料和油漆、燃料及人造纤维等领域。

企业战略上的变迁——从着眼于单一行业和产品到产品多元化——逐步显露出直线—职能型组织结构的严重缺陷。在多元化企业中,如果高层经理试图去监督职能部门,就会导致管理超负荷,因此管理者不得不去寻找一种可以替代的组织结构模式。

1920年以后,美国就出现了多部门结构或称事业部制结构。这是多元化经营针对直线—职能型结构的局限性而在组织结构上的一种反应。新的组织结构使得高层经理与部门经理之间产生了劳动分工,从而使得高层经理人员不再卷入职能部门的运营细节中,而专门致力于制定战略决策和长期计划。部门经理则专门负责监督所管理的职能部门的运营活动,并根据各自部门的业绩受到奖励。

总之,企业组织结构的调整,并不是为调整而调整,而是要寻找、选择与经营战略相匹配的组织结构,切不可生搬硬套。企业是按产品设置组织结构还是按职能设置组织结构,是按地理区域设置分公司还是按用户设置分部,是建立战略事业部结构还是采用更为复杂的矩阵结构,一切必须以与战略相匹配为原则,以提高企业沟通效率、激励员工参与为目标。埃德森·斯潘赛说:"在理想的企业结构中,思想既自上而下流动,又自下而上流动,思想在流动中变得更有价值,参与和对目标分担比经理的命令更为重要。"对特定战略或特定类型的企业来说,都应该有一种相对理想的组织结构。

### 三、组织结构对战略具有限制作用

在实际的企业经营管理中,组织结构并不是完全由战略决定;相反,组织结构在一定程度上对战略的制定和实施起着限制作用。

(一)战略不能与现有组织结构脱节

当一个企业的组织结构已经确立,人员已经配备,规章已经制定后,企业往往会力图避免过多地更改企业的组织结构,因为它会带来组织混乱,分散企业的资源甚至造成企业运行的停顿。因此,企业在制定战略时会或多或少地考虑到组织结构的因素。一个完全与现有组织结构脱节的战略也不是一个好战略。

(二)组织结构提供信息传递方式

在一个大企业中,重要的知识和决策能力是分散在整个企业之中的,而并非集中于高层管理人员。"一个企业的结构将决定低层决策者们以什么样的方式和顺序把信息汇集在一起,为企业战略决策服务,即组织结构为高层管理人员制定战略决策设定了一个议程。"

(三)组织结构影响传达的战略实施信息

"企业的结构还会影响那些传达到高层管理人员有关战略实施的信息",从而影响高层管理人员对战略实施的评价,进而影响高层管理人员对企业战略的修正。

企业战略的变化将导致组织结构的变化,组织结构的重新设计又能够促进企业战略的实施。企业战略与组织结构是一个动态变化的过程。孤立地制定战略或进行组织结构设计都是无效的,也是不可能成功的。只有将两者视为一个有机整体,放在激烈地变化着的环境中去考察,才可能有效地促进企业持续健康的发展。

### 四、未来企业的组织特点

(一)组织的扁平化

信息技术的迅猛发展使社会各层面的活动量显著增加,信息流量大大加速,时间的压力要求组织作出快速反应和决策以保持企业的竞争力。传统的等级制严重地阻碍了这种反应和决策。正是企业计算机技术及互联网技术的应用,使企业内外的信息传递更为方便、直接,原有组织内大量中间层面得以删除,管理层次的减少有助于增强组织的反应能力。企业的所有部门及人员更直接地面对市场,减少了决策与行动之间的延迟,加快了对市场和竞争动态变化的反应,从而使组织能力变得柔性化,反应更加灵敏。

### (二)组织的网络化

在管理组织中,既强调等级,更强调协调。网络化组织的中心有个由关键人物组成的小规模内核,他们为组织提供着持久的核心能力。网络经济条件下可以充分利用互联网强大的整合资源能力,进行网络化的管理。通过互联网的开发,将企业所面临的众多分散的信息资源加以整合利用,通过一个界面观察到很多不同的系统,从而实现迅速而准确的决策。

### (三)组织的无边界化

组织更多的不是表现为一种有形的障碍,其界限越来越趋向于无形。企业再也不会用许多界限将人员、任务、工艺及地点分开,而是将精力集中于如何影响这些界限,以尽快地将信息、人才、奖励及行动落实到最需要的地方。"无边界化"并不是说企业就不需要边界了,而是不需要僵硬的边界,是使企业具有可渗透性和灵活性的边界,以柔性组织结构模式替代刚性模式,以可持续变化的结构替代原先那种相对固定的组织结构。

伦敦商学院的管理发展学教授查尔斯·汉迪也有同样的观点。他提出,"存在着一些通用的组织原则。组织必须是透明的,无疑是其中之一。""组织既要集中化,同时又要分散化;既是紧密的,又是松散的;它们必须既作长远计划,又保持灵活性;它们的工作人员一方面应具有自主性,另一方面更应具有集体主义精神。"

### (四)组织的多元化

企业不再被认为只有一种合适的组织结构,企业内部不同部门、不同地域的组织结构不再是统一的模式,而是根据具体环境及组织目标构建不同的组织结构。目标决定战略,而战略决定结构。管理者要学会利用每一种组织工具,并且有能力根据某项任务的业绩要求,选择合适的组织工具,从一种组织转向另一种组织。

"组织"是战略执行中最重要、最关键的要素。完善而有效的"组织"不仅为"资源"或"要素"的运行提供最为适当的空间,而且可以部分地补足或缓解资源、要素等方面的缺陷。只有战略与组织结构达到最佳配合时,才能有效实现战略目标,但由于战略的前导性和组织结构的滞后性使组织结构的变革往往跟不上战略实施的需要,因此组织工作的首要任务就是在经营战略的基础上选择适宜的组织结构。当前企业面临更为动态的市场环境,经营战略的调整和变革均比以前更快,致使企业组织工作也处在动态之中。我国企业通常是制定了新的战略和目标,而组织结构依然如故,"脱胎不换骨",战略实施的结果也就可想而知。

## 第三节 战略与企业文化

> **名人名言:**
> 我们呼唤英雄,不让雷锋吃亏。雷锋精神与英雄行为的核心本质就是奋斗和奉献。在华为,一丝不苟地做好本职工作就是奉献,就是英雄行为,就是雷锋精神。
> ——任正非

## 一、企业文化概述

企业文化是指企业全体员工在长期的生产经营活动中培育形成并共同遵守的最高目标、价值标准、基本信念及行为规范。企业文化是一种管理文化、经济文化及微观组织文化。

### (一) 企业文化结构

企业文化结构大致可以分为3个层次,即物质层、制度层和精神层。

1. 物质层

这是企业文化的表层部分,是形成制度层和精神层的条件,其往往能够折射出企业的经营思想、经营管理哲学、工作作风和审美意识。它主要包括厂容厂貌、产品的外观及包装、企业技术工艺和设备特性3个方面,这3个方面往往能折射出企业的经营思想、经营哲学、工作作风及审美意识,反映出企业文化的个性色彩。

2. 制度层

这是企业文化的中间层次,主要是指对企业员工和企业组织行为产生规范性、约束性影响的部分,它集中体现了企业文化的物质层及精神层对职工和企业组织行为的要求。制度层主要是规定了企业成员在共同的生产经营活动中应当遵循的行动准则,主要应该包括企业的工作制度、责任制度和特殊制度(主要是指企业的非程序化制度)3个方面,这3个方面主要是规定了企业成员在共同的生产经营活动中应当遵循的行为规范。

3. 精神层

主要是指企业的领导和员工共同遵守的基本信念、价值标准、职业道德及精神风貌,它是企业文化的核心和灵魂,是形成企业文化的物质层和制度层的基础和原则。企业文化的精神层主要包括企业的经营哲学、企业精神、企业风气、企业目标及企业道德等方面,企业文化中有没有精神层是衡量一个企业是否形成了自己的企业文化的一个标志和标准。

### (二) 文化的作用

企业文化具有以下5个方面的作用。

1. 导向作用

即把企业员工个人的目标引导到企业所确定的目标上来。在激烈的市场竞争中,企业如果没有一个自上而下的统一的目标,很难参与市场角逐,更难在竞争中求得生存与发展。在一般的管理理念中,为了实现企业的既定目标,需要制定一系列的策略来引导员工,而如果有了一个适合的企业文化,员工就会在潜移默化中接受共同的价值理念,形成一股力量向既定的方向努力。

企业文化就是在企业具体的历史环境条件下,将人们的事业心和成功的欲望化为具体的目标、信条和行为准则,形成企业职工的精神支柱和精神动力,为企业共同的目标而努力,因此优秀的企业文化建立的实质是建立企业内部的动力机制。这一动力机制的建立,使员工了解了企业正在为崇高的目标而努力奋斗,这不但可以产生出具有创造性的策略,而且可以使员工勇于为实现企业目标而做出个人牺牲。

2. 约束作用

作为一个组织,企业常常不得不制定出许多规章制度来保证生产的正常运行,这当然是完全必要的,但即使有了千万条规章制度,也很难规范每个员工的行为,而企业文化是用一种无形的文化上的约束力量,形成的一种行为规范,制约员工的行为,以此来弥补规章制度的不足。它使信念在员工的心理深层形成一种定式,构造出一种响应机制,只要外部诱导信号发生,即可得到积极的响应,并迅速转化为预期的行为。这就形成了有效的"软约束",它可以减弱硬约束对职工心理的冲撞,缓解自治心理与被治理现实形成的冲突,削弱由此引起的一种心理抵抗力,从而使企业上下左右达成统一、和谐和默契。

3. 凝聚作用

文化是一种极强的凝聚力量。企业文化是一种粘合剂,能把各个方面,各个层次的人团结在本企业文化的周围,对企业产生一种凝聚力和向心力,使员工个人思想和命运与企业的安危紧密联系起来,与企业同甘苦、共命运。

4. 激励作用

企业文化的核心是要创造出共同的价值观念,优秀的企业文化就是要创造出一种人人受重视、受尊重的文化氛围。良好的文化氛围,往往能产生一种激励机制,使每个成员作出的贡献都会及时得到职工及领导的赞赏和奖励,由此激励员工为实现自我价值和企业发展而献身。

5. 辐射作用

企业文化塑造企业形象。优良的企业形象是企业成功的标志,包括两个方面:一是内部形象,它可以激发企业员工的自豪感、责任感和崇尚心理;二是外部形象,它能够更深刻地反映出该企业文化的特点及内涵。企业形象除了对本企业具有很大的影响之外,还会对本地区乃至国内外的其他一些企业产生一定的影响。因此,企业文化有着巨大的辐射作用。

### 小 资 料

#### 联 想 文 化

联想自成立以来,走过一条曲折的道路,更取得了令世人瞩目的斐然成绩。这些佳绩的取得,与其优秀的企业文化是分不开的。优秀的企业文化是企业的核心竞争力所在,是企业在激烈市场竞争中屡屡胜出的原因。不断创新发展的历程,为联想积淀了宝贵的文化财富。行家用"12345",高度概括了联想的企业文化与管理思想的内涵,即一种文化、两种意识、三个三、四个四、五个转变。

"一种文化",即建立统一的企业文化,统一思想、统一行动、统一形象。

"两种意识",即客户意识和经营意识。

"三个三",即管理三要素:建班子、定战略、带队伍;做事三准则:"如果有规定,坚决按规定办"，"如果规定有不合理处，先按规定办并及时提出修改意见""如果没有规定，在请示的同时按照联想文化的价值标准制定或建议制定相应的规定"；处理投诉三原则：第一是"首先处理好与用户的界面，给用户一个满意的处理"，第二是"找到相关的责任人并分析问题的性质，进行批评和处罚"，第三是"触类旁通分析问题的根源，制定改进的措施"。

"四个四"，即"联想精神四个字、联想员工四天条、管理风格四要求、问题沟通四步骤"。联想精神四个字：求实进取。联想员工四天条："不利用工作之便牟取私利""不收受红包""不从事第二职业""工薪保密"。管理风格四要求：认真、严格、主动、高效。问题沟通四步骤：一是"找到责任岗位直接去沟通"，二是"找该岗位的直接上级沟通"，三是"报告自己上级去帮助沟通"，最后就是"找到双方共同上级去解决"。

"五个转变"：一是由被动工作向主动工作转变，二是由对人负责向对事负责转变，三是由单向负责向多向负责转变，四是由封闭管理向开放管理转变，五是由定性管理向定量管理转变。

资料来源：https://www.huancuan.com/html/2143.html

## 二、企业战略与企业文化的关系

在战略管理中，企业战略与企业文化的关系主要表现在以下3个方面。

（一）优秀的企业文化是企业战略制定并获得成功的重要条件

优秀的文化能够突出企业的特色，形成企业成员共同的价值观念，而且企业文化具有鲜明的个性，有利于企业制定出与众不同、克敌制胜的战略。

（二）企业文化是战略实施的重要手段

企业战略制定以后，需要全体成员积极有效地贯彻实施，企业文化的导向、约束、凝聚、激励及辐射等作用，激发了员工的热情，统一了企业成员的意志和愿望，使全体员工心向一处想，劲往一处使。

（三）企业文化与企业战略必须相互适应和相互协调

严格地讲，战略制定之后，企业文化应该随着新战略的制定而有所变化。但是，一个企业的文化一旦形成，要对企业文化进行变革难度很大。也就是说，企业文化具有较大的刚性，而且它还具有一定的持续性，并在企业发展过程中具有逐渐强化的趋势。因此从战略实施的角度来看，企业文化要为实施企业战略服务，又会制约企业战略的实施。当企业制定了新的战略要求企业文化与之相配合时，企业的原有文化变革速度非常慢，很难马上对新战略作出反应，这就使企业原有的文化有可能成为实施新战略的阻力。因此在战略管理的过程中，企业内部新旧文化的更替和协调是战略实施获得成功的保证。可以将企业文化与企业战略相适应的关系分为4种形式，如图7-9所示。

图7-9中Ⅰ象限是指企业实施一个新战略，企业组织要素变化不大，而且这种变化与企业原有文化一致。在这种情况下，高层管理者主要考虑两个问题：

（1）利用目前的有利条件，巩固和加强企业自己的企业文化；

（2）利用企业文化相对稳定及持续性的特点，充分发挥企业文化对企业战略实施的促进作用。

图 7-9 中 Ⅱ 象限是指企业实施一个新战略，企业的组织要素会发生很大的变化，但这些变化与企业的原有文化有潜在的一致性。这种情况大多是以往企业的效益就比较好，它们根据自己的实力，寻找可以利用的机会，以求得更大的发展，或者它们总是试图扩大自己的主要产品和市场，以求得

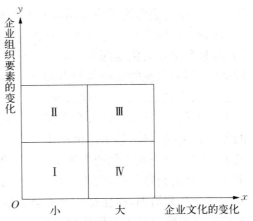

图 7-9　企业文化与企业战略相适应的关系

发展。总之，这种企业处于一种非常有前途的地位，它们可以在企业原有文化的大力支持下，实施新的战略。在这种情况下，企业处理战略与企业文化关系的重点有以下 4 个方面。

（1）企业进行重大的变革时，必须考虑与企业的基本性质和地位的关系问题，即企业的基本性质与地位是确定企业文化的基础。高层管理人员在处理战略与企业文化关系的过程中，一定要注意到企业的任务可以发生变化，但这种战略的变化并没有从根本上改变企业的基本性质和地位，因而仍然与企业原有文化保持着不可分割的联系。

（2）要发挥企业现有人员的作用，由于这些人员保持着企业原有的价值观念和行为准则，这样可以保证企业在与原有文化一致的条件下实施变革。

（3）在必须调整企业奖惩制度的时候，要注意与目前企业的奖励措施相连接。

（4）企业高层管理者要着重考虑与企业原有文化相适应的变革，不要破坏企业已经形成的行为准则。

图 7-9 中 Ⅲ 象限是指企业实施一个新的战略，企业的组织要素变化不太大，但这些要素的变化却与企业原有的文化不太协调。在这种情况下，企业的高层管理者往往在生产经营中，在不影响企业总体文化一致的前提下，对某种经营业务实施不同的文化管理，但同时要注意加强全局性协调。因此，企业在对于企业文化密切相关的因素进行变革时，根据文化的不同要求进行分别管理是一个重要手段。

图 7-9 中 Ⅳ 象限是指企业实施一个新的战略，企业的组织要素发生了很大的变化，而这些变化与企业原有的文化很不一致。在这种情况下，企业就必须考虑采取以下 4 个方面的措施：

（1）企业的高层管理者应下定决心进行变革，并向全体员工讲明变革企业文化的意义；

（2）为形成新的企业文化，企业要招聘一批具有新的企业文化意识的人员，或在企业内部提拔一批与新企业文化相符的人员；

（3）企业要奖励具有新企业文化意识的分部或个人，以促进企业文化的转变；

（4）要让全体员工明确新企业文化所需要的行为，要求企业员工按照变革的要求

工作。企业高层管理者应该认识到改变企业文化的难度是相当大的。原有企业文化持续时间越久,则企业文化变革就越困难;企业规模越大、越复杂,则企业文化的变革就越困难;原有企业文化越深入人心,则企业文化变革就越困难。但不管改变企业文化的难度如何,如果实施的战略与原有的文化不相匹配,就必须要考虑对策,企业高层管理者应该认识到,急剧的、全面地改变企业文化在多数情况下难以办到,但逐步地调整也不是不可能的。当然,这是一个费时费力的过程。因此有人主张,改变企业文化的最方便的办法是更换人员,甚至是更换企业高层管理者,即当企业确有必要实行新的战略,而渐进式的改变企业文化的措施又不能立即取得预期的效果,这时企业只能作重大的人事变动,更换领导人员,聘用新的工作人员,并对他们灌输新的价值观念。对企业职工要加强教育和培训,抓住每一个机会不断使员工理解实施新战略的必要性及重大意义,最终使新战略与员工的价值观念达成一致,从而实现企业文化的变革。

## 第四节 企业战略与领导

> **名人名言:**
> 将者,智、信、仁、勇、严也。
> ——《孙子兵法·计篇》

### 一、战略管理对企业领导者的要求

随着全球经济一体化的推进,企业管理面临许多严峻的挑战,它既要应付捉摸不定的环境变化,又要认真对待消费者对产品越来越苛刻的要求和科学技术浪潮的挑战。这时企业若想在竞争中获取优势并保持之,必须制定与推行适宜的企业战略,企业管理已经进入战略管理时代。而战略管理的实行必须要有其核心力量,这就是企业领导者。企业战略并不是什么样的领导者都能推行的,它对领导者提出了更高的要求。

战略管理要求具有机智果敢、勇于创新、远见卓识、知识广博、富有经验同时有独特的管理魅力的人来担任企业领导者,他们一定是战略家。只有这样,企业战略才会在制定过程中不产生偏差。同样,战略管理要求企业管理者不能等同于一般的管理人员,它要求企业领导者超脱于一般管理,能站得高,看得远,能超脱于企业的日常经营管理工作,有精力与条件去运用自己的知识、经验、技能为企业制定出创新的战略,并能积极有效地去推行战略。企业一般管理人员常常不具备这种担当战略管理的素质,即使他们拥有战略管理能力,在实际运行中,他们也只是参与或辅助推进企业战略。真正的重任必将落到企业主要领导者的肩上。战略管理还要求企业管理者真正能够统领全局,领导和激励全体员工为实现企业的战略而努力。这就要求企业领导者在关键时刻发挥出关键作用,确保战略的平稳实施,并为企业指引生存与发展的方向。

## 二、领导者应该具备的战略素质

领导者应该具备的战略素质包括以下 7 个方面。

（一）道德与社会责任感

企业战略管理者的道德与社会责任感是指他们对社会道德和社会责任的重视程度。因为企业的任何一个战略决策都会不可避免地牵涉到他人或社会集团的利益，因此企业领导者的道德和社会责任感对这些战略决策的后果会产生十分重要的影响。企业的战略会影响以下团体利益：政府、消费者、投资者、供应商、内部员工和社区居民。而企业战略常常不能同时满足各个团体的利益，企业领导者对各个集团利益的重视程度也不同，这就决定了不同的领导者对不同的战略会持不同的看法。此时重要的原则是，企业领导人应该综合平衡各方面的利益。

（二）着眼未来的素养

企业的领导人不仅要着眼于企业的"今天"，更应该放眼企业的明天，按企业未来的发展要求作出战略决策。领导者的远见卓识取决于其广博的知识和丰富的经验，来自对未来经济发展的正确判断，取自企业全体员工的智慧。当领导者对未来有了科学的判断之后，还应该迅速转化为行动，即采取"领先一步"的做法来及早获取竞争优势。同时，作为一个领导者，应该时刻关注竞争格局，经常分析竞争对手的状况，将自己与竞争对手逐项比较，只有全面了解对手，才能谈得上"扬长避短"，国内许多企业的产品之所以能够胜人一筹，原因就在于能在研究别人的产品时突破一点，结果大获全胜。人们经常说的"手上拿一个，眼中盯一个，脑里想一个"，讲的就是这个道理。

（三）随机应变的能力

它可以定义为接受、适应和利用变化的能力。在今天和未来的世界中，唯一不变的东西就是变化。因此，企业的领导者必须能够迅速理解并接受变化，积极主动地根据内外变化来调整自己的思想和企业战略，以及善于利用变化来调整自己的思想和企业战略，善于利用变化把不利因素转化为有利因素，以达到发展企业的目的，最终获得成功。

（四）开拓进取的品格

一个企业要想发展壮大，企业领导人一定要有"敢"字当头的精神，敢于在市场上，敢于在未知领域中，敢于在与竞争对手的较量中，保持一种积极开拓，顽强拼搏的气概。

（五）丰富的想像力

想象是从已知世界向未知世界的拓展，是在对现有事物的梦想之后创造出来的。具有丰富想像力的领导者可以帮助企业创造和利用更多的机会，可以协助企业进行自我改进和自我完善，并能帮助企业适应千变万化的环境。

（六）具有一定程度的执著

英特尔的总裁格罗夫在《只有偏执狂才能生存》一书中提到，有些因素会使企业的结局发生戏剧性的变化，从而决定企业的生存状态，这 6 类因素是：

(1) 目前的竞争对手；
(2) 潜在的竞争对手；
(3) 供应链上游企业；
(4) 客户和消费者；
(5) 和本企业有关的互补性企业；
(6) 关键技术。

这些因素的影响力和动态变化均不受本企业的控制，却能制约企业经营的根本格局。其中任何一个发生剧变，竞争的规则就会随之大变，竞争状况也就不可同日而语。因此这就要求企业领导者能随时保持某种程度上的偏激心态，一旦时机显现，能够抢占有利地位，捕捉机会或者逃离陷阱。

### （七）具有一定的风险投资家的风范

风险投资对企业家素质要求较高，主要包括以下几个方面：

(1) 忠诚正直。包括正直可信、守法、公平；
(2) 成就感。能为实现既定目标而艰苦奋斗；
(3) 精力充沛。必须具有完成投资计划规定任务的坚定信念，具有驱动力的奋斗热情，首创精神；
(4) 天资过人。善于认识复杂的局面，认清事物的本质，在充分分析的基础上作出正确的判断，进而进行最优决策；
(5) 学识渊博。学识，不仅指受过良好的高等教育，更重要的是丰富的经验，对所从事的行业所积累的经验；
(6) 领导素质。包括自信、自强和一定程度的以我为核心。领导能力既表现为独立处理问题的能力，更表现为组织他人共同解决问题的能力；
(7) 创新能力。企业家应很机敏，遇到意外的事件时能创造性地解决问题。

## 三、领导者的战略思考逻辑

一般来讲，当面对具体问题或事件时，领导者总是先将其分解为若干部分，弄清楚每部分构成要素的特点，然后进行归类，在理解各部分意义的基础上，尽可能利用知识、智力的灵活性，按设想中的最优方式把各要素重新组合起来，使之能对环境变化作出符合实际的反应，以求得企业内外的平衡。这就是所谓的战略思考。企业领导者制定战略是为了获得竞争优势，而绝对的竞争优势是不存在的。因此，企业仅能获得相对于竞争对手的优势。因而在领导者的战略思考过程中，应该能够以下 4 个方面为基础来构造战略思考的逻辑框架。

### （一）确定关键的战略因素

确定关键的战略因素，需要从外部环境的机遇和威胁分析到企业内部的优势与劣势的具体分析，从原材料到产品售后服务的整个经营过程的评估。当然，对于企业领导者来讲，面面俱到不太可能，主要的是要控制其中几个关键的环节，分析关键因素，抓住战机，及时将有限的资源集中于一个具有战略影响的功能中，迅速进入行业领先地位，然后利用这一领先地位所产生的效应,加强其他功能,从而成为行业的主导企业。

(二) 开辟战略自由度

关键战略因素有时指某一战略领域,范围过大,概念比较笼统。因此,战略领导者还应该围绕一个特定的关键战略因素所属的领域而采取战略行动的自由度思考,以选择一个特殊的方向来探求成功的战略。

所谓"战略自由度",是指能由问题的成因所引导出的切实可行的战略方向线簇。一般是由若干战略方向线构成。其概念的基本要素是目标,即领导者期望战略要素所能够获得的最大的值或者变量。其概念的基本功能是在关键的战略因素领域内,为确保竞争优势所采取的战略行动的自由程度,即可行的主要战略行动,其中方向线可能是单向的,也可能是多向的。因此,战略自由度的选择与确认,在某种程度上是对战略关键因素的进一步细化。

开辟战略自由度的程序有:

(1) 确认竞争中战略发展的主攻方向;

(2) 在主方向中抽象出几条主轴线,即战略自由度的方向线;

(3) 沿着每一条战略自由度的方向线找出关键点;

(4) 对每一个点进行成本—效益分析;

(5) 对每一个竞争对手可能在每个战略自由度方向线上的活动及顺序进行预测,完成完整的战略自由度选择分析图,为确定企业的最后战略行动方案打下基础。

(三) 确定相对竞争优势

一般来讲,竞争中的各个企业都会在争夺关键战略要素和开辟战略自由度方面做努力。但是,因为各企业的内部条件存在差异,因此许多企业不可能与强大的竞争对手做持久的抗衡。此时,高明的领导人有时会避开正面冲突,进行创新思考,另辟蹊径,建立相对竞争优势。例如,在价格竞争中,如果单纯从降价(成品)出发,未必就是一条好措施;相反,如果在售后服务上大做文章,可能会另创出一片新天地。

(四) 积极主动的进攻

创新,无疑为企业获得领先地位做出了重大的贡献。但当企业发展到一定程度后,无论做何种努力,企业都不会取得明显的进步,呈现出一定的僵局。领导者必须采取一些果断措施,主动积极地出击,向普遍公认的常识提出彻底挑战,另辟一条生路。

## 四、战略领导小组的组建及激励

(一) 战略领导小组的组建原则

1. 确认首要领导的原则

即根据环境的变化和企业要实施的战略的要求,选择合适的首要领导,再结合首要领导的素质与能力,让其发挥企业战略实施的核心作用。

2. 由首要领导组阁的原则

即由已经确定的首要领导来确定战略领导小组的其他成员。再配以适当的监督机制,以保证战略领导小组的万无一失。

### 3. 能力相配的原则

指战略领导小组内部成员的能力应该相互补充,相互匹配。即要根据战略管理对领导能力的要求和企业内外环境的变化,选择具有首要领导不具备的能力的人进入领导小组,以弥补首要领导的不足。

### 4. 协作原则

即在组建领导小组时应该考察其成员的合作性,选择具有合作性的人员进入领导小组,以建立小组内部和谐的人际关系,增添必要的润滑剂。

### 5. 优化组合原则

即在组建领导小组时,可能会有众多的人员搭配方案,这时应该选择最佳或满意的方案来实现组建目标。这样,便于实现能力匹配的要求和有利于战略的制定及有效的执行。

#### (二) 组建战略领导小组的途径选择

根据已经确定的战略领导小组的组建原则,就可以着手进行具体的组建。由于各个企业的实际情况不同,由此产生了不同的组建途径。

(1) 调整现存的领导小组成员,使之成为新的战略领导小组的成员。依靠现存的领导小组来负责新的战略领导职能,对其只做局部的调整和必要的培训以适应新的要求。这样做的优点在于:

① 现有的领导小组成员熟悉内部情况,便于开展工作;
② 领导小组内成员相互了解,便于合作;
③ 可以保持企业领导的连贯性,也可以树立典范,增强企业的凝聚力。

(2) 选聘新人来组建新的战略领导班子。这是在企业内部不具备合适的人选时才做出的选择。在一定的条件下,它反而会更好更快地贯彻新的战略。采用这种途径的好处在于:挑选对新战略有信心的外部人员,能够避免现任领导成员面临的障碍,可以使他们更加顺利地进入新的角色和履行新的使命;同时,新的工作会使新的人选产生新鲜感,极易激发人的活力,使之创造性地完成使命;另外,新人受企业人际关系和旧秩序的影响较少,可以更加超脱地推行新战略。当然,选用新人选也会有一些弊端,例如,新人选对环境不熟悉,需要花费大量的时间、精力去了解情况;另外,新选人员容易受到原来领导成员或企业其他员工的排斥。因此,该途径应该在详细、审慎、妥善的分析与安排之后,并配合一定的时机,才能够使用。

(3) 对战略领导小组人员的激励。战略领导人员是实施企业战略的关键因素。战略领导人员的积极性将要直接关系到企业管理的成效。实践已经证明,即使干劲十足的领导人员也需要激励。只有激励,才会强化战略领导人员的战略行动,促使其进行各种创新性的变革。因此,激励在战略管理中具有非常重要的作用。

对战略领导人员的激励,其目的就在于促使企业战略领导人员对长期目标、战略计划和创业精神有足够的重视,鼓励其及时创造性地调整战略行为,以调动和维持战略领导人员实施战略管理的积极主动性。激励的形式一般可以分为物质的和非物质的。物质的激励如增加工资、发放奖金、提高其生活待遇(如住房、福利)等;非物质激励指表扬、记功、颁发奖状等精神奖励。在实际运作中,把激励程度和战略活动绩效挂钩,根据绩效的大小来确定具体的激励措施。这样,正确地衡量战略管理人员的绩效,便成为激励的关键。由于企业日常经营活动常常与战略活动交织在一起,因此要将战略活动和作业活动进行正确的区分,建立双重结构、双重预算和双重绩效评估系统,以便正确实施对战略行动方面的激励。

为了对战略行动进行必要的激励,应该做好以下几个方面的工作:
(1) 正确区分战略实施阶段,明确具体工作步骤和责任;
(2) 根据战略目标,确立各个阶段应该取得的成果及应该达到的程度;
(3) 按照战略考核标准进行多种方式的评价、考核;
(4) 对战略实施过程中领导人行为的努力程度进行正确的评价,给予鼓励,以强化这种行为。

## 第五节  企业战略与控制

> **名人名言:**
> 君子慎始,差若毫厘,谬以千里。
> ——周公《易传》

战略控制主要是指在企业经营战略的实施过程中,检查企业为达到目标所进行的各项活动的进展情况,评价实施企业战略后的企业绩效,把它与既定的战略目标和绩效标准比较,发现现实与理想之间的差距,分析产生偏差的原因,纠正偏差,使战略实施更好地与企业当前所处的内外环境、企业目标协调一致,则企业战略得以实现。

### 一、管理控制基础

(一) 控制的类型
1. 从控制时间来看
从控制时间来看,企业的战略控制可以分为以下 3 类。
(1) 事前控制。
在战略实施之前,要设计正确有效的战略计划。该计划得到企业高层领导者的批准后才能执行,其中重大的经营活动必须通过企业领导者的批准才能开给实施,所批准的内容往往就成为考核经营活动绩效的控制标准,这种控制多用于重大问题的控制,如任命重要人员、签订重大合同、购置重大设备等。

由于事前控制是在战略行动成果尚未实现之前,通过预测发现战略行动的结果可能会偏离既定的标准。因此,管理者必须对预测因素进行分析与研究。一般有 3 种类型的预测因素。

① 投入因素,即战略实施投入因素的种类、数量和质量,将影响产出的结果。
② 早期成果因素,即依据早期的成果,可预见未来的结果。

③ 外部环境和内部条件的变化,对战略实施的控制因素。

(2) 事后控制。

这种控制方式发生在企业的经营活动之后,把战略活动的结果与控制标准相比较,这种控制方式工作的重点是要明确战略控制的程序和标准,把日常的控制工作交由职能部门人员去做,即在战略计划部分实施后,将实施结果与原计划标准相比较,由企业职能部门及各事业部定期地将战略实施结果向高层领导汇报,由领导者决定是否有必要采取纠正措施。

事后控制方法的具体操作主要有联系行为和目标导向等形式。

① 联系行为。即对员工战略行为的评价与控制直接同他们的工作行为联系挂钩。他们比较容易接受并能明确战略行动的努力方向,使个人的行动导向和企业经营战略导向一致;同时,通过行动评价的反馈信息调整战略实施行动,使之更加符合战略的要求;通过行动评价,保证合理地分配,从而强化员工的战略意识。

② 目标导向。即让员工参与战略行动目标的制定和工作业绩的评价,使员工既可以看到个人行为对实现战略目标的作用和意义,又可以从工作业绩的评价中看到成绩与不足,从中得到肯定和鼓励,为战略推进增添动力。

(3) 事中控制。即过程控制,企业高层领导者要控制企业战略实施中的关键性过程或全过程,随时采取控制措施,纠正实施中产生的偏差,引导企业沿着战略的方向进行经营,这种控制方式是对关键性的业务流程进行实时控制。

应当指出,以上3种控制方式所起的作用不同,因此在不同的控制点上有所不同。

另外,也有人把战略实施过程中的控制系统分为以下4种:

① 信念系统,利用该系统鼓励和指导探寻新的机会;

② 边界系统,利用该系统为探寻机会的行为确立界限;

③ 诊断控制系统,利用该系统推动、监控和奖励某一特定行动所取得的绩效;

④ 交互式控制系统,利用该系统激发组织不断进取并促进新创意、新战略的诞生。

2. 从控制主体的状态来看

从控制主体的状态来看,战略控制可以分为如下两类。

(1) 避免型控制。

即采用适当的手段,避免不适当行为的产生,从而实现从人为控制到程序控制的目的。如通过自动化使工艺过程的稳定性得以保持;通过与外部组织共担风险来减少控制;或者转移或放弃某项活动,以此来消除有关的控制活动。

(2) 开关型控制。

开关型控制又称为事中控制或对错的控制。其原理是:在战略实施的过程中,按照既定的标准检查战略行动,确定行与不行,类似于开关的打开与关闭。

开关控制方法的具体操作方式有多种。

① 直接领导。管理者对战略活动进行直接领导和指挥,发现差错并及时纠正,使行为符合既定标准。

② 自我调节。执行者通过非正式的、平等的沟通,按照既定的标准自行调节自己的行为,以实现协作效应

③ 共同愿景。组织成员对目标、战略宗旨认识一致,在战略行动中表现出一定的方向性和使命感,从而达到殊途同归、和谐一致,最终实现既定目标。

开关控制法一般适用于实施过程标准化的战略实施控制,或某些过程标准化的战略项目的实施控制。

3. 从控制的切入点来看

从控制的切入点来看,企业的战略控制可以分为以下 5 种。

(1) 财务控制。这种控制方式覆盖面广,是用途极广的非常重要的控制方式,包括预算控制和比率控制。

(2) 生产控制。即对企业产品品种、数量、质量、成本、交货期及服务等方面的控制,可以分为产前控制、过程控制及产后控制等。

(3) 销售规模控制。销售规模太小会影响经济效益,太大会占用较多的资金,也影响经济效益,为此要对销售规模进行控制。

(4) 质量控制。包括对企业工作质量和产品质量的控制。工作质量不仅包括生产工作的质量,还包括领导工作、设计工作、信息工作等一系列非生产工作的质量。因此,质量控制的范围包括生产过程和非生产过程的其他一切控制过程,质量控制是动态的,着眼于事前和未来的质量控制,其难点在于全员质量意识的形成。

(5) 成本控制。通过成本控制使各项费用降低到最低水平,达到提高经济效益的目的。成本控制不仅包括对生产、销售、设计、储备等有形费用的控制,而且还包括对会议、领导、时间等无形费用的控制。在成本控制中要建立各种费用的开支范围和开支标准,并严格执行,同时要事先进行成本预算等工作。成本控制的难点在于企业中大多数部门和单位是非独立核算的,因此缺乏成本意识。

(二) 管理控制系统模式

罗伯特·西蒙在其《授权时代的控制》一文中提出了 4 种管理控制系统模式。

1. 边界控制系统

边界控制系统(Boundary Control Systems)的目的,就是规定组织可接受的活动范围,即这些活动应限制在信任系统确定的机会之内,而不能超出这个范围。边界控制保证组织中所有人员都明确哪些事不能做。

2. 诊断控制系统

诊断控制系统(Diagnostic Control Systems)是被用于监督结果、纠正偏差的控制系统。诊断控制系统的工作如同飞机驾驶室的仪表刻度盘,驾驶员通过它观察不正常迹象,及时操作以保证飞机不偏离正确航线。企业经营中运用诊断控制系统帮助经理人追踪个体、部门或生产线是否背离企业的战略目标,经理人运用诊断控制系统进行计量、比较、调整,以监控目标的实现。

3. 信任控制系统

信任控制系统(Belief Control Systems)与边界控制系统相对应,信任控制系统可看作是中国"阴阳学说"中的阳,而边界控制可看作是"阴阳学说"中的阴。信任控制系统的目的是激发和指导企业或组织去探索、发现和追求企业或组织的核心价值。信任控制系统要吸引企业的所有参与者去关心企业的价值创造。

#### 4. 交互控制系统

交互控制系统(Interactive Control Systems)是一个重视未来和变化的系统。交互控制系统具有不确定性，从而使高级经理一直保持清醒；交互控制系统注重持续变化的信息，使高级经理考虑战略重点之所在。

### （三）企业内部控制

#### 1. 企业控制环境

企业控制环境包括董事会、企业管理者的素质及管理哲学、企业文化、组织结构与权责分配体系、信息系统、人力资源政策及实务等。控制环境直接影响到企业内部控制的贯彻和执行，以及企业经营目标及整体战略目标的实现。完善企业的控制环境，最主要的就是建立良好的企业治理结构。为此，首先，企业不但要从形式上建立健全董事会、监事会、总经理班子，而且要切实发挥以董事会为主体和核心的内部控制机制。其次，要形成一个比较成熟且具有长远控制、约束、监督与激励经理人员的机制。第三，要加强管理哲学、管理风格、操守及价值观等软控制的培养与建设，塑造长期、全面、健康的企业文化氛围，使其成员能自觉地把办事准则和职业道德放在首位。第四，要强化企业组织结构建设，界定关键区域的权责分配，建立良好的信息沟通渠道，使企业具有清晰的职序、流畅的意见沟通渠道、有效的协调与合作体系，为企业内部控制提供良好的环境条件。

#### 2. 全方位、宽领域的控制

作为企业整个管理控制系统的主要组成部分，内部控制是一个更宽泛的概念，除了与会计相关的控制，如货币资金、实物资产、投资、工程项目、筹资、担保、销售与回款、采购与付款等硬控制外，人员品行及价值观、员工能力培养、管理哲学、人事政策等软控制也是至关重要的。要在企业实施有效的内部控制，必须从企业整体的角度来考虑内部控制问题、从企业整体角度来定义和设计内部控制体系，打破传统企业内部控制的狭隘性，由局部的会计控制、财务控制扩展到整个企业治理权控制、企业资源和运营控制，真正构建起完整的企业内部控制系统。

#### 3. 企业内部管理制度

内部控制制度是企业管理制度的重要组成部分，企业管理制度建设必然会促进内部控制制度的建设。企业应在遵守法律法规的前提下，结合实际情况，建立健全内部管理制度，制定规范严密的企业章程，设置科学高效的管理和监督机构，订立科学严密的管理制度和操作规程，使内部控制工作有得力的组织和制度保障。建立健全包括两个相对独立层次的内部控制制度体系，第一层次是组织制度。该制度是为防范风险、保护投资者的利益，为投资者服务的，与企业的产权相对应，通过建立适当的委托、代理契约关系，保证企业外部投资人的利益能够得到企业内部代理人的有效维护。第二层次是管理制度，该制度是为管理者服务的，是帮助管理者完成委托人交给的管理责任，同时证明自己有效履行了受托责任，应对开发、维护和评价内部控制制度负责。层次化的内部控制体系是通过明确各方关系人的权利和责任实现的，使得每个群体或个人的行为都处在他人的监督和控制之下，避免出现控制的真空地带或控制盲点，而使控制流于形式，难收成效。

4. 建立内部控制评价标准体系

企业不定期或定期地对自己的内部控制系统进行有效性及实施效率效果的评估,以期能更好地达成内部控制的目标。控制自我评估可由管理部门和职员共同进行,用结构化的方法开展评估活动,密切关注业务的过程和控制的成效,了解缺陷的位置及可能引致的后果,然后自我采取行动改进。已上市的企业应将由第三方所做的内部控制评价报告在企业年度报告中予以公布。

## 二、战略控制的过程

### (一) 企业的战略控制

企业战略管理中的一个基本矛盾是既定的战略同变化着的环境之间的矛盾。企业战略的实施结果并不一定与预定的战略目标相一致,产生这种偏差的原因很多,主要有3个方面的原因。

(1) 制定企业战略的内外环境发生了新的变化。如果在外部环境中出现了新的机会或意想不到的情况,企业内部资源条件发生了意想不到的变化,导致原定企业战略与新的环境条件不相配合。

(2) 企业战略本身有重大的缺陷或者比较笼统,在实施过程中难以贯彻,企业需要修正、补充和完善。

(3) 在战略实施的过程中,受企业内部某些主客观因素变化的影响,偏离了战略计划的预期目标。如某些企业领导采取了错误的措施,致使战略实施结果与战略计划目标产生偏差等。

对以上企业活动与预定的战略目标偏离的情况,如果不及时采取措施加以纠正,企业的战略目标就无法顺利实现,要使企业战略能够不断顺应变化着的内外环境,除了使战略决策具有应变性外,还必须加强对战略实施的控制。

企业的战略控制模型如图7-10所示。从图7-10中不难看出,企业的战略控制过程有3项基本要素:确定评价标准,评价工作成绩,反馈。这3项要素对保证有效的控制是必不可少的。

(1) 确定评价标准:确定定性的和定量的目标,并与产业内优秀的企业相比较,根据目标制定出评价标准。

(2) 评价工作成绩:经过比较后反映出来的偏差,以及针对偏差采取的纠正行为。

(3) 反馈:执行过程中经过信息反馈回来的实际效果来进行控制。

战略评价标准是进行战略控制的首要条件。评价标准采用定量和定性相结合的方式。无论是定量还是定性指标,都必须与企业的发展过程作纵向比较,还必须与行业内竞争对手,产业内业绩优异者,其他参照企业进行横向比较。评价工作成绩是将实际的成果与预定的目标或标准进行比较。通过比较就会出现3种情况:第一种是超过目标和标准,即出现正偏差,在没有特定要求的情况下,出现正偏差是一种好的结果;第二种是正好相等,没有偏差,这也是好的结果;第三种是实际成果低于目标,出现负偏差,这是不好的结果,应该及时采取措施纠偏。国外学者将战略发生偏差(负偏差)的主要原

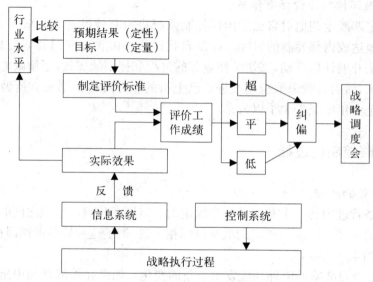

图 7-10 企业的战略控制模型

因分析归纳为以下几个方面：

① 目标不现实；

② 为实现企业目标而选择的战略错误；

③ 用以实施战略的组织机构的错误；

④ 主管人员或作业人员不称职或玩忽职守；

⑤ 缺乏激励；

⑥ 组织内部缺乏信息沟通；

⑦ 环境压力。

实际工作成果是战略在执行过程中实际达到目标水平的综合反映。通过信息系统把各种战略目标执行的信号汇集起来，这些信号必须与战略目标相对应。要获取实际的准确成果，必须建立管理信息系统，并采用科学的控制方法和控制系统。

有效的控制方法和控制系统必须满足以下几个基本要求：

（1）控制系统和方法必须是节约的；

（2）控制系统和方法必须是有意义的；

（3）控制系统和方法必须适时地提供信息；

（4）控制系统和方法必须能测量出活动和职能的真实性；

（5）控制系统和方法应该提供关于发展趋势的定性的信息；

（6）控制系统必须有利于采取行动；

（7）控制系统及报告应该力求简单化。

战略控制的管理人员应该根据以上原因，结合控制过程中的实际情况，采取相应的措施。

（二）企业的战略实施控制系统

战略实施控制系统由3个基本的控制系统组成，即战略控制系统、业务控制系统和作业控制系统。

1. 战略控制系统

战略控制系统是以企业高层领导为主体，它关注的是与外部环境有关的因素和企业内部的绩效。这一部分战略控制职能由企业战略领导小组的战略规划部门负责，主要是对企业业务战略的目标和标准的完成情况和战略环境进行监督和审计。

2. 业务控制系统

业务控制系统是指对企业的主要下属单位及主要战略职能的控制，包括战略经营单位和职能部门两个层次，它关注的是企业下属单位在实现构成企业战略的各部分策略及中期计划目标的工作绩效，检查是否达到了企业战略为它们规定的目标。这一部分战略控制由战略领导小组的其他分组分别监控相关的战略职能实施情况，并提出改进措施，主要是对各职能战略的目标和标准的完成情况和战略环境进行监督和审计。

3. 作业控制系统

作业控制系统是对具体负责作业的工作人员的日常活动的控制。他们关注的是员工履行规定的职责和完成作业性目标的绩效，作业控制由各级各层主管人员在日常工作中进行，战略领导小组只是负责检查和监督。

战略控制一般主要由高层管理者执行，业务控制主要由中层管理者执行。战略控制具有开放性，业务控制具有封闭性。战略控制既要考虑外部环境因素，又要考虑企业内部因素，而业务控制主要考虑企业内部因素。

(三) 企业战略控制内容

对企业经营战略的实施进行控制的主要内容有以下 5 个方面。

1. 设定绩效标准

根据企业战略目标，结合企业内部人力、物力、财力及信息等具体条件，确定企业绩效标准，作为战略控制的参照系。

2. 绩效监控与偏差评估

通过一定的测量方式、手段、方法，监测企业的实际绩效，并将企业的实际绩效与标准绩效对比，进行偏差分析与评估。

3. 采取纠偏措施

设计并采取纠正偏差的措施，以顺应不断变化的条件，保证企业战略的圆满实施。

4. 监控外部环境的关键因素

外部环境的关键因素是企业战略赖以存在的基础，这些外部环境的关键因素的变化意味着战略前提条件的变动，必须给予充分的注意。

5. 激励控制主体

激励战略控制的执行主体，调动其自我控制与自我评价的积极性，以保证企业战略得以切实有效地实施。

(四) 战略控制的作用

企业经营战略控制在战略管理中的作用主要表现在以下几个方面。

(1) 企业经营战略实施控制是企业战略管理的重要环节。它能保证企业战略的有效实施。战略决策仅能决定哪些事情该做,哪些事情不该做;而战略实施控制的好坏将直接影响企业战略决策实施的效果与效率,因此企业战略实施控制虽然处于战略决策的执行地位,但对战略管理是十分重要的、必不可少的。

(2) 企业经营战略实施的控制能力与效率的高低又是战略决策的一个重要制约因素。它决定了企业战略行为能力的大小。企业战略实施的控制能力强,控制效率高,则企业高层管理者可以作出较为大胆的、风险较大的战略决策;若相反,则只能作出较为稳妥的战略决策。

(3) 企业经营战略实施控制与评价可为战略决策提供重要的反馈。它帮助战略决策者明确决策中哪些内容是符合实际的、是正确的,哪些是不正确的、不符合实际的,这对于提高战略决策的适应性和水平具有重要作用。

(4) 企业经营战略实施控制可以促进企业文化等企业基础建设。它为战略决策奠定良好的基础。

### (五)战略控制的基本要求

战略控制的基本特征主要有以下几个方面,这是对战略控制的一些基本的要求。

#### 1. 保证适宜性

判断并保证企业战略是适宜的,首先要求这个战略具有实现企业既定的财务和其他目标的良好的前景。因此,适宜的战略应处于企业希望经营的领域,必须具有与企业道德哲学相协调的文化。如果可能的话,必须建立在企业优势的基础上或者以某种人们认同的方式来弥补企业现有的缺陷。

#### 2. 保证可行性

可行性是指企业一旦选定了战略,就必须认真考虑企业能否成功地实施。其前提是,企业是否有足够的财力、人力或者其他资源、技能、技术诀窍和组织优势,换言之,企业是否具有有效实施战略的核心能力。如果在可行性上存在疑问,就需要企业将战略研究的范围扩大,进而研究是否并购具有本企业所缺乏资源的其他组织,或者通过与其他组织联合达到目的。特别是管理层必须确定实施战略要采取的初始的实际步骤。

#### 3. 保证可接受性

可接受性强调的问题是:与企业利害攸关的人员,是否对推荐的战略非常满意,并且给予支持。一般来说,企业越大,对企业有利害关系的人员就越多。要保证得到所有的利害相关者的支持是不可能的,但所推荐的战略必须经过最主要的利害相关者的同意,而在战略被采纳之前,必须充分考虑其他利害相关者的反对意见。

#### 4. 保证利益的平衡

企业的整体是由局部构成的。从理论上讲,整体利益和局部利益是一致的,但在具体问题上,整体利益和局部利益可能存在着一定的不一致性。企业战略控制就是要对这些不一致性的冲突进行调节,如果把战略控制仅仅看作是一种单纯的技术、管理业务工作,就不可能取得预期的控制效果。企业的整体是由局部构成的。从理论上讲,整体利益和局部利益是一致的,但在具体问题上,整体利益和局部利益可能存在一定的不一致性。企业战略控制就是要对这些不一致性的冲突进行调节,如果把战略控制仅仅看作是一种单纯的技术、管理业务,就不可能取得预期的控制效果。

5. 适应多样性和不确定性

战略具有不确定性。企业的战略只是一个方向,其目的是某一点,但其过程可能是完全没有规律、没有效率和不合理的,因此这时的战略就具有多样性。同时,虽然经营战略是明确、稳定和权威的,但在实施过程中由于环境变化,战略必须适时地调整和修正,因而也必须因时因地地提出具体控制措施,即战略控制具有适应多样性和不确定性的特征。

6. 保持弹性和伸缩性

战略控制中如果过度控制,频繁干预,容易引起消极反应。因而针对各种矛盾和问题,战略控制有时需要认真处理,严格控制;有时则需要适度的、弹性的控制。战略控制中只要能保持正确的战略方向,应尽可能地减少干预实施过程中的问题,尽可能多地授权下属解决自己范围内的问题。对小范围、低层次的问题不要在大范围、高层次上解决,反而能够取得有效的控制。

## 第六节 战略变革与创新

> **名人名言:**
> 既然是改革者,势必站在风口浪尖上。一名改革高手就得骑着马飞驰向前,不能被来自于暗处的利箭射中。
> 而改革者也必须自己站得正,立得直。如果不幸被人弄倒了,十之八九是由于改革者的不坚定或者种种纰漏。
> ——王石《道路与梦想》

### 一、战略变革的原因

组织的发展离不开变革与创新。变革是组织的现实。在越来越激烈的市场竞争环境下,任何组织,要么死亡,要么变革和创新。只有在不断变革、创新、跨越、再生的过程中,组织才能永葆青春、增强活力和提高效益。

任何一个组织,无论过去如何成功,都必须随着客观环境和内部条件:调整和改革,做到与时俱进。推动战略变革的根本原因在于组织的外部力量。

(一)外部力量

1. 政治、经济环境的变化

政治、经济环境变化对所有组织都会产生影响,政治、经济政策的调整,经济体制的改变,都会引起组织内部深层次的调整和变革,对组织的规模、类型和结构提出不同的要求,对组织的战略提出深刻的变革要求。

2. 市场的变化

市场的变化迫使组织修正或制定新的发展战略,改变经营方式,变革组织结构和管理方式。例如,顾客的收入、价值观念、偏好的变化;竞争者推出了新的产品、改进服务、降低产品价格、加强广告宣传;基于全球化的越来越激烈的市场竞争等。

**3. 科技进步**

技术进步将推动战略的变革。当今世界科学技术的发展日新月异,层出不穷的新产品、新工艺、新技术、新方法对组织形成了强大的冲击,简单的、程序化的工作正在被复杂的、非程序化的工作所取代,出现了新的职业和部门,带来了管理模式、责权分工和人与人关系的变化,因此,要求组织加快变革的速度。组织如果不适时地进行变革,就会落后于时代,被飞速发展的形势淘汰。

### (二)内部力量

**1. 组织目标的选择和修正**

组织目标的选择和修正决定着组织变革的方向和范围。组织机构的设置必须与阶段性战略目标相一致。一旦组织需要根据环境的变化调整机构,新的组织职能必须得到充分的保障和体现。

**2. 组织规模与成长阶段的变化**

林纳(Greiner)认为,一个组织的成长大致可分为创业、聚合、规范化、成熟、再发展或衰退五个阶段。组织在成长的每个阶段会遇到各种各样的矛盾,变革伴随着组织规模的变化和成长的各个时期,因此,管理者必须采取变革的措施,采用不同的组织模式,以保证组织的生存和发展。

**3. 组织成员素质的提高**

随着文化水平、受教育程度、专业技术知识的大幅度的提高,组织成员必然要求更多地参与组织中的管理事务和决策过程。然而,原有的组织结构设计缺乏参与管理和参与决策的结构内容,因此,战略变革成为组织成员的一种自然形成的期望。

原有领导人接受了新的管理思想、采用了新的管理方法或新的领导者上任,都可能引起战略的变革。

**4. 组织基础条件的变化**

组织实行技术改造,新设备的引进是一种变革力量,它需要对员工进行操作培训、重新设计员工的工作或形成新的相互协作方式、调整报酬和福利制度,以适应新的生产方式的需要。组织的价值观、组织制度、组织战略等的变化都会导致组织变革。

## 二、战略变革概述

### (一)什么是战略变革

企业战略变革是指企业为了获得可持续竞争优势,根据所处的外部环境或内部情况已经发生或预测会发生或想要使其发生的变化,结合环境、战略、组织三者之间的动态协调性原则,并涉及企业组织各要素同步支持性变化,改变企业战略内容的发起、实施、可持续化的系统性过程。

**1. 变革与革新、转化的区别**

(1)变革是指用现行的计划和概念将企业转换成新的状况的渐进和不断变化的

过程。

(2) 革新是产生新的构想和概念,并把它付之于企业管理的过程。

(3) 转化是企业在经营过程中受动荡的外部环境影响而发生迅速、质变的过程。

2. 渐进性变革是战略变革的主要形式

传统的观念认为,战略变革是一种不经常的、有时是一次性的、大规模的变革。然而,最近几年,使企业的战略成熟化往往被认为是一种连续变化的过程,一个战略变革往往带来其他变革的需要。显然,企业生命周期当中基本的战略变革相对来说是不经常出现的,而渐进性的变化(可能是战略性的)是较为频繁的过程。因此,在很多情况下,渐进性的变化导致战略变革。

(1) 渐进性变革与革命性变革的区别。

企业为了适应环境和生存而实施的变化是可以按其范围来划分的(即变化的程度是渐进还是革命性)。渐进的变化是一系列持续、稳步前进的变化过程,使企业能够保持平稳、正常运转。渐进的变化往往在某一时点上,影响企业体系当中的某些部分。而那些革命性的转化是全面性的变化过程,使企业整个体系发生改变(如表7-2所示)。

表 7-2

| 渐进变化的特点 | 革命性变化的特点 |
| --- | --- |
| 在企业生命周期中常常发生<br>稳定地推进变化<br>影响企业体系的某些部分 | 在企业生命周期中不常发生<br>全面转化<br>影响整个企业体系 |

(2) 渐进性变革的发展阶段。

因此,从长远来说,企业可能会发展,改变其战略。但是,约翰逊和施乐斯在1989年指出,这种变化是渐进的。因为从企业的角度来说,渐进的变化易于管理,对企业体制运作的滋扰程度比革命性的变化要小(如图7-11所示)。

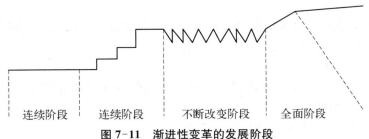

图 7-11 渐进性变革的发展阶段

① 连续阶段:在这个阶段中,制定的战略基本上没有发生大的变化,仅有一些小的修正。

② 渐进阶段:在这个阶段中,战略发生缓慢的变化。这种变化可能是零打碎敲性的,也可能是系统性的。

③ 不断改变阶段:在这个阶段中,战略变化呈现无方向或无重心的特点。

④ 全面阶段：在这个阶段中，企业战略是在一个较短的时间内、发生革命性或转化性的变化。

如果一家企业的战略经常发生质变，那么这家企业是无法正常运转的。事实上，企业所处的环境不可能变化得这么快。然而，约翰逊和施乐斯告诫人们，环境中的变化不一定缓慢，企业的渐进变化有可能赶不上前者。因此，如果渐进阶段落在了环境变化的后面，那么，企业可能适应不了环境，结果不得不进行革命性的战略变革。

（二）战略变革的种类

戴富特在1992年对企业为了适应环境和在市场条件下生存而推行的战略变革进行了分类，共有四种类型：

1. 技术变革

技术变革往往涉及企业的生产过程，包括使之有能力与竞争对手进行抗衡的知识和技能。这些变革旨在使企业生产更有效率或增加产量。技术变革涉及工作方法、设备和工作流程等生产产品和服务技术。

2. 产品和服务变革

产品和服务变革是指企业的产出，包括新产品或改进现有产品，这在很大程度上影响着市场机会。

3. 结构和体系变革

结构和体系变革系指企业运作的管理方法，包括结构变化、政策变化和控制系统变化。

4. 人员变革

人员变革是指企业员工价值观、工作态度、技能和行为方式的转变，目的是确保职工努力工作，完成企业目标。

（三）战略变革的实施

考特尔和施莱辛格在1979年指出，采用下列过程可以使变革的设计和实施容易得多。

1. 分析当前的形势

确定发生变革的原因和必须处理这些变革的缓急性。同时，还要确定利用机会的方式，概括所需变化以及变化的影响和含义。

2. 分析环境因素

鲍曼和艾什两人在1987年将环境因素划分为任务和非任务因素。任务因素与具体变化有关，其中包括：

（1）设计和实施变革所需的数据之多寡；
（2）引进变革的速度；
（3）可用于管理变革资源的可获性；
（4）企业要有多大决心才能确保变革能够被接受和实施；
（5）收集人们对某项变革可能有的反应。

非任务性因素与变革无直接的关系，而且往往不会随着时间而改变，其中包括：

（1）现行对参与变革的行为规范；

(2) 变革动因和变革对象之间的关系；
(3) 推动变革者的领导风格。

3. 变革战略的选择

最终战略决策必须与第一和第二阶段的分析相符。

4. 监控实施过程

监控有助于及早发现和处理没有预见到的问题，以及确定变革战略是否顺利实施，并以此为借鉴，为今后变革战略创造条件。

最后需要提及的是，实施可以说是战略管理中最关键的一部分。因此，在战略制定、评估和选择过程中的每一步都要考虑到实施战略所需的条件。

(四) 企业战略变革的主要方式

1. 调整企业理念

企业战略变革首选的理念是得到社会普遍认同的，体现企业自身个性特征的，促使并保持企业正常运作以及长足发展而构建的反映整个企业经营意识的价值体系。它是企业统一化的可突出本企业与其他企业差异性的识别标志，包含企业使命、经营思想和行为准则三部分。

首先，确定企业使命，即企业应该依据怎样的使命开展各种经营活动，它是企业行动的原动力；其次，确立经营思想，指导企业经营活动的观念、态度和思想，给人以不同的企业形象；最后，靠行为准则约束和要求员工，使他们在企业经营活动中必须奉行一系列行为准则和规则。调整企业理念，给企业全新定位，这是一种企业适应社会经济发展的变革，只有在这种不断地演化、渐进变革中，才能够构建新的企业战略，企业才能重生，才能得到发展和壮大。在重新调整企业理念时，首先与行业特征相吻合，其次在充分挖掘原有企业理念的基础上赋予其时代特色，最后企业理念和竞争对手有所区别。

2. 企业战略重新进行定位

如何实施战略定位是战略变革的重要内容，根据迈克尔·波特的观点，帮助企业获得竞争优势而进行的战略定位实际上就是在价值链配置系统中从产品范围、市场范围和企业价值系统范围三方面进行定位的选择过程。

产品的重新定位，对于明星产品，由于企业竞争力和市场吸引力强，也是高速成长的市场领先者，对其要多投资，促进发展，扩大市场份额；对于"金牛"产品，由于具有规模经济和高利润优势，但有风险，对其维持市场份额，尽可能多地榨取市场利润；对于问题产品，虽然产品市场吸引力强，但由于要加大投资，因此主要考虑在尽可能短的时间内收回成本；对于"瘦狗"产品，企业的对策就是尽快地售出剩余产品然后转产。

对于市场和企业价值系统的重新定位，由于企业作为一个独立的组织，其竞争优势来源于研发、生产、营销和服务等过程，来源于企业的价值链配置系统，就是这个系统在市场与企业之间不断地传递有关价格、质量、创新和价值的信息，从而为企业营造和保持新的竞争优势。

3. 重新设计企业的组织结构

在进行组织结构设计时，要围绕战略目标实现的路径来确定不同层级的管理跨距，适当的管理跨距并没有一定的法则，一般是3至15人，在进行界定时可以依据管理层级的不同、人员的素质、沟通的渠道、职务的内容以及企业文化等因素。在设计组织结构时,还要充分考虑企业各部门顺利完成各自目标的可能性,以及在此基础上的合作协调性、各自分工的平衡性、权责明确性、企业指挥的统一性、企业应变的弹性、企业成长的稳定性和效率性、企业的持续成长性。通过重新设计企业的组织结构,理清各部门的管理职责,改变指挥混乱和权责不对等的现象,从而提高管理效率。

### 三、战略创新概述

创新是组织面临的一个重要课题。管理本身就是创新的产物。伴随社会的发展和进步,管理的理论、方法、手段不断推陈出新,即不断地创新。

#### (一)创新的含义和特征

**1. 创新的含义**

经济学家约瑟夫·熊彼特于1912年首次提出了"创新"的概念。他在代表作《经济发展理论》中提出:创新是建立一种新的生产函数,是一种从来没有过的关于生产要素和生产条件的新组合,包括引进新产品、引进新技术,开辟新市场,控制原材料的新供应来源,实现企业的新组织。熊彼特还认为,创新属于"经济范畴",不属于"技术范畴"。

创新是指组织把新的管理要素(新的管理方法、新的管理手段、新的管理模式等)或要素组合引入管理系统以更有效地实现组织目标的创新活动,即富有创造力的组织能够不断地将创造性思想转变为某种有用的结果。

创造是指以独特的方式综合各种思想或在各种思想之间建立起独特的联系这样一种能力。

**2. 创新的特征**

管理创新具有创造性、高收益性、高风险性、系统性、综合性、适用性和时机性:

(1)创造性。创新是创造性构思付诸实践的结果,其重点在于突破原有的思维定式和框架,创造具有新属性的、增值的东西。例如,工艺、产品、组织结构、管理方式、制度安排等方面的创新。

(2)高收益性。创新的目的在于增加组织的经济效益和社会效益。在经济活动中,高收益与高风险并存。虽然创新的成功率不高,但成功之后获得的利润丰厚。

(3)高风险性。创新作为一种具有创造性的过程,包含着许多可变因素、不可知因素和不可控因素,并不总能获得成功。不确定性使得创新必然存在许多风险,但是存在风险并不意味着要一味冒险地做无谓的牺牲,而是要理性地看待风险,尽可能地规避风险。

(4)系统性和综合性。创新涉及战略、市场调查、预测、决策、研究开发、设计安装、调试、生产、营销等一系列活动。任何一个环节的失误,都会影响创新效果。创新是许多人努力产生系统协同效应的结果。

(5)适用性。创新并非越奇越好,而应以适用为准则,从而真正促进组织的发展和进步。

(6)时机性。创新在不同方向具有不同时机。管理创新是一项长期的、持续的、动态的工作过程。

### (二)战略创新的重要性

**1. 战略创新是企业竞争取胜的关键**

小企业或新企业主动向市场领先者发起挑战,往往很难成功。但也有少数挑战者不仅没有失败,而且赢得了极大的市场份额,有些甚至发展成为新的市场领先者,这些企业能够取得巨大成功的原因在于它们敢于打破行规,进行战略创新,改变原有的竞争规则。

许多战略创新者首先找出目前的竞争对手忽视的一个细分市场,然后再根据这个市场顾客的需要,设计产品及其传递体系。由于战略创新者聚焦于一个小型、适当的细分市场,几乎不会与竞争对手争夺顾客,最终会发展为大众市场的小型细分市场。

在施乐公司占据复印机市场统治地位的时期,IBM、柯达等公司也曾采用过与其相同或相似的战略与施乐公司争夺市场,但都未能取得成功。一个重要的原因是它们未能发现或创造一个独特的战略地位,而是希望通过"克隆"施乐的战略来争夺施乐的市场份额。佳能公司则采用了完全不同的战略,选择了中小型企业和个人用户作为目标市场,强调不同于施乐的质量和价格利益,通过不断地渗透复印机市场,最终发展成为全球销量最大的市场领先者。许多企业的成功经验表明,在不存在技术革新的情况下,任何企业要想在激烈的竞争中取胜只有打破行规,进行战略创新。

**2. 战略创新是企业成功的关键**

纵观世界发达国家经营和管理的发展史,在经济发展的不同时期,企业成功的关键在转换:20世纪50年代的关键在生产;60年代的关键在经营;70年代的关键在财务;八十年代后的关键则在战略。

自改革开放以来,我国一些优秀企业家,学习、运用西方企业的战略管理科学和艺术,为本企业制定了正确的发展战略,创造了一批名优产品和名优企业。青岛海尔集团之所以能够冲出国门,走向世界,根源于张瑞敏为海尔制定的"品牌战略"和"三个1/3战略"。由此可见,企业的战略管理和战略创新,决定了企业的兴衰成败。

**3. 世界一流企业创新制胜的启示**

知识经济的兴起和信息时代的到来,以及中国加入WTO,给企业带来了空前的机遇和挑战。面对机遇和挑战,以创新求发展作为经营思想,努力改善企业运行质量并切实提高核心竞争力,以创新的思维和工作方式推动企业各项工作取得更好、更快的发展。在考虑企业发展时不要有短期行为,要从区域立足发展到全国经营,然后拓展至全球战略。必须做大、做实、做强自身企业的核心业务,不断增强核心竞争力。在经营管理的技术手段上要实现国际化、现代化。在当今全球化信息时代,著名跨国公司都运用国际互联网、电子商务等高科技手段收集、处理市场信息,调整经营策略,极大地提高了市场竞争力。

### (三)战略创新的核心

战略创新的核心问题是重新确定企业的经营目标。企业确定的经营目标会决定企业如何确定自己的顾客、竞争对手、竞争实力,也会决定企业对关键性成功因素的看法,并最终决定企业的竞争策略,成功的战略创新者会采用与所有竞争对手完全不同的竞争策略和经营目标。

企业选择经营目标，必须满足顾客的需要。要对企业内部的优劣势和外部环境机会与威胁进行综合分析，根据自己销售的产品，能满足的顾客需要和自己的核心能力，来确定经营目标，据此对备选的经营项目作出系统的评价，根据各种目标是否有助于本企业充分利用其独特的能力，增强竞争优势，判断本企业应采用哪一种经营目标，最终选出适宜的经营目标，重大的战略创新往往是企业改变经营目标的结果。

企业想出战略创新好点子，并不等于说就能赢得市场，要成功地开展战略创新活动，管理人员还应在企业内部形成适当的企业文化，建立适当的组织结构、经营系统、管理程序、激励制度，并采取必要的措施，克服企业内部各种妨碍创新的障碍，使创新活动变成企业的日常工作。

（四）战略创新与核心竞争力

在市场竞争日趋激烈的今天，企业要想求得生存与发展，必须增强企业竞争优势，从提升企业的核心竞争力方面着手。提升企业的核心能力必须适应企业外部环境的变化。随着经济全球化，各种贸易壁垒日益减少，企业竞争对手数量不断增加、规模不断扩大，企业必须未雨绸缪，及早确立核心能力的发展战略，实现企业核心能力的持续发展。尽管核心能力不容易仿制，但由于其特殊的自然属性，常常受到替代品的威胁。因此，企业要不断创新竞争方式和运作方式，形成核心能力的突破性进展，使自己永远走在市场的前列。

（五）企业家与战略创新

战略创新是企业领先他人的基本条件，当今世界经济已进入知识经济时代，高科技、因特网不断改变着人们的生活和观念，企业家若跟不上飞速发展的时代步伐，没有创新的理念，就没有市场立足之地。

面对纷繁复杂的市场竞争，成功企业家的做法是更为关注企业核心战略，加快企业核心竞争力创新。新千年伊始，比尔·盖茨将微软首席执行官的帅印移交给现任总裁史蒂夫·巴尔默，以使自己更能集中精力关注微软核心战略创新，争取时间创造新的技术优势，创新适应新时代发展的软件产品和商务模式。我国海尔公司总裁张瑞敏、美菱公司董事长张巨声认为，企业家主要精力应放在企业创新机制、创新精神的"灵魂"创新上。因此，海尔视人才为"第一产品"；"允许失败，不允许不创新"，成为美菱企业创新精神的不懈追求。

# 本 章 小 结

企业一旦选择了合适的战略，战略活动的重点就从战略选择转移到了战略实施阶段，而将企业战略分解为企业职能战略又是其中的一个重要方面。战略实施是通过制订规划、预算和程序使战略和政策投入行动，将组织的战略计划转变为行动，继而转变为结果，是执行有关战略计划所需要的所有活动和选择的总和。本章首先介绍了战略实施与计划的几个阶段：战略发动、战略规划、战略运作、和战略的评估与控制。然后，阐述了组织结构的基本类型：直线型、职能型、直线—参谋型、事业部制、矩阵结构；企业战略对组织结构的影响，组织结构对战略的限制作用，以及未来企业的组织特点。第三节主要介绍了企业战略与企业文化的关系。第四节分析了战略管理对企业领导者的要求,领导者应该具备的战略素质,领导者的战略思考逻辑,以及战略领导小组的组建与激励。第五节从控制的类型、管理控制系统模式和企业内部控制几方面阐述了管理控制的基础;然后介绍了战略控制的内容、作用、基本要求等战略控制的过程。第六节阐述了战略变革的原因,战略变革的概念、种类、实施和主要方式,战略创新的含义和特征、重要性、核心等内容。

# 思 考 题

1. 请简述战略实施的概念,以及战略实施的框架。
2. 请简述战略规划阶段需要使用哪些理论工具。
3. 组织结构有哪些基本类型,组织结构对战略有哪些限制作用?
4. 企业战略与企业文化的关系主要表现在哪些方面?
5. 战略管理对企业领导者有哪些要求?
6. 领导者的战略思考逻辑主要有什么?
7. 企业战略控制的内容有哪些?
8. 简述战略变革实施的步骤。

# 案 例 分 析

**案例1:春兰集团活力之源——创新型矩阵式管理**

在"第八届中国机械和企业管理现代化创新成果奖"颁奖大会上,新中国成立以来首个全国企业管理成果特等奖颁给了"春兰创新型矩阵管理"模式。

春兰(集团)公司是集制造、科研、投资、贸易于一体的多元化、高科技、国际化的大型现代公司,是中国最大的企业集团之一。下辖42个独立子公司,其中制造公司18家,并设有春兰研究院、春兰学院、博士后工作站和国家级技术研发中心。

春兰在管理模式上有两个非常重要的发展阶段:一是在企业发展初期,公司采用的"扁平化"管理模式;另一个是企业发展壮大以后,到目前为止仍然在沿用的矩阵式管理模式。这两种模式在春兰发展的不同阶段为企业战略而生,发挥了各自不可取代的作用。

早期春兰之所以选择"扁平化"模式,是出于"船小好掉头"的考虑。把决策层和管理层合二为一,决策中可以免除很多烦琐的程序,大大提高企业运作效率。但这个阶段持续到1996年,不足之处便显露出来。"扁平化"模式在管理上的粗放,适应不了企业精细化管理的要求。因为,市场竞争加剧到一定程度,会使一些原来看上去不是很重要的管理内容,同样变得很重要。于是,春兰采用了新的"矩阵式"模式。它的精髓就是把执行层、监管层和决策层分开,形成三个层面,以条块结合的方式实现精细化的管理。

经过数年的高速发展,春兰的家电、电动车、电子、投资和贸易等事业得到了长足的发展:春兰现有电器、电动车、新能源三大支柱产业,主导产品包括空调、洗衣机、除湿机、中重型二车、摩托车、电动自行车、高能动力镍氢电池、摩托车发动机、空调压缩机等。

春兰已从单一产品经济跨入了多元经济发展的战略阶段,下属企业的数量已从当初的几家逐渐增加到40多家,于是,此时春兰果断地告别了第一次"扁平化"管理体制创新,开始进入以多元化为主要特征的管理创新阶段:

(1) 建立以经济功能为特点的组织管理体系。1997年,春兰合并相关产业,进行组织管理体系创新,形成了三个层次的组织体系:春兰集团总部,是春兰的投资中心,下辖投资公司研究院、学院等直属单位。春兰五个产业集团,是春兰的利润中心。产业集团在春兰总部总体产业规划和发展方向的指导下,负责本产业的科研、产品开发、制造、营销和管理工作等。各个制造工厂、业务公司,是成本中心,负责产品制造、成本控制、质量管理等项工作。

(2) 建立远、中、近期相结合的科技创新体系。春兰按照基础和应用研究并举的原则,合理调整科技创新结构,建立了三个层面的科技创新体系:春兰研究院,直属春兰集团总部,是春兰科技创新的赶超层面。春兰电器、动力和电子三个研究所,分属三个工业产业集团,是春兰科技创新的更新层面。各制造工厂的技术科、工艺科,是春兰科技创新的提升层面。

(3) 建立以市场为中心的"复合营销管理体系"。春兰以产销一体为基础,按照零售和批发并举、大力拓展海外市场的原则,建成新的复合营销管理体系:以驻外代表处为龙头的全国批发网络、以星威专卖店为骨干的全国零售网络、以海外集团为基础的国际销售网络。

这三个管理创新是春兰实行矩阵管理模式的基础。"矩阵式"管理之所以适用于春兰,表现在三个方面:

(1) 由于有了立法和监管层面,对企业运作过程中的指导性和监管力度加大了。原来的"扁平化"管理是首长负责制,总经理、厂长拥有至高无上的权力,任何决策都由其做出。而现在,管理层必须按照基本法规行使职权,否则就会受到监管层提出的警示和质询。

(2) 由于建立了一些公共的平台,集团的整体性资源得到了共享。例如,集团的每一个企业都需要信息资源,但如果都去搞一套计算机系统,各自进行信息的收集和管理,所花费的代价就相当高,得不偿失。而由集团统一建立信息系统,不但运作成本会减小,而且管理的专一性、安全性和精细化都会更高。

(3) 对于管理中一些专业性很强的内容,建立了一整套专家班子,适应了企业精细化管理的要求。由集团的职能副总裁牵头的一些处室,在企业的成本管理、资金管理等方面就做得非常具体。例如,在市场管理上,原来非常粗放,只能要求商家卖出多少本公司的产品;而现在,产品的成交价是多少、展台是什么形象,这些详尽资料都能够即时获得。

在由传统工业向新型工业转变的过程中,春兰通过深入推进"创新型矩阵式管理",建立采购、资金、营销、研发和人力管理五大平台,企业综合实力不断增强,科技水平持续攀升。

资料来源:周三多,《管理学》(第3版),高等教育出版社,2010年版。

## 讨 论 题

1. 为适应企业战略的变化,春兰集团的组织结构创新体现在什么地方?

2. 结合所学的知识,你认为春兰集团在推进"创新型矩阵式管理"的过程中,会出现什么问题?怎么解决?

**案例2:华为的核心竞争力是怎样炼成的**

大多数中国民营科技企业总是逃脱不了"各领风骚三五年"的宿命,人们听到和看到太多关于中国民营企业崛起、衰落、倒闭的悲伤故事。但是华为技术有限公司却成功了! 华为从2万元起家,用25年时间,从名不见经传的民营科技企业发展成为世界500强和全球最大的通信设备制造商,创造了中国乃至世界企业发展史上的奇迹!

华为成功的秘密就是创新。创新是提升企业竞争力的法宝,同时是一条充满了风险和挑战的成长之路。尤其在高新技术产业领域,创新被称为一个企业的生存之本和一个品牌的价值核心。

"不创新才是华为最大的风险",华为总裁任正非的这句话道出华为骨子里的创新精神。"没有创新,要在高科技行业中生存下去几乎是不可能的。在这个领域,没有喘气的机会,哪怕只落后一点点,就意味着逐渐死亡。"正是强烈的紧迫感驱使着华为持续创新。

华为虽然和许多民营企业一样从做"贸易"起步,但是没有像其他企业那样,继续沿着"贸易"的路线发展,而是踏踏实实地搞起了自主研发。华为把每年销售收入的10%投入研发,数十年如一日,近10年投入的研发费有1000多亿元人民币,在华为15万名员工中有近一半的人在搞技术研发。为了保持技术领先优势,华为在招揽人才时提供的薪资常常比很多外资企业还高。

在国际化战略中,华为与大多数科技公司只盯着眼前利益的"技术机会主义"态度不同,华为对技术投资是具有长远战略眼光的。例如,在"小灵通"火热时期,UT 丁斯达康、中兴等企业因为抓住了机会,赚了不少真金白银。但是华为把巨资投入当时还看不到"钱景"的3G 技术研发,因此被外界扣上"战略失误"的帽子。在任正非看来,"小灵通"落后技术,没有前景,而3G 才代表未来主流技术发展趋势。事实证明,任正非的判断是正确的。华为如今已成为全球主流电信运营商的最佳合作伙伴。如果任正非没有前瞻眼光,不先人一步投入3G 技术研发,就没有今天的华为,也没有华为在3G 甚至4G 市场上的领先位置。

技术创新对于一个企业的国际化非常重要,但不等于说只有在完成技术创新后才能进行国际化。完全掌握了核心技术,再进行国际化,这是一种过于理想化的模式。国际化的过程本身就是提高企业技术能力的过程,在"战争中学习战争"是一种相机而动的思维。在1996年,华为尝试走出国门,让国际竞争来促进和提升自身的技术创新。

华为的技术创新更多表现在技术引进、吸收与再创新层面,主要是在国际企业的技术成果进行一些功能、特性的改进和集成能力的提升。对于所缺少的核心技术,华为通过购买或支付专利许可费的方式,实现产品的国际市场准入,再根据市场需求进行创新和融合,从而实现知识产权价值最大化。

任正非说:"科技创新不能急功近利,需要长达二三十年的积累。"中国企业要走出国门,融入世界,做大做强,就必须摒弃赚"快钱"的心态,舍得在技术升级和管理创新上花钱,转型和升级才可能实现。华为不赚"快钱"赚"长钱"的思想值得很多企业学习借鉴。

但必须指出的是,产业升级仅有技术升级也是不够的,还需要管理的同步升级。华为及时认识到管理创新的重要性,并不惜血本进行脱胎换骨式的变革和提升。

在国际化进程中,华为认识到先进的企业内部管理体系的基础作用。华为先后与IBM、HAY、MERCER、PWC等国际著名公司合作,不惜花数十亿元资金,引入先进的管理理念和方法,对集成产品开发、业务流程、组织、品质控制、人力资源、财务管理、客户满意度等方面进行了系统变革,把公司业务管理体系聚焦到创造客户价值这个核心上。

经过十多年的不断改进,华为的管理实现了与国际接轨,不仅经受了公司业务持续高速增长的考验,而且赢得了海内外客户及全球合作伙伴的普遍认可,有效支撑了公司的全球化战略。

在产品研发上,华为"以客户需求为导向",以客户需求驱动研发流程,围绕提升客户满意度进行技术、产品、解决方案及业务管理的持续创新,快速响应客户需求。华为的"客户创新中心"和"诺亚方舟实验室"是专门为客户量身打造的创新研究机构。通过对客户个性化需求的解读与研判,创造性地为客户进行"量体裁衣"式的个性化服务。满足各个国家客户不同的需求,成为华为进行创新的动力。抓客户的"痛点"而不是竞争对手的"痛点",抓客户价值而不是抓产品成本,这就是华为国际化成功的经验。

华为是世界500强中唯一没有上市的一家公司和100%由员工持股的民营企业。目前,华为有7万多名员工持有公司股权,全员持股吸引了越来越多的人才到华为工作,全员持股为激活华为员工创造潜力与创新能力的重要因素。

华为建立了一套行之有效的人力资源管理体系,尊重和爱护人才,聚集了一大批技术精英,为华为的可持续发展提供了人力保障。在培养接班人方面,任正非打破家族式继承,推行轮值CEO制度,让没有血缘关系的优秀后继者担任轮值CEO,首开中国民营企业"代际传承"之先河。

资料来源:余胜海,《华为还能走多远》,中国友谊出版公司2013年版。

## 讨 论 题

1. 你认为华为的核心竞争力是什么?
2. 华为如何使战略创新成为企业可持续发展的基石?
3. 你认为华为在未来的创新过程中,会出现什么问题?怎么解决?

# 第八章　企业部门战略

## 学习要点

- 掌握组织战略的层次
- 掌握生产运作战略的主要组成部分
- 掌握市场营销战略的步骤
- 掌握人力资源战略与不同组织战略的匹配关系
- 掌握财务管理战略的基本模式
- 理解市场营销战略与企业战略的关系
- 了解跨国经营财务管理战略的实施策略

> **名人名言：**
> 有了判断你就要行动，就要坚决执行，否则要战略做什么？
> ——孙宏斌

一个组织的战略通常包括三个层次，即组织战略、竞争战略以及职能战略。这三个层次的战略之间的关系如图 8-1 所示。

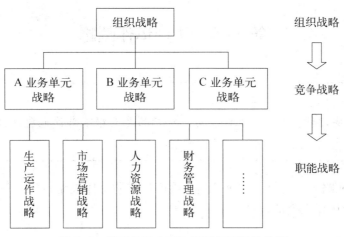

图 8-1　战略的三个层次及其相互间的关系

首先是组织战略层次。组织战略又称公司战略或企业战略、企业发展战略，它主要回答到哪里去竞争的问题，即作为组织应该选择经营何种业务以及进入何种行业或领域。它解决一个组织如何取得成长和发展，同时在不利环境下又如何收缩和巩固的问题。它指出一个组织在发展的过程中可选择的各种方向。组织战略不仅明确了一个组织所从事的不同经营领域组合，而且决定了这些经营领域之间彼此关联的方式。一般情况下，组织战略分为成长战略、稳定战略、收缩战略三种类型。

其次是竞争战略层次。竞争战略有时又称为经营战略，它主要回答如何进行竞争的问题。即应当如何在已经选定的行业或领域中，与竞争对手展开有效的竞争，从而确立自己在市场上的长期竞争优势。这种战略决策的主要目的在于解决竞争的手段问题，即一个组织将依据何种标准或差别化的特征去进行竞争，是成本、质量、可靠性，还是产品或服务的提供？竞争战略关心的主要问题是应开发哪些产品或服务，将这些产品提供给哪些市场，以及如何提供产品或服务。按照哈佛大学著名的战略学家迈克尔·波特教授的划分方法，竞争战略通常划分为总成本领先战略、差别化战略以及市场集中战略三种类型。

最后是职能战略层次。职能战略主要回答的是凭借什么来进行竞争的问题。即哪些资源有助于打败自己的竞争对手，以及将如何获取、开发以及使用这些资源去进行竞争。一个组织往往是由很多部门组成的，比如销售部门、人力资源部门、生产制造部门、研发部门等，这些部门都要考虑本部门将如何对组织的总体战略以及竞争战略作出自己的贡献。

相应的，部门战略所反映的就是组织中每一个部门为了帮助组织实现战略以及相应的竞争目标而确定的基本行动路线，它包括市场营销战略、人力资源战略、财务战略等内容。部门战略需要关注的是，应当如何使组织的各种不同职能更好地为组织战略以及竞争战略服务，从而提高组织的整体效率以及确保组织战略和竞争战略的有效实施。

本章将主要就生产运作战略、市场营销战略、人力资源战略和财务管理战略进行概要的介绍。

## 第一节　生产运作战略

**名人名言：**
做生意要记住：手头上永远要有一样产品是天塌下来你也能赚钱的。
——李嘉诚

生产运作战略主要包括三方面内容：生产运作的总体战略；产品或服务的选择、开发与设计；生产运作系统的设计。

### ▶ 一、生产运作的总体战略

生产运作的总体战略通常有五种。

### (一) 自制或购买

这是首先要决定的问题。如果决定制造某种产品或由本企业提供某种服务,则需要建造相应的设施,采购所需要的设备,配备相应的工人、技术人员和管理人员。自制或购买决策有不同的层次。如果在产品层面进行决策,则影响到企业的性质。产品自制,则需要建一个制造厂;产品外购,则需要设立一个经销公司。如果只在产品装配阶段自制,则只需要建造一个总装配厂,然后寻找零部件供应厂家。由于社会分工可以大大提高效率,加上当前外界环境变化的加剧,顾客需求的日益个性化以及竞争的白热化,企业只有集中特定的资源从事某项业务,将不擅长的业务外包,才能形成竞争优势,在进行自制或购买决策时,能够购买的零部件就不要自制。对实行专业化战略的企业是这样,对实行多元化战略的企业也是这样。多元化并不等于"大而全",提供多种产品和服务也并不需要每项业务都由本企业来做。

### (二) 低成本和大批量

早期福特汽车公司就是采用这种战略。在零售业,沃尔玛也是采取这种战略。采用这种战略需要选择标准化的产品或服务,即具有共性的产品或服务,而不是顾客个性化的产品和服务。这种战略往往需要高的投资来购买专用高效设备,如同福特汽车公司当年建造 T 型车生产线一样。需要注意的是,这种战略应该用于需求量很大的产品或服务。只要市场需求量大,采用低成本和大批量的战略就可以战胜竞争对手取得成功,尤其在居民消费水平不高的国家或地区。

### (三) 多品种和小批量

对于顾客个性化的产品和服务,只能采取多品种和小批量生产运作战略。当今世界消费多样化、个性化,企业只有采用这种战略才能有出路。但是多品种小批量生产的效率难以提高,对大众化的产品不应该采取这种战略。否则,遇到采用低成本和大批量战略的企业,就没有竞争优势。

### (四) 高质量

质量问题日益重要。无论是采取低成本大批量战略还是多品种小批量战略,都必须保证质量。在当今世界,价廉质劣的产品是没有销路的。

### (五) 混合战略

将上述几种战略综合运用,实现多品种、低成本、高质量,可以取得竞争优势。现在人们提出的"大量定制生产"或称"顾客化大量生产",既可以满足用户多种多样的需求,又具有大量生产的高效率,是一种新的生产方式。

## 二、产品或服务的选择、开发与设计

企业进行生产运作,先要确定向市场提供的产品和服务,这就是产品或服务的选择或决策问题。产品或服务确定之后,就要对产品或服务进行设计,确定其功能、型号、规格和结构;接着,要对如何制造产品或提供服务的工艺进行选择,对工艺过程进行设计。

### (一) 产品或服务的选择

提供何种产品或服务,最初来自各种设想。在对各种设想进行论证的基础上,确定本企业要提供的产品或服务,这是一个十分重要而又困难的决策。产品或服务的选择往往决定着一个企业的兴衰成败。一种好的产品或服务可以使一个小企业发展成一个国际著名的大公司;相反,一种不合市场需要的产品或服务也可以使一个大企业亏损甚至倒闭。这已为无数事实所证明。产品决策可能在工厂建成之前进行,也可能在工厂建成之后进行。要开办一个企业,首先要确定生产什么产品。在企业投产之后,也要根据市场需求的变化,确定开发什么样的新产品。

产品(包括服务)本质上是一种需求满足物,产品是通过它的功能来满足用户某种需求的。而一定的功能是通过一定的产品结构来实现的。满足用户需求,可能有不同的功能组合。不同的功能组合,由不同的产品来实现。因此,可能有多种产品满足用户大体相同的需求,这就提出了产品选择问题。比如,同是为了进行信息处理,是生产普通台式电脑还是生产笔记本电脑?同是为了满足运输需要,是生产轻型车还是生产重型车?必须做出选择。

产品选择需要考虑以下因素:

(1)市场需求的不确定性。人的基本需求无非是食、衣、住、行、保健、学习和娱乐等方面,可以说变化不大。但满足需求的程度上的差别却是巨大的。简陋的茅屋可以居住,配有现代化设备的高档住宅也可供人居住。显然,这两者对居住需求的满足程度的差别是很大的。人们对需求满足程度的追求又是无止境的,因而对产品功能的追求无止境。随着科学技术进步速度的加快,竞争的激化,人们"喜新厌旧"的程度也日益加强,这就造成市场需求不确定性增加。由于一夜之间某企业推出全新的产品,使得原来畅销的产品一落千丈。实际情况是,很多企业不注意走创新之路。结果,或者由于市场容量有限,或者由于质量低劣,造成产品大量积压,企业因此而亏损。因此,企业在选择产品时,要考虑不确定性,要考虑今后几年内产品是否有销路。

(2)外部需求与内部能力之间的关系。在外部需求与内部能力之间的关系上,首先要看外部需求。市场不需要的产品,企业有再强的技术能力和生产能力,也不应该生产。同时,也要看到,对于市场上需求量大的产品,若与企业生产的产品在结构和工艺上差别较大,企业也不应该生产。企业在进行产品决策时,要考虑自己特定的技术能力和生产能力。一般来讲,在有足够需求的前提下,确定生产一个新产品取决于两个因素。一是企业的主要任务,与企业的主要任务差别大的产品,不应生产。汽车制造厂的主要任务是生产汽车,绝不能因为彩色电视机走俏就去生产彩色电视机。因为汽车制造厂的人员、设备、技术都是为生产汽车配备的,要生产彩色电视机,等于放弃现有的资源不用,能力上完全没有优势可言,是无法与专业生产厂家竞争的。当然,主要任务也会随环境变化而改变。如果石油枯竭,现在生产的燃油汽车都将被淘汰,汽车制造厂可能就要生产电动汽车或者太阳能汽车。二是企业的优势与特长。与同类企业比较,本企业的特长决定了生产什么样的产品。如果选择没有优势的产品,是不明智的。

在选择合适的生产能力或服务能力时,应该考虑规模经济因素、学习曲线的作用、各阶段能力平衡以及提高设施的柔性。

当企业的生产规模扩大后,单位产品的成本会下降。因为一台设备的生产能力若是另一台设备的2倍,它的购置成本和使用成本显然不会是另一台设备的2倍。企业规模过小会使一些资源(如物料搬运设备、计算机设备和管理人员)得不到充分利用。当然,企业规模也不是越大越好。若市场需求有限,必须对产品折价出售,以刺激需求,维持大型机器设备充分运转;此外,大型设备的维护费用一般都很高。

学习曲线是描述生产者"熟能生巧"的过程和效果的,它有三条假设:每次完成同一性质的任务后,下一次完成该性质任务的时间将减少;单位产品的生产时间将以递减的速率下降;单位产品生产时间的减少将遵循一个可预测的模式。航空工业的实践最先证明了学习曲线的正确性。当产量为原来的 2 倍时,工人生产单位产品的时间下降 20%。

当产品和产量发生变化时,各生产阶段能力会出现不平衡,会出现瓶颈。扩大生产能力时首先要找出瓶颈,将有限的资源用到瓶颈上,就能做到"事半功倍"。

提高生产运作系统和人的柔性,将使企业很快地适应市场的变化,而不需要经常扩充能力。

(3)原材料、外购件的供应。一个企业选择了某种产品,要制造该产品必然涉及原材料和外购件的供应。若没有合适的供应商,或供应商的生产能力或技术能力不足,这种产品也不能选择。美国洛克希德(Lockheed)"三星"飞机用的发动机是英国罗尔斯·罗伊斯(Roll-Royce)公司供应的,后来罗尔斯·罗伊斯公司破产,使得洛克希德公司也濒于破产,最后不得不由美国政府担保。

(4)企业内部各部门工作目标上的差别。通常,企业内部划分为多个职能部门,各个职能部门由于工作目标不同,在产品选择上会发生分歧。如果不能解决这些分歧,产品决策也难以进行。生产部门追求高效率、低成本、高质量和生产的均衡性,希望品种数少一些,产品的相似程度高一些,即使有变化,也要使改动起来不费事。销售部门追求市场占有率、对市场需求的响应速度并按用户要求提供产品,希望扩大产品系列,不断改进老产品和开发新产品。财务部门追求最大的利润,要求加快资金流动,减少不能直接产生利润的费用,减少企业的风险。一般说来,希望只销售立即能得到利润的产品,销售利润大的产品,不制造不赚钱的产品。职能部门工作目标上的差异,往往造成产品决策的困难。销售部门要求创新、发展,愿冒风险,要求保持广而全的多种产品的生产线;财务部门往往守住目前成功的产品,以扩大销售;生产部门由于追求低成本和简化的管理而要求尽可能生产少的品种。这些部门矛盾的解决,只有通过最高管理层协调。

(二)产品或服务的开发与设计

在产品或服务的开发与设计方面,有四种战略。

1. 做跟随者还是领导者

企业在设计产品或服务时是做新技术的领导者还是做跟随者,是两种不同的战略。做领导者就需要不断创新,需要在研究与开发方面进行大量投入,因而风险大。但做领导者可以使企业领导新潮流,拥有独到的技术,在竞争中始终处于领先地位。英特尔公司就是采用做领导者的战略。做跟随者只需要仿制别人的新产品,花费少,风险小,但得到的不一定是先进的技术。如果跟随者善于将别人的技术和产品拿过来进行改进,则有可能后来居上。这里还有一个是采用最先进的技术还是采用适用技术的问题。最先进的技术一旦拥有,优势在手。但采用先进技术的费用高、风险大。适用技术不一定是最先进的技术,但它是符合企业当前发展的、经过适用检验的技术。采用适用技术花费少,风险也小。

2. 自己设计还是请外单位设计

同自制或购买决策一样,对产品的开发与设计也可以自己做或请外单位做。一般地,涉及独到技术必须自己做。

3. 买技术或专利

利用大学和研究所的成果来节约研究与开发的费用不失为一种聪明的做法。巴特尔(Battle)研究所曾为施乐(Xerox)公司开发复印机产品,强生(Johnson and Johnson)公司曾利用宾州大学的专门技术开发治疗粉刺和皱纹的 Retin - A 产品,利用哥伦比亚大学的专门技术开发一种治癌药品。企业通过购买大学或研究所的生产许可证、专利权和设计,不仅少冒风险,而且节约了开发和设计的时间。

4. 做基础研究还是应用研究

基础研究是对某个领域或某种现象进行研究,但不能保证新的知识一定可以得到应用。基础研究成果转化为产品的时间较长,而且能否转化为产品的风险很大。但是,一旦基础研究的成果可以得到应用,对企业的发展将起很大的推动作用。例如,陶氏化学品公司在 1982 年投入 50 万美元研究一种陶瓷化合物,这种陶瓷化合物与钢铁一样坚硬,却只有其一半的重量。几年以后,公司就发现这种陶瓷化合物可以用于装甲车等军事装备。

应用研究是根据用户需求选择一个潜在的应用领域,有针对性地进行的研究活动。应用研究实用性强,容易转化为现实的生产力。但应用研究一般都需要基础理论的指导。

## 三、生产运作系统的设计

生产运作系统的设计对生产运作系统的运行有先天性的影响,它是企业战略决策的一项重要内容,也是实施企业战略的重要步骤。生产运作系统的设计有四方面的策略,即选址、设施布置、岗位设计以及工作考核和报酬。如表 8-1 所示。

表 8-1 生产运作系统的设计

| 选 址 | 设 施 布 置 | 岗 位 设 计 | 工作考核和报酬 |
|---|---|---|---|
| • 按长期预测确定所需能力<br>• 评估市场因素,有形和无形成本因素<br>• 确定是建造或购买新设施还是扩充现有设施<br>• 选择具体的地区、社区和地点 | • 选择物料传送办法和配套服务<br>• 选择布置方案<br>• 评估建设费用 | • 按照技术、经济和社会的可行性确定岗位<br>• 确定何时使用机器和(或)人力<br>• 处理人机交互<br>• 激励员工<br>• 开发、改进工作方法 | • 工作考核<br>• 设置标准<br>• 选择和实施<br>• 报酬方案 |

1. 选址

生产服务设施建在什么地点的问题,对企业的运行效率和效果都有先天性的影响,弄不好就会"铸成大错"。在当年"要准备打仗"的思想指导下,一些工厂进了山沟或山洞,造成今天生产成本高,难管理、难发展的局面。大学、餐馆、商店也都有选址问题。有的大学就是因为过去迁址造成今天难以发展的局面。

在工厂建成运行之后,有时也需要扩大生产能力。采取扩充现有设施的办法比较经济易行,但往往受到空间的限制。另一种办法就是购买或租赁厂房或服务设施,但不一定能够满足要求。第三种办法是另找地方建造新设施。这种办法选择的余地较大,但需要大量资金。设施还有一个集中还是分散布置的问题。

2. 设施布置

设施布置对生产运作的效率有很大影响。设施布置不当,会造成运输路程长,运输路线迂回曲折,不仅浪费了人力、物力资源,而且延长了生产周期。

不同生产类型的设施布置形式不同。对大量大批生产,一般采用流水线布置。对多品种小批量生产,一般采用按功能布置(layout by process),或称工艺专业化布置,即将完成相同功能的机器设备布置在一起,故也称为"机群式布置"。功能布置有较高的柔性,但物料运送的路线长。第三种是固定位置布置(fixed position layout)。按照固定位置布置,将原材料、零部件和人员集中到一个特定的地点,被加工的工件不动,机器设备和工具按加工需要配置,使用过的设备和工具随时拿走。飞机制造就是采用固定位置布置,大型电站锅炉的安装也是固定位置布置。采用固定位置布置的原因很简单:工件太大,不能移动。外科手术也是固定位置布置,病人(工件)在动手术时是不能移动的。第四种是按生产单元布置,把不同的设备集中到一起,进行有限范围内的产品生产。在生产单元中,机器设备不动,工件的移动也很有限。

除了生产设备布置以外,设施布置还包括物料传送方法以及其他服务性设施的选择和配置。

对于服务业,确定设施布置时,要考虑生产过程的组织方式。是准制造式(quasi manufacturing)、顾客参与式(customer-as-participant),还是顾客作为产品式(customer-as-product),不同的运作方式的设施布置不一样。麦当劳采用的是准制造式,在全世界都取得了成功,它为顾客提供的服务是标准化的,与顾客的接触也很少,有形的物品超过了无形的服务。

3. 岗位设计

岗位设计是制定与每个员工工作有关的活动的正规的和非正规的说明,包括岗位的结构和与同事、与顾客之间的联系。岗位设计有不同的指导思想和方案。一种是进行细致分工,使每个员工只完成最简单的操作。这样可以提高工作效率,从而提高生产系统的产出。福特最早的流水生产线上的岗位就是这样设计的。这种方式使工作单调乏味,遭到工人的反对。另一种是进行粗略分工,每个员工都从事不同的操作,使工作丰富化。这样可以提高员工的工作兴趣,但在一定程度上牺牲了效率。

在岗位设计上要正确处理人机分工。现在,完全用手工进行工作的情况很少。一般都使用机器(包括计算机)来完成既定的任务。因此,在岗位设计时要正确处理人机分工。人是最灵活而富有创造性的,适用完成非例行的工作;机器比人更持久、更准确地完成程序化的工作,但没有人的能动性。如果让人做机器能做的事,不仅浪费了宝贵的人力资源,而且是不人道的。岗位设计要使机器和工作环境适合人的能力和需要,而不是相反。道理很简单:人不能重新设计来适应机器,机器可以重新设计来适应人。

4. 工作考核和报酬

对人的工作业绩要进行考核,并将考核结果与报酬挂钩。这样才能激励员工努力工作,不断改进工作方法,发挥创造性,提高工作效率。报酬涉及工资和薪水的数量和发放办法。通常有两种计酬的办法:计时付薪和按贡献付薪。计时付薪就是按小时、天或月付薪,适用于难以量化的工作。按贡献付薪包括计件和承包等办法,适用于能够量化的工作。报酬系统的选择和设计对于发挥最重要的资源的潜力有十分重要的影响。

### 小 资 料

#### 制造、质造、智造,美的模式创新与时俱进

美的在智能化上涉足较早,并于 2014 年发布了《M-Smart 智慧家居系统白皮书》,2015 年成立美的智慧家居研究院,从集团到事业部,在智能化人员的配置,以及资源的投入上都很大。在产品层面,从 2015 年,美的所有品类都有智能化的产品。2016 年,无论在线上线下,智能产品的 SKU 数占整体数量的 20%,并且这个数字还在持续放大。

1. 产品设计:从工程师思维转变成用户思维

以前美的做产品,更多的是工程师的思维,也会做一些消费者的调研,但更多是借助于第三方消费者的调研报告,拿回来之后,给工程师参考市场需求。于是产品到了市场上,发现与消费需求有一些脱节。据美的厨电创新中心总监栾春介绍,从 2015 年上半年开始,美的启动了 CDOC 工具,强调产品设计一定要从消费者的洞察中来,同时也要被消费者接受。方案出来后还要进行不断的设计和优化,并服务于生产和制造,高效率地生产出来。

CDOC 模式,是指一个产品从概念到量产的全程掌控,以天幕吸油烟机和鼎火灶具为例:

在 C(Concept,概念)阶段把用户使用场景拆解到动作,天幕吸油烟机和鼎火灶具各 5 个核心概念,就是与 700 多个用户互动提炼出来的。美的要求产品在生产之前,要先到用户家中调研,如"天幕顶火"就是从 700 个人中选择了 70 个用户,通过美的工业设计工程师、消费者调研工程师以及开发工程师,直接到用户家中做访谈,看用户的使用环境和流程,询问用户使用过程的痛点,最终精练成每个产品的需求,转换成技术,嵌入到产品中去,这样做出来的产品才能符合消费者需求。

在 D(Design,设计)阶段,要将产品性能和用户体验做到极致。鼎火燃气灶具有 5KW 的爆炒火力,炒青菜不出水,同时还有炭火慢炖功能。天幕蒸汽洗吸油烟机

20 m³的大吸力,使用户在爆炒辣椒时不会呛鼻子,LED航空灯可以直射锅心,油杯采用亲水羟基易洁涂层,不用清洁剂,只需用水一抹就干净。

此外,在 O(Optimize,优化)阶段,要优化细节、模组与零件设计;在 C(Capability,量产)阶段,通过制程设计、量产验证、多变量研究以及控制计划4个部分进行管控。

2. 精益智造:通过MBS改善推进实现精益转换

如果说CDOC是让一个产品从概念到量产,MBS(Midea Business System,"美的精益营运系统"的缩写)则是管控一个产品在规模生产中按"一个美的、一个体系、一个标准"的企业精益运营体系,由一线员工上阵组装试验生产线,并在试验中不断观察改良。美的厨具分厂厂长凌寿强是首批参与到MBS项目中来的核心骨干,戴着秒表,穿梭在改造中的生产线上,是他每天的工作状态。他说:MBS真正地把精益方法串联起来,使生产线得到系统改造,提升很大。以前一条32人的生产线,一天最多生产400台,经过改造后,整条生产线只需22人,一天的产量为450台。而且制造品质不良率下降50%,效率提升30%,空间占地面积节省50%。

美的集团厨房电器事业部营运与人力资源总监傅生彬介绍说,今年以来,美的厨电高速发展,与推行MBS精益营运系统密不可分。MBS是美的借鉴世界最高水平的精益管理实践,建立与整合精益管理推进组织的方法,实现"一个美的、一个体系、一个标准"的企业精益运营体系。目前,MBS首先在美的制造体系推广与实践。希望通过MBS改善推进实现制造精益转换。"实现柔性化、标准化、去库存、拉动生产、卓越稳定的日常管理,最终实现减少浪费,驱动增长,达成业绩。"

美的是制造型企业,以前做智能制造强调的是自动化和信息化,以为把机器人买回来,把信息系统配上去就很好,但实际上浪费很大。基于这一点,美的启动了MBS,在自动化和信息化之前做好精益化和柔性化,所谓的精益化就是把制造中所有环节的浪费通过MBS五天的套路做完。做完之后无论是产品本身的浪费,还是加工过程中的浪费都去除掉,并在精益化的过程中把柔性化融进去。目前无论是外销还是内销,定单慢慢都变小了,柔性化可以快速地去提升交付的问题,通过柔性化,实现生产过程中的零转场。

当然,自动化和信息化也要结合,但不是通过简易的自动化来解决这个问题,而是通过人机互动来更好地实现。"左手抓CDOC,右手抓MBS",两大模式双管齐下,铸就美的精品从构思到出品的如一品质。在材料选用方面,家电业竞争很激烈,在成本上核算得特别精细,行业经常出现产品采用不好的材料和工艺。美的厨电近几年非常重视材质的选择,其中厨电产品进口物料的占比达近30%,是美的集团中所有事业部中最高的。主流品牌商用什么供应商,用什么部件,美的就用什么,很多都是从欧洲直接进口的,如采用米勒、博西等用的材料。不锈钢则采用是原装的科尔博不锈钢,在产品工艺上,与意大利的设备供应商合作,提升加工工艺,围绕产品做全系列的产品升级。

在美的眼中,这是一次效率革命,企业从领导到员工上下都亲自参与实践,把所学的知识进行消化,让更多学员更好理解。MBS更多强调的不是理论,而是现场的参与和实践,同时,在改善过程中充分沟通,尊重员工想法,挖掘员工智慧。从中我们不难看出,MBS对多能员工的培养优势,员工不再是在流水线上机械的一个动作一个动作地简单重复,而是一个人可以顺畅地兼顾多个生产环节。

3. 跨界研发:灵动模式保障创新产品落地

美的集团的研发组织架构分为开发、先行、前瞻和技术基础研究这四个层级,智慧家居研究院和中央研究院是集团的组织,集团最顶层通过全球顶级的高校和院所合作的方式来展开做一些面向未来的前沿性研究。还有一层做基础性的研究,为十大事业部提供通用、共性的技术,如传感器、流体管等各个产品都需要。各产品事业部也有两级,其中一个层级为先行研究部门,主要职责是按照市场和技术发展的趋势,做一些提前的技术开发和技术储备。做了技术储备之后,就形成了技术货架,把成型的技术放在这里。产品开发是一个层级,用现有的技术做产品开发,洞察用户需求,从而用最适合的技术匹配到产品中满足用户特定的需求和价值。

美的是需求方主动的运作机制,不是层层汇报领导。如美的中央研究院2015年9月12日创建的美创平台,就是希望既可以利用美的内部的资源,也可以利用美的外部的资源,通过融资或者投资的方式去做一些创新性的项目,让以前以传统途径很难挖掘和培育出来的产品,通过"第二跑道项目"挖掘出来。在集团层面,有标准的激励方式,一种方式是项目团队不投资,集团拿20%的股份激励这个团队,相当于干股。另外一种方式是项目团队投资,按照最初项目的估值和预算进行投资,最高项目团队可以拿到40%的股权。

集团在做的同时,也在各事业部内部复制了这样的项目。如空调烟机,就是厨电事业部和空调事业部直接沟通研发出的一个产品。AH电饭煲是美创平台第一代产品,由60多名技术人员历经21个月精心锻造。在跨界上,引进国内南宋官窑研究方面的最精湛人才团队,用于厨电新品内胆的研发制造,共同完成产品的研发、制造、测评,以及和用户交互的全过程。跨界内部团队哪怕发现一个外观设计的最小细节,也会反复进行用户调研、测评。所以他们的合作,可以说,是从工程师思维转向用户思维进行产品创新的一次成功实践。首先当然是技术跨界创新的力量,但更重要的是,从思维上引领中国家电业转变为以用户需求和体验为中心,进行打破传统的改革创新。

智能化在美的厨电策略上是非常重要的战略方向。通过各个事业部提供资金、专家、场地、资源支持,打造创新性、跨界性的产品。通过对原来分属不同品类的家电功能所进行的技术融合创新、大胆引入跨界团队所进行的人才机制优化,以及以用户需求为中心所进行的思维模式转变,将有助于1+1+1>3的行业优化升级和新产业链生成,对中国家电业的优质竞争、转型领先和供给侧改革,产生更深远的意义。

4. 技术创新:平台支持下整合全球研发资源

在智能厨房上,三星用冰箱做家庭的终端网关,老板以烟机为中心做ROKI的平台等,厨房的中心究竟是哪个产品呢?目前还是百家争鸣的阶段。中国的消费者对厨房的需求是非常多样性的,以西式厨房为主的家庭,将厨房和餐厅打通,冰箱在其家庭中位居非常重要的角色,可能以冰箱为主。而传统的厨房是独立的厨房,那么烟灶可能是厨房的主体。美的准备做一个智能整体厨房的项目,在集团内部,通过智慧家居研究院和中央研究院的支持,并与4个产品事业部和6个单位合作,在智能整体厨房的项目提供多样性的厨房解决方案。

美的集团投入了30亿元打造全球创业中心,去年美的集团在北美建立了第二个全集团的海外研发中心,厨电事业部有5个人在那里工作。在2017年年底,第三、四个海外研发中心都将落成。人才战略及布局上,2011年美的硕博占比3.0%,今年已经达到20%多。研发人员的占比,以前是29.0%,目前已经达到49.9%,三年之内的目标是达到60.0%。研发的投入也从1.0%上升到3.0%。具体到美的厨电事业部,研发上于2014年成立了一个移动互联的开发团队,到今天为止,这个团队已经有40多个人。

全球的饮食习惯差异很大,因此,设计和研发要走向全球化,这是厨房设备的特点。由于厨电产品对使用的环境要求较高,使用习惯不同,因此,美的在美国、德国、日本、意大利等地建立研发中心,借助全球的人才优势去提升产品的技术竞争力。美的厨电也在努力推动全球的研发体系布局,如在意大利建立的研发中心,意大利本土的工程师有近10个人,美的厨电事业部的优秀工程师也会派到意大利共同研发,交流学习。

据美的介绍,未来的目标是成为全球一流的科技型制造企业,通过组建国际一流研发团队,三年技术达到国际一流水平,五年实现产品全面领先。美的智慧家居已与华为、阿里、京东、小米、腾讯、讯飞、国家电网、杜亚集团、安吉星等近50家领先企业建立了密切合作关系。作为美的加速推进"智慧家居+智能制造"的战略举措,美的已发起全面要约收购全球领先的机器人及自动化生产设备和解决方案的供应商德国库卡集团。

智能家居发展趋势已逐步成为行业共识,基于智能控制技术、电子信息技术、物联网技术、大数据、云计算等相关配套应用技术的成熟以及各种移动智能终端的普及,将有效推动智能家电的快速发展。据中怡康预测,2020年智能家电产品的渗透率将进一步提升,白电、厨电、生活电器等智能家电的占比将分别达到45.0%、25.0%和28.0%,未来五年市场需求额将达到1.5万亿元。

资料来源:邱麦平,《制造、质造、智造,美的模式创新与时俱进》,《现代家电》,2016年第20期。

## 第二节 市场营销战略

**名人名言:**
营销是没有专家的,唯一的专家是消费者,就是你只要能打动消费者就行了。
——史玉柱

## 一、市场营销战略的内涵

市场营销战略是企业市场营销部门根据战略规划，在综合考虑外部市场机会及内部资源状况等因素的基础上，确定目标市场，选择相应的市场营销策略组合，并予以有效实施和控制的过程。

市场营销总战略包括：产品策略、价格策略、营销渠道策略、促销策略等。市场营销战略计划的制定是一个相互作用的过程，是一个创造和反复的过程。

市场营销战略的特征：

（1）市场营销的第一目的是创造顾客，获取和维持顾客；

（2）要从长远的观点来考虑如何有效地战胜竞争对手，使其立于不败之地；

（3）注重市场调研，收集并分析大量的信息，只有这样才能在环境和市场的变化有很大不确定性的情况下做出正确的决策；

（4）积极推行革新，其程度与效果成正比；

（5）在变化中进行决策，要求其决策者有很强的能力，要有像企业家一样的洞察力、识别力和决断力。

## 二、市场营销战略的步骤

企业营销管理过程是市场营销管理的内容和程序的体现，是指企业为达成自身的目标辨别、分析、选择和发掘市场营销机会，规划、执行和控制企业营销活动的全过程。

企业市场营销管理过程包含下列四个相互紧密联系的步骤：分析市场机会，选择目标市场，确定市场营销策略，市场营销活动管理，如图 8-2 所示。

图 8-2　市场营销战略的步骤

（一）分析市场机会

在竞争激烈的买方市场，有利可图的营销机会并不多。企业必须对市场结构、消费者、竞争者行为进行调查研究，识别、评价和选择市场机会。

企业应该善于通过发现消费者现实的和潜在的需求，寻找各种"环境机会"，即市场机会。而且应当通过对各种"环境机会"的评估，确定本企业最适当的"企业机会"。

对企业市场机会的分析、评估，首先是通过有关营销部门对市场结构的分析、消费者行为的认识和对市场营销环境的研究展开，还需要对企业自身能力、市场竞争地位、企业优势与弱点等进行全面、客观的评价展开，还要检查市场机会与企业的宗旨、目标与任务的一致性。

（二）选择目标市场

对市场机会进行评估后，对企业要进入的哪个市场或者某个市场的哪个部分，要研究和选择企业目标市场。目标市场的选择是企业营销战略性的策略,是市场营销研究的重要内容。企业首先应该对进入的市场进行细分,分析每个细分市场的特点、需求趋势和竞争状况,并根据本公司优势,选择自己的目标市场。

### (三) 确定市场营销策略

企业营销管理过程中,制定企业营销策略是关键环节。企业营销策略的制定体现在市场营销组合的设计上。为了满足目标市场的需要,企业对自身可以控制的各种营销要素如质量、包装、价格、广告、销售渠道等进行优化组合。重点应该考虑产品策略、价格策略、渠道策略和促销策略,即"4Ps"营销组合。

随着市场营销学研究的不断深入,市场营销组合的内容也在发生着变化,从"4Ps"发展为"6Ps"。近年又有人提出了"4Cs"为主要内容的市场营销组合。

一个市场营销的总体战略包括制定产品的产品策略、价格策略、分销策略等。但是市场营销战略不是将这些不同领域中各个独立制定的决策累加在一起;正相反,总体战略必须先于并指导具体的产品、价格、分销等策略的制定,这其实需要的是一个逆向的制定过程。如同对一个军事参谋部来说,构思一个整体战略必须先于制定针对步兵、炮兵、装甲兵、空军等个别计划。

### (四) 市场营销活动管理

企业营销管理的最后一个程序是对市场营销活动的管理,营销管理离不开营销管理系统的支持。需要以下三个管理系统支持。

(1) 市场营销计划。既要制定较长期战略规划,决定企业的发展方向和目标,又要有具体的市场营销计划,具体实施战略计划目标。

(2) 市场营销组织。营销计划需要有一个强有力的营销组织来执行。根据计划目标,需要组建一个高效的营销组织,需要对组织人员实施筛选、培训、激励和评估等一系列管理活动。

(3) 市场营销控制。在营销计划实施过程中,需要控制系统来保证市场营销目标的实施。营销控制主要有企业年度计划控制、企业盈利控制、营销战略控制等。

营销管理的三个系统是相互联系、相互制约的。市场营销计划是营销组织活动的指导,营销组织负责实施营销计划,计划实施需要控制,保证计划得以实现。

---

**小 资 料**

#### 小米手机的营销战略

小米科技有限责任公司在2010年4月正式成立于北京,是一家专注于研究安卓智能手机系统开发的互联网公司。从小米手机发布至今,历经市场的检验,取得了辉煌成绩,2013年上半年成功销售了703万台手机,在中国智能机市场所占份额为5%,超过苹果手机。小米手机的成功得益于它巧妙地运用了各种营销策略,不仅赢得了消费者,而且迅速地占领了市场,创造了国产手机行业的奇迹。

1. 精准的市场定位

市场定位是指市场营销人员为了让自己的产品和其他企业的有所区别,制定一系列的营销策略使产品在顾客心中树立独特的形象。市场定位的目的主要是使企业的产品或形象在消费者心中占有特殊位置。一个好的市场定位不仅有利于企业开拓新的市场,而且有利于增强企业的市场竞争力。

小米手机作为一个全新的产品,在市场上的知名度较低。面对竞争如此激烈的中国智能手机市场,为突出企业形象和产品特色,在国内中端手机市场占领一席之地,小米瞄准市场的缝隙采取了利基定位策略,将手机定位于"发烧友"。并且通过众多媒介的宣传,突出小米手机的特色以及企业的优质服务,在用户心中树立了良好的企业形象。小米的精确定位既避免了与三星、苹果等知名品牌的直接竞争,又迅速地占领了市场。

2. 成功的产品策略

(1) 高端配置和强大功能的手机。小米手机搭载双核的1.5G处理器,基于Android 2.3 深度开发的 MIUI 系统,1GB 的运行内存和4GB 的机身内存,夏普的4英寸大屏幕,800 万像素的后置摄像头。这样高端的配置基本满足"发烧友"的需求。同时,凭借其超高性价比和优质的质量在顾客心中留下了美好的印象。

(2) 目标顾客参与产品研发的模式。小米手机在产品设计的时候,与目标顾客进行了有效的沟通,为了满足用户需要,开发出了高端配置且价格低廉的手机。在手机正式发售之前,实行工程机的限量发售,将工程机优先出售给了游戏发烧友,可能工程机本身还存在一些问题,通过发烧友使用后将信息反馈给公司,技术人员根据发烧友的体验建议加以改进,最后使小米手机在正式发布的时候更符合用户需求。在经济全球化的今天,企业为了降低新产品研发的风险,增强企业的核心竞争力,促进企业更好更快的发展,就迫切需要将顾客参与融入新产品研发中。小米正是采用了这种模式,既加强了与手机用户的沟通,又使小米手机得到了宣传,并且激发了更多消费者的购买欲望。

(3) 超强抗摔的包装。小米手机发烧友大多是"80后、90后"年轻人,这部分年轻人具有喜欢追求新事物,追求便宜实用的行为特征。为了迎合用户的需求,小米手机以绿色环保为理念设计了超强抗摔的包装。包装盒的最外层采用牛皮纸壳,纸壳上面印刷了有关手机电路图、小米手机图、整体规格以及小米LOGO等信息,包装盒内部采用白色硬纸浆,这样的包装使小米手机抗挤压碰撞的效果很出众。同时,在包装盒设计的各个环节,采用最好的包装工艺,充分考虑了用户的使用感受,这给用户留下了高品质的印象。

3. 巧妙的价格策略

制定合适的价格策略不仅有利于提高产品销量,而且有利于提高企业利润。面临竞争如此激烈的智能机市场,小米手机巧妙地运用了以下几种定价策略,赢得了消费者的青睐:

(1) 运用渗透定价,提高市场占有率。渗透定价是指在产品上市前将价格定得较低,引起消费者的购买欲望,从而扩大该产品市场占有率。小米手机定价为1 999元,这样高端的配置加这么低的价格可以说是前所未有的。目前国内智能手机市场上,能够达到小米手机这样配置的智能机大多价格都在2 500元以上。如此高配低价的手机,这对消费者来说诱惑极大,从而使小米手机第一次在线上销售就被一抢而空。这个定价策略对小米手机提高市场占有率功不可没。

(2) 运用捆绑策略,提高产品销量。捆绑策略是指把两种或两种以上的相关产品作为一个整体包,并制定优惠的价格卖给消费者的定价策略。小米手机官网上出售配件专区,经常以电池套装和保护套装进行搭配销售,例如1 930 mAh电池+原装后盖+直充,原价258元,现价148元,立省110元。另外小米手机在网上销售的时候会给顾客提供几个套餐,每个套餐里面包含不同的配件以及小礼品之类的,不同的套餐报价不同。小米运用捆绑策略,不仅提高了手机的销量,而且带动了其他产品的销售。

(3) 运用心理定价策略,吸引顾客购买。小米手机主要运用了这样的心理定价策略:一是尾数定价,小米官网所卖的商品几乎都是以"9"结尾来定价的,给人一种便宜的感觉,从而提高购买的可能性。二是招徕定价,即故意将一部分商品的价格定得很低,以吸引顾客购买的定价策略。小米官网定期举行限量秒杀活动,一般每周一至周五早上10:00准时开始抢购,并且每个账号限购一件,参加秒杀活动的商品大多数是手机配件,以超低的价格吸引人气和关注度,同时也迎合了消费者追求便宜的心理。

4. 网上直销的渠道策略

小米手机之所以能够迅速地占领市场,主要是采用了网上直销的渠道策略。网上直销可以实现生产者和消费者的直接接触,从而了解消费者需求,有利于开展有效的营销活动;也可以减少中间环节,让买卖双方都节约费用。

小米公司成立后不久便建立了小米网站,接着开发了基于安卓平台的米聊软件,从而扩大了小米手机知名度,然后大量宣传小米手机顶尖配置以及公司的顶尖人才,并且在论坛里放出MIUI系统,让论坛里面的高手刷机和评测ROM好坏,最后通过新闻媒体的炒作,使小米手机无人不知无人不晓。小米手机迎合了广大中青年人的喜好,采用了电子渠道和物流公司合作的网络分销模式。目前,小米手机的销售主要依靠小米手机官方网站,节省了中间费用和建立实体店的费用,保证了产品质量。

5. 有效的促销策略

小米手机之所以能够在激烈的市场竞争中独树一帜,是因为其主要采用了以下几种促销策略。

(1) 大力开展公关促销。小米手机的CEO雷军,被称为中国的"乔布斯",大力开展公关促销,于2011年8月16日在北京举行了一场高调的小米手机新闻发布会。国产手机企业中举行这样高调发布会的寥寥无几。正是因为雷军的勇气与胆识,从而使这场发布会引起了众多媒体和手机发烧友的强烈关注。

(2) 巧妙地运用独次促销法。独次促销法是指生产商对所有的商品仅出售一

**企业战略管理**

次,就不再进货了。表面上看商家失去了很多利润,但实际上因所有商品十分畅销反而加速了商品周转速度,从而实现了更大的利润。这个策略充分抓住了顾客"物以稀为贵"的心理,给顾客留下一种机不可失,失不再来的假象。因此小米手机正式版还未开始销售,先以秒杀的形式出售工程机纪念版。2011年8月底每天以1 699元的价格限量发售600台工程机,工程机比正式版手机便宜300元。此消息一公布,在网上搜索如何购买小米手机的新闻瞬间传遍网络。小米手机的这一策略,让更多的机友对小米手机产生了好奇,从而扩大了小米手机的知名度。

(3) 借用新闻媒体的炒作营销。炒作营销是指通过对某些有卖点的人或事物进行精心的策划和包装,利用网络进行传播以吸引公众的注意力,从而促进产品销售或提高品牌知名度的营销方式。小米手机一直被传闻是偷来的,是仿苹果的等等。针对这些传闻,小米官方并没有给予澄清或者解释,正是因为各大媒体的炒作使得小米更加神秘,更加吸引人们的关注。

(4) 充分应用饥饿营销策略。饥饿营销是指供应商为了维护品牌形象和增加品牌的附加值,从而有意降低产量或积压产品,推迟产品进入市场的时间,导致市场出现供不应求的"假象"。小米手机的新产品在上市之前消息是露一半遮一半,当这种营销策略极大地吸引了媒体和粉丝的关注之后,立马发布新产品。其产品的发布经历了"新产品的发布—新产品上市时间—消费者期待—线上秒杀—货源不足"的营销过程,让顾客想买却又买不到。

资料来源:邓健、郑传勇,《小米手机营销策略分析与发展建议》,《中国市场》,2014年第30期,第10—12页。

## 三、市场营销战略与企业战略的关系

随着市场营销战略在企业实现目标的过程中起到越来越大的作用,市场营销战略已经逐步挣脱了企业总体战略对其的制约和主导,越来越偏向以目标市场和顾客为导向,同时遵循总体成本领先战略、差异化战略、专一化战略三大成功通用战略的原则,成为企业战略取胜的不二法宝。从战略制定方向上已经从以前的自上而下变成了自下而上,形成了新型的逆向关系。

### (一) 逆向制定战略

罗杰·史密斯在1981年执掌通用汽车公司(GM)时,预言GM在三大国内汽车市场中所占份额最终将由1980年的60%上升到70%。GM为实现这一目标,开始进行一项500亿美元的现代化项目。结果,其比例却降到了58%,并在继续下降。GM北美汽车部每年的亏损额高达数亿美元。这一战略失败的案例向我们重申了市场营销战略与企业战略之间的真正关系,回过头来我们不难从市场营销的基本理论中找到答案。按照逆向市场营销的原理,即从特殊到一般,从短期到长期,从战术上升到战略,我们不难知道,战略应当自下而上发展起来,而不是自上而下落实下去,这样才能创造出更好的战略。同时市场竞争的实践证明,战略应当根生于对实际市场营销战术本身深刻理解的基础上,才能保证其立于不败之地。也就是我们常说的"战术支配战略,然后战略推动战术"。

但是,往往很多企业都太执着于实现企业的愿景和战略而忽略了市场和顾客的客观性,总是要在经历了坎坷后才恍然大悟,可是商机稍纵即逝。比如,柯达多年来一直把X光底片卖给医院实验室的技术人员,很晚才注意到购买决策已逐渐转移到专业行政人员的手中。营销导向理论告诉我们,现代市场营销具备一种统括职能,起到一种导向作用。企业要根据市场营销的需要来确定其职能部门和分配经营资源,并要求其他职能部门服从市场营销,服务于市场营销,从而在其基础上决定企业总体发展方向和制定企业战略。

(二)营销战略成为企业战略的核心

企业战略有不同的层次和不同的职能,过去市场营销战略只是企业总体战略的一个分支,一项内容而已,是企业战略的组成部分,诚然,我们不能用市场营销战略替代企业战略的谋划,但是市场营销战略的不断完善和取得成效,为企业的总体战略成功奠定了坚实的基础。世界500强企业里面,在企业战略上取胜的IBM、海尔、宝洁、沃尔玛等等无一不是在市场营销战略上取得巨大成功的。当然这就要求企业的其他职能战略也必须以市场营销战略为导向,与之配套,这样才能形成以市场营销战略为核心的企业总体战略。

## 第三节 人力资源战略

**名人名言:**
　　一家企业最重要的东西:第一是人才,第二是人才,第三还是人才。
　　　　　　　　　　　　　　　　　　　　　　　　　　　　——王永庆

### 一、人力资源战略的内涵

一旦一个组织的战略确定了,它就必须制定相应的人力资源战略,以明确自己需要何种人力资源,以及如何吸引、保留、激励和开发这些人力资源。所谓人力资源战略,就是人力资源管理部门及其管理者用来帮助公司实现战略目标的行动指南,它是一个组织将其人力资源管理的主要目标、政策以及程序整合为一个有机整体的某种模式或规划的产物。一种构建良好的人力资源管理战略有助于企业聚合资源,同时还有助于企业根据自己内部的优势和劣势、外部环境的变化以及竞争对手预期采取的行动,将这些资源合理地分配到每一个部门。例如,联邦快递公司(FedEx)的战略目标之一就是,通过组织承诺度较高的员工来达到高水平的客户服务质量以及较高的利润率。因此,该公司的基本人力资源管理目标就是：努力培养一支具有较高组织承诺度的员工队伍，最好是塑造一个无工会介入的工作环境。联邦快递公司通过各种具体的人力资源战略来实现这个目标。它通过各种管理机制（如特定的争议处理程序）来进行良好的双向沟通；把那些不具有以人为本价值观的潜在管理者筛选出去；提供具有高度竞争性的薪资以及绩效奖励；公平对待所有的员工并且对所有员工提供保障；利用内部晋升和各种员工开发活动，为所有员工提供运用技能和发挥才能的机会。

另一个例子是韩国的三星公司，该公司是韩国最大的企业集团，其年销售额超过900亿美元，由覆盖制造业和服务业的28家公司组成。该公司是世界头号计算机内存条生产商，员工人数超过26万人。三星公司认为，人是企业的未来。同时，三星公司的员工也认识到，作为三星这家全球性公司的一员，他们的主要责任就是充分发挥自己的潜力，从而为这家企业的不断发展和完善作出自己的贡献。三星公司的成功有赖于它的员工。只有当员工的利益能够受到维护，需要得到满足的时候，客户满意度和企业的可持续发展才能得到可靠的保证。三星公司的政策长期以来都明确阐明：公司会尊重员工；对员工给予公平对待；根据能力支付报酬；在一个支持性的环境中为员工提供个人发展的机会。该公司坚定地认为，员工的培训和开发有助于企业完成其战略性任务指标——客户满意度和可持续的公司增长。

## 二、人力资源战略与不同组织战略的匹配

一个组织的总体战略通常可以划分为两个层次：一是组织的发展战略或公司战略；二是组织的经营战略或竞争战略。前者所要解决的是组织要扩张、稳定还是收缩的问题，后者所要解决的则是如何在既定领域中通过一定的战略选择来战胜竞争对手的问题。组织战略通常包括成长战略、稳定战略、收缩战略三种，而竞争战略则可以划分为创新战略、成本领袖战略和客户中心战略三种。采取的战略不同，组织需要制定的人力资源战略也就不同。下面结合组织战略和竞争战略的类型来简要分析相应的人力资源战略。

### （一）成长战略及其相应的人力资源战略

成长战略是一种关注市场开发、产品开发、创新以及合并等内容的战略，它又可以划分为内部成长战略和外部成长战略两种类型。其中，前者是通过整合和利用组织所拥有的所有资源来强化组织优势的一种战略，它所注重的是自身力量的增强和自我扩张。而后者则是试图通过纵向一体化、横向一体化或者多元化来实现一体化战略，这种战略往往是通过兼并、联合、收购等方式来扩展组织的资源或者强化其市场地位。

对于追求内部成长战略的组织来说，它们所强调的重要内容是新产品和新市场的开发、新事业的开创以及新领域的进入。这种组织是通过自我积累实现成长的。在这种情况下，它们的人员招募和甄选压力就会比较大，人力资源的招募工作必须能够不断补充组织成长过程中所需要的各类人才。而培训工作也是全方位、多类型的，需要为组织不断培养和输送具有各种不同知识和技能的员工。在晋升方面，这类组织往往强调内部晋升，从外部招募和录用低级别职位上的员工，然后不断地把员工一步一步培养到

中高层管理职位。从绩效管理的角度来说，这类组织会同时关注员工的结果以及完成工作的过程，但是更为重视结果，同时，薪酬与结果的挂钩往往也非常紧密。

对于采取外部成长战略的组织来说，它们所面临的问题与内部成长型组织是不同的，无论是通过纵向一体化还是横向一体化的兼并、收购和重组来实现组织的扩张，组织所面临的最大人力资源问题都是如何重新合理配置人力资源，维持员工队伍的士气，同时实现文化的整合，以及确保各项人力资源管理实践和标准的一致。因此，这类组织的员工招募工作需求不大，但是员工的重新配置的工作压力却很大。其培训工作的重点是文化整合和价值观的统一，以及关于如何解决冲突的技能培训，同时，还要对一些暂时找不到合适位置的人员进行技能的再培训。绩效管理和薪酬管理的重心则都是如何实现绩效管理实践以及薪酬结构和薪资水平的规范化和标准化。如果正在实施兼并、收购和重组战略的组织不能清醒地意识到这一战略的人力资源管理要求，很可能会遭遇战略的失败或者付出惨重代价。例如，2008年3月13日，我国东方航空公司云南省分公司的18架航班在到达目的地后，并没有降落，而是直接返航，这一事件对东方航空公司的声誉和经济利益造成了严重的影响。而在这一事件背后，东方航空公司在收购原云南航空公司之后，对于兼并、收购和重组过程中的人力资源管理需求缺乏关注，是导致问题出现的一个非常重要的原因。

（二）稳定战略及其相应的人力资源战略

稳定战略是一种强调市场份额或者运营成本的战略。这种战略要求组织在自己已经占领的市场中选择一个自己能够做得最好的部分，然后把它做得更好。采取稳定战略的组织往往处于较为稳定的环境之中，增长率较低，维持竞争力的关键在于是否能够保持自己已经拥有的技能。从人力资源管理的角度来说，主要是以稳定已经掌握相关工作技能的员工队伍为出发点，因而这种组织的整体人力资源战略就是保持组织内部人力资源的稳定性以及管理手段的规范性、一致性和内部公平性。这种组织对人员招募的需求不是很大，内部员工能够获得比较缓慢的晋升，组织的培训主要关注员工当前所从事的工作的需要，绩效管理的重点是员工的行为规范以及员工的工作能力和态度。在薪酬管理方面，更加重视薪酬的内部一致性，薪酬的决策集中度比较高，薪酬的决定基础主要是员工所从事的工作本身。同时，这类组织的员工福利水平往往比较高。

（三）收缩战略及其相应的人力资源战略

收缩战略通常会被那些由于面临严重的经济困难因而想要缩小一部分经营业务的组织采用，这种战略有时又称为精简战略，它往往是与裁员、剥离以及清算等联系在一起的。由于采用收缩战略的组织本身所具有的这种特征，所以这类组织重点需要解决的人力资源问题是，如何以一种和平、稳定并且代价最小的方式将冗余的人力资源剥离出组织，同时如何提高在组织精简和裁员之后留在组织中的员工的士气。此外，由于战略和业务领域的调整，组织中的很多人的知识和技能可能也需要进行更新，因此，培训的压力也会比较大。由于经营处于不利局面，这类组织对于尽快取得业绩极为关注，它们的绩效管理重心会在对结果的考核上，同时，这类组织对于将员工的收入与组织的经营业绩挂钩有着非常强烈的愿望，除了在薪酬中减少固定薪酬部分所占的比重、增加浮动薪酬的比重，往往还力图实行员工股份所有权计划等，以鼓励员工与组织共担风险。

企业战略管理

## 三、人力资源战略与不同竞争战略的匹配

### （一）创新战略及其相应的人力资源战略

创新战略是以产品的创新以及产品生命周期的缩短为导向的一种竞争战略。采取这种战略的组织往往强调风险承担和新产品的不断推出，并把缩短产品由设计到投放市场的时间看成是自己的一个重要目标。这种组织的一个重要经营目标在于充当产品市场上的领袖，并且在管理过程中常常会非常强调客户的满意度和客户的个性化需要，而对于组织内部的职位等级结构以及相对稳定的职位评价等则不是很重视。从人员招募和甄选的角度来说，这类组织更愿意得到富有创新精神和敢于承担风险的人，而不是长期兢兢业业做一份重复性很强的程序化工作的人。为此，这类组织在薪酬上就必须强调组织与员工的风险共担以及成功分享，同时确保在产品、生产方法以及技术等方面的创新成功者确实能够得到高额的回报。这类组织在职位描述方面会保持相当的灵活性，从而要求员工能够适应不同环境的工作需要，因此，员工的基本薪酬往往不是取决于内容非常清晰的职位范围和职责，而是更多地取决于员工个人的创新能力和技术水平。从绩效管理的角度来说，这类组织更为关注创新的结果，而不是工作过程中的具体行为规范，因此，绩效管理体系的目标导向性很强。

### （二）成本领袖战略及其相应的人力资源战略

所谓成本领袖战略，实际上就是低成本战略，即在产品本身的质量大体相同的情况下，组织以低于竞争对手的价格向客户提供产品这样一种竞争战略。比如，大型连锁超市沃尔玛、家用电器生产商格兰仕公司以及计算机生产商戴尔等企业，都是典型的成本领袖型组织。我国的吉利集团在创业初期也是在汽车市场上采取低成本战略来进行竞争。追求成本领袖战略的组织都非常重视效率，尤其是对操作水平的要求很高，它们的目标则是用较低的成本去做较多的事情。对于任何事情，它们首先要问的是："这种做法的成本有效性如何？"为了提高生产率，降低成本，这种组织通常会比较详细和具体地对员工所要从事的工作内容和职责、任务进行描述，强调员工在工作岗位上的稳定性。培训的内容重点针对员工当前所从事的工作的需要，绩效管理的重点也在于员工的行为规范和对基本工作流程的遵守。这类组织还特别强调工作纪律和出勤以及作息时间要求。在薪酬水平方面，这种组织会密切关注竞争对手的薪酬状况，以确保本组织的薪酬水平既不低于竞争对手，最好也不要高于竞争对手。在薪酬构成方面，这种组织通常会采取一定的措施提高浮动薪酬或奖金在薪酬构成中的比重，同时奖励员工在成本节约方面取得的任何成绩。这一方面是为了控制成本支出；另一方面是为了鼓励员工降低成本，提高生产效率。

### （三）客户中心战略及其相应的人力资源战略

客户中心战略是一种以提高客户服务质量、服务效率、服务速度等来赢得竞争优势的战略。采取这种战略的组织所关注的是如何取悦客户，它希望自己以及自己的员工不仅能够很好地满足客户提出的需要，同时还能够帮助客户发现一些他们自己尚未明确的潜在需要，并且设法满足这些潜在需要。客户满意度是这种组织最为关注的一个绩效指标。为了鼓励员工持续发掘服务于客户的各种不同途径，以及加快对客户需要作出反应的速

度,这类组织在招募环节往往就非常重视求职者或候选人的客户服务能力、动机以及经验。比如,万豪国际酒店在招募员工时,就非常留意在面试过程中被面试者脸上的微笑出现的次数。这类组织的培训系统也会在客户知识、客户服务技巧以及以客户为导向的价值观等方面倾注大量的时间和精力。这些组织的薪酬系统往往也会根据员工向客户所提供服务的数量和质量来支付薪酬,或者是根据客户对员工或员工群体所提供服务的总体评价结果来支付奖金。比如,在一些服务行业,通常是根据员工所服务的客户数量按照一定的单价来实行计件工资制,但是当客户主动寻求某一位员工的服务时,企业就会将计件单价上浮一定的百分比,这样实际上就起到了鼓励员工积极满足客户需要、吸引客户的作用。

## 四、人力资源战略与人力资源管理实践选择

如前所述,一个组织的战略确定以后,就需要制定相应的人力资源战略来确保这种战略的实现,而人力资源战略最终还是要落实到人力资源各个职能模块上,这样,在不同的人力资源战略之下,在每一种人力资源管理职能中,组织可以选择采用不同的人力资源管理方法和管理实践。总的来说,组织需要在以下六个主要的人力资源管理职能领域作出自己的战略选择(见表8-2)。

表8-2 人力资源管理实践的备选清单

| 职位分析与职位设计 |
|---|
| 少量任务↔多种任务<br>简单任务↔复杂任务<br>要求少量技能↔要求大量技能<br>具体的职位描述↔一般性的职位描述 |
| 招募与甄选 |
| 外部来源↔内部来源<br>有限社会化↔全面社会化<br>评价特定技能↔评价一般技能<br>狭窄的职业发展通道↔宽阔的职业发展通道 |
| 培训与开发 |
| 集中在当前的工作技能上↔集中在未来的工作技能上<br>个人导向↔群体导向<br>培训少数员工↔培训所有员工<br>随机的、无计划的↔有计划的、系统的 |
| 绩效管理 |
| 行为标准↔结果标准<br>开发导向↔管理导向<br>短期标准↔长期标准<br>个人导向↔群体导向 |

(续表)

| 薪资结构、奖金与福利 |
|---|
| 以薪资福利为重↔以奖金为重<br>短期奖励↔长期奖励<br>强调内部公平↔强调外部公平<br>奖励个人↔奖励群体 |
| 劳资关系与员工关系 |
| 集体谈判↔个人谈判<br>自上而下的决策↔员工参与决策<br>正规的既定程序↔无正规的既定程序<br>将员工看作是费用↔将员工看作是财富 |

资料来源：Randall S. Schuler and Susan F. Jackson, Linking competition strategies with human resource management practices, *Academy of Management Executive*（1987）, pp. 207 - 219; Cynthia Fisher, Lyle Schoenfeldt, and Ben Shaw, *Human Resource Management*, 2nd ed., Boston: Houghton Mifflin, 1992.

### （一）职位分析与职位设计

组织总是要提供某种或某些产品或服务，而要生产这些产品或提供这些服务就需要完成许多工作任务，将这些工作任务加以归类就可以形成不同的职位。职位分析是获取关于职位的各种详细信息的过程，而职位设计则要决定应当将哪些工作任务划归到某一特定职位。职位设计的方式与组织战略之间存在着紧密的联系，这是因为战略或者是需要完成一些新的与过去不同的工作任务，或者是需要以某种新的方式来完成与过去相同的任务。此外，由于许多战略本身都包含引进新技术的要求，这时必然会对完成工作的方式产生一定的影响。

总的来说，在设计职位时，既可以在一个职位中包括范围非常狭窄的某些工作任务，这些任务中的大多数都非常简单，完成这些任务所要求的技能范围也非常有限，也可以使一个职位中包含的工作任务范围比较大、内容比较复杂，同时要求完成这些任务的人必须具有多种技能。在前一种情况下，通过职位分析获得的职位描述文件往往必须具体和细致，工作范围界定得很清楚；而在后一种情况下，职位描述往往相对比较宽泛，职位的工作范围也不是那么绝对。过去，很多组织常常通过将一个职位需要承担的工作任务范围设计得很窄的方式来提高效率，而工作任务范围较大的职位设计方式则一直是与创新活动联系在一起的。然而，随着全面质量管理和质量圈等各种员工参与计划的引入以及组织对于员工的灵活性的要求提高，许多职位所承担的工作任务都在朝范围扩大的方向发展。

### （二）员工招募与甄选

招募是指企业为了完成潜在的员工雇佣任务而对求职者进行搜寻的过程。甄选是指企业试图确认求职者是否具有某些特定的知识、技能、能力以及性格特征，从而能够帮助企业达成目标的过程。采取不同战略的企业所需要的员工类型和员工数量也是不同的。因此，一个组织正在实施的战略类型对于它所要招募和甄选的员工类型有直接的影响，从而员工招募的渠道以及甄选的方法也会存在差异。比如，当一个组织中存在职位空缺时,既可以采取首先寻找内部人员填补的策略,也可以采取直接进行外部招募的策略。在进行外部招募时,既可以要求求职者必须具备承担某一特定职位上的工作所需要的特定的知识、技能和经验,也可以只是对求职者的一般素质和基本能力作出要求,不要求求职者必须具备马上就能够运用的某一特定职位所需要的专门技能和经验。又如,在进行员工招募、甄选以及配置时,既可以期望员工按照某一狭窄的职业发展道路发展,也可以为他们提供广阔的发展空间。

### (三) 培训与开发

通过培训和开发可以使员工获得大量的技能,以适应当前以及未来的工作需要。培训是指为了方便员工学习与工作有关的知识、技能以及行为而开展的一系列有计划的活动。培训的侧重点在于满足当前的工作需要。而开发活动则是力图帮助员工获得相应的知识、技能和行为,以应对可能来自现有的各种工作,也可能来自目前尚不存在但在未来可能会出现的新工作的挑战。开发更多地侧重于未来。由于战略的改变往往导致员工所掌握技能的类型、水平以及组合也必须随之发生改变,因此与战略有关的技能的获取就成为战略执行过程中一个极为关键的因素。

例如,有些战略要求组织的培训工作主要针对员工当前的职位要求来开展,不主张员工接受内容比较宽泛的培训;另外一些战略则要求对员工的团队工作能力进行培训,以教会他们如何在团队中处理各种矛盾和冲突,而不仅仅是培训员工个人的能力。又如,一个组织如果特别强调产品质量,并且在执行全面质量管理计划,那么这些计划就会要求必须对全体员工进行广泛的培训,使他们掌握全面质量管理的理念、方法以及其他一些质量保证方面的技能。

### (四) 绩效管理

绩效管理是一种确保每一位员工的工作活动及其结果都与组织的目标保持一致的手段。它要求必须明确指出,哪些活动和结果能够使组织成功实施其战略。例如,对于那些处于相对稳定环境中的稳定型组织而言,在对员工进行绩效评价时,往往更为重视员工的行为和工作的过程。这是因为在这样的组织中,什么样的工作行为和工作过程会导致什么样的工作结果往往是相对清晰的,作为考核者的管理者对工作任务的完成方式也是非常清楚的。

另一方面,对于那些处于不稳定环境中的扩张型组织来说,在对员工尤其是对管理人员进行绩效评价时,往往更为重视定量的结果性绩效指标。这是因为在这种情况下,高层管理者对于下级管理人员应当如何完成工作并不是非常清楚,他们自己可能也不太明白到底哪些行为会导致较高的工作绩效,或者说他们的下属在工作的过程中会受到很多难以辨别的因素的干扰,要想对完成工作的过程进行考核是比较困难的。此外,在有些战略下,绩效考核或评价的重点应该放在团队或部门绩效上,而在另外一些战略下,考核的重点则是个人绩效,而不是集体绩效。再从绩效管理的目的来看,有些绩效管理实践重在考核结果的运用,尤其是与薪酬福利的挂钩;另外一些绩效管理实践则重在对员工进行开发,以帮助他们改善自己的未来绩效。

### (五) 薪酬福利

薪酬系统在战略执行方面扮演着非常重要的角色。一方面,支付比竞争对手更高水平的薪酬福利的做法,通常能够确保组织吸引和留住高质量的员工,但是这种做法却会对组织的总体人工成本产生不利的影响;另一方面,通过把薪资与绩效紧密挂钩的做法,一个组织可以诱导员工去完成某些特定的活动以及达到特定的绩效水平。当然,采取不同战略的组织所需要的相应薪酬福利系统也会有所不同。比如,一个依靠低成本与竞争对手竞争的组织,就会严格控制薪酬成本的开支,不会轻易支付高于市场水平的薪酬。

此外,处在成长阶段的高科技组织所采用的薪酬系统往往具有这样的特点:奖励性的薪资所占比重非常大,而固定薪资和福利在薪酬总额中所占的比重却很小。相反,在那些相对来说处于成熟期的组织(其中既有高科技企业,也有传统企业)中,薪酬系统往往只是将薪酬总额中很小比例的部分分配给奖励性薪资,同时,福利部分所占的比重会很高。

### (六)劳资关系与员工关系

在现代社会中,组织与员工打交道的总体方式会对其获取竞争优势的潜力产生重要的影响。在市场经济国家的历史上,工会曾经扮演了非常重要的协调员工和组织之间关系的角色,工会通过集体谈判以及罢工等手段从资方为劳动者争取到了很多工作条件以及工资等方面的利益。但是,通过这种以工会为中介的劳资关系调整方式来解决组织和员工之间关系的模式,在最近几十年却受到越来越多的挑战。随着竞争的激烈和对组织灵活性要求的不断提高,再加上现代人力资源管理水平的不断提高,很多组织都在寻求通过塑造良好的员工关系来处理组织和员工之间的关系,也就是说,绕开工会这个中介,通过组织和员工之间的直接对话、沟通以及协商,尤其是广泛的员工参与,管理和协调双方之间的关系。

在处理组织和员工之间的关系时,组织既可以把员工看成是需要对其进行投资的财富,也可以将他们看成是必须实现成本最小化的费用支付项目。此外,组织还必须决定:可以让员工参与多少决策,同时他们应当参与多少决策;员工应当拥有什么样的权利;组织对员工又应当承担什么样的责任。组织在进行这些决策时所采取的方式,要么会导致其成功地实现短期和长期的目标,要么会导致其走向消亡。

总之,任何一个组织都必须努力设计出能够导致组织绩效和生产率最大化的、符合其战略需要的配套人力资源管理实践。而在这时,它就必须在以上这些人力资源管理领域中作出明智的战略选择。很多研究和实践经验都表明,包括甄选测试、培训开发、浮动薪资、绩效评价、员工态度调查、员工参与以及信息分享等内容的人力资源管理系统,往往会导致一个组织达到较高的生产率水平和财务绩效,同时实现较低的员工流动率。

> **小 资 料**
>
> ### 海底捞的人力资源战略
>
> **1. 我国餐饮行业人力资源现状**
>
> 据统计,我国餐饮行业一线人员的流动率一般在40%左右,而且流失的员工大部分都转行到了非餐饮行业,几乎每家餐饮单位都在常年招用新员工。员工队伍不

稳定也是增加企业各项成本的重要因素之一,同时还导致了服务质量的下降,进一步导致客户满意度不高,其背后的主要原因可以简单归纳为以下五个方面:

(1) 餐饮行业整体工资水平普遍较低,工资增长缓慢,福利待遇较差,几乎没有五险一金等。根据国家统计局公布的2015年城镇非私营单位就业人员分行业年平均工资,住宿和餐饮业员工年平均工资为40 806元,位列19个行业中倒数第二,仅高于农、林、牧、渔业的31 947元。

(2) 晋升空间小,培训学习的机会较少,几乎没有职业前景可言。我国的餐饮行业对于员工的培训投入精力较少,大部分企业为了降低培训成本,而采取匆忙简单培训就直接上岗就业的方式,很少有一线员工通过艰苦努力学习而晋升为管理岗位的,更别说是参与企业的管理决策,发展成为管理层人员。

(3) 工作内容枯燥乏味,比较单调,员工没有自主决策的权利。我国的大多数餐饮企业更加看重员工的工作效率,分工明确,类似于流水线工作形式,所以工作内容简单枯燥,而且长期在一个岗位上高强度工作使得员工身体和精神都备受煎熬。由于从事的大都是一线简单工作,所以根本没有自主决策的权利。

(4) 工作缺乏社会的尊重和认同度。在工作过程中,可能会受到不被尊重的情况,甚至受到人身侮辱,而被管理的方式也是简单粗暴,缺乏人性的关怀,使得一线员工更加容易对工作产生不满情绪,甚至抵触。

(5) 工作时间较长,不是标准的8小时制度,餐饮行业营业时间跨度较大,工作强度大。而且员工在法定节假日以及周末等也要正常上班,并且拿的也是正常薪资,没有两倍或三倍工资之说。

综合以上五点所述,我国大部分餐饮业企业在对员工的管理方面既缺乏有效的人性化管理,又缺少相应的人员培训、福利待遇等,使得员工在工作过程中缺乏归属感,感受不到人性的温暖,积极性较差。所以出现员工高流动比率以及员工积极性较差、情绪低落等问题也就不足为奇了。

2. 海底捞的人力资源管理成功之处

(1) 丰厚的工资待遇及福利。

从海底捞的官网上可知其丰厚的待遇水平:第一,包食宿,北京、上海、广州、深圳、珠海保底3 000元/月,月工资3 000—8 000元/月,其他城市(焦作、简阳、邯郸除外)保底2 700元/月,月工资2 700—8 000元/月;截至2017年2月28日,北京、上海临时上调保底工资为3 500元/月;宁波、福州、无锡临时上调保底工资为3 000元/月。第二,每月12日之前发放工资,不押工资,不用交任何押金;月休4天,国家法定节假日可享受三倍工资。第三,大学生补贴:专科500元、本科1 000元、985/211院校及以上学历补贴1 500元,凭毕业证书补贴两月工资等福利,这在整个餐饮行业都是具有一定竞争力的。

除此之外,海底捞还有其他更好的福利待遇。海底捞的员工食宿都是由公司统一安排的,按照海底捞公司规定,所有的员工都是租住在小区或者公寓中的,而且员工的住所距离店面步行不能超过二十分钟,方便员工上下班。如果是夫妻两人都在海底捞工作的话,必须给他们安排在一个房间,并且在所有的房间内安装空调以及电脑,给员工以舒适的休息环境和娱乐设施,让员工在业余时间可以放松身心。海底捞除了为员工考虑,而且还为他们的父母、孩子考虑,海底捞会给每个店长的父母发一定的补贴,其子女对海底捞的贡献越大,给他们父母的补贴就越多。对于员工的孩子问题,海底捞建立了自己的私人寄宿制学校,专门为员工的子女解决异地入学问题,让孩子们可以顺利入学并且陪在父母身边。这些措施无疑大大增强了员工的归属感、幸福感、忠诚度。

(2) 轻松的工作环境。

海底捞的员工与其他餐饮类企业的员工相比,具有一定的自主决策权。只要是为了更好地服务消费者,基层服务员有给消费者适当打折、换菜甚至免单的权利,事后说明具体情况即可。此外,在李克强总理倡导"大众创业,万众创新"的时代,海底捞也一直在鼓励员工创新,团结起来力量大,在海底捞公司中流传着这样一句话"倡双手改变命运之理,树公司公平公正之风"。所以在海底捞中有些贴心的小细节都是基层员工所提出的建议,后来被采纳后在全国各连锁店内推广,并且这些小创意一旦被采纳后,就会以员工的名义来命名。

(3) 企业与员工的目标一致。

在海底捞的企业文化以及价值观当中,员工的利益始终是放在首位的,为员工解决食宿问题、孩子异地入学问题等,为员工规划了一个美好的未来,在员工实现自身价值以及实现各自人生目标的过程中,海底捞也会慢慢成长,"将海底捞开向全国"的企业目标也会逐步实现,两者相辅相成,互相依赖。

3. 海底捞的成功启示

(1) 营造融洽的氛围。

管理者若只知道让下级尊敬自己,自己高高在上,而不会尊重员工、接近员工,只是批评员工而不容许发表不同看法,那么员工对管理者就会敬而远之,退而远之,避而远之。一个融洽的氛围会使得上下级之间的心理距离缩短,管理者则更有可能倾听底层员工的需求和心声,这样良性循环会使得管理者更加易于管理。

(2) 宽容和理解。

企业管理者要有海纳百川的博大胸襟,认真倾听每一位员工所提出的建议和意见,甚至把听取员工抱怨当作自己的一项工作,多站在员工的角度去考虑问题,不要立刻反驳员工的抱怨。对员工提出的意见和建议要予以重视,并进行认真分析,对有建设性的意见和建议,要积极落实、兑现和反馈。

(3) 培养相互信任的企业文化。

管理者要有勇于承担的责任心,尊重员工的劳动成果,积极维护员工的利益,以公平、公正的方式去赋予员工更多的责任和风险,帮助员工成长,而非过于谨慎。通过培养员工对于企业、上级、同事的信任,来维系员工和组织的信任关系、感情依赖,激发员工的工作积极性,同时降低上下级、同事之间的人际冲突。

行胜于言,海底捞在实践中创新出一套属于自己的人力资源管理法则、独具特色的企业文化等,值得我们不断地探索、学习和研究。正是人性化的人力资源管理营造了员工对海底捞、对消费者和同事之间的和谐氛围,结合无微不至的人性化服务,在激烈的市场竞争中,赢得了顾客,赢得了市场。海底捞这种以人为本的发展战略值得不少中国企业借鉴,不但能在餐饮行业过关斩将,更能在体验经济时代中开拓出新的道路!

资料来源:李金洺,《浅析"海底捞"的人力资源管理》,《经营者》,2017年第3期,http://www.fx361.com/page/2017/0427/1684352.shtml。

## 第四节 财务管理战略

> **名人名言:**
> 与狼共舞,必须自己成为狼,而且变成"超级狼"。
> ——张瑞敏

### 一、财务管理战略概念

财务管理战略是指企业在分析理财环境的基础上,服从和服务于企业战略的前提下,对企业资源筹集和配置活动进行的全局性和长远性的谋划,它是战略理论在财务管理领域的应用与延伸。

财务管理战略是为实现企业战略目标和加强企业竞争优势,运用财务管理战略的分析工具,确认企业的竞争地位,对财务战略的决策与选择、实施与控制、计量与评价等活动进行全局性、长期性和创造性的谋划过程。

财务管理战略既是企业战略管理的一个不可或缺的组成部分,也是企业财务管理的一个十分重要的方面。因此,财务管理战略既要体现企业战略管理的原则要求,又要遵循企业财务活动的基本规律。

(一)财务管理战略与传统财务管理的区别

财务管理战略与传统财务管理的区别集中体现在以下几方面:

1. 视角与层面不同

财务管理战略运用理性战略思维,着眼于未来,以企业的筹资、投资及收益的分配为工作对象,规划了企业未来较长时期(至少3年,一般为5年以上)财务活动的发展方向、目标以及实现目标的基本途径和策略,是企业日常财务管理活动的行动纲领和指南。传统财务管理多属"事务型"管理,主要依靠经验来实施财务管理工作。

2. 逻辑起点差异

财务管理战略以理财环境分析和企业战略为逻辑起点,围绕企业战略目标规划战略性财务活动。传统财务管理主要以历史财务数据为逻辑起点,多采用简单趋势分析法来规划财务计划。

3. 职能范围不一样

财务管理战略的职能范围比传统财务管理要宽泛得多,它除了应履行传统财务管理所具有的筹资职能、投资职能、分配职能、监督职能外,还应全面参与企业战略的制定与实施过程,履行分析、检查、评估与修正职能等,因此,财务管理战略包含了许多对企业整体发展具有战略意义的内容,是牵涉面甚广的一项重要的职能战略。

(二)财务管理战略的基本特征

1. 动态性

由于财务管理战略以理财环境和企业战略为逻辑起点,理财环境和企业战略的动态性特征也就决定了财务管理战略的动态性。财务管理战略的动态性主要体现在四个方面:一是财务管理战略过程具有连续性;二是财务管理战略具有循环性;三是财务管理战略具有适时性;四是财务管理战略对象具有权变性。正确把握企业财务管理战略的动态性特征非常关键,美国邓恩·布拉德斯特里特公司经过对美国企业长期观察后总结出六条导致企业破产的原因,其中之一就是:企业思想僵化,缺乏随环境变化而变化战略及战略管理的灵活性。

2. 全局性

财务管理战略面向复杂多变的理财环境,从企业战略管理的高度出发,其涉及的范围更加广泛。财务管理战略重视有形资产的管理,更重视无形资产的管理;既重视非人力资产的管理,也重视人力资产的管理。传统财务管理所提供的信息多是财务信息,而财务管理战略由于视野开阔,大量提供诸如质量、市场需求量、市场占有率等极为重要的非财务信息。

3. 外向性

现代企业经营的实质就是在复杂多变的内外环境条件下,解决企业外部环境、内部条件和经营目标三者之间的动态平衡问题。财务管理战略把企业与外部环境融为一体,观察分析外部环境的变化为企业财务管理活动可能带来的机会与威胁,增强了对外部环境的应变性,从而大大提高了企业的市场竞争能力。

4. 长期性

财务管理战略以战略管理为指导,要求财务决策者树立战略意识,以利益相关者财富最大化为理财目标,从战略角度来考虑企业的理财活动,制定财务管理发展的长远目标,充分发挥财务管理的资源配置和预警功能,以增强企业在复杂环境中的应变能力,不断提高企业的持续竞争力。

## 二、财务管理战略的基本模式

财务管理战略立足于企业外部环境发生巨大变革的背景条件下,充分吸取战略管理的基本思想,从更高的角度来看待企业的财务管理活动。财务管理战略是企业财务决策者根据企业制定的整体战略目标,在分析企业外部环境和内部条件的基础上所制定的用以指导企业未来财务管理发展的财务战略,并依靠企业内部能力将财务战略付诸实施,以及在实施过程中进行控制与评价的动态管理过程。

这是一个循环往复的动态管理过程。一个较为完整的财务管理战略过程由四个基本环节构成。这四个环节按先后顺序分别为理财环境分析、财务战略制定及目标分解、财务战略实施和财务战略实施结果评估与控制。

一般来说,财务战略有三种路径选择:扩张型、稳健型、防御收缩型。

(一)快速扩张型财务战略

是指以实现企业资产规模的快速扩张为目的的一种财务战略。为了实施这种财务战略,企业往往需要在将绝大部分乃至全部利润留存的同时,大量地进行外部筹资,更多地利用负债,大量筹措外部资金,是为了弥补内部积累相对于企业扩张需要的不足;更多地利用负债而不是股权筹资,是因为负债筹资既能为企业带来财务杠杆效应,又能防止净资产收益率和每股收益的稀释。企业资产规模的快速扩张,也往往会使企业的资产收益率在一个较长时期内表现为相对的低水平,因为收益的增长相对于资产的增长总是具有一定的滞后性。总之,快速扩张型财务战略一般会表现出"高负债、低收益、少分配"的特征。

(二)稳健发展型财务战略

是指以实现企业财务绩效的稳定增长和资产规模的平稳扩张为目的的一种财务战略。实施稳健发展型财务战略的企业,一般将尽可能优化现有资源的配置和提高现有资源的使用效率及效益作为首要任务,将利润积累作为实现企业资产规模扩张的基本资金来源。为了防止过重的利息负担,这类企业对利用负债实现企业资产规模以及经营规模的扩张往往持十分谨慎的态度。所以,实施稳健发展型财务战略的企业的一般财务特征是"低负债、高收益、中分配"。当然,随着企业逐步走向成熟,内部利润积累就会越来越成为不必要,那么,"少分配"的特征也就随之而逐步消失。

(三)防御收缩型财务战略

是指以预防出现财务危机和求得生存及新的发展为目的的一种财务战略。实施防御收缩型财务战略的企业,一般将尽可能减少现金流出和尽可能增加现金流入作为首要任务,通过采取削减分部和精简机构等措施,盘活存量资产,节约成本支出,集中一切可以集中的人力,用于企业的主导业务,以增强企业主导业务的市场竞争力。由于这类企业多在以往的发展过程中曾经遭遇挫折,也很可能曾经实施过快速扩张的财务战略,因而历史上所形成的负债包袱和当前经营上所面临的困难,就成为迫使其采取防御收缩型财务战略的两个重要原因。"高负债、低收益、少分配"是实施这种财务战略的企业的基本财务特征。

## 三、企业跨国经营的财务管理战略

在新形势下,企业欲跨国经营,靠传统财务管理理论与方法已不能适应提高国际竞争力而实施战略管理的需要。以战略管理的思想方法为指导,对企业财务管理的理论与方法予以完善和提高,将其推进到财务管理战略的高度,除了新环境的要求外,还因为财务管理战略比传统财务管理更有比较优势，更能适应企业跨国经营的现实需要。

跨国经营财务战略是指跨国公司在一定时期内，为实现财务管理的目标，根据宏观经济发展状况和跨国公司发展战略，对财务活动的发展方向和途径，从总体上做出的一种全局性、长期性和创造性的谋划。跨国经营财务战略的选择，决定了财务资源配置的取向和模式，影响了财务管理活动的行为与效率。跨国经营财务战略是为适应总体的竞争战略而筹集必要的资本，并在组织内有效地管理与运用这些资本的策略，是整体战略的重要组成部分。跨国经营财务战略体现了对经营战略的全面支持性，是经营战略的执行与保障体系。跨国经营财务战略通过动态长期规划，不断扩大财务资源规模和期限，提高资本结构的合理性，进而充分发挥财务资源的最大效益。如果能正确制定并有效地实施跨国经营财务战略，它将会有效地增加公司价值。

（一）跨国经营财务管理战略的特点

(1) 财务管理战略以实现长期利润、建立企业核心竞争力为目标。传统财务管理以实现成本、费用最小化与企业利润最大化为目标，并将这一目标贯穿到财务预测、决策、计划和预算管理之中。财务管理战略则更具有战略视野，关注企业的未来、长远、整体的发展，重视企业在市场竞争中的地位，它以扩大市场份额，实现长期获利，打造企业核心竞争力为目标。

(2) 财务管理战略以企业的外部相关情况为管理重心。传统财务管理以企业内部财务活动管理为重点，提供的信息一般限于财务主体内部。财务管理战略则以企业获得竞争优势为目的，把视野扩展到企业外部，密切关注整个市场和竞争对手的动向，包括金融、资本市场动态变化、价格、公共关系、宏观经济政策及发展趋势等情况。

(3) 提供更多、更广泛的经济信息。财务管理战略提供的信息不仅包括传统财务管理所提供的财务信息，还包括竞争对手的价格、成本等，如市场需求量、市场占有率、产品质量、销售和服务网络等非财务信息。

新形势下，企业跨国经营需要财务管理战略的主要原因除了财务管理战略的比较优势外，还在于财务战略与企业战略密不可分。财务战略隶属于企业战略，并在企业战略中居于核心地位，这是因为现代企业本质上是资本企业，资本是决定企业生存发展最重要的驱动因素，财务战略自然构成企业战略的关键。迄今一些西方国家已将财务战略作为加强企业管理、构建企业核心能力、取得竞争优势的重要手段。企业战略能否成功实现，很大程度上取决于整个战略期间，是否具有与其协调一致的财务管理战略。

（二）跨国经营实施财务管理战略的基本思路

1. 战略目标

跨国经营财务管理战略目标是其系列战略举措的前提和基础。即指企业按照企业总体战略的要求，综合运用各种理财手段及财务资源，降低融资成本，改善投资决策，灵活调配资金，合理储备现金，减少总体税负，规避汇率风险，控制运营成本，实现最佳利润，确保企业管理者目标与投资者目标实现最佳平衡，以及企业整体价值长期化、最大化。

2. 战略观念

(1) 竞争与合作相统一的理财观。在新形势下，传统的你死我活式的竞争已为合作式竞争所逐步取代。这要求企业财务管理要善于抓住机遇,在激烈的市场竞争中趋利避害;同时,也要处理和协调好企业与其他财务主体之间的财务关系,使各方利益达到最佳平衡,以求双赢或多赢。

(2) 企业价值最大化观念。投资者建立企业的根本目的在于创造尽可能多的财富。这种财富首先表现为企业价值。企业价值所反映的不仅是企业已经获得的利润水平,更是企业未来的、长期的、潜在的获利能力。以企业价值最大化作为财务管理战略和思想,其优点主要在于:一是考虑了资金的时间价值和投资的风险价值;二是反映了对企业资产保值增值的要求;三是有利于克服传统财务管理上的片面性和短期行为。

(3) 与企业战略相一致。著名企业战略理论家迈克尔·波特提出了企业三种基本战略:成本领先战略、标歧立异战略和目标集聚战略。成本领先战略要求企业的目标是成为其产业中的低成本生产厂商。在标歧立异战略的指导下,企业力求就客户广泛重视的一些方面在产业内独树一帜,一个能创造和保持经营歧异性的企业,如果其产品价格溢价超过了它为产品的独特性而附加的额外成本,它就成为其产业中盈利高于平均水平的佼佼者。目标集聚战略着眼于在产业中一个狭小空间内做出选择,通常是选择产业内一种或一组细分市场,并量体裁衣使其战略为它们服务而不是为其他细分市场服务。财务战略与企业战略之间是整体与部分、主战略与子战略之间的关系。因此,它理应与企业战略三种基本形式相一致,并为之服务。

(4) 国际理财观。企业欲跨国经营,须按国际通行的规则,在财务管理战略观念上应强化国际理财观念。要把这种观念贯穿于国际筹资、投资、收益、税收规避、利益分配、外汇风险、转让、并购方略等一系列国际财务活动中去。

(5) 持续创新观念。著名企业理财战略家、迪士尼公司行政副总裁加里·威尔逊提出:财务主管可以使资产增值,恰如所有伟大的营销和经营人员一样。他认为,其最重要的职能是将公司的总战略概念化并将其贯彻实施到财务目标中。他还认为,一个财务主管首先而且最重要的应该是一个战略性的业务主管人员。这意味着财务主管应该协助制作能够完成企业发展目标并以资本为回报的战略计划。这需要财务主管的不断创新思想和创新举措。

(三) 影响跨国经营财务管理战略的主要因素

1. 汇率变动和税率差异

跨国经营业务必然涉及国际间的收支和结算,货币间的汇率变化不仅会影响跨国公司财务报表的各项指标,也会影响跨国公司的投资、筹资、利润分配以及经营结构等一系列战略决策的制定。跨国公司的税赋取决于它所从事业务所在国的税收特征,而重要的税收特征在于公司所得税、预提税、税收协定和税收抵免等。跨国公司在从事跨国经营时,把资本投向不同的国家,就会涉及多个国家的税法,为了合理地做出财务战略决策,财务人员必须科学地进行税收管理。

2. 利率水平和收益率差异

利率是计算借贷资金报酬的依据,利率水平的高低直接影响借款者的成本和贷出者的收益。利率的不同直接影响到母公司的战略决策。如:考虑到利率即跨国公司债务成本的基础,各子公司的资本结构会有所差异。

3. 资本结构的成本不同

选择和寻求跨国公司合理的资本结构,即长期债务资本对权益资本的比例构成,是跨国公司安排筹融资的重要内容。其原则是降低融资成本和融资风险,使公司整体资本结构最佳;其目的是保证跨国公司的资本成本最小,从而使跨国公司价值最大。

4. 知识经济时代的新风险

随着知识经济时代的到来,"知识"资本日益成为跨国投资最核心的生产要素,以知识型投资为核心风险的管理将成为未来跨国公司风险管理的主导。高层次人才的流失是当代跨国公司的最大风险。另外,随着各国经济联系日益密切和竞争的日益加剧,跨国公司面临风险地区更为扩散化的风险。

(四)跨国经营财务管理战略的实施策略

1. 总部中心策略

跨国总部应该成为整个财务管理的核心,发挥资金筹措中心、投资决策中心、现金储备中心、价格转移中心、合理避税中心和风险控制中心的职能,并汇总编制全面的财务报表。跨国总部起到统领全局的作用,也能使其内部各子公司更好地发挥协同效应。

2. 低成本竞争

指设法使成本比竞争对手低,保持低成本的优势地位,产品以廉取胜的策略。实现低成本方略的途径主要是利用产量规模经济效益和提高市场占有率。在实施低成本策略时,除了考虑价格竞争因素的积极作用外,还应重视非价格竞争因素。

3. 经营多角化

跨国经营与财务管理,空间极为广阔,市场需求多样,但竞争异常激烈。为适应市场需求,强化服务和竞争机能,并减少因单一业种经营所带来的风险,跨国公司需不断地研究新技术、开发新产品、发展新事业,即需要开展多角化经营,并促进业种间的交叉与渗透。

4. 目标集聚策略

虽然经营多样化能够在一定程度上分散风险,但是也有分散公司资源的缺点。目标集聚策略是围绕某一特定的市场提供产品和服务。由于它往往提供更好更专业化的产品和服务,结果是,公司或者通过较好满足特定对象的需要实现了低成本;或者在通过目标集聚策略建立核心竞争力的基础上建立经营多角化策略,核心竞争力作为新业务发动机的功能得以发挥;或者二者兼得。

5. 优化筹资

筹措必要的资金是投资战略实施的前提。筹资策略应根据内外财务管理环境的状况和走势,对资金筹措的目标、结构、渠道和方式等进行长期和系统的谋划,旨在为经营战略的实施和提高核心竞争力提供可靠的资金保证,并力求不断降低融资成本,提高筹资效益。此外,还可利用背对背贷款、平行贷款、货币兑换及贷款兑换等手段灵活调配资金。

6. 科学投资

这是跨国公司财务管理战略的核心内容,决定了能否把有限的资金和资源合理配置,有效利用。应当按照总体战略来安排长期投资,从全球角度优化资源配置。要科学研究和应用规模经济原理,综合运用最佳生产曲线、成本函数等现代经济理论模型,探索最佳的投资规模,获取最优的投资效益。另外,还应该合理运用SWOT分析法、波士顿矩阵法和行业结构分析法等进行投资策略的制定。

7. 合理避税

利用各国法律及税制的差异进行合理避税,是跨国公司财务管理战略的重要措施,为此,应努力学习如何按照有关法律进行合理避税。同时,还要充分利用对电子商务实行的免除关税的优惠政策,运用先进的电子商务商业模式进行国际贸易。另外,由于转移价格可以降低整个公司的税负,即将利润从高税率国家的子公司转移到低税率国家的子公司或处于亏损状态的子公司,跨国公司可减轻其税负。所以应充分和合理利用转移定价对降低税负的作用。

**小 资 料**

### 俏江南的资本之殇:23年辛苦创业,最后却惨痛出局!

与资本的联姻,又令一个创业者彻底从自己创办的企业出局了,张兰已经与俏江南没有任何关系。

与多数案例创始人因"对赌"失败而出局不同的是,俏江南从鼎晖融资之后,由于后续发展陷入不利形势,投资协议条款被多米诺式恶性触发:上市夭折触发了股份回购条款,无钱回购导致鼎晖启动领售权条款,公司的出售成为清算事件又触发了清算优先权条款。日益陷入被动的张兰最终被迫"净身出户"。

而在此过程中对应呈现出的,则是VC/PE在投资中利用条款对自身利益形成一环扣一环的保护。

2015年7月14日,新浪微博上一个名为"@餐饮业那些事"的ID爆料称,张兰彻底出局俏江南。

23年辛苦创业,最终落得从企业"净身出户"的下场,这便是俏江南创始人张兰的全部故事。如果没有和资本联姻,张兰或许没有机会去尝试实践其宏大的抱负,或许至今仅仅维持着小富即安的状态,但至少还能保全她对企业的控制。

俏江南陨落的案例,映衬着张兰作为创业者与资本打交道时对游戏规则认知的不足,同时还夹杂着高估值预期下的进退维谷。

1. 6 000万元的原始积累

1988年,一如数年之后热播剧《北京人在纽约》中所描述的,出身于知识分子家庭的张兰,放弃了分配的"铁饭碗",成为潮涌般奔赴大洋彼岸洋插队者的一员,去了加拿大。在多伦多,张兰靠着刷盘子、扛牛肉、打黑工,进行着自己的原始积累。她的目标是攒够2万美元,然后回国投资做生意。终于,在1991年圣诞节前夕,张兰怀揣着打工挣来的2万美元和创业梦,乘上了回国的飞机。

此时,张兰与日后"92派"(邓小平南方视察之后辞职下海的企业家)的代表性人物——诸如泰康人寿的陈东升、万通地产的冯仑、慧聪网的郭凡生——基本处于同一起跑线上。

1992年初,北京东四大街一间102平方米的粮店,被张兰租下并改造成了"阿兰餐厅"。伴随南方而来的春风吹遍神州,阿兰餐厅的生意随之逐渐红火。之后,张兰又相继在广安门开了一家"阿兰烤鸭大酒店",在亚运村开了一家"百鸟园花园鱼翅海鲜大酒楼",生意蒸蒸日上。

2000年4月,张兰毅然转让了所经营的三家大排档式酒楼,将创业近10年攒下的6 000万元投资进军中高端餐饮业。在北京国贸的高档写字楼里,张兰的第一家以川剧变脸脸谱为logo的"俏江南"餐厅应运而生。

2. 鼎晖的橄榄枝

在多数餐饮业还处于满足顾客"吃饱"的粗放式状态时,张兰的俏江南开始追求让顾客"吃好",于是高雅的就餐环境成为俏江南当时显著的卖点。

不仅如此,张兰还不遗余力地提升俏江南的品牌层次。

2006年,张兰创建了兰会所(LAN Club)。她直言创建兰会所"就是冲着2008年北京奥运会这个千载难逢的创名机会去的"。紧接着俏江南又中标了北京奥运唯一中餐服务商,在奥运期间负责为8个竞赛场馆提供餐饮服务。

张兰宣称首家兰会所总投资超过3亿元,其中花费1 200万元请来巴黎Baccarat水晶宫的法国设计师菲利浦·斯塔克(Philippe Starck)担当会所设计。当年,媒体以充满美慕的笔调描述了会所的奢华:"一只水晶杯上万元,一把椅子18万元,一盏百乐水晶灯500万元,满屋镶嵌着约1 600张油画……",其中就包括张兰于2006年在保利秋季拍卖会上耗资2 000万元拍下的当代画家刘小东所作长10米、宽3米的巨幅油画《三峡新移民》。

这家兰会所,与其说是针对高端奢华人群的消费餐厅,还不如说是一家充满艺术气息的私人博物馆。

图8-3 兰会所一角

2008年7月,兰·上海正式创建,目标直指2010年上海世博会商机。之后,俏江南旗下4家分店成功进驻世博会场馆,分别是两家俏江南餐厅,一家蒸steam,以及一家兰咖啡。

至此,俏江南的中高端餐饮形象可以说已经相当鲜明,并且在全国多个城市开出了数十家分店。

餐饮业虽然市场总容量巨大,而且消费刚需属性特别强烈,但却是典型的"市场大、企业小"的行业,行业集中度异常之低。散乱差、标准化不足,使得该行业长期以来难以得到资本的青睐,始终依靠自有资金滚动式发展。

2008年全球金融危机的爆发,成为餐饮业与资本结合的分水岭。资本为规避周期性行业的波动,开始成规模地投资餐饮业,在短时间内涌现出百胜入股小肥羊、快乐蜂收购永和大王、IDG投资一茶一座、红杉资本投资乡村基等资本事件,全聚德(002186)与小肥羊(00968.HK,已于2012年2月退市)先后于A股及港股成功上市,2009年湘鄂情(002306,现更名为*ST云网)登陆A股。这无疑给中国内地的餐饮业注入了资本兴奋剂。

在这种背景之下,既有规模优势又有高端标签、还有奥运供应商知名度的俏江南,能够招来资本伸出的橄榄枝就属情理之中了。

2008年下半年,在易凯资本王冉的撮合之下,张兰结识了鼎晖投资的合伙人王功权。俏江南张兰与鼎晖王功权,前者急需资金扩张,后者则是有意愿入股的金主,二者自然一拍即合。据称最初达成的投资意向是鼎晖与中金公司联合投资俏江南,但后来中金公司因故并未参与,仅鼎晖实际作出投资。

根据当时媒体的报道,鼎晖以等值于2亿元人民币的美元,换取了俏江南10.53%的股权(见图8-4)。据此计算,俏江南的(投资后)估值约为19亿元。

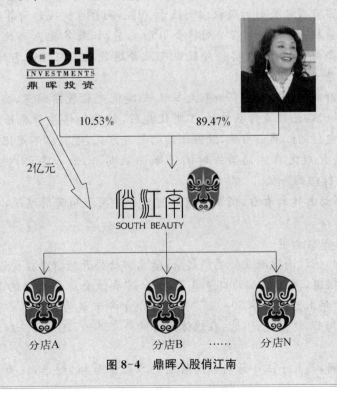

图8-4 鼎晖入股俏江南

由于无法获悉俏江南当时的盈利状况,因而也就无从判断这个估值究竟是低估还是高估。在张兰看来,俏江南是被低估的,而另一家曾有意投资俏江南的机构透露说,鼎晖的报价是他们报价的近3倍。相较而言,鼎晖显然又是出了高价。

无论实际情况如何,张兰认为公司被低估都是人之常情。站在创始人的角度而言,显然是希望以尽可能少的股份换取尽可能多的资金。

3. 暗藏杀伤力的投资条款

既然是私募股权融资,创业方与投资方自然少不了要签署包含系列条款的投资协议,比如董事会条款、防稀释条款、竞业禁止条款,以及外界耳熟能详的对赌条款等。这一系列投资条款清单,少则十几条多则数十条,是VC/PE在过往的实践中吸取各种教训而总结出来的,以全方位对创业方形成各种制约、保护自身的投资利益。

俏江南融资之后,由于后续企业发展陷入不利形势,使得投资协议中的系列条款被多米诺式恶性触发——股份回购条款、领售权条款、清算优先权条款,令张兰日益陷入被动,乃至最终被"净身出户"。

在讲述俏江南是如何连环触发投资条款之前,先来普及一下这几条条款的具体内容。

典型的清算优先权条款如下:如公司触发清算事件,A系列优先股股东(即投资人)有权优先于普通股股东(即创业股东)每股获得初始购买价格2倍的回报。此处的"清算",并不单指我们通常所理解的、因资不抵债而无法继续经营下去的破产清算。更进一步,如果公司因合并、被收购、出售控股权,以及出售主要资产,从而导致公司现有股东占有存续公司的股权比例低于50%,同样也被视作清算事件。

典型的领售权条款如下:在公司符合IPO之前,如果多数A类优先股股东同意出售或者清算公司,剩余的A类优先股股东及普通股股东应该同意此交易,并以同样的价格和条件出售他们的股份。

典型的股份回购条款如下:如果大多数A类优先股股东同意,公司应该从第5年开始,分3年回购已经发行在外的A类优先股,回购价格等于原始发行价格加上已宣布但尚未支付的红利。当然,股份回购的触发方式,也可以不是优先股股东投票表决,而是由条款规定具体的某一时间性事件触发,比如5年之内企业未能实现IPO,则触发股份回购条款。

接下来,不妨具体来看看,俏江南是如何随着时间和局势的演进,逐一触发这些条款的。

4. 夭折的A股上市

实现融资的俏江南逐渐变得高调起来,张兰四处公开演讲并接受媒体采访,当时关于俏江南的报道,满是张兰的口号式愿景——"要做全球餐饮业的LV(路易·威登)""下一个十年末进入世界500强""再下一个十年末成为世界500强的前三强"。外界几乎无法判断,这究竟是张兰在媒体面前的夸夸其谈,还是其头脑发热真的认为目标能实现。

就在此期间,其儿子汪小菲与台湾明星大S(徐熙媛)的婚恋,成为媒体娱乐版追逐的头条,客观上也大幅增加了俏江南的曝光度。

除了高调曝光之外,资金实力得以增强的俏江南也明显加快了扩张速度,计划在2年内增加新店20家,到2010年末分布于全国的店面总数超过50家。

鼎晖的投资,给俏江南带来资金的同时,也给其套上了枷锁,令其不得不疲于奔命。当时媒体报道称,俏江南与鼎晖签署了"对赌协议":"如果非鼎晖方面原因,造成俏江南无法在2012年底之前上市,鼎晖有权以回购方式退出俏江南。"

实际上,这并非"对赌条款"(估值调整条款),而是"股份回购条款"。换句话说,俏江南2008年融资之时,双方就已经明确约定,如果公司不能在2012年末之前实现上市,则俏江南必须要将鼎晖手中的股份回购回去,而且必须保证鼎晖的合理回报。

VC/PE作为财务投资人,其典型特征便是要谋求退出,IPO及并购退出是最主要的两个退出通道,尤其是IPO退出。一只投资基金的存续期通常都是10年左右,其大部分的投资项目都是在前4年进行,所以通常在投资后5—7年有退出变现需求,以便基金到期之后将变现的资金收拢并归还分配给基金的出资人(LP)。

因而,鼎晖要求俏江南在2012年末之前(也就是投资后4年之内)实现上市是合理的,因为俏江南IPO之后,鼎晖所持有的股份还有一年左右的禁售期(视不同交易所而定),解禁之后鼎晖才能套现股票,而从解除禁售到套现完毕也需要一定的时间。

按照这个时间表,如果一切顺利的话,从现金投出去到现金收回来,这个循环也需要6—7年时间。如果俏江南不能按照这个时间表完成IPO的话,退而取其次谋求并购的方式(俏江南被第三方收购)退出就变得不可预期,鼎晖为了保证退出的顺利,便会设置一个兜底的条款:万一上不了市,企业方必须回购其股份,保证其顺利退出。

正因为这个条款的约束,俏江南不得不加速自己的IPO进程。

2011年3月,俏江南向中国证监会提交了于A股上市的申请。考虑到A股上市的排队企业数量以及审核流程,要实现2012年底之前上市,时间已经相当紧迫了。

天有不测风云,上市申请提交之后,俏江南的材料实际处于"打入冷宫"状态,监管层冻结了餐饮企业的IPO申请。在此之前,整个A股市场仅有2007年上市的全聚德和2009年上市的湘鄂情两家餐饮上市公司。当时除了俏江南之外,与其遭遇相同命运的,还有比俏江南更早提交上市申请的顺峰集团、狗不理和广州酒家等餐饮企业。据称,餐饮企业的IPO申请之所以处于冻结状态,原因是,"采购端与销售端都是现金交易,收入和成本无法可靠计量,无法保证会计报表的真实性"。

2012年1月30日,中国证监会例行披露的IPO申请终止审查名单中,俏江南赫然在列。

其实,在半年前张兰就已经预估到这个结果了。上市的不顺利,令张兰对投资方鼎晖颇有微辞:"引进他们(鼎晖)是俏江南最大的失误,毫无意义。民营企业家交学费呗。他们什么也没给我们带来,那么少的钱稀释了那么大股份。"张兰还抱怨道,她早就想清退这笔投资,但鼎晖要求翻倍回报,双方没有谈拢。

张兰的不满仅有寥寥数语,但却被众媒体进行了标题党式的病毒性传播:

《张兰：引进鼎晖投资是俏江南最大失误》，顿时一石激起千层浪。

由于反响过于巨大，张兰担心这种转播带来的不利影响，当媒体再问及此事时，张兰又澄清道："我觉得是误传吧。在2008年金融危机时，我们希望能在商业地产上抄个底，鼎晖很信任我们，是在这个情况下投资俏江南的，P/E（市盈率）也非常高，现在传出这样的事情，可能是有一些原因，我也不想多说了。"

这前后相左的言论，越发凸显出张兰当时矛盾的心理：想倒苦水，又怕外界过度解读。

当然，抱怨归抱怨，"2012年底之前完成IPO"的紧箍咒依然戴在张兰头上。A股无门，俏江南不得不转战港股。

5. 赴港IPO波折

2012年4月，来自瑞银证券的消息称，俏江南将于第二季度赴港IPO，融资规模预计为3亿—4亿美元。但此后大半年，再无关于俏江南赴港上市进展的消息。

直到2012年11月，张兰变更国籍的事情被媒体意外曝光。

事件的背景是，跟随张兰创业多年的马先生因身体原因离职，其与俏江南及张兰签订了一份《离职补偿协议》。协议约定张兰将其名下位于北京市朝阳区的一套房产过户给马先生，但张兰迟迟未予办理过户手续，马先生便将张兰诉至朝阳区法院。

该案于2012年9月立案之后，法院发现无法送达传票，进一步向户籍所在地派出所核实才知，张兰已于9月17日移民并已将户口注销。

此事甫一曝光，立刻引发了外界对张兰移民的议论，特别是其已经移民却还保留着朝阳区政协委员的身份，更是招致大量质疑。后朝阳区政协发布消息称，已与张兰本人取得联系，并于11月26日收到张兰因国籍变更愿意退出朝阳区政协的书面申请。

随着张兰移民目的地浮出水面——加勒比岛国圣基茨，其移民的真实原因也逐渐明朗——规避监管，曲线完成境外上市。

2012年4月俏江南决定从A股转道赴港上市，那么其必须拆除境内架构转而搭建红筹架构。如果要实现鼎晖投资协议中约定的2012年底之前完成IPO，时间显然已经相当紧迫。而横在面前的10号文《关于外国投资者并购境内企业的规定》又是一道不小的槛，如何以最快捷的方式规避10号文成为首要问题。

按照法律界的实践来看，张兰变更国籍显然成为规避10号文最快捷的方式，而在移民目的地的选择上，显然也是手续越快捷的国家越好。加勒比岛国圣基茨因而成为最佳目标，这个国家完全是弹丸之地，领土总共两个岛，总人口才3万多，办理移民的手续异常便捷。于是便有了前文所述的，张兰于2012年9月17日移民并已将户口注销。

张兰自嘲道："如果不是为了企业上市，我为什么要放弃中华人民共和国公民的身份，去到一个鸟不拉屎、气温40多度的小岛？去一次我得飞24个小时，几百年前那是海盗生活的地方。"

可是，屋漏偏逢连夜雨。即便境外上市的政策障碍规避了，市场的寒冬却令俏江南的上市之旅前景依然黯淡。加之2012年12月"中央八项规定"出台,受此影响,奢侈品、高档酒店、高端消费等皆受影响。这对定位于中高端餐饮的俏江南无疑造成了沉重的打击。

俏江南从未公开披露过其详细的经营业绩数据,不过可以参考已经上市的同为中高端餐饮的湘鄂情的经营数据,以体会一下市场寒潮。

2012年,湘鄂情的营业收入达到历史峰值的13.64亿元,但10.4%的营收增长率却较上一年度的33.8%大幅下滑。2013年其营业收入下滑至8.02亿元,2014年进一步下滑至6.21亿元,2015年上半年更是仅有1.94亿元营收。

从湘鄂情的利润情况来看,其2011年的净利润达到历史峰值的0.94亿元,2012年下滑至0.81亿元,2013年亏损5.7亿元,2014年进一步亏损7.14亿元。

由此可以推想,俏江南冲刺上市之时,市场寒流是何等的猛烈。

2012年12月初,俏江南集团总裁安勇对外透露,俏江南赴港IPO已通过聆讯。在此之前,俏江南在投行的带领下拜会了香港市场的各路机构投资者,但在市场寒流面前,潜在投资人显然不可能给出高估值,投资人愿意出的价格与张兰的预期相差过于悬殊。

张兰决定等待更好的股票发行时间窗口。

可是,张兰不但没有等来市场的回暖,反而是形势的每况愈下。即便鼎晖同意IPO的时间点延后半年,俏江南的赴港上市也没能实现。

6. 投资条款连环触发

如果俏江南最早不是选择A股,而是直奔港股而去,则其可能在高端餐饮寒潮到来之前的2011年就实现了IPO。俏江南及张兰的命运也就截然不同。

俏江南最终未能实现2012年末之前完成IPO,导致其触发了向鼎晖融资时签署的"股份回购条款"。这就意味着,俏江南必须用现金将鼎晖所持有的俏江南的股份回购回去,同时还得保证鼎晖获得合理的回报。

假设鼎晖在协议中要求每年20%的内部回报率的话,那么鼎晖2008年2亿元的原始投资,2013年要求的退出回报至少在4亿元以上。

处于经营困境之中的俏江南,显然无法拿出这笔巨额现金来回购鼎晖手中的股份。在恶劣的形势下,俏江南的门店数量从2012年末的70家缩减至50余家,由此可以推想其实际的财务困境。

上市上不了,让俏江南回购股份对方又掏不出钱,鼎晖在俏江南的投资似乎退出无望了。其实不然,鼎晖依然还有后路。既然俏江南没钱回购,那就设法将手中的股权转让给第三方。此时,当初签署的"领售权条款"就开始发挥作用了。

领售权,乃领衔出售公司之权利,按照标准条款,如果多数A类优先股股东同意出售或者清算公司,则其余的股东都应该同意此交易,并且以相同的价格和条件出售他们的股份。

在俏江南案例中,A类优先股股东只有鼎晖一家,因此只要其决定出售公司,张兰这个大股东是必须无条件跟随的。那么,鼎晖只要能找到愿意收购俏江南的资本方,鼎晖就能顺利套现自己的投资,张兰也得跟着被迫卖公司。

显然,俏江南的命运已经不再掌握在张兰手中了,一切都由鼎晖说了算。正是在这个背景之下,2013年10月30日,路透社爆出欧洲私募股权基金CVC计划收购俏江南的消息。

假如接盘的CVC愿意出高价收购俏江南,那么鼎晖只出售自己那部分股权或许就能获得预期的回报,也就未必会强迫张兰跟随其一块出售股份了。当然,在这种情况下,如果收购方执意要控股企业,那么张兰只能跟随出售股权,或者同意收购方额外增资进来稀释张兰自己的股权比例。

假如CVC并不愿意高价收购俏江南,那么鼎晖说不定卖了自己那部分股权还不够自己当初的投资本金,则其必定会要求张兰跟着卖股权。根据投资条款约定,只要二者合计出售股权的比例超过50%,则可以视作清算事件。

一旦清算事件发生,鼎晖则可以启动"清算优先权条款":A系列优先股股东(即投资人)有权优先于普通股股东(即创业股东)每股获得初始购买价格2倍的回报。

这个条款最终会导致什么结果呢?假如张兰和鼎晖一并出售公司的股权,所收到的出售股权款中,要优先保证鼎晖初始投资额2倍的回报,如有多余才能分给张兰,如果没有多余则张兰颗粒无收。

2014年4月,CVC发布公告宣布完成对俏江南的收购。根据媒体的报道,CVC最终以3亿美元的价格收购了俏江南82.7%的股权。由此可以推测,除了鼎晖出售的10.53%,其余超过72%的部分即为张兰所出售,如图8-5所示。

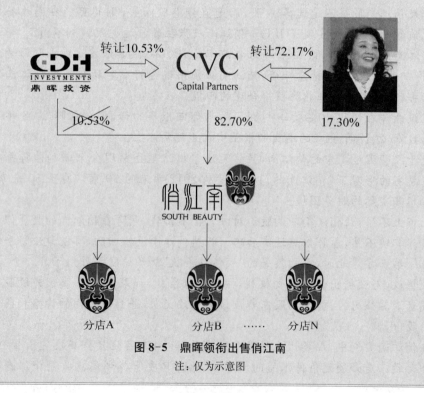

图8-5 鼎晖领衔出售俏江南

注:仅为示意图

CVC以3亿美元获得82.7%的股权,按照当时的汇率折算,这笔交易中俏江南的整体估值约为22.1亿元,仅仅略高于鼎晖2008年入股时的19亿元估值。这就意味着,鼎晖出售自己那部分股权仅能保本,假如鼎晖按照协议要求获得至少2倍甚至更高的回报,则差额部分需要张兰出售股份的所得款项来补偿。

假如媒体报道的交易价格属实,则据此计算张兰出售72%的股权能获得近16亿元,除了拿出2亿—4亿元用于补偿鼎晖,她自己也获得超过12亿元的套现款。

CVC入主俏江南之后,张兰成为仅持股百分之十几的小股东。

这一切,都是投资协议条款连锁反应的结果:俏江南上市夭折触发了股份回购条款,无钱回购导致鼎晖启动领售权条款,公司的出售成为清算事件又触发了清算优先权条款。由此可见,VC/PE在投资中利用条款对自身利益形成一环扣一环的保护。

### 7. CVC的"药方"令张兰净身出户

张兰落得个尴尬的小股东地位之后,关于她和俏江南的故事,似乎应该就此画上一个句号了。明面上,她还是俏江南的董事长,但她已然无法左右俏江南的发展了,或许只能安于做一个小股东了。

但故事还没结束。

CVC作为欧洲最大的私募股权基金,对于投资自然是精于算计。虽然CVC有意进入中国餐饮业,而且此前还收购了连锁品牌大娘水饺,但对于鼎晖抛过来的俏江南这个"烫手山芋",自然是多了一分谨慎。

因此,CVC不仅将收购价格压得很低,而且其并未打算全部靠自己掏钱来收购俏江南。

为了降低自身的风险,CVC对俏江南采取的是"杠杆收购"的方式。这种方式最大的特点就是,自己只需支付少量的现金,即可撬动一个大的并购,因而被称为杠杆收购。杠杆收购中,自身支付资金之外的收购款依靠债权融资获得,而还款来源则依靠收购标的日后产生的现金流来支付。

CVC对俏江南的杠杆收购按如下步骤进行:

首先,CVC用少量资金出资设立一家专门用于并购的壳公司"甜蜜生活美食控股";之后,以该壳公司为平台向银行等债权方融资,并将股权抵押;接着,壳公司向张兰及鼎晖收购俏江南的绝大部分股权;最后,壳公司将俏江南吸收合并,合并之后俏江南注销,壳公司更名为俏江南,张兰持有的原俏江南少量股权转变为新的俏江南的少量股权,如图8-6所示。

这样,原壳公司为收购而欠下的债务就由新的主体俏江南承接,俏江南的股权也相应质押给了银行等债权方。日后,债务偿还就依靠俏江南的内部现金流来还款。

据了解,CVC收购俏江南的3亿美元总代价中,有1.4亿美元系从银行融资获得,另外有1亿美元是以债券的方式向公众募集而来,CVC自身实际只拿出6000万美元。

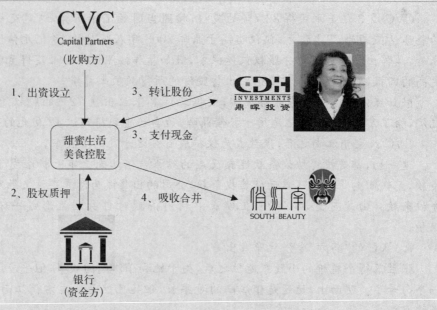

图 8-6　CVC 杠杆收购俏江南示意图

显然,CVC 只付出很小比例的现金即完成了对俏江南的收购。日后如果俏江南的经营状况理想,依靠自身现金流完成债务偿还,则 CVC 所持有的大比例股权,无论是 IPO 还是协议转手,皆可获得高额回报。假如收购之后俏江南的经营不理想,无法偿还收购时发生的债务,俏江南的股权则被债权方收走,CVC 最多也就损失 6 000 万美元。

进入 2014 年、2015 年,公款消费的几近绝迹叠加经济增速的放缓,高端餐饮复苏变得遥遥无期,CVC 所期望的依靠俏江南的现金流来偿还并购贷款的设想根本无法实现。

CVC 不愿在俏江南的泥潭里陷得更深,索性就放弃俏江南的股权,任由银行等债权方处置俏江南了。随后,便有了微博上"张兰彻底出局俏江南"的爆料。

张兰随之委托律师发布声明澄清道:"据相关媒体报道及经本律师调查,CVC 因其未能依约向银团偿还约 1.4 亿美元收购贷款,银团已经授权香港保华顾问有限公司的代表于 2015 年 6 月 23 日出任俏江南集团的董事,CVC 的委派代表不再担任俏江南集团的董事会成员。"

由于当初并购时抵押的是俏江南全部的股权,张兰也跟随失去了自己在俏江南的少数股权。张兰在接受媒体采访时声称,CVC 未经她同意而抵押了她那部分股权,她将起诉 CVC。但实际上,股权质押给债权方是当时并购时所签署的一揽子协议其中之一,即便张兰没有逐一细看条款,但她在协议上签了字是基本可以肯定的。毕竟,没有她的签字绝不可能办得成股权质押手续。

张兰声称要重回俏江南,但其法律顾问陈若剑认为"不太可能"。

资料来源:苏龙飞,《俏江南的资本之殇:23 年辛苦创业,最后却惨痛出局》,东方财富网,2016 年 1 月 18 日,http://finance.eastmoney.com/news/1682,20160118586463718.html

## 延伸阅读

### 俏江南张兰的资本噩梦：如何避免成为下一个张兰？

张兰2008年起与资本触电，俏江南在上市受挫后，鼎晖投资要求按对赌协议高价回购股份；近期更与CVC公司爆发矛盾，只是这次不止于口水战，而是更加硝烟弥漫、措施强硬的法庭诉讼和资产查封……

近日，俏江南创始人张兰遭公司投资方CVC起诉，因涉嫌转移公司资产而被香港法院查封个人财产，消息一出，立即引起普遍关注。正当大家对该信息还未完全消化之际，又传来张兰的儿媳、著名影星徐熙媛复出的消息，不禁让人们直呼信息量太大。且慢，紧接着又传出张兰的董事长职位可能不保的消息，一波三折，墙倒众人推的遭遇，不禁令人感慨。都说做女人难，做女强人更难，做有名的女强人更是难上加难。作为中国为数不多的知名女强人、女富豪，张兰从来都是舆论关注的焦点。

1. 资本噩梦不断

24年前，张兰怀揣2万美元从加拿大回国，从一家小餐馆做起，经过十多年的打拼，终于在强手如林的餐饮界打出了一片天地。可以说是白手起家、独立创业，和很多或是继承或是和丈夫共同创业、拥有丈夫部分资产的女富豪相比，她的故事更充满汗水与血泪。然而获得成功的张兰从2008年与资本"触电"起，开始了与资本之间一系列不愉快的合作。

2008年，为了支持门店扩张计划，张兰引入了国内知名投资方鼎晖投资，当时俏江南被估值约20亿元，鼎晖以2亿的价格换取了俏江南10%股权，并与张兰签署了对赌协议，如果俏江南不能在2012年实现上市，张兰则需要花高价从鼎晖投资手中回购股份。

2011年3月，俏江南向中国证监会递交A股上市申请，而后在证监会披露的终止审查企业名单中，俏江南赫然在列。在折戟A股之后，2012年4月，俏江南谋划在香港上市，预计融资规模为3亿—4亿美元。为筹集资金，当年5月，俏江南将集团旗下的"兰会所"出售。但此后香港上市便再无消息，前途一片迷茫。俏江南上市受挫后，鼎晖投资要求张兰按对赌协议高价回购股份，双方发生激烈矛盾冲突，张兰甚至向媒体坦言"最大错误是引入鼎晖投资"。

此时的张兰已经被外界解读出了焦头烂额的状况。2012年前员工因离职纠纷，一纸诉状将张兰诉至法院，彼时，更爆出身为政协委员、多次表白自己不会更改国籍的张兰，已更换为加勒比岛国国籍，此事被媒体曝光后又引起一阵舆论波动。

2013年，有媒体报道俏江南将出售股权给知名私募股权投资公司CVC。2014年公布的消息显示，CVC以3亿美元收购俏江南约83%股权后，张兰继续留任俏江南公司主席。谁知不到一年时间，张兰与CVC公司之间的矛盾突然爆发，这次不止于口水战，而是更加硝烟弥漫、措施强硬的法庭诉讼和资产查封。

2. 不省心的富二代

在俏江南一系列纷纷扰扰的资本闹剧之外，另一场娱乐闹剧更加精彩。张兰的儿子汪小菲22岁从法国留学回国，就任俏江南执行董事起，不但与女星张雨绮相恋并与章子怡传出绯闻，更因高调做派被网友封为"京城四少"之一，成为中国富二代的代表人物。2011年，汪小菲成功迎娶台湾知名艺人徐熙媛，但二人从举行婚礼以来，先是与张朝阳产生纠纷，后与万达老总之子王思聪多次在社交媒体发生口角，而张兰资产被查封后，王思聪更是在微博中爆料徐熙媛"哭晕在厕所"。可以说，夫妻二人从来没有脱离公众视野，成为比张兰还热的话题夫妻。

3. 解读：对赌协议签还是不签？

张兰的所有困境来自融资，融资的目的是为了发展，但融资所带来的对赌则像一把枷锁，让张兰陷入疲于奔命的境地。对赌协议已经在投资界大行其道，创业者从最初的抗拒、谈判，到如今不得不接受市场上已经将对赌条款作为投资协议的必备条款这一约定俗成的事实。每一个想要引入战略投资的创业者都面临两难选择：要么全赢，要么全输。因此大多数创业者一旦与投资方合作破裂，大都难以冷静。例如当当网李国庆就曾多次公开指责投资方，雷士照明创始人吴长江与软银赛富基金首席合伙人阎焱的对垒等。

出于对投资者的保护，投资方在合理范围内的对赌要求，理当得到支持；但如果对赌演变成了投资方的旱涝保收，甚至高息贷款，则违背了投资风险自担的基本市场规律，不应得到支持。

从司法实践看，我国法院既有承认对赌协议的判例，也有否定对赌协议的判例。毋庸讳言，对赌协议是否有效，对于投资者和创业者来说都是有风险的。这大概也是为什么大多数失败投资的对赌协议最终都没有诉诸法律的原因。

事实是，大多数创业者无法抵挡引入投资、迅速上市、一步登天的诱惑，他们大多怀着对市场前景和自身能力的信心，还带着对投资方资源运作能力的憧憬，侥幸认为最坏的情况不会发生，往往会签下含有对赌条款的投资协议。张兰就曾经坦言："创业就是不给自己留一点退路，才能做到第一。"但是，黑天鹅总是出现，企业运营失败或者虽然没有失败但由于种种原因无法实现设定目标，不但创业者已经取得的成功和辉煌成为明日黄花，往往连自己的家中余粮以及家人生活都受到实质影响。笔者作为律师执业14年来，这种例子并不少见。

4. 防范这种情况的发生，创业者应当做到有备无患

首先，在签署协议前以保险、信托等方式事先隔离一部分家庭资产，使之独立于自己的责任资产。保险和信托在受益人为他人的情况下，保险金和信托财产、信托受益权依法独立于当事人的个人资产，在对赌发生后具有不受追究的特性，可以起到隔离风险的作用。具体运用方法，还要咨询专业人士的意见。

其次，以婚内财产约定的方式隔离夫妻连带债务，并提前向投资方披露。根据婚姻法的规定，夫妻对婚姻关系存续期间所得的财产约定归各自所有的，夫或妻一方对外所负的债务，第三人知道该约定的，以夫或妻一方所有的财产清偿。此外《婚姻法司法解释（二）》第二十四条也规定了债权人和债务人约定用夫妻一方财产偿还的，则不作为夫妻共同债务处理。

最后，在尽职调查中披露个人财产要充分。尽职调查中未能充分披露个人财产的，可能被投资人抓住把柄，以恶意转移隐匿财产而追究创业者的法律责任。

5. 解读：家族企业是职务侵占、抽逃出资的高发区

CVC对张兰的控告由香港法院受理，笔者认为其可能采取的控告理由类似于中国法律上的职务侵占或抽逃出资的行为。

职务侵占罪是指公司、企业或者其他单位的人员，利用职务上的便利，将本单位财物非法占为己有、数额较大的行为。许多人对此有一种误解，认为职务侵占罪往往是外人侵占企业财产，家族企业就是自己的，自己人根本谈不上侵占一说。

须知，家族企业一旦成为独立法人，其公司资产就独立于企业家的个人资产，企业家可以持有股份，但公司资产在法律上属于公司所有，并不是企业家的个人财产。有的家族企业把企业当作自己家里的钱袋子、提款机，创业时家庭资产的投入不去计算，企业盈利后从企业拿钱也没有任何手续。这种做法危害极大：其一可能导致个人对企业承担无限责任；其二不能正确计算家庭财产投入所形成的权益，更有甚者，一旦创业者引入投资者，任何股东均可以代表企业作为受害人，以高管涉嫌职务侵占罪进行报案。

而抽逃出资罪则被司法机关更为普遍地运用为打击民营企业家的原罪之一，不能不谨慎从事。

俏江南的每个门店都花费巨额资金进行装修，有的动辄上亿元，家族式管理中的粗放、不计较的做法，很容易陷入以上两种指控之中。

6. 解读：失人是家族企业的传承硬伤

性格决定命运，张兰的强势让她一路披荆斩棘克服困难，但这份独断也让她手下无人。用张兰自己的话说，做每一件事都不听别人主意，只有自己最了解自己。一个人能跑得很快，一群人才能跑得更远。一路上陪在张兰身边的，似乎没有别人，只有那个极具明星话题效应的儿子汪小菲。张兰也曾作了许多引入外部人才的努力，但最终都以失败告终。

家族企业打江山靠自己人、坐江山靠自己人、传江山还得靠自己人的情况并不少见。以国美电器为例，在黄光裕被羁押初期，他曾经将国美董事会主席的职位交给陈晓，谁知陈晓竟联合贝恩资本要反手做掉黄光裕的太上皇位置，仓促之下黄光裕只好任命自己的妻子和律师应战，虽然最后扛住了陈晓的致命一击，但妻子已经身心疲惫，而律师毕竟不是经营人才，最后国美电器还是交给黄光裕的妹妹主持，黄光裕还得在狱中遥控国美的运作。

因此，应当重视三个问题：

（1）家族企业在管理人才缺乏、市场前景可持续性差的情况下，本身并不具有传承性，企业家应当积极准备传承应急预案并适时退出，将企业传承转变为财富传承。

（2）商者无域。企业家应当关注的是二代的教育培养，而不是一味地强调接班，例如王永庆的后人不一定要继续经营台塑企业，但可以继续运营家族财富，王雪红不做父亲这一行照样能成为首富。

（3）在富二代没有历练并证明自己能力的情况下，贸然将企业交给富二代管理是一件极具风险的事情，一般情况下不建议采取这一做法。婚姻中的女性要懂得理财，并不仅仅指学习如何让财富增长，更重要的是在丈夫或长辈忙于征战商海的时候，要有隔离债务等法律风险的意识，不单单为了自己，更为了下一代的成长保障和未来的长久幸福。

资料来源：陈凯，《俏江南张兰的资本噩梦：如何避免成为下一个张兰？》，《财富管理》，2015年5月刊。

## 本章小结

部门战略所反映的就是组织中每一个部门为了帮助组织实现战略以及相应的竞争目标而确定的基本行动路线，它包括市场营销战略、人力资源战略、财务战略等内容。本章首先介绍了生产运作的总体战略，以及生产运作战略包括的主要内容"产品或服务的选择、产品或服务的开发与设计、生产运作系统的设计"。然后从分析市场机会、选择目标市场、确定市场营销策略、市场营销活动管理四方面阐述了市场营销战略的步骤，以及市场营销战略与企业战略的关系。接着，探讨了人力资源战略与不同组织战略、竞争战略的匹配，以及人力资源战略与人力资源管理实践的选择。最后，从概念、基本模式、企业跨国经营三方面系统分析了财务管理的战略。

## 复习思考题

1. 生产运作、市场营销、人力资源、财务管理战略的概念是什么？
2. 简述生产运作战略的主要内容。
3. 市场营销战略包含的步骤有哪些？
4. 人力资源战略是如何与组织战略、竞争战略相匹配的？
5. 财务管理战略的基本模式有哪些？
6. 跨国经营财务管理战略的实施策略有哪些？

## 案例分析

### 格兰仕的成本领先战略

从以生产羽绒制品为主的乡镇小厂，到中国微波炉市场的龙头老大，并逐步获得国际竞争的主动权，格兰仕在短时间里取得了骄人的成功，完全得益于它的成本领先战略。

1.背景

1978年，42岁的广东顺德桂洲镇工交办副主任梁庆德辞去公职，开始筹备办厂。没有资金，没有设备，没有项目，也没有技术，梁庆德带着七八个人搭了几个窝棚作为"厂房"。在厂子建起来后，他们到附近的农家去赊购鸡鸭鹅毛，做成鸡毛掸子拿到城里去卖。其间梁庆德了解到一个信息：目前国外羽绒产品需求量大，国内许多外销单位货源紧缺。桂洲镇不缺鸡鸭鹅毛,收购成本低,技术含量不高,销售上又不用自己操心,于是决定做羽绒产品。

梁庆德从镇里贷了30万元,成立了桂洲羽绒厂。招了几十个人收购羽毛,经手工洗涤后供外销单位出口。经过一年多的努力,1979年产值就达200万元。1983年梁庆德与广东省畜产品进出口公司合作兴建了华南毛纺厂,引进日本新型毛纺生产线,年产300吨毛纱,实现了工业化生产,当年出口创汇达200万美元。1984年,中国羽绒加工业遭遇沉重打击,由于手工洗涤的羽绒含脂量高,容易生虫,出口受挫,导致国内羽绒大量积压。梁庆德抓住这一良机,筹集400多万元资金,购买了日本先进的羽绒脱脂洗涤设备,使产品迅速适应海外市场需要,同时全面低价吃进积压的羽绒进行再加工,争取到大量国内同行无法完成的高档水洗羽绒订单,年产量猛增至600吨,当年产值达3 000多万元,实现了跨越式发展。

经过10年的艰苦创业,格兰仕牌羽绒被、羽绒服尝试着进入国内部分市场。由于质量过硬,款式新颖,当年国内销售额超过2 000万元,集团总产值达1.8亿,出口创汇2 300万美元,成为国内羽绒加工业首屈一指的名牌企业。

20世纪90年代初,国际羽绒制品市场日趋饱和,贸易壁垒日益加重。格兰仕也不例外,拿不到自营进出口权,行业发展速度明显放缓,梁庆德开始把眼光放到业界之外去寻找企业新的利润增长点。

1991年,梁庆德的朋友俞尧昌提出搞微波炉的建议。俞尧昌分析,微波炉在发达国家的家庭普及率相当高,国内市场虽然没培育起来,但趋势是明显的:因公出国人员,按规定回国时可免税在商场买一件小家电,许多人买的就是微波炉。梁庆德调查了全国市场后发现,微波炉在国内尚属高档商品,售价都在2 500元左右,全国年销量也就几万台,主要集中在上海、北京等大都市,国内竞争压力不大,可以进入。

1992年6月广东顺德桂洲羽绒制品厂正式更名为格兰仕企业(集团)公司。1992年,格兰仕引进当时最先进的东芝微波炉生产线,在半年内建成投产。

格兰仕的生产规模不断扩大,产量从投资建厂当年生产微波炉1万台到1996年增至60万台,1997年激增至接近200万台。目前已拥有全球最大的微波炉生产基地,年生产能力达1 500万台。格兰仕从1996年开始屡屡掀起"降价风暴",大量小规模厂家被迫退出市场。几年后,能与格兰仕一争高下的仅剩下处市场第二位的韩国LG。目前格兰仕垄断了国内60%,全国35%的市场份额,成为中国乃至全世界的"微波炉大王"。

2. 格兰仕的总体战略

格兰仕的总体战略是专业化战略。当时,格兰仕所在地广东顺德及其周围地区已经是中国最大的家电基地,如当时全国最大的冰箱厂(容声)、空调厂(华宝)、电风扇厂(美的)、电饭锅厂(爱德)和热水器厂(万家乐)等都在这里。这些企业的产品都是当时的热销产品,然而梁庆德经过考察,毅然决定选择相对不被人重视的微波炉作为其主攻方向,并且将从事羽绒生产十几年来的积累全部投入微波炉项目。就当时的情况来说,这的确要冒相当大的风险。因为当时松下、夏普、三菱、日立等都在中国建立了微波炉的合资企业,每家的生产能力都达100万台,国内也有不少企业已经上了微波炉项目,而在1992年,国内的市场容量还不到100万台。格兰仕集团在这方面的表现是非常突出的,主要包括:第一,在总成本不变或降低的前提下,不断开发新产品和专有技术。第二,利用总成本领先的优势,向市场推出质好价廉的产品,扩大市场占有率。第三,在上述基础之上,格兰仕开始利用自己的技术力量开发关键元器件,并投入生产,进一步降低总制造成本。1993年试产1万台。1994年集中生产市场上畅销的少数几个型号的产品,以降低成本,产销量达10万台。1995年市场占有率达25%,成为市场的领导者。

格兰仕没有采用多元化战略,而是集中全部资源,朝认定的方向以规模化为重点发展单一的微波炉行业。对此,格兰仕副总经理俞尧昌先生说:"就格兰仕的实力而言,什么都干,则什么都完了,所以我们集中优势兵力于一点。"因为专注,格兰仕在微波炉市场上很有成本优势。格兰仕利用OEM搬来的设备、大批量生产、低劳动成本、大的管理跨度、采购方垄断等,在很长的时间内获得了成本优势。

作为一个参与国际分工的中国企业,不应该从头做到尾,而应该做一两个环节。定位在哪个环节上?这里就有两种大战略模式:一种是哑铃模式,即定位在设计、营销上。一头是设计,一头是营销和品牌,而中间的生产环节外包出去。另一种战略模式是橄榄模式,即专做制造,前面的设计,后面的营销和品牌由别人去做。格兰仕专心搞制造,绝不涉足流通领域。做家电和卖家电也是两个行业,格兰仕有1.8万名员工,从事正式销售工作的只有一百多人,再加上一千多名导购员。正因为专注制造,才使格兰仕迅速获得了全球范围的规模优势和成本优势。

作为一个企业,其战略选择只能面对现实。正因如此,格兰仕明智地选择橄榄模式,以自己的橄榄模式与跨国公司的哑铃模式对接。从长远看,做橄榄与做哑铃,纯粹属于一种国际分工,也会逐步形成平均利润率。

3. 格兰仕的竞争战略

格兰仕采取成本领先战略。成本领先战略贯穿于格兰仕的各种生产经营活动之中。格兰仕之所以如此频繁地大幅度降价,就在于其成本要比竞争对手低许多,有足够大的降价空间。格兰仕通过引入竞争机制、增强与其他企业的合作、减少管理层次、塑造企业文化等措施来降低内部的交易成本,提高劳动效率,加上廉价的劳动力,使格兰仕在综合成本竞争中占据很大优势。平均来说,其管理费用只有同类企业的一半左右,而其工人的劳动生产率要比同类企业高20%以上。因此即使企业规模一样,格兰仕通过严格的内部管理措施,也使其产品成本比同类企业低5%—10%。

成本领先有赖于微波炉的规模经济。1995年,其年产能力达50万台,1996年达100万台,1997年和1998年分别达到200万台和450万台。制造规模越大,平均成本就越低。格兰仕在1996年8月和1997年10月分别进行的两次降幅在40%左右的大规模降价活动,都是基于规模制造的结果。从1999年开始,格兰仕一方面迅速扩大自己的生产能力;另一方面又在获得规模经济的基础上,通过降价和立体促销来扩大市场容量,提高市场占有率,从而在短期内使自己的实力获得了迅猛增长。

在成本领先战略的指引下,格兰仕的价格战打得比一般企业都要出色,规模每上一个台阶,就大幅下调价格。如当自己的规模达到125万台时,就把出厂价定在规模为

80万台的企业的成本价以下。此时,格兰仕还有利润,而规模低于80万台的企业,多生产一台就多亏一台。如此循环,让竞争对手逐渐淘汰出局。格兰仕降价的另一特点是狠,价格不降则已,要降就要比别人低30%以上。

4. 格兰仕的部门战略

(1) 市场营销战略。

格兰仕集团在微波炉市场上的市场营销战略主要包括以下内容:

① 培育市场。在导入期和成长期,格兰仕的科普营销赢得了巨大的竞争力,通过赠送微波炉食谱等图书、在报刊上开辟专栏等方式,以知识营销的方式,培育中国的微波炉市场。此外,还通过让消费者理解和接受新的功能并乐于使用,开发、整合边缘市场,改善微波炉的消费环境。

② 启动市场。通过建立全国性的营销网络,主要是与各地代理商合作,建立了稳固的渠道分销共同体,不建立自己的销售渠道,以价格战推动分销渠道建立,共同启动微波炉市场。营销通路建设采用"只做中间、不做终端"的策略。

③ 占领市场。在微波炉市场上主要通过价格战的方式。

④ 巩固市场。通过不断推出新产品,针对不同的市场区域推出合适的产品,通过提高产品服务质量和水平来巩固市场。例如,格兰仕推出的"四心级"服务(为顾客诚心、精心、让顾客安心、放心),"三大纪律、八项注意"的规范服务,一地购物、全国维修的跨区域服务等,都是格兰仕巩固市场的重要策略。

格兰仕为了充分实现成本领先,在促销方式上主要利用报纸软性广告和新闻来保持一种与消费者的亲和力,同时降低促销费用。自1995年以来,每年格兰仕在报刊上的曝光次数都在千次以上,而且一年总有两三次成为媒体爆炒的热点,善于创造性地制造新闻,从而使自己的知名度在短期内迅速提高。

(2) 生产运作战略。

格兰仕采用"拿来主义",将国外已无成本优势的生产线引入中国,与自身的企业优势对接,进行专业化合作,以最小的先期投入进入微波炉行业,高起点地迅速成为优质微波炉的制造中心。这种"产品走出去,产业拿进来"的策略,符合中国当时的国情。之后,格兰仕先后引进了各种先进的生产线和生产技术,除替知名品牌作代加工外,还利用这些生产线的剩余生产能力制造自己的产品,无形中降低了成本。另一方面,格兰仕也通过这种操作模式,掌握了不少其他品牌的关键技术,为自己的研究开发提供了便利。目前,格兰仕已顺势将自己定位在"全球微波炉制造中心",将自己的全部资源集中在产品设计与制造中。

(3) 财务管理战略。

为适应国际化经营的战略需要,格兰仕集团自1998年开始聘请全世界著名的咨询公司——安达信公司为财务顾问,具体制定和实施格兰仕的财务战略。这在当时的中国企业,尤其是乡镇企业中实属罕见。

(4) 人力资源战略。

引进人才并大胆使用是格兰仕集团的传统。早在1991年,格兰仕集团就聘请了5名来自上海的中国微波炉专家,正是这5名高级工程师组成了格兰仕微波炉技术队伍的核心,奠定了其后与外国技术合作的基础。1993年聘请日本人从事生产运作管理,1998年为实施国际化战略,格兰仕集团聘请韩国人担任国际营销主管,聘请美国人从事技术开发活动。格兰仕集团人才策略的主要特点是:引进全球视野范围内的优秀人才。

(5) 研究与开发战略。

格兰仕的技术战略经历了引进、消化吸收、合作开发、自主开发这些阶段。在1997年以前,格兰仕集团主要是以引进、消化吸收为重点,从1992年引进东芝公司的生产线和技术,到1996年引进全球范围内最先进的微波炉生产设备和技术,并在消化吸收的基础上进行集成。1997年,格兰仕集团设立研究与开发部门,1998年又在美国设立技术开发机构,开始走向合作和自主开发的新阶段。

从科研上来说,规模经济则更明显,产销量越大,企业就越有能力从事新产品的科研和开发,或者说单位产品分担的开发费用越低。格兰仕并没有单纯地寻求生产上的规模经济,而是努力寻求技术上的突破和开发出新的产品,以刺激市场需要,为成本领先优势奠定更坚实的基础。1995年以来,格兰仕共获得球体微波、多层防漏等与微波炉相关的专利和专有技术三十多项,同时共开发出八十多个品种的新产品。每一个地区市场、每一个商场的产品组合都不一样,有效地控制了市场的方向。

5. 格兰仕的国际化战略

格兰仕的国际化战略采用了三步走的策略:第一步,利用比较优势,在国内形成规模优势,形成较高水准的微波炉制造能力;第二步,走出国门,进一步扩大规模优势,建立全球第一的微波炉制造方面的竞争力;第三步,积聚实力,逐步建立全方位竞争力,成为真正的国际品牌。格兰仕这种循序渐进的策略,是一种既积极又稳妥的策略。

格兰仕在发展过程中非常重视企业间尤其是国际间的分工与合作。在开发上采取项目制,其开发人员来自五湖四海尤其是日本、美国和欧洲。通过国际合作,既降低了开发成本,又提高了开发效率。有些关键部件,自己不生产而是进口或合作生产,从而确保了高质量,相应降低了成本;有些辅件,自己生产成本更高,就从国内采购。与部分企业到国外建工厂相反,格兰仕不仅没有将国内资金拿到国外去建厂,而且将出口产品的生产基地建在国内,建这些厂用的还是别人的钱。格兰仕的主要做法是,将国际知名品牌的生产线搬到中国来,交由格兰仕组织生产,所生产的产品再按照比这些知名品牌企业自己在本国生产的成本价更低的售价卖给对方,由对方利用自己的品牌、销售网络在国外销售。这样做的好处是:格兰仕通过引进国际知名企业先进生产线的做法,使自己的生产能力迅速扩张,并将数十家乃至上百家的工厂从世界各地搬到了中国,将数以千计,甚至数以万计的就业岗位从世界各地搬到了中国。收购一家国外企业的生产线,等于消灭了一个国外的竞争对手,将竞争对手变成了合作伙伴。将国外的先进生产线搬到国内,加上格兰仕的人员和格兰仕的文化与管理,这样就不存在整合过程中文化的摩擦和人员的争斗。将生产线搬到中国的顺德,在这里,他们人熟地熟,政府环境、社会环境、各种关系资源都是现成的,不需要增加任何新的投入。这样也就充分发挥了关系资源的规模经济效益。

资料来源:根据 http://business.sohu.com/、http://www.zhongpengrong.com、http://web.cenet.org.cn 上的文章修改整理。

## 讨 论 题

1. 格兰仕为什么能够较快地从一个不知名的羽绒生产企业发展成为中国乃至全世界的"微波炉大王"?

2. 部门战略与企业总体战略和竞争战略的关系如何?

3. 你认为格兰仕在目前的发展过程中会出现什么问题?怎么解决?

# 第五篇　战略评价

- 第九章　战略评价
- 第十章　战略咨询

# 第九章 战略评价

**学习要点**

- 战略评价的性质与准则
- 战略评价的过程
- 战略评价的内容框架
- 战略评价方法与工具

> **名人名言：**
> 复杂的控制不起作用,只会让人迷茫,让人们将注意力从被控制的地方转向控制的机制和方法。
>
> ——西摩·蒂里斯

企业所处的外部和内部环境常常会发生变化,特别是当今社会,这种变化会越来越快,因此,曾经制定得再好的战略也需要调整,以适应商业环境的变化。战略评价是指检查战略实施进展,评价战略执行业绩,不断修正战略决策,以期达到预期目标。战略评价包含评价的准则、内容框架和方法工具。

## 第一节 战略评价的性质与准则

> **名人名言**
> 除非认真而系统地实施战略评价,除非战略制定者决意致力于取得好的经营成果,否则,一切精力将被用于为昨天辩护,没有人会有时间、资源和意愿来开拓今天,更不用说去创造明天。
>
> ——彼得·德鲁克

### 一、战略评价的性质

战略决策对企业的发展具有重大影响,因此战略评价对于企业的正常运转利害攸关。战略评价之所以重要，是因为企业面临动态环境，当今的内外部因素经常发生快速、剧烈的变化。今天成功不能保证明天也成功。战略评价包括三个基本方面：

(1) 检查企业战略的内在基础；
(2) 比较预期结果和实际结果；
(3) 采取纠偏行动确保绩效符合预期计划。

战略评价是一项复杂的任务。过分的战略评价可能成本很高，并且降低生产效率，评价太少又会导致更严重的问题。战略评价对于确保目标实现十分必要，主要内容有：

(1) 战略是否与企业的内外部环境相一致；
(2) 从利用资源的角度分析战略是否恰当；
(3) 战略涉及的风险程度是否可以接受；
(4) 战略实施的时间和进度是否恰当；
(5) 战略是否可行。

## 二、战略评价的准则

战略评价的准则有很多，采用得比较多的是理查德·鲁梅尔特（Richard Rumelt）提出的战略评价的四个准则：一致性、协调性、可行性和优越性。协调性和优越性主要基于企业外部分析，而一致性和可行性主要基于内部评估。

### （一）一致性

战略不应该包含不一致的目标和政策。通常，组织冲突和部门间争吵是管理无序的表征，但这些问题也可能是战略不一致的信号。有如下三条准则可以帮助企业确定组织问题是否由战略不一致导致：

(1) 如果人事变动后管理问题仍然持续不断，以及问题像是因事而不是因人而发生，那么可能就存在战略的不一致。
(2) 如果企业某个部门的成功意味着或者可以解读为另一个部门的失败，那么战略有可能是不一致的。
(3) 如果政策问题总是要到高层管理者那里才得以解决，那么战略就可能是不一致的。

### （二）协调性

协调性是指战略制定者在评价战略时，既要考察个体趋势，又要探究组合趋势。一个战略必须代表一种自适应性地对外部环境和内部变化的响应。制定战略时，将企业关键内部因素和外部因素匹配的一个难点在于，大多数趋势是其他趋势交互作用的结果。例如，托儿所服务的增多由许多趋势导致，包括教育平均水平提高、通货膨胀加剧以及工作女性的数量增多。虽然单一的经济或人口趋势可能多年未变，但各种趋势的交互作用却一刻未停地发生着。

### （三）可行性

战略既不能过度利用可用的资源，也不能造成无法解决的派生问题。战略最终检验的是其可行性，即该战略能否在企业的人力、物力和财力许可的范围内实施。企业的财务资源最容易定量考察，它通常也是确定采用何种战略的第一制约条件。不过，有时人们容易忘记,融资方法的创新往往是可能的。如内部筹资、售后回租条款、结合长期合同和房产抵押贷款等,这些方法都能有效地使企业在突然扩张的产业中获得重要地位。在战略选择中相对难以量化且难以克服的制约因素是个人和企业的能力。评价战略时,应该检验企业是否有过去的经历能够证明,它有相应的能力、胜任力、技能和人才来执行给定的战略。

### (四) 优越性

企业的战略必须创造和保持其某一方面的竞争优势。通常,竞争优势来自以下三方面:资源;技能;地位。关于资源能够增强其综合竞争力的观点,军事理论家、棋手和外交家应该十分熟悉。地位在企业战略中也十分重要,好的地位具有防御性——这意味着竞争对手要付出很大代价,以至于它们不得不放弃全部进攻。只要关键的内部和外部因素保持稳定,地位优势就具有自维持性。这就是为什么地位牢固的企业最不可能被扳倒,即使它们技能平平。虽然不是所有的地位优势与规模有关,但大型企业往往能在多个市场运营,并使用一些流程体现它们的规模优势。中小企业也可以通过准确的产品或市场定位,以发挥其他类型的优势。好地位的特征是允许企业从政策中获利,而那些没有相同地位的企业则不能。因此,评价战略时,企业应该评价给定战略提供的地位优势的性质。

相比过去而言,战略评价越来越困难。过去的情景是:国内和全球经济相对稳定,产品生命周期和开发周期相对较长,技术进步速度较慢,变化不频繁,竞争者较少。当今,战略评价越来越困难,其原因如下:

(1) 环境复杂性不断增加;
(2) 未来变得更加难以准确预测;
(3) 新技术带来的变量日益增多;
(4) 影响企业的国内和全球性事件增多。

管理者如今面临的一个基本问题是:如何有效地管理员工,特别是知识工作者,以满足现代企业对灵活性、创新性和创造力的需求。

## 第二节 战略评价过程

> **名人名言**
> 战略评价应该尽可能简单,这样管理者才能快速调整计划并达成共识。
> ——戴尔·麦肯基

如前所述,战略评价对各种类型和规模的组织都是必要的。战略评价应该首先对战略制定的前提假设进行质疑,然后对目标和价值观进行审查。无论企业的规模如何,若要有效开展战略评价,要求各个层级的管理者进行一定的走动式管理,即接触一线员工、客户、供应商,了解收集情况。

战略评价行动应该持续进行，而不是仅在战略周期结束时或者问题出现后才进行。持续而非定期地评价战略，可以帮助企业有效监控战略执行、发现问题、调整战略。对于中长期战略，其成功需要坚持的耐心和勇于改进的决心。企业的管理者和员工应该不断关注目标实现过程中的每一进步。环境的改变或竞争态势的改变，企业应该马上进行适当的反应——坚持原有计划或调整计划。战略评价与战略制定和战略实施一样，人是决定性因素，只有管理者和员工齐心协力，才能使企业朝着预定的目标稳步前进。

## 第三节　战略评价的内容框架

> **名人名言**
> 　　计划者不是要进行计划，而是要通过发挥促进、催化、研究、教育以及协调作用，进而使计划过程更为有效地进行。
> 　　　　　　　　　　　　　　　　　　　　　　——A. 哈克斯和 N. 马耶洛夫

表 9-1 总结了战略评价活动的关键问题、备选方案和应对行动。注意，企业需要不断进行战略修正调适，除非以下情况：内外部因素变化不大；企业在令人满意地朝着既定目标前行。

表 9-1　战略评价矩阵

| 企业内部战略定位发生了重大变化吗？ | 企业外部战略定位发生了重大变化吗？ | 企业是否朝着既定目标顺利前进？ | 结　　果 |
| --- | --- | --- | --- |
| 否 | 否 | 否 | 采取修正行动 |
| 是 | 是 | 是 | 采取修正行动 |
| 是 | 是 | 否 | 采取修正行动 |
| 是 | 否 | 是 | 采取修正行动 |
| 是 | 否 | 否 | 采取修正行动 |
| 否 | 是 | 是 | 采取修正行动 |
| 否 | 是 | 否 | 采取修正行动 |
| 否 | 否 | 是 | 继续现有的战略行动 |

战略评价行动包含审视战略的基础、衡量企业业绩、采取修正行动，这三者之间的关系如图 9-1 所示。

### 一、审查战略基础

公司开展战略基础审查时，可以通过审视外部和内部的变化来进行。在分析外部

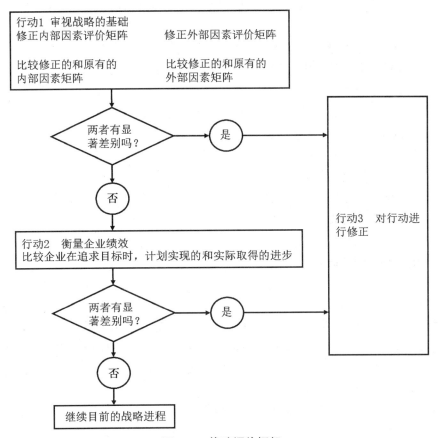

图 9-1　战略评价框架

关键机会和威胁时,可以通过回答以下问题进行相关分析:

(1) 竞争对手曾对我们的战略如何反应?
(2) 竞争对手的战略曾发生哪些改变?
(3) 主要竞争对手的优劣势发生改变了吗?
(4) 为什么有些竞争对手发生战略性转变?
(5) 为什么有些竞争对手的战略比其竞争者更成功?
(6) 本企业的竞争对手对于它们目前的市场地位和盈利能力满意度如何?
(7) 竞争对手采取报复前可以容忍多久?
(8) 我们怎样才能更有效地与竞争对手合作?

各种内外部因素会影响企业实现长期和短期目标。外部方面,需求变化、技术变化、经济变化、竞争对手行动、人口迁移和政府行为等会影响企业目标的实现;内部方面影响因素:企业选择的战略可能不奏效,或者战略实施不到位或目标不切实际。企业特别需要知道,什么时候其战略无效。有时,管理者和一线员工比战略制定者会更早发现问题。所有企业成员,特别是一线员工都需要知晓这点,从而支持战略评价。

对于现有战略的外部机会和威胁以及内部优势和劣势,管理者需要实时监控其变

化。问题不是这些因素是否会改变,而是它们何时以何种方式改变。以下是在战略评价中需要正视的一些关键问题:

(1) 我们的内部优势依然是优势吗?
(2) 我们能否增加其他内部优势? 如果有,是什么?
(3) 我们内部的劣势依然是劣势吗?
(4) 我们内部现在还有其他劣势吗? 如果有,是什么?
(5) 我们的外部机会仍然是机会吗?
(6) 我们现在还有其他外部机会吗? 如果有,是什么?
(7) 我们的外部威胁仍然是威胁吗?
(8) 我们现在还有其他外部威胁吗? 如果有,是什么?
(9) 我们容易受到敌意收购吗?

## 二、衡量企业的绩效

战略评价行为第二步是衡量企业绩效。它包括:比较预期目标和实际结果,调查偏离计划的原因,评价个人绩效,检验目标实现的程度等。在衡量企业绩效过程中,对企业中长期目标和短期目标都要进行评估。战略评价的准则应该可度量并易于调整。对未来业务指标的预测远比显示以往业务的完成情况更为重要。真正有效的控制需要准确的预测。

当企业制定的中长期和短期目标都未能取得预期成绩时,这表明需要对战略进行调整了。许多因素都会导致无法达到目标,如不合理的政策、未预料到的经济变化、不可靠的供应商和分销商,或者无效的战略等,还可能是无效益(没做正确的事或者无效率;没正确地做事,或正确的事做得不到位)。

在衡量企业绩效时,许多因素可以且应该包含其中。如表9-2所示,一般而言,每月、每季、每年企业都要对关键业务指标进行回顾,从而确定合理行动。

表 9-2 企业绩效评价框架示例

| 因 素 | 实际结果 | 预期结果 | 变 量 | 所需行动 |
| --- | --- | --- | --- | --- |
| 企业收入 | | | | |
| 企业利润 | | | | |
| 企业投资收益率 | | | | |
| 区域1的收入 | | | | |
| 区域1的利润 | | | | |
| 区域1的投资收益率 | | | | |
| 区域2的收入 | | | | |
| 区域2的利润 | | | | |

(续表)

| 因　素 | 实际结果 | 预期结果 | 变　量 | 所需行动 |
|---|---|---|---|---|
| 区域 2 的投资收益率 | | | | |
| 产品 1 的收入 | | | | |
| 产品 1 的利润 | | | | |
| 产品 1 的投资收益率 | | | | |
| 产品 2 的收入 | | | | |
| 产品 2 的利润 | | | | |
| 产品 2 的投资收益率 | | | | |

通常,确定哪些是战略评价中的重要目标十分困难。战略评价基于定性和定量标准。战略评价标准的选择取决于企业规模、产业、战略和管理理念。比如,采取收缩战略的企业与追求市场开发战略的企业,其评价标准完全不同。战略评价中经常使用的定量标准是财务指标,战略制定者通常要做三种重要比较:

(1) 比较不同时期企业的绩效;
(2) 比较自身和竞争对手的绩效;
(3) 比较企业绩效与产业平均水平。

作为战略评价的标准,一些关键的财务比率特别有用,如下所示:

(1) 投资收益率;
(2) 股本收益率;
(3) 利润率;
(4) 市场份额;
(5) 负债对权益比率;
(6) 每股收益;
(7) 销售增长率;
(8) 资产增长率。

但是,采用定量标准进行战略评价也有其弊端。首先,大多数定量标准是针对年度目标而非长期目标的。其次,不同的会计方法在定量标准下的结果有所不同。最后,定量标准中几乎总是包含直觉判断。鉴于这些及其他各种原因,战略评价时还需采用定性标准。员工忠诚度、客户满意度、员工创造力等因素都可能是导致业绩下滑的潜在原因。市场营销、财务/会计、研发或者管理信息系统因素也可能导致财务问题。

战略评价中,还有一些反映定性需求或者直觉判断的关键问题,管理者需要关注,如下所示:

(1) 公司高风险和低风险投资项目之间的平衡如何?
(2) 公司长期和短期投资项目之间的平衡如何?
(3) 公司在缓慢增长市场和快速增长市场之间的平衡如何?

(4) 公司如何平衡在不同事业部之间的投资？
(5) 公司可选的战略在多大程度上体现社会责任？
(6) 公司的关键内部和外部战略因素之间的关系如何？
(7) 主要竞争对手对公司的各种战略如何反应？

## 三、采取修正行动

### （一）变革措施

战略评价的最后一步是采取修正行动，即需要做出一些变革使企业在未来获得竞争地位。一般来讲，需要采取的变革包括：调整组织结构，人事调整（如替换一个或多个关键人员），业务重构（出售某项业务，或并购某项业务），或者重新修正企业愿景等。此外，还可能采取以下变革措施，如设定或修改目标、出台新的政策、发行股票融资、加强销售团队、以不同的方式分配资源或者给予新的绩效激励等。注意，采取修正行动并不一定意味着放弃现有战略，或者必须制定新的战略。

表 9-3  采取必要的修正行动以改变不尽如人意的因素

| | |
|---|---|
| 1. 调整企业结构 | 7. 制定新政策 |
| 2. 更换一个或多个关键人员 | 8. 实行新的绩效激励 |
| 3. 剥离某项业务 | 9. 发行股票或债券进行融资 |
| 4. 重新修正企业的愿景和使命 | 10. 新增或解聘销售人员、员工或经理 |
| 5. 修正目标 | 11. 以不同的方式分配资源 |
| 6. 改变战略 | 12. 业务职能外包（或严加控制） |

### （二）变革管理

企业规模越大，出错的可能性越大。错误或者不当行为发生的可能性随着人员算术级数的增加而呈几何级数增长。在战略评价时，对某项业务全面负责的人必须同时检查所有参与者的行为和他们实现的成果。如果行动或者结果与预期或者计划的结果不一致，就要采取纠正措施和修正行动。

当今商业环境变得动荡而复杂，它冲击着个人和组织。当变化的性质、类型以及速度超出个人和组织的适应能力时，这种冲击就会发生。战略评价能够增强组织成功地适应环境改变的能力。变革往往会给个人和组织带来压力和焦虑。同样采取修正行动会增加员工和管理者的焦虑。研究表明，员工参与战略评价行动，是克服对于变革的抵制情绪的最佳方式之一，因为员工参与有利于人们认知理解面临的变革、感觉局势可控并意识到实施变革必须采取必要行动，从而最终接受变革。

战略评价可能导致四种情况：战略制定的改变、战略实施的改变、两者都发生改变或者都不改变。采取修正行动时，需要注意以下原则：

（1）修正行动应该将企业置于更好的地位。即能够更好地利用内部优势和外部关键机会，更有力地避免、减少或者转移外部威胁，更坚决地对内部劣势进行弥补。

（2）修正行动应该有明确的时间表和恰当的风险度，应该保持其内部一致性并对社会负责。

（3）修正行动要增强企业在业界的竞争地位。

持续的战略评价可以使战略制定者、执行者随时把握战略执行情况，并为战略管理系统提供有效信息，保证战略的有效性。卡特·贝尔斯（Carter Bayles）这样描述战略评价的好处：

> 评价行动可能增强对企业现有战略的信心，或者指出修正一些短处的必要，如优质产品或者技术优势的减少。许多案例中，战略评价有更深远的意义，评价过程的结果可能产生全新的战略，它将使甚至已经获得可观利润的企业再上一个台阶，大幅提高盈利水平。正是这种可能性体现了战略评价的价值，因而成效可能非常巨大。

## 第四节  战略评价方法与工具

> **名人名言**
> 虽然战略这个词经常和未来联系在一起，但和过去也有着千丝万缕的联系。生活要向前看，但理解生活却要往后看。管理者将在未来实施战略，但要通过过往的经历来理解战略。
>
> ——亨利·明茨伯格

企业的战略评价系统可分为三个基本层次：第一个层次是企业所有者（投资者）对高层管理人员的战略业绩评价；第二个层次是高层管理者对中层管理人员（或分公司、战略经营单位）的战略业绩评价；第三个层次是中层管理者对基层管理人员与各员工的战略业绩评价。企业管理者需要从企业战略出发，采用一系列具体、可控的财务与非财务指标，向企业各级管理人员及全体员工分解各自的目标与责任，并对其进行业绩计量与考核，才能确保企业战略目标的实现。平衡积分卡、关键指标法、目标管理法都可以很好地帮助企业完成上述任务。

### 一、平衡计分卡

平衡计分卡（The Balanced Score Card，简称 BSC），就是根据企业组织的战略要求而精心设计的指标体系。按照卡普兰和诺顿的观点，"平衡计分卡是一种绩效管理的工具。它将企业战略目标逐层分解转化为各种具体的相互平衡的绩效考核指标体系，并对这些指标的实现状况进行不同时段的考核，从而为企业战略目标的完成建立起可靠的执行基础"。

（一）平衡计分卡原理与流程

平衡计分卡从四个方面对公司战略管理的绩效进行财务与非财务的综合评价，不仅能有效克服传统的财务评估方法的滞后性、偏重短期利益和内部利益以及忽视无形资产收益等诸多缺陷,而且是一个科学的集公司战略管理控制与战略管理的绩效评估于一体的管理系统,其基本原理和流程简述如下:

(1) 以组织的共同愿景与战略为中心,将公司的愿景与战略转化为在财务、顾客、内部流程、学习与成长等四个方面的系列具体目标(即成功的因素),其基本框架如图 9-2 所示:

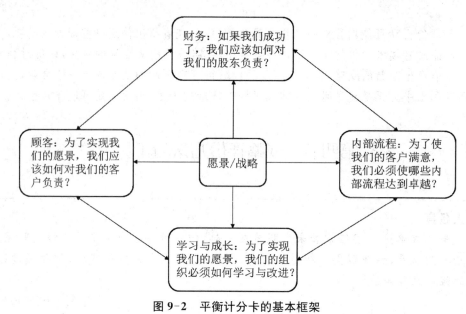

图 9-2 平衡计分卡的基本框架

(2) 依据各责任部门分别在财务、顾客、内部流程、学习与成长四个方面可具体操作的目标,设置一一对应的绩效评价指标体系。

(3) 由各主管部门与责任部门共同商定各项指标的具体评分规则。

(二) 平衡计分卡四个战略

1. 财务战略

财务战略回答的是"如果我们成功了,我们应该如何对我们的股东负责"。财务是结果,它体现股东最关心的是什么样的财务指标,是企业努力的方向。增加股东价值有两种基本战略:收入增长战略和生产力战略。收入增长战略主要聚焦开发新的收入和利润来源,一般含有两部分:开发新产品和市场、增加客户价值(提高现有客户利润率)。生产力战略聚焦于降低成本和提高效率。

2. 客户战略

客户战略回答"为了实现我们的愿景,我们应该如何对我们的客户负责"。为了达到预期的财务目标,企业需要给客户提供什么样的价值。根据特里西(Treacy)和威尔斯玛(Wiersema)的研究,有三种客户价值定位战略:产品领先、客户至上、优异运营。采用产品领先战略的公司必须在功能、特色和性能方面表现突出。采用客户至上战略的公司必须特别注重和客户建立深入的客户关系。采用优异运营战略的公司需要在竞争性价格、质量、交货期和准时交货等指标方面表现优异。

3. 内部业务流程战略

内部业务流程战略回答的是"为了使我们的客户满意,我们必须使哪些内部流程达到卓越"。上面提到了三种价值定位。内部业务流程的设计就是针对这三种价值定位来设计的:创新流程、客户管理流程、运营流程。每个企业一定要聚焦于某一个对客户价值定位影响最大的流程,并且在这个流程上做得特别出色。其他流程是支持性的,不是根本的。

产品领先战略需要一个领先的创新流程,以创造出功能先进的新产品,并快速推向市场。客户管理流程可能会更强调快速获得新的客户,并且利用产品领先所带来的优势来进一步巩固其市场先行者的地位。

客户至上战略则需要优秀的客户管理流程,如关系管理和解决方案开发流程等。创新流程主要以目标客户的需求为导向,重点关注那些对改善客户解决方案有价值的新产品开发和服务的提升。

优异运营战略要突出成本、质量、运营周期、优秀的供应商关系、供应和配送的速度和效率等方面的指标。

4. 学习与成长战略

学习与成长战略回答"为了实现我们的愿景,我们的组织必须如何学习与改进"。学习与成长是所有战略的基础。学习与成长战略定义了组织需要什么样的无形资产,以使组织的活动和客户关系保持较高的水平。主要包括:

(1) 战略性的能力:员工为支撑战略所必须具备的战略性技能和知识。

(2) 战略性的技术:为支持战略实施所必须具备的信息系统、数据库、工具和网络。

(3) 工作氛围:为激励、授权和协同员工所需的文化转变。

学习与成长战略是进行长期、持续性变革的真正起点。

(三) 用平衡计分卡实现战略实施和绩效管理

当企业完成了战略的制定,下一步工作便是要让组织的战略变得可测量可管理。这就是平衡计分卡要完成的任务。企业战略定义了组织的战略目标或愿景,平衡计分卡可以将组织的目标转化成可衡量的指标,从而变成日常管理活动。比如,组织的战略目标是提高某产品在某一区域市场的市场占有率,那么衡量的指标就可以设为市场占有率。这样一来,从战略到计分卡,使战略变得可测量,从而可以很好地进行战略管理。

每个企业都是独具特色的,比如不同的客户价值定位,在具体应用平衡计分法时都应有各自不同的做法,但其共性的东西还是大量存在的。一般而言,企业要建立平衡计分测评指标体系需经过下面几个步骤。

1. 公司的愿景与战略的建立与倡导

公司首先要建立愿景与战略。愿景与战略,是每一部门建立绩效衡量指标的前提。对于多事业部企业,需要考虑建立事业部战略。同时,成立平衡计分卡小组或委员会去向员工、股东等所有利益相关者解释公司的愿景和战略,并设计财务、客户、内部流程、学习与成长四个方面的具体目标。

2. 绩效指标体系的设计与建立

本阶段的主要任务是依据企业的战略目标,结合企业的长短期发展的需要,为四类具体的目标设计出关键的绩效衡量指标。并对所设计的指标要自上而下，从内部到外部进行交流，征询各方面的意见，吸收各方面、各层次的反馈建议。这种沟通与协调完成之后，使所设计的指标体系达到平衡，从而能全面反映和代表企业的战略意图。

3. 加强企业内部沟通与教育

利用各种不同沟通渠道，如定期或不定期的刊物、信件、公告栏、标语、会议等加强企业内部沟通与教育，让各层管理人员及员工知道公司的愿景、战略、目标与绩效衡量指标。

4. 定期回顾绩效衡量指标

确定每年、每季、每月的绩效衡量指标的具体数字，并与公司的计划和预算相结合。注意各类指标间的因果关系、驱动关系与连接关系。定期回顾各项指标的达成率，分析原因，制定修正措施。

5. 绩效指标体系的完善与提高

首先考察指标体系设计得是否科学，是否能真正反映本企业的实际。其次要关注的是采用平衡计分卡后，对于绩效评价中的不全面之处，以便补充新的测评指标，从而使平衡计分卡不断完善。最后要关注的是已设计的指标中的不合理之处，要坚决改进或取消，只有经过这种反复认真的改进才能使平衡计分卡更好地为企业战略目标服务。

## 二、关键绩效指标法

关键绩效指标法（KPI）是通过对企业内部流程的输入端、产出端的关键参数进行设置、取样、计算、分析，来衡量流程绩效的一种目标式量化管理方法，是把企业的战略目标分解为可操作的工作目标的工具，是企业绩效管理的基础。KPI 可以使各部门主管明确本部门的主要责任，并以此为基础，明确员工的绩效指标。

### （一）关键绩效指标的含义

建立明确的切实可行的关键绩效指标体系，是做好战略实施管理的关键。它有以下几层含义。

(1) 关键绩效指标是用于评估和管理被评估绩效的定量化或行为化的标准体系。也就是说，关键绩效指标是一个标准体系，它必须是定量化的，如果难以定量化，那么也必须是行为化的。如果定量化和行为化这两个特征都无法满足，就不是符合要求的关键绩效指标。

(2) 关键绩效指标是对企业战略目标有增值作用的绩效指标。也就是说，关键绩效指标是为对企业战略目标起到增值作用的经营活动而设定的指标，基于关键绩效指标对绩效进行管理，就可以保证真正对企业有贡献的行为受到鼓励，从而实现战略目标。

(3) 通过在关键绩效指标上达成的承诺，管理人员与员工就可以进行工作期望、工作表现和未来发展等方面的沟通与评估。关键绩效指标是进行绩效沟通与评估的基石，是企业中关于绩效沟通的共同辞典，是绩效评估的标杆。

### （二）关键绩效指标的类型

通常来说，一些常用的关键绩效指标如表 9-4 所示。

表 9-4  常用关键绩效指标

| 部　　门 | 指标名称 | 指标定义 | 设立目的 |
|---|---|---|---|
| 研发系统 | 新产品销售额比率增长率和老产品市场增长率 | 年度新产品订货额占全部销售订货额比率的增长率,老产品的净增幅 | 反映产品研发的效果,体现公司后劲的增长,坚持产品的市场检验标准 |
| | 人均新产品毛利增长率 | 计划期内新产品销售收入减去新产品销售成本后的毛利与研发系统员工平均人数之比的增长率。 | 反映研发系统人员的平均效率,控制研发系统人员结构和改善研发管理 |
| 营销系统 | 销售额增长率 | 计划期内,分别按订货口径计算和按销售回款口径计算的销售额增长率 | 作为反映公司整体组织增幅和市场占有率提高的主要指标 |
| | 人均销售毛利增长率 | 计划期内,产品销售收入减去产品销售成本后的毛利与营销系统平均员工人数之比 | 反映营销系统货款回收责任的履行情况和效率,增加公司收入,改善现金流量 |
| | 销售费用率降低率 | 计划期销售费用支出占销售收入比率的降低率 | 反映销售费用投入产生销售收入的效果,促使营销系统更有效地分配和使用销售费用 |
| 采购系统 | 合格物料及时供应率提高率 | 计划期内,经 IQC 检验合格的采购物料及时供应的项次各占生产需求的物料采购项次的比率的提高率 | 反映采购系统管理供应商的能力,以及对均衡生产的保障能力和响应能力 |
| | 人均物料采购额增长率 | 计划期内,到货的物料采购总额与采购系统平均员工人数之比 | 反映采购系统的生产率,促使其减人增效 |
| | 可比采购成本降低率 | 按代表性物料品种(重点是 A 类物品)计算的与上年同期比较或与业界最佳水平比较的采购成本降低率,在采购成本中包含采购系统的费用分摊额 | 降低物料采购综合成本 |
| 生产系统 | 及时齐套发货率增长率 | 计划期内生产系统按照订货合同及时齐套正确发货的产值占计划产值的比率 | 反映生产系统和公司整体的合同履约能力 |
| | 人均产值增长率 | 计划期内生产系统总产值与平均员工人数之比 | 反映生产系统的劳动生产率,促使其减人增效 |
| | 制造费用率降低率 | 产品制造成本中制造费用所占比率的降低率 | 促使生产系统降低制造费用 |

以上是一些常用的关键绩效指标,不同企业有不同特点,应根据自身特点设计关键绩效指标。

(三)关键绩效指标的设计原则

确定关键绩效指标有一个重要的 SMART 原则。SMART 是 5 个英文单词首字母的缩写。

S 代表具体(Specific),指绩效考核中具体的业绩指标,不能笼统;

M 代表可度量(Measurable),指绩效指标是数量化或者行为化的,验证这些绩效指标的数据或者信息是可以获得的;

A 代表可实现(Attainable),指绩效指标在付出努力的情况下可以实现,避免设立过高、不切实际的目标;

R 代表现实性(Realistic),指绩效指标是实实在在的,可以证明和观察;

T 代表有时限(Time-bound),指完成绩效指标的特定期限。

(四)关键绩效指标(KPI)的制定方式

建立 KPI 体系的过程,实际上是把公司、事业部的年度战略规划向战略实施层层落实的过程,而且是目标指向非常明确一致的落实过程,所有的目标都指向企业战略目标。KPI 指标制定步骤如下:

第一步:开发业务"价值树"

常用鱼骨图分析法分解公司战略目标,确定"价值树"。

第二步:确定影响大的"关键绩效指标"

(1)确定个人/部门业务重点。确定哪些因素与公司业务相互影响;

(2)确定业务标准。定义成功的关键要素,满足业务重点所需的策略手段;

(3)确定关键业绩指标,判断一项业绩标准是否达到的实际因素。

第三步:分配"关键绩效指标"

将公司级的 KPI 逐步分解到部门,再由部门分解到各个职位。采用层层分解、互为支持的方法,确定各部门、各职位的关键业绩指标,并用定量或定性的指标确定下来。

## 四、目标管理法

目标管理(Management by Objectives,MBO)源于美国管理学家彼得·德鲁克,他在 1954 年出版的《管理的实践》一书中,首先提出了"目标管理和自我控制的主张",认为"企业的目的和任务必须转化为目标。目标管理法是以目标的设置和分解、目标的实施及完成情况的检查、奖惩为手段,通过员工的自我管理来实现企业经营目的的一种管理方法。"

目标管理法是由员工与主管共同协商制定个人目标,个人的目标依据企业的战略目标及相应的部门目标而确定,并与它们保持一致;该方法用可观察、可测量的工作结果作为衡量员工工作绩效的标准,以制定的目标作为对员工考评的依据,从而使员工个人的努力目标与组织目标保持一致,减少管理者将精力放到与组织目标无关的工作上的可能性。目标管理法属于结果导向型的考评方法之一,以实际产出为基础,考评的重点是员工工作的成效和劳动的结果,而不是控制员工工作的过程。

目标管理适应群体是知识型员工。管理者应该负责让自己所管辖的单位对所属部门有所贡献,并且最后对整个企业有所贡献。他的绩效目标是向上负责,而非向下负责。也就是说,每位管理者的工作目标必须根据他对上级单位的成功所做的贡献来决定。

目标管理的核心是建立一个企业的目标体系,全体员工各司其职、各尽其能,推进组织目标的达成。所有公司都应该针对每个关键领域向管理者提供清楚统一的绩效评估方式。绩效评估方式不一定都是严谨精确的量化指标,但是却必须清楚、简单而合理,而且必须和目标相关,能够将员工的注意力和努力引导到正确的方向上,同时还必须很好衡量,至少大家知道误差范围有多大。换句话说,绩效评估方式必须是不言而喻的,不需要复杂的说明或充满哲理的讨论,就很容易了解。

(一)目标管理实施的步骤

1. 设定目标

设定目标包括设定企业的总目标、部门目标和个人目标,以及达到目标的方法和完成这些目标所需要的条件等多方面的内容。

2. 目标分解

层层分解企业的目标,形成目标体系,通过目标体系把各个部门的目标信息显示出来,就像看地图一样,任何人一看目标网络图就知道工作目标是什么,遇到问题时需要哪个部门来支持。

3. 目标实施

要经常检查目标的执行情况和完成情况,以观察在实施过程中有没有出现偏差。

4. 检查实施结果及奖惩

对目标按照制定的标准进行考核,目标完成的质量应该与个人的收入和升迁挂钩。

5. 目标调整

在考核之前,要注意对不可预测问题的察觉和处理。在进行目标实施控制的过程中,会出现一些不可预测的问题,如目标是年初制定的,年尾发生了金融危机,那么年初制定的目标就不能实现。因此在实行考核时,要根据实际情况对目标进行调整和反馈。

(二)实施目标管理的原则

企业需要的管理原则是:能让个人充分发挥特长,凝聚共同的愿景和一致的努力方向,建立团队合作,调和个人目标和共同福祉。目标管理和自我控制是唯一能做到这一点的管理原则,能让追求共同福祉成为每位管理者的目标,以更严格、更精确和更有效的内部控制取代外部控制。管理者的工作动机不再是因为别人命令他或说服他去做某件事情,而是因为管理者的任务本身必须达到这样的目标。他不再只是听命行事,而是自己决定必须这么做。换句话说,他以自由人的身份采取行动。

目标管理和自我控制适用于不同层次和职能的每一位管理者,也适用于不同规模的所有企业。由于目标管理和自我控制将企业的客观需求转变为个人的目标,因此能确保经营绩效。

## 本 章 小 结

本章讨论了可以促进实现企业年度和长期目标的战略评价基本框架。有效的评价使得企业在发展时能够利用内部优势、外部机会,认识并防御威胁,以及在内部劣势和外部威胁造成危害之前尽可能减少损失。

在成功的企业中,战略制定者投入时间和精力仔细而系统地制定、实施和评价战略。优秀的战略制定者以明确的目标和方向指引企业前进,他们持续地评价和提升企业的内外部战略地位。战略评价使企业设计自己的未来,而不是受那些对企业健康发展无关紧要的因素左右。

虽然战略管理不能保证企业成功,却能让企业做出有效的长期决策,有效地实施这些决策,并且采取必要的修正行动以获得成功。

在进行战略评价时,可采用的工具有平衡计分卡、关键绩效指标法、以及目标管理法。企业可根据自身特点选用合适的评价方法,比如高科技创新企业,采用目标管理法比较合适,因为其员工是知识工作者,甚至是科学家。

## 思 考 题

1. 企业战略评价的准则是什么?
2. 企业战略评价的内容框架有哪些?
3. 企业战略评价方法与工具如何使用?

## 案 例 分 析

### 欧莱雅的中国市场竞争策略

法国欧莱雅集团是世界500强企业之一,历经近一个世纪的努力,欧莱雅从一个小型家庭企业跃居为世界化妆品行业的领头羊。欧莱雅集团在中国的品牌主要分为大众品牌(巴黎欧莱雅、美宝莲、卡尼尔)、高档品牌(兰蔻、赫莲娜)、专业美发产品(卡诗、欧莱雅)以及活性健康化装品(薇姿、理肤泉)。

一、市场竞争状况

目前欧莱雅集团在中国的主要竞争对手也是国际名牌化妆品,主要有雅芳(Avon)、雅诗兰黛(Estee Lander)、倩碧(Clinique)、P&G公司的玉兰油(Oil & Ulan)、露华浓(RevLon)、圣罗兰(Yves Saint laurent)、克里斯汀·迪奥(Christian Dior)、纪梵希(Givenchy)、旁氏(Ponds)、凡士林(Vasekine)、克莱伦丝(Chrins)、妮维雅(Nivea)、威娜(Wella)、花牌(Fa)、资生堂(Shiseido)等。这些品牌在国内都具有极高的知名度、美誉度和超群的市场表现,如日本资生堂(Shiseido)具有127年的悠久历史,深谙中国人的美容习性及文化传统,在国内拥有一批忠实的消费者;虽然欧莱雅的美宝莲是世界领先的王牌彩妆品牌,但是同处美国的露华侬就是其可怕的竞争对手之一,露华浓旗下唇膏有157种色调,仅粉红就有41种之多;欧莱雅集团号称拥有六十年的专业护肤经验,但同样面临着巨大的竞争,如P&G公司的玉兰油(Oil & Ulan)在国内的市场占有率就10.9%。因此,在国内欧莱雅集团旗下的各种品牌无一不是遭到各世界级品牌的攻击和挑战,竞争极为激烈。

除了世界品牌在国内的混战外,欧莱雅集团还面临着国内本土品牌的袭击和进攻。国内的大宝、小护士、羽西(合资)、上海家化占有不少的护肤市场份额。

为了尽可能地争取最大的份额,欧莱雅认为高质是世界名牌化妆品的心脏,独特是世界名牌化妆品的大脑,领先是世界名牌化妆品的性格,文化是世界名牌化妆品的气质。

资料来源:陈开贵,《欧莱雅的中国市场竞争策略》,《中国营销传播网》,http://www.emkt.com.cn/article/111/11125.html

## 讨 论 题

查阅相关资料,简要评述欧莱雅在中国的竞争策略

# 第十章 战略咨询

## 学习要点

- 管理咨询与战略咨询概述
- 战略咨询流程
- 战略咨询报告
- 战略咨询的方法与工具

> **名人名言：**
> 　　三人行，必有我师焉；择其善者而从之，其不善者而改之。
> ——孔子

　　管理咨询是一种特殊的管理行为，管理咨询的目的是帮助客户解决管理问题。管理咨询包含战略方面、运作方面以及人事组织方面。管理咨询是一种具有挑战性的工作，因此管理咨询师需要具备多种专业管理知识。战略咨询是管理咨询的一种，是帮助企业解决带有全局性问题的咨询。本章从介绍管理咨询开始，之后逐步介绍战略咨询的流程、报告、方法和工具。

## 第一节　管理咨询与战略咨询概述

> **名人名言**
> 　　以能问于不能，以多问于寡；有若无，实若虚，犯而不校。昔者吾友尝从事于斯矣。
> ——《论语》

　　管理咨询是一种特殊的管理活动，是指借助专业人士的丰富的知识、经验，科学的方法，进行定量和确有论据的定性分析，帮助企业找出存在问题或商业机会，并提出切实可行的解决方案，以提高企业的管理水平和经济效益。简单地说，管理咨询的目的是为企业增值。

### 一、管理咨询概论

#### （一）中国管理咨询发展简史

　　现代社会专业化分工的结果使得企业认识到企业不可能也没有必要拥有所有领域

的专家,企业可以通过市场获得专业化的管理知识来保证企业的高效率运作,而咨询业能为市场提供专业的管理知识。中国随着市场经济的发展,企业经营环境不管变化,企业国际分工参与度不断深化,中国企业面临的管理问题越来越多,而管理人才的缺口也同样越来越大。因此,咨询公司在中国应运而生,咨询行业得到迅速发展。其标志为国外咨询巨头纷纷进入中国,本土咨询公司也从无到有地发展起来。中国的咨询公司数以万计,大体经历了五个发展阶段,如图10-1所示。

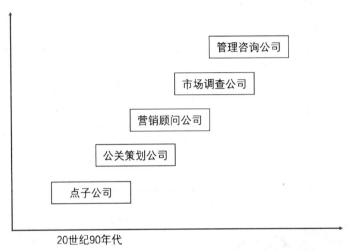

图 10-1　中国管理咨询业发展阶段

随着市场经济的深入发展,商业竞争的加剧,企业对咨询需求的内容也在不断发生变化,如图10-2所示。同时,从使用频率来看,企业从偶尔使用咨询公司发展到经常性或固定性地使用咨询公司。

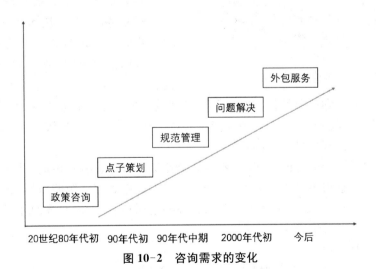

图 10-2　咨询需求的变化

(二) 咨询的价值和作用

咨询的价值和作用,需要正确看待。有些企业把咨询公司的方案视为"灵丹妙药",

也有些企业认为咨询公司能解决的问题，自己也完全有能力完成。这两种看法都有失偏颇。诚然，咨询顾问不是救世主，也不是什么超人，但是，咨询顾问有充足的时间和精力来对需要解决的问题进行确认、调研、分析和思考，并有咨询机构强大数据库和丰富经验的支持，相比整日忙于事务的企业管理人员来说，显然具有更高的工作效率和解决问题的系统方法。咨询公司的价值和所起的作用如表10-1所示。

表10-1 咨询的价值与作用

| 正确的观念 | 错误的观念 |
| --- | --- |
| • 与客户一起找出答案<br>• 经常向客户领导汇报项目进展以获取及时指导和支持<br>• 帮助客户建立起解决问题的流程并保证严格的标准<br>• 对项目小组进行培训、转移技能，并提供一切必需的分析支持<br>• 提供外部观点和普遍适用的经验使之与客户的需要相适应<br>• 保证以事实为基础以成果为驱动力的工作方法 | • 将答案告诉客户<br>• 到项目结束前才向客户领导递交报告<br>• 代替客户管理人员来操作业务流程<br>• 要求客户创造奇迹<br>• 无视客户的专业知识和经验<br>• 采用理论性的，以研究为驱动力的工作方法 |

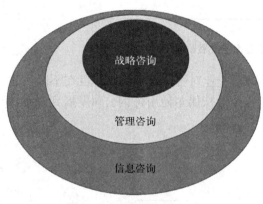

图10-3 咨询的三个层次

（三）咨询服务的分类

1. 按咨询的层次分类

按咨询的层次分类，咨询可分为三个层次：信息咨询、管理咨询、战略咨询，如图10-3所示。

信息咨询是咨询产业的基础层。信息咨询主要指市场信息调查、收集、整理和分析业务，为企业决策提供准确、完善的辅助信息。如客户对产品的满意度调查等。信息咨询业务一般按项目定价收费。

管理咨询是咨询产业的核心层。管理咨询包含很多专业业务领域，如投融资咨询、财务会计咨询、税收咨询、市场营销咨询、人力资源咨询、生产管理咨询、工程技术咨询、业务流程重组与管理信息化咨询等。

战略咨询属于管理咨询范畴，主要指为企业提供管理、决策、市场、预测等领域的咨询服务。提供战略与决策咨询服务的难度较大，往往也难以在短期内见到明显的成效，因此，从业风险较大。专门从事战略咨询服务的公司较少，大多数咨询公司通常是将业务领域扩展到管理咨询层次。

2. 按咨询性质分类

按咨询性质分类，可以分为专题咨询和综合咨询。

专题咨询指根据客户需要对特定的课题所进行的咨询，如一般所进行的项目评估、可行性研究；法律咨询中的合同纠纷处理。

综合咨询指对较复杂、大型、综合性问题的咨询,如战略咨询、产品发展规划等等。

（四）企业管理咨询项目过程

企业管理咨询分三个阶段：预咨询阶段、项目方案设计阶段、跟踪服务阶段。

（1）预咨询阶段。这一阶段是了解到客户有战略咨询需求,与客户接触、面谈。根据客户的需求,提供战略解决方案的建议书,并向客户讲解沟通,直到签署正式合同。方案的建议书包含项目的内容、解决方法、工作计划、人员安排、工作成果等。

（2）项目方案设计阶段。这一阶段由咨询公司派遣项目人员正式进驻客户办公场所,开展咨询项目。项目人员通过访谈、调研,了解客户的真实情况,进行诊断,发现问题,有针对性地提出解决方案并和客户讨论。方案完成后,咨询公司协助客户实施方案,包括对客户进行培训或辅导。

（3）跟踪服务阶段。这一阶段指咨询合同执行完毕后,咨询公司继续和客户保持联系,进行后续服务。

咨询活动的具体过程如图10-4所示。

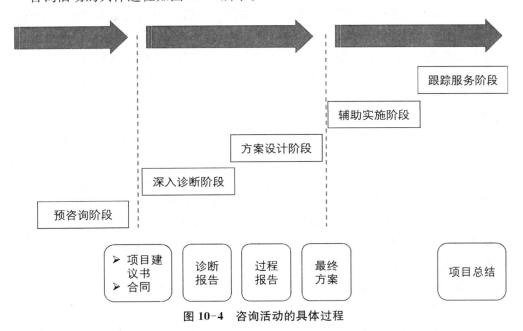

图10-4　咨询活动的具体过程

（五）战略咨询项目建议书

战略咨询项目建议书是咨询公司针对客户需求,提供的咨询项目解决方案。这个方案内容一般包括：客户需求分析、项目背景分析、项目解决方案、项目周期安排、人员安排、咨询费用及咨询公司优势。战略咨询项目建议书很重要,决定了能否和客户签署合同。因此,建议书需要认真准备。准备建议书时,需注意以下几点。

1. 结构要清晰、流畅、逻辑性强。好的建议书包含：

（1）开头。这部分简要说明根据之前的讨论写作并提交了针对本项目的建议书。

（2）背景。这部分要再次强调和说明客户给出的假设以及项目中的一般性的事实。需使客户确信,已经对项目背景做了敏锐的分析。

(3) 目标。精确地陈述本次任务的目标，准确地描述咨询服务能使客户得到什么。

(4) 研究方法。描述为完成目标而可以采取的研究方法。讨论每一种方法的好处，然后指出将选用的方法并说明原因。陈述所有可供使用的研究方法。即使有些方法其实并不准备用在这个项目中，但也要做介绍。这种介绍是非常重要的，尤其是在有竞争对手的情形下。竞争对手也可能会提出可使用的研究方法。要向客户解释为什么这些方法行不通，以及为什么所选的方法是可行的。所以，对研究方法的描述是非常重要的。如果在这点上有足够的说服力，就能影响客户组织中决策者的观念，让他们接受并最终采用推荐的研究方法。

(5) 潜在问题。任何项目都有其内在的、隐藏着的问题，这些问题会限制甚至妨碍项目的成功。不要遗漏或粉饰这些潜在问题。如果这些问题真的存在，要清楚记录并且说明如何解决它们。

(6) 项目进度表。项目进度表可以展示对项目的掌控力。

(7) 最终呈现的产品。客户希望知道咨询服务的最终成果是什么。是准备提供报告，或是一份员工调查，还是照片？要提交多少份？最后一个问题是重要的，因为通常客户需要将成果分发给其他人。这些人可能是董事会或者公司的其他管理人员。要准确地列出将要提供的东西以及它具体包括的内容，如文件的份数、图册、照片以及其他一些细节，包括咨询服务的完成日期以及提交最终报告的日期。

(8) 付款信息。付款时间是非常重要的。客户不但想知道需要多少钱，还想知道什么时候要。

2. 使用专业且友好的风格。提交的建议书要显得专业，同时还要保持"用户友好"，即通俗易懂。

3. 不要出现让人惊讶的提议。在初次会谈中，双方原本都有某些设想。但在会谈后，如果有一些与会谈时不同的、新的想法，千万别把这些新的设想加到建议书中，除非能事先和客户确认。客户可能会因为某些原因而拒绝接受新想法。他可能需要时间去说服别人，甚至是公司的高层管理人员，来理解和接受这种新想法。在拿下合同后通常可以提一些改动建议或修改意见。

4. 送出之前要仔细检查。

(六) 签订咨询合同

在客户确认咨询项目建议书后双方可进一步协商签订正式咨询合同。签订合同的目的是使双方合作有明确的定位，并且对双方利益起保护作用，它也是双方相互理解和尊重的承诺。合同的主要内容有：

(1) 合同双方(咨询组织和客户名称)；

(2) 委托任务范围和达到的要求；

(3) 工作成果和报告；

(4) 双方的义务和责任；

(5) 咨询费用与付款方式；

(6) 咨询费用包含内容；

(7) 终止与修改；

(8) 仲裁(处理争端的权利和程序);
(9) 提交咨询报告期限。

（七）战略咨询师所需技能

在战略管理咨询项目的实施中,咨询师,特别是项目经理需要具备三方面的技能:项目管理技能、分析技能、关系建立技能,如表10-2所示。

表10-2 战略咨询所需技能

| 技能类别 | 必需技能 | 重要性 |
| --- | --- | --- |
| 项目管理技能 | • 定义项目目标<br>• 制定项目计划<br>• 任务排序 | • 管理成本<br>• 识别所需的专业技能<br>• 管理个人时间 |
| 分析技能 | • 信息处理及引导结果<br>• 识别企业面对的外部机遇和挑战<br>• 评估企业内部状况 | • 确认哪些信息是可得到的,哪些信息是必需的。<br>• 评估企业财务状况<br>• 评估企业市场<br>• 分析企业决策流程 |
| 关系建立技能 | • 建立友好关系和信任<br>• 有效沟通想法<br>• 目标和成果谈判 | • 高效提问<br>• 作为一个团队有效工作<br>• 展现领导力 |

项目组人员的配备也是一个重要问题,除客户有特殊约定和选择外,一般项目组成员由项目经理选择。选择时应充分考虑以下几个因素:

(1) 知识和能力的互补性;
(2) 项目组成员之间的认同和融合,这是打造合作团队的关键;
(3) 行业背景和职能专长;
(4) 其他因素,如地域因素,性别因素等。

## 二、战略咨询内容

（一）中国企业常见战略管理问题

在我国,每年有许多企业倒闭。有研究表明,尽管企业倒闭的原因很多,但基本症结都是缺乏战略管理,或根本就没有开展战略管理。由于战略管理缺失,使企业难以构建明确有效的发展方向,致使其在市场上举步维艰。中国企业常见的战略管理问题,大致可分为以下几种类型:

(1) 缺乏长远性,短期行为严重;
(2) 缺乏客观性,往往以经验代替战略;
(3) 缺乏科学性,盲目追逐市场热点;

(4) 缺乏系统性，以"口号标语"代替战略；
(5) 缺乏可操作性，或没有具体的战略实施方案。

(二) 战略咨询内容

战略咨询的内容可以分为四个战略领域：

（1）业务战略：确定竞争范围和方式，业务增长策略，新市场开发策略，渠道策略，营销转型战略及市场进入战略等。

（2）公司战略：兼并收购战略、一体化战略、业务组合策略、战略情景展望、股东价值分析等。

（3）运营战略：建立基于企业价值链和核心功能的运营战略，帮助企业建立突破性的业务模式及独特的客户价值定位。

（4）组织变革战略：变革管理、组织设计、公司治理和管控设计、业绩管理以及变革项目管理是组织变革战略咨询服务的主要内容。

## 第二节　战略咨询流程

> **名人名言**
> 　　让流程说话，流程是将说转化为做的唯一出路。
> 　　　　　　　　　　　　　　　　　　　　　　——姜汝详

### 一、战略咨询项目前的准备

(一) 了解客户

咨询团队首先要尽可能多地了解客户的信息，包括：客户名称、发展历史、所属行业、组织结构、企业规模、地区、企业性质、业务范围、新闻动态、产品类别、组织结构和企业文化、企业主要领导介绍等。搜集客户信息最直接的渠道是网络，登录客户网站，就可以得到以上信息。

如果企业是上市公司，那么，我们可获得的企业信息就更多了，招股说明书、企业定期报告、证券公司的分析报告，包括股民评论。

(二) 了解项目

不同的企业，面临的战略问题不一样，解决的思路和投入资源也不一样。一旦咨询项目启动，要通过访谈、考察等手段来了解项目的基本情况，比如：

(1) 项目名称；
(2) 客户基本情况；
(3) 客户需求；
(4) 项目内容；

(5) 项目周期；
(6) 项目提交成果；
(7) 项目解决思路；
(8) 项目费用；
(9) 项目组成员。

然后根据以上信息撰写项目建议书。

(三) 组成团队

战略咨询项目相对于一般的管理咨询项目而言，对项目团队的要求高一些。其对咨询顾问及团队组成的要求见第二章所述。

(四) 项目内部启动会

咨询公司的项目团队组成后，由项目负责人召集项目团队成员开会，向大家介绍客户的基本情况、咨询项目的重点、所要达到的要求和注意事项。同时由负责人布置项目的计划和分工，计划应包括调查内容、目的、方法、对象、时间、责任人等。

(五) 搜集资料

项目团队尽可能获取与项目有关的所有资料。搜集资料的途径有：
(1) 互联网：客户网站、主要行业网站、竞争对手网站、管理类网站；
(2) 咨询公司数据库账号；
(3) 书籍、年鉴、期刊；
(4) 咨询公司相关行业、企业的报告（行业报告库、战略报告库、公司其他报告库）；
(5) 同事。

## 二、战略咨询项目入场后的工作

(一) 咨询公司要首先明确战略咨询项目的目标

战略咨询项目的目标除了提供给客户高质量成果外，往往还有一些其他目标要同时完成，这些目标有利于咨询业务的健康发展。这些目标如下：
(1) 方法论的创新，每一个项目不能只是已做过的战略项目的简单复制，要使用新的分析方法，以提高成果质量，同时提高咨询公司自身的能力。
(2) 培养团队人员，提高每个人的知识和综合能力，帮助团队年轻成员积累经验。
(3) 增加客户满意度，为日后业务的长远发展打下基础。
(4) 按时间等计划完成任务。
(5) 及时收回咨询费用。

(二) 搜集资料

项目入场后，项目团队需要从客户那里收集或完善以下信息：
(1) 企业成立背景以及发展史；
(2) 章程；
(3) 领导班子成员简介；
(4) 企业发展目标、战略及长短期规划；

(5) 组织管理资料,包括组织机构图、职务说明书、工作流程图等;

(6) 近三年集团及所属单位宣传材料、内部刊物;

(7) 近三年工作报告,主要领导人重要讲话稿,领导述职报告,各子公司与职能部门工作及领导人述职报告;

(8) 管理制度:重点考察管理制度的目的、规则、程序、内容,分析各种制度是否完整制定、确实实施,制度执行结果是否符合企业实际状况;

(9) 与下属各子公司签订的资产经营责任书;

(10) 有关企业文化建设方面的资料,如公司价值观、公司标志、公司经营理念等;

(11) 董事会会议记录、总经理办公会会议记录;

(12) 人力资源基本情况;

(13) 公司、子公司、职能部门上一年工作计划及其执行情况;

(14) 业务结构、产品结构、主要产品技术水平及发展方向;

(15) 集团、集团公司、子公司会计报表、审计报告及财务分析评价资料;

(16) 集团、集团公司、子公司近三年统计报表;

(17) 各子公司基本情况介绍;

(18) 生产布局、研发能力、生产能力、工艺装备水平;

(19) 近三年研发、生产、销售情况;

(20) 近三年国际市场销售情况;

(21) 主要产品销售途径及销售策略;

(22) 主要产品市场现状及未来预测。

收集到以上资料后,咨询人员应进一步制定项目调研计划,通过与各部门领导及员工的面谈、座谈或发放调查问卷等形式,实地调研公司的业务情况、规章制度、管理流程、企业文化建设等情况,深入细致地分析客户企业面临的问题和追求的目的,识别引起和影响这些问题的因素,为寻找解决问题的方法准备必要的信息。

由于搜集的资料较多,其中不乏重要的、需要保密的材料,为此咨询项目组要有严格的管理制度,做到:

(1) 安排专人管理项目运作期间所有成员收集到的资料,以便在小组成员中充分共享和妥善保管。由专人统一编制资料目录,以便查阅。

(2) 资料包括客户资料、项目管理文件(计划、访谈安排等)、项目中间成果(调查问卷、访谈提纲、与客户沟通、访谈总结、团队每天会议记录、客户评价、项目总结等)、外调记录、参考资料(复印资料、行业期刊、企业内讯、产品资料、网上资料)、相关报告。

(3) 对从客户处收集的资料应妥善保管,防止丢失。

### (三) 制订工作计划

缜密的工作计划是成功完成战略咨询项目的第一步。咨询团队应和客户共同合作,商讨,确定一个适宜的工作计划。无论是时间长还是时间短的计划,正式咨询都分为深入调查、原因分析和提出方案三个阶段。

#### 1. 深入调查阶段

任何咨询方案都应以事实为依据,不是咨询师凭主观臆断或凭经验而形成的概念。

咨询团队必须调查清楚与项目有关的历史、现状、标准、管理模式、内部条件和外部环境等各方面的情况，才能为下一阶段分析提供足够的有价值的资料。资料的完备性、真实性决定了咨询的成败，项目团队成员不可不重视。

资料的来源，有各种会议记录形成的决议文档资料，财务报告和统计报表，现场观察记录以及有关的原始凭证和台账，职工问卷调查和面谈调查所得资料等。对客户提供的资料数据，应经过多方比对，力争数据真实可信。

同时，还需要从外部机构、网络上获取有关信息。对于网上获得资料的真实性需要考证，咨询项目团队应该慎重使用。

2. 原因分析阶段

分析是对所获得的各种资料进行整理、归纳、分类、判断与推理的过程。分析问题的基本程序是：认识问题——界定问题——查证原因。分析之前必须对所获得的资料真实性、可靠性进行核对，去粗取精，去伪存真，剔除不真实的数据。分析工作要以事实为依据，寻找问题产生的真正原因和根源。

3. 提出方案阶段

根据问题产生的原因和根源设计解决方案，是咨询项目最后阶段的工作。方案的质量影响着咨询工作的最终效果，因此在设计解决方案时，一定要在原因分析的基础上，通过头脑风暴，形成多个方案，然后咨询项目组全体人员就先进性、可行性、效益性和可操作性进行比较、讨论和论证，最终形成比较满意的建议。

注意，在设计咨询解决方案的过程中，应邀请客户单位有关人员参加，广泛地听取他们的意见，避免片面性，使得对问题的认识和分析的结论更趋准确。同时，这样还可使客户更容易接受最终方案。所以，任何一个好的解决方案，都是咨询组与客户共同工作的结晶。在形成比较满意的建议后，就可以向客户单位领导全面汇报（预发表），听取意见，修改完善，得到最终确认。

在正式形成咨询报告后，一般要组织项目报告会，参加人员由咨询公司与客户商定。报告会是咨询项目组向会议参加者汇报这次咨询的成果，提高企业人员对问题的认识，也是实施方案的动员会。至此，可以认为本次咨询项目任务已经完成。如果客户单位在实施方案时，要求咨询公司提供帮助，咨询公司应责无旁贷承担起帮助实施的任务。

（四）项目启动会

咨询团队正式入场后，就需要安排和客户主要负责人召开项目正式启动会。启动会客户参加人员的层次，根据项目的范围而定。小项目的启动会客户高层参加即可，大项目的启动会则需要客户中层和骨干人员参加。在正式的启动会上，咨询公司向企业传递咨询项目的重要性和意义，并要求企业人员配合工作。而咨询公司也要介绍战略咨询项目的内容，及咨询团队的每一位成员，以获得企业内部的广泛理解与支持。

（五）访谈

访谈是获得企业内部信息的最直接手段。为了获得真实的、详细的信息，咨询公司人员应该创造一个相对封闭，无干扰的环境，让被访谈人畅所欲言。为了提高访谈的效果与效率，咨询人员要有备而来：写一份访谈提纲。访谈提纲，就是记下你想提的问题，提问要按照你预定的顺序。之所以需要访谈提纲，原因有二。首先，将想法付诸笔头,迫使你对它们进行梳理;其次,有助于被访对象把握你将在访谈中涉及的话题,并做相应准备。

咨询团队必须合理地安排访谈。战略访谈的对象比较广,层次比较多,往往被访谈人一般又是企业高层,可能会出现出差、出国,导致无法访谈的情况。因此,咨询团队要和客户在入场前就提前协商,提前通知,做好访谈安排。

（六）调查问卷

问卷调查是另一种搜集一手资料的方式,问卷调查的设计要有层次,有逻辑,易于完成。问卷调查的设计步骤如下:

(1) 确定所要收集的信息、资料。

(2) 根据问卷的调查方式确定调查内容。问卷调查方式不同,问卷的设计方式及其内容的繁复程度也不同,比如定量调查和定性调查的问卷设计就不同。

(3) 决定问题形式。问题的形式一般有以下几种:

① 开放自由式问题,让被访者自由回答,不受限制;

② 二分式问题,把问题简化成是与否两种答案;

③ 多选式,对于一个问题列举几个答案,让被访者在限定的答案中选;

④ 顺位式问题,要求被访者对问题进行排序。

(4) 决定问题的先后顺序。如果问题之间有关联,则要按逻辑关系设计问题的先后顺序。

(5) 进行问卷试调查。在设计市场调查问卷之后,有必要进行小规模的试验检查,以得知问卷的格式是否正确,调查的方式是否正确,调查的目的是否能够达到,调查的编组是否合理等,以及问卷是否易于被调查者填写,需要花费多长时间等。问卷太长,需要花费太长时间,或者难于理解,都会降低问卷完成率,达不到预期效果。

(6) 修订、定稿及正式发放。根据试调查结果,将调查问卷进行修改后,定稿并投入使用。

（七）咨询公司项目组工作要求

1. 项目研讨会工作要求

(1) 研讨会应集中、紧密入座,注意营造会议氛围;

(2) 项目经理负责安排讨论议题,并提前通知项目成员做好会议准备;

(3) 所有项目成员应在会前做好充分准备,并以认真、严肃、积极的态度参加研讨会;

(4) 讨论要畅所欲言,但是必须针对与项目有关的内容;

(5) 每个人必须充分尊重项目组其他成员,不得进行人身攻击,也不得对某一问题无休止地争论;

(6) 会议发言时应面对大家,不要面对某一个人,尤其是发言中不要与某一个人讨论;

(7) 研讨会中应注意倾听他人的发言,并积极参与讨论,不得走神、开小会;

(8) 项目经理负责控制会议时间,避免出现无休止的讨论和无关大局问题的长时间讨论;

(9) 任何人的观点都可以驳斥,任何创造性的观点都应受到鼓励;

(10) 所有项目成员必须做好会议笔记,尤其是对重要问题的讨论;

(11) 项目经理需安排专人整理研讨会会议纪要,以备高层管理委员会审查。

2. 与客户交往注意事项

(1) 与客户的交往不能太过随便,注意保持自己的职业形象;

(2) 尽量参加客户安排的各类活动,这是工作的一部分,而非私下交往;

(3) 在生活安排方面可向客户提出合理的要求,但不得提出过分的超过客户生活水平、观念的要求;

(4) 对客户安排的奢侈性活动应尽量推辞;

(5) 客户中每一个人的观点都有其片面性,我们应客观、全面地看问题,要考虑客户提出每个观点或问题的背景和目的。

3. 项目保密要求

所有参与项目的成员必须遵守公司的《保密协议》,并做到以下几点:

(1) 保守公司的商业秘密,不得向客户透露;

(2) 保守客户的商业秘密,不得对外透露;

(3) 访谈内容不得随意向项目组以外的人透露;

(4) 项目的过程文件与资料不得随处乱放,以免泄露。

## 三、战略方案制定

一份出色的战略咨询报告应达到以下三个基本标准:

(1) 要友好面对读者,针对客户的背景、需求和爱好,选择报告的结构、文体、术语、论点以及其他特点。最根本的原则是"什么样的报告能最好地服务于客户,并易于客户阅读理解",而不是"我们公司愿意出具什么样的报告"。

(2) 报告应便于撰写。便于撰写的文章才便于阅读。

(3) 每份报告的目的都是为了传递特定信息。报告要目的明确,结构清晰,论据充分。

具体内容参看第三节。

## 四、辅导与培训

当解决方案被客户确认后,接下来需要对客户进行培训辅导,向客户各有关人员宣传贯彻战略报告所述方案。战略的实施,常常会引起组织变革,因此咨询人员需与相关人员沟通变革的必要性,并对相关人员进行专题培训。

咨询公司应该将提升客户的战略管理能力作为自己工作的一部分。战略的落实应以客户为主,咨询公司派出咨询顾问参加,组成战略落实小组。咨询顾问的主要任务是协助客户制定具体实施计划,按照方案内容进行培训;在实施过程中给予具体帮助和指导;当发生偏离计划或方案有不妥之处时,帮助客户及时调整和纠正。当客户能独立承担全部工作后,咨询顾问可适时撤离。

当方案基本落实后,咨询顾问撤离前,咨询公司要组织有关人员进行方案实施情况的验收和总结。总结报告由三部分组成,一是对整个咨询过程进行总结;二是对实施效果予以评价;三是如何巩固成果及今后应采取的措施。此时整个咨询任务才算全部结束。

这里需要指出的是,即使客户有能力自己实施方案,咨询公司也应经常关注客户方案实施情况,定期或不定期回访客户,了解方案实施结果,以加深彼此之间的联系。

## 五、售后服务

咨询项目的结束,不代表咨询公司和客户之间的工作关系就终止了。如果咨询公司确信后续服务符合客户的利益,并且可以向客户再提供点什么,就可在最后报告中以及同客户的会谈中提出建议。

有时,后续服务是一种有效的帮助形式。一些新的问题和机会刚出现苗头时,就能通过后续服务发现和提出。但是,不能强迫客户接受后续服务,除非客户感兴趣。

另外,后续服务也是保证战略执行效果的一种形式。因为外部环境会随时发生变化。如果固守战略方案不变,企业可能陷入僵化的困境。因此,咨询公司为战略方案的实施提供后续服务,对双方都有好处。咨询公司与客户共同监控方案实施过程中出现的变化,并根据这种变化,对方案进行完善和调整。

## 六、项目总结

战略咨询项目结束后,咨询团队应进行项目经验总结,总结项目的成败得失。具体总结内容如下:

(一)项目的基本情况
(1)项目范围;
(2)项目时间;
(3)项目人员。
(二)经验总结
1. 技术方面
(1)公司技术积累的支持;
(2)公司内部专家的指导;
(3)项目内部讨论;
(4)规范化、职业化运作。
2. 客户沟通
(1)取得客户信任的方法;
(2)把握客户关键需求;
(3)思路出台过程中与客户的沟通;
(4)项目结束后与客户的沟通。
3. 团队管理
(1)团队的组建;

(2) 职业生涯规划；
(3) 团队成员的分工；
(4) 人员激励；
(5) 工作与休息、生活安排。

（三）存在的问题
(1) 技术方面；
(2) 资料收集方面；
(3) 公司现有模板的适用性；
(4) 方法论的指导；
(5) 客户沟通；
(6) 团队管理。

（四）需要进一步解决的问题
(1) 技术方面；
(2) 团队管理与队员激励；
(3) 客户沟通方面。

## 第三节　战略咨询报告

> **名人名言**
> 你不仅要专业地完成客户的任务，还需要具备向客户呈现任务结果的能力。
> ——彼得·德鲁克

### 一、咨询报告的内容

一份成功的战略咨询报告，其内容需要认真的组织。一般来讲，内容包括以下部分：
(1) 咨询项目的背景及待解决的问题；
(2) 本项目的目标；
(3) 咨询工作中所采用的方法和备用方法，以及备用方法未被采用的原因；
(4) 咨询工作开展过程中遇到的问题及每个问题是如何被解决的；
(5) 执行本项目后，你所得出的结果或结论；
(6) 给你的客户提出具体的建议，告诉他们应该做什么。

### 二、咨询报告演示时注意的问题

咨询工作结束后，撰写咨询报告，同时需要给客户做演示汇报。在给客户做演示汇报时,以下几个问题很关键。

### (一) 专业水准

专业水准这一特性必须明显地体现在你的整个报告之中。同时,这种专业水准还应体现在你的衣着、个人形象、你所运用的可视化的辅助工具的质量、你的行为举止、你的准备情况以及你做报告时分发给大家的材料上。

### (二) 热情

热情是至关重要的。在演示时请务必保持热情。如果连你对自己的工作都没有热情,客户怎么会有热情呢?热情是做好报告最重要的秘诀之一。

### (三) 内容的组织

在你站起来做演讲之前,你应该提前思考你即将要说的东西。你不能未经思考就直接表达意见。即使是一个成功的即兴演讲者,如果不提前做好准备的话,在做咨询报告演示时你也会遇到问题。如果未经思考就做报告,往往会导致报告条理不清,缺乏逻辑,不够完整。如果你的思路不清晰,这个时候又有人提问题的话,你面临的压力就会陡然增加,同时你面临的困难也会增加。即使你的PPT做得很有逻辑,你也需要在演示前反复练习。

### (四) 时间控制

当你做演示的时候,你要时刻掌握好时间。做好这一点是极其重要的。如果你的客户想要一个2个小时的报告,你就给他一个2个小时的报告。如果客户想要一个1小时的报告,你就按他的要求做。除非客户对你提出了要求,否则,在任何情况下都不要延长你的报告时间。超时会使你的报告变成一场灾难。

### (五) 练习

现在做演示,先完成PPT,然后反复练习。在练习过程中,如果发觉有不妥的地方,立即进行增加、删减、调整。在练习演示的时候,要盯牢时间,通过增加或者删减资料来调整时间。一般来讲,报告时间要略微少于规定的时间。做好这一点是非常重要的,因为通常情况下演示不会完全按照你的计划进行。因此,留一点缓冲时间绝对是必要的。

如果汇报者不止一个人的话,所有汇报者都要在一起练习。一些咨询师仅仅是简单地给不同的汇报者分配了报告的时间和内容,仅仅这样安排的话,报告的各个部分很容易协调不好,并让整个报告缺乏整体感。进一步地讲,经常会有一个或多个报告者超出分配给他的时间,这会导致整个报告的时间远多于预期的时间。因此,所有汇报者在一起彩排练习,是必要的。

## 第四节 战略咨询的方法与工具

> **名人名言**
>
> 对一个主意的分析,通常的做法,是剥去使之变得熟悉的形式。
>
> ——黑格尔

## 一、咨询研究的主要方法

咨询研究的方法种类很多,有一般理论方法、预测方法、系统方法、模型方法等。其中常用的一般理论方法,有分析比较法、元过程分析法、ABC 分析法、综合方法、逻辑方法、拼块方法、抽象方法、立体交叉方法等 13 种之多。而预测方法的数量更多,据美国斯坦福研究所的资料,总共有 150 多种。然而,这些方法或偏重于学术研究,或应用于咨询过程的某个环节。比如,头脑风暴法,它主要用于集思广益,但它不能提供一个咨询分析的框架。下面主要介绍两种咨询分析方法:麦肯锡的方法和德鲁克的方法。

### (一) 麦肯锡方法

麦肯锡解决问题的方法可以分成五个步骤。

#### 1. 界定问题

麦肯锡认为,解决问题的起点是界定商业问题,并使这些问题经得起以事实为基础的严密分析。其流程为:首先是利用系统化框架,以事实为基础提出假设;然后进行数据收集与分析,从而证实或证伪假设。麦肯锡认为借助假设,勾画出研究和分析的路线图,并在解决问题过程中始终予以指导,会极大加快找出解决方案的进程。

(1) 结构。麦肯锡所谓的结构,是指解决问题的具体框架,广义上说,是指界定问题,并将问题进行细分。麦肯锡建立结构框架的原则是 MECE,是 "Mutually Exclusive, Collectively Exhaustive" 的首字母缩写,意思是"相互独立,完全穷尽"。在解决问题的过程中遵循 MECE 原则,就是要将问题细分为各不相同、互不重叠的子问题,同时确保将所有相关问题考虑在内。

麦肯锡细分问题最常用的工具,就是逻辑树。逻辑树是将一个问题的所有子问题分层罗列,从最高层开始,逐步向下扩展。以 Acme Widgets 公司为例,这是一家历史悠久、经营良好的公司。假设它的董事会聘请你的团队解决"如何增加盈利"这一基本问题。面对这个问题,你首先会问的问题是:"你的盈利来自何处?"董事会的回答是:"来自我们的三个核心部门:装饰物、垫圈和绳毛垫。"这样,这个问题的逻辑树就有第一层了。接下来,你可以对每种产品的盈利进行细分,通常分为"收入"和"支出"两项,这样就得到了逻辑树的第二层。如此下去,最后就绘制出 Acme 公司商业系统的详细 MECE 图,如图 10-5 所示。

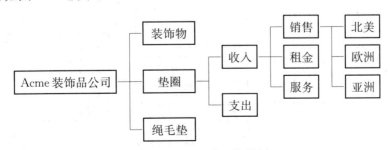

图 10-5 Acme 公司逻辑树

（2）假设。利用适当的结构框架将问题简化细分之后，就可以进入界定问题的下一个步骤：提出可行的假设。麦肯锡相信，利用初始假设来指导研究与分析，会提高决策的效率和效果。

麦肯锡认为，通过证实或证伪某个假设来分析某个问题的各种事实，要比逐个分析这些事实以确定最终答案更为有效。从一开始，假设就可以为你和你的团队提供一张解决问题的路线图，引导你提出正确的问题，进行正确的分析，从而得到答案。好的假设，能够以更快的速度指明可能存在某个死胡同，而如果你误入歧途，它又能让你回到解决主要问题的正道上，从而为你节省时间。

麦肯锡常采用议题树提出假设。议题树是逻辑树的一种，它的每个分支都是一个问题，这样就在结构和假设之间搭起了一座桥梁。一个结构框架下的每个问题，都可以分解成若干个子问题，同样，这些子问题还可以再进行细分。议题树其实就是将问题和子问题用 MECE 的直观形式表达出来。通过回答议题树中的问题，便能很快对假设正确与否做出判断。

还是以 Acme 装饰品公司为例，如果要缩短绳毛垫处理过程，那么该议题树会是怎样的呢？在绘制议题树前，需提出以下几个问题：这是否能降低成本？是否需要特殊的技术？公司是否掌握了这样的技术？这是否会降低绳毛垫的品质？我们能否一开始就实现这种转变？在绘制议题树时，必须依据 MECE 原则，对这些问题以及其他一些问题进行分组。第一步，要弄清哪些是最重要的议题，这些议题都必须是成立的，才能保证初始假设是成立的。团队讨论一阵之后，你分离出了事关假设是否成立的三个议题：缩短处理过程能否降低成本？企业能否实现必要的转变？如实现了这种转变，能否保证产品质量？将这些议题放在初始假设下面的那一层，如图 10-6 所示。

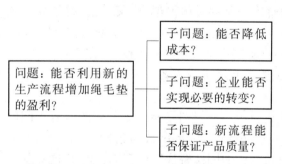

图 10-6　缩短绳毛垫处理过程的议题树(1)

遗憾的是，这三个问题的答案，还有赖于更多的问题。要得出最终结论，必须依次找出这些问题的答案。随着每个问题一级级向下扩展，你的分析路线图就开始成形了。让我们深入挖掘其中的一个问题，看看它将把我们带到何处。"企业能否实现必要的转变？"这一问题引出了很多子问题，如图 10-7 所示。

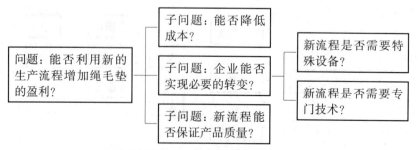

图 10-7　缩短绳毛垫处理过程的议题树(2)

2. 设计分析内容

设计分析内容时,需要掌握以下原则:

(1) 找到关键驱动因素。大部分企业的成功都取决于众多因素,但其中某些因素要比另一些因素更重要。当时间和资源有限时,你不可能奢望详尽地单独考察每一个因素。相反,在规划如何分析时,要弄清哪些因素对问题的影响最大,然后集中关注这些因素。一定要挖掘问题的核心,而不是一一详细分解。

(2) 以大局为重。当你在努力解决某个困难复杂的问题时,很容易在众多的目标中迷失了真正的目标,况且客户对你又有时间要求。所以你需要弄清你正在努力实现的目标。问问自己,现在执行的任务是否服务于全局?它是否在引领团队走向目标?如果不是,就需要修正。

(3) 不要妄想烧干大海。工作中要使巧劲,而不是用蛮力。在当今数据饱和的世界,只要加班加点,用好几种方法穷尽分析问题的方方面面,已变得相当容易。但是,如果分析不能使解决问题流程显著增值,那就是浪费时间。弄清楚证实(或证伪)自己的观点所必需的分析,加以落实,然后向前推进,这很重要。

在设计分析内容时,脑子里要有具体的最终产品,即对于每一个问题和子问题,都应列出以下内容:

(1) 关于答案的初始假设;

(2) 证实或证伪假设必须进行的各项分析,以及它们的优先次序;

(3) 进行上述分析所需的数据;

(4) 可能的数据来源(如普查数据、目标组群、面谈);

(5) 每项分析可能得到的最终结果的简要描述;

(6) 每项最终产品的负责人(你自己或某位团队成员);

(7) 最终产品的交付日期。

3. 收集数据

在建立初始假设并确定证明该假设需要进行的分析之后,就该收集开展这些分析所需的数据了。这项任务很乏味,但却至关重要。可以通过访谈、问卷调查等手段获得一手资料,通过年报、专业机构等获得二手资料。

另外,麦肯锡认为知识管理很重要,也是知识管理领域的先导。麦肯锡关于知识管理的核心原则是:不要做重复劳动。咨询公司或咨询专家,要善于做知识管理,提高工作效率。

4. 解释结果

假设是需要证实或证伪的,而数据本身并不会说话。这就需要你和你的团队利用这些事实得出见解。庞大的电子数据表和三维动画饼形图本身并没有什么意义,除非你能明白,这些分析意味着应采取什么行动,对组织有什么价值。

在收集完所有的数据,完成所有的访谈之后,便会有一大堆数据需要筛选。你的工作,就是剔除不相关的东西,留下确实能证实或证伪你假设的数据,然后总结出这些数据告诉我们什么。这不仅仅需要具备理解能力,明白各项分析的意义,还需要具备丰富的想象力,把互不相干的事实连贯成有机的整体,得出见解。

麦肯锡认为要确保解决方案适合你的客户，有以下两点需要注意。

（1）从客户的角度考察问题。

找到客户"CEO的关注点"，即找到客户关注的问题。这是从客户角度考察问题的第一步，因为这会迫使你聚焦客户最重要的需求。下一步，问问你的决策将如何为你的客户或组织增值。各条建议能产生多少回报？是否足以值得投入所需时间、精力和资源？与你提出的其他建议相比如何？如果潜在效果不是很明显，就应首先考虑其他更大的项目。

（2）尊重客户能力的局限性。

如果无法实施，世界上最精彩的战略，也毫无用处。因此，在提炼最终产品时要牢记，你提出的建议对客户是否具有可行性。客户是否具备所要求的技能、体系、基础结构和人员？竞争对手、供应商、消费者、监管部门等外部力量是否会采取行动，从而导致你的战略失效？如果你起初就对自己的分析做了正确的规划，那么，在提出建议之前，你就应该能够回答这些问题。

5. 汇报

所有的假设、工作规划、研究、分析，最终都汇集到这里，因此，如果这项工作处理不当，所有努力都将付诸东流。如果把所有的商业观点随意堆积在一起，就想进行有效的汇报，无异于异想天开。汇报要避免胡乱堆积自己的观点。以下几点必须注意。

（1）结构。关于汇报的结构，麦肯锡强调的是：结构清晰，简单明了。要注意以下几点：① 把汇报系统化。汇报想取得成功，就必须让听众按照清晰、简便的步骤，顺着你的逻辑走下去。② 电梯法则。有时，你的时间不多。你要全面了解你的解决方案，这样你才能在上下电梯的30秒内向客户做出清晰而准确的解释。这就要求汇报者对自己的解决方案非常熟悉。③ 简单为上：一图说一事。图表越复杂，传递信息的效果就越差。图表所要表达的意思应一目了然，无论使用什么工具，用它来实现这一点。如果你想用同一张图表来表达多种意思，那就每种意思都重画一张，在每张图上突出相关信息。

（2）认可。汇报仅仅是工具而非目的。再好的汇报，无论结构如何系统连贯，无论图表如何形象生动，如果对方不接受、不依照建议行事，也毫无用处。所以，关键是得到客户的认可。

关于如何获得认可，麦肯锡原则是：未雨绸缪，事先沟通。优秀的商业汇报，不应有出乎听众意料的内容。在向大家正式汇报前，与所有决策人员沟通你的分析结果。

同时，注意量体裁衣。量体裁衣，就是无论汇报对象有谁，都要根据不同的对象调整自己的汇报。即使对方和你在同一家组织，他们也未必和你一样了解讨论的主题的背景和相关知识。要了解客户喜欢的汇报形式，如正式还是非正式，大规模的汇报会还是亲密的讨论，文本形式还是视听形式，如此等等。有些人希望深入细节，而有些人则只想听到你的最主要论点。要想取得汇报成功，你需要了解自己的汇报对象，了解他们的偏好与背景，调整自己的汇报。

（二）德鲁克的方法

德鲁克在咨询的过程中，使用了一种结构化的、循序渐进的方法，用来思考、分析和研究解决问题的最佳方案。这种方法有六个步骤：

1. 明确核心问题

德鲁克认为在咨询过程中，明确项目的核心问题是最难的，也是最重要的一个环节。一旦正确地确定项目的主要问题，就总能找到许多不同的方法来解决这个问题。但是如果识别出的、确定出的问题是错误的，那么即使采用再好的方法也无济于事。因此德鲁克建议要好好花时间在"找到正确的问题"上，要确保确实找到了正确的核心问题。通常一个项目可能有许多不同的问题，事实上，通常问题都不止一个，咨询顾问的任务是识别出最主要的问题。由于这个问题比其他问题都重要，所以这个问题才是核心问题。如果在某个项目中，发现有多个主要问题，那么应该分别处理这些问题。找出了核心问题后，需要写一个初步的方案，解释这个问题是什么。要注意，即使一开始识别了核心问题，但在许多情况下，你还得不断回头修改你之前的判断。因为经过不断的分析后，你会对什么是核心问题并且如何描述有新的理解，因此必须不断回头修改之前的判断。

2. 列出相关因素

在某种情形下通常会存在很多因素，这时候你要做出判断并且仅列出与你之前所确定的核心问题有关的那些因素。注意在这里，你要列出的是因素，而不仅仅是事实。除了事实之外，你可能还涉及评估、计算、假设，甚至是有根据的假设。

3. 列出可选的措施或解决方案，包括各自的利弊

在这个步骤中，咨询师要列出可能解决核心问题的每个方案，以及每个方案好的地方和不好的地方。有一点是非常重要的：你列出的每个方案都必须有针对性，也即每个方案都潜在地解决了你所提出的核心问题。

4. 讨论和分析备选方案

按照列出的相关因素，全面地分析和讨论这些备选方案。在此过程中，可能会有其他相关因素出现。如果有的话，那么就要返回并把它们加到之前的列表里。注意，这个步骤的重点应该是详细地比较和讨论每种措施的优势和劣势及其相对重要性。注意，不要在"分析和讨论"这个时点来声明这些结论。不管怎样，你要把结论留在下一节处理。

5. 列出结论

在这个环节中，咨询师要列出得到的结论。这些结论是通过前面的讨论和分析所得出的。不要解释这些结论，因为解释是上一个步骤的过程；也不要列出与你的分析无关的结论。你的结论只能根据你的讨论和分析得出。还需要注意的是，不要把相关因素作为结论。

6. 提出建议

在这一步，咨询师要明确地陈述所得出的结论，并且提出解决核心问题的建议。你要将你的对策建议告诉你的客户，以帮助他们解决你之前所识别和定义的问题。正如与前面的结论部分一样，在建议部分你只管提出建议，不要将那些额外的信息或解释写进去。所有的解释都应该放在分析和讨论部分。

## 二、战略咨询的分析工具

用于战略分析的工具很多,这里主要从外部环境分析、内部环境分析、企业发展阶段、企业整体战略、企业业务战略、企业竞争战略方面介绍一些常用工具。

### (一) 外部环境分析工具

**1. PEST分析法**

PEST分析法是分析外部环境的常用工具之一,主要用来分析企业所处的宏观环境对战略的影响。PEST分析的具体内容主要是对政治(Political)、经济(Economic)、社会(Social)和技术(Technological)这4大类影响因素进行分析,具体分析如图10-8所示。

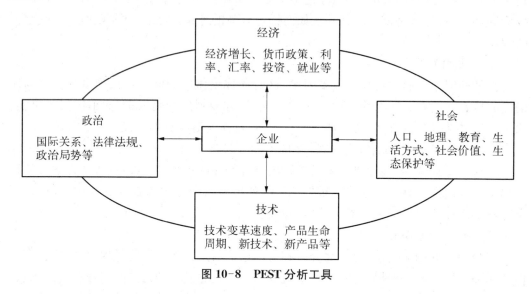

图 10-8 PEST分析工具

**2. 五力模型**

五力模型是哈佛大学著名战略管理权威迈克尔·波特教授在《竞争战略》一书中提出的企业产业竞争环境的分析工具。五力模型主要用来分析行业结构。行业结构对决定博弈的竞争规则以及企业潜在可选的战略具有重大影响。行业内的竞争状态取决于五大竞争力,具体如图10-9所示。这五大竞争力的合力决定了行业最终的赢利能力,而赢利能力是用投入资本的长期回报率来衡量的。并非所有行业都有相同的赢利潜力,五大竞争力的合力不同,决定了不同行业的最终赢利能力也不同。

**3. SWOT分析工具**

SWOT分析法主要分析企业的优势(Strengths)、劣势(Weaknesses)、机会(Opportunities)和威胁(Threats)。SWOT分析工具在企业内外部关键成功因素确定的基础上,将优势和劣势、机会和威胁进行组合,形成一个矩阵,如表10-3所示。

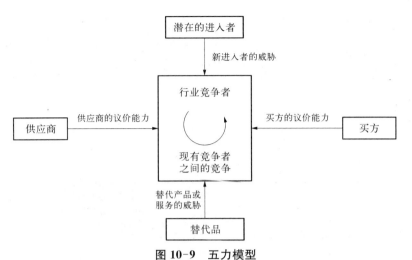

图 10-9 五力模型

表 10-3 SWOT 分析矩阵

| 企业优势与劣势<br>企业机会与威胁 | 优势(S) | 劣势(W) |
|---|---|---|
| 机会(O) | SO 战略<br>发挥优势<br>利用机会 | WO 战略<br>克服劣势<br>利用机会 |
| 威胁(T) | ST 战略<br>发挥优势<br>回避威胁 | WT 战略<br>克服劣势<br>回避威胁 |

SWOT 分析一般包括 6 个关键步骤,如图 10-10 所示。

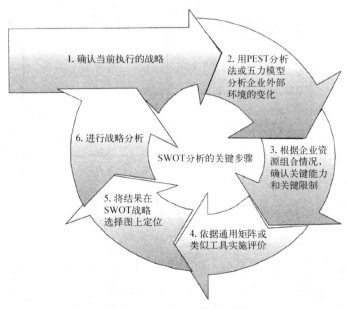

图 10-10 SWOT 分析步骤

### 4. 市场吸引力矩阵

市场吸引力矩阵主要用来对市场进行分析，通常采用市场集中程度、销售增长率指标作为衡量和评价市场对企业吸引力的标准。市场吸引力矩阵分布如图10-11所示。

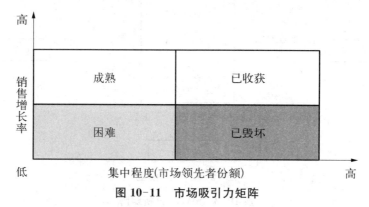

图 10-11　市场吸引力矩阵

市场吸引力矩阵中的四个象限的涵义如下：

(1)"成熟"市场：市场的增长率高且不存在强大的主导企业，可以摘取成熟的"果实"；

(2)"困难"市场：市场的增长率低且集中程度低，要实现获利比较困难；

(3)"已收获"市场：市场的增长率高，但已存在主导企业，难以渗透；

(4)"已损坏"市场：市场的增长率低且存在主导企业，已经发现有竞争者破坏。

### 5. 产品市场多元化矩阵

产品市场多元化矩阵又称安索夫矩阵（Ansoff Matrix），以产品和市场作为两大基本面，区别出4种产品/市场组合和相对应的营销策略，是应用较广泛的营销分析工具之一。产品市场多元化矩阵如图10-12所示。

|  | 现有产品 | 新产品 |
|---|---|---|
| 现有市场 | 市场渗透战略 | 产品开发战略 |
| 新市场 | 市场开发战略 | 多元化战略 |

图 10-12　产品市场多元化矩阵

## （二）内部环境分析工具

### 1. 企业资源分析

(1) 资源分析要素。

企业资源分析是指企业为寻找创造竞争优势的潜力，对其所拥有的和能够控制的资源进行识别和评价的分析过程。这一过程包括确定所拥有的资源和能够控制的资源，然后确定哪些资源真正具有价值且具备竞争优势。通过分析企业资源，企业能确定自身的优势和劣势,从而能够综合评估自身的战略能力。企业资源分析主要包括7个方面的要素:社会资本、有形资产、无形资产、知识资本、组织资本、市场资本、人力资本,如图10-13所示。

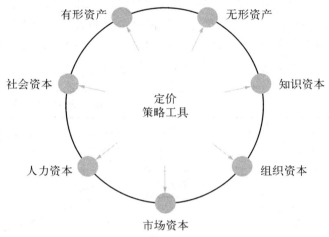

图 10-13　企业资源分析要素

（2）竞争资源四层次模型。

在形成战略优势的多项因素中,资源是企业最基本,也是最重要的物质基础。企业的各种资源能否形成优势,除了资源本身的特性之外,还依赖于企业自身的资源结构,它们共同构成了企业的竞争资源四层次模型。竞争资源四层次模型如图10-14所示。

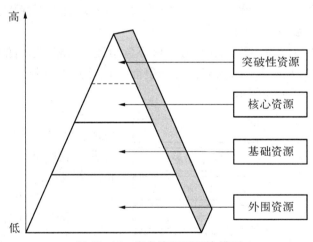

图 10-14　竞争资源四层次模型

① 突破性资源：核心资源通过革新成为竞争对手短期内不易具备的优势,这种革新能力可以视为突破性资源。

② 核心资源：企业特有的,竞争对手目前不具备且将来也很难具备的资源。

③ 基础资源：企业内部创造的其他廉价、便宜的资源,可能不具有特色,但对于日常运作非常重要。

④ 外围资源：企业拥有或购买一些必需的其他种类的资源。
2. 企业能力分析
（1）能力分析要素。

企业能力是企业分配资源的一种效率，目的是将企业的资源有效地整合在一起，以达到一种预想的最终状态。企业能力分析是指对企业的关键性能力进行识别。企业能力是企业核心竞争力的基础，企业能力分析的目的是帮助企业决策者确定长远以及近期的企业战略。企业能力分析通常包括的要素如图10-15所示。

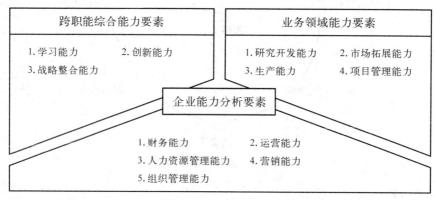

图10-15 企业能力分析要素

① 综合能力要素：学习能力、创新能力、战略整合能力
② 业务领域能力要素：研发能力、市场开拓能力、生产能力、项目管理能力
③ 企业能力要素：财务能力、运营能力、人力资源管理能力、营销能力、组织管理能力
（2）核心竞争能力分析方法。

企业的竞争能力分为一般竞争能力和核心竞争能力，战略运营的关键是要辨识和确认核心竞争能力，因此企业必须对核心竞争能力进行重点分析。核心竞争能力分析法的具体内容如图10-16所示。

核心竞争力是指能为企业带来长期、稳定的竞争优势且取胜于竞争对手的最具价值的资源和能力。核心能力包括：

① 核心技术能力；
② 战略决策能力；
③ 核心生产制造能力；
④ 核心市场营销能力；
⑤ 组织协调能力；
⑥ 良好品牌形象能力（品牌建设能力）；
⑦ 周到服务能力；
⑧ 快速响应能力。

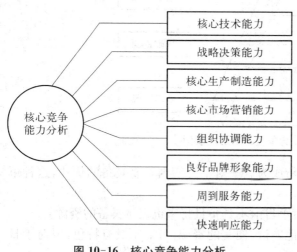

图10-16 核心竞争能力分析

企业核心竞争力通常有如下 4 项识别标准：
① 具有价值性：核心竞争力能很好地实现顾客所看重的价值；
② 具有稀缺性：核心竞争力是稀缺的，行业内只有少数的企业拥有；
③ 具有不可替代性：核心竞争力在为顾客创造价值的过程中具有不可替代的作用；
④ 具有难以模仿性：核心竞争力必须是企业所特有的，并且竞争对手难以模仿。

（三）企业发展阶段分析工具

1. 企业生命周期分析

进行企业生命周期分析的重要工具就是生命周期分析法，它是通过生命周期分析矩阵，根据企业的实力和产业的发展阶段对企业的生命周期进行分析。企业生命周期分析中，以行业阶段为横坐标，一般需考虑的要素包括增长率、增长潜力、产品线范围、竞争者数目、市场占有率分布状况、市场占有率的稳定性、顾客稳定性、进入行业的难易程度、技术等；以企业实力为纵坐标，一般考虑的要素包括产品线宽度、市场占有率、市场占有率的变动以及技术的改变等。这样组成一个具有 20 个单元的生命周期矩阵，如表 10-4 所示。

表 10-4　生命周期矩阵

| 实力＼阶段 | 孕育 | 成长 | 成熟 | 衰退 |
|---|---|---|---|---|
| 主导 | • 起步<br>• 迅速增长 | • 迅速增长<br>• 成本领先地位<br>• 更新 | • 防御<br>• 成本领先地位<br>• 更新<br>• 继续增长 | • 防御<br>• 集中一点<br>• 更新<br>• 随行业发展而增长 |
| 较强 | • 开创<br>• 差异化<br>• 迅速增长 | • 迅速增长<br>• 赶超或成本领先<br>• 差异化 | • 成本领先地位<br>• 更新<br>• 集中一点差异化<br>• 随行业发展而增长 | • 寻找新市场<br>• 随行业发展而增长<br>• 收获 |
| 有利 | • 开创<br>• 差异化<br>• 集中一点 | • 集中一点差异化<br>• 赶超<br>• 随行业发展而增长 | • 寻找新市场<br>• 收获<br>• 随行业发展而增长<br>• 转变方针<br>• 集中一点差异化 | • 紧缩并转变方针 |
| 维持 | • 开创<br>• 随行业发展而增长<br>• 集中一点 | • 收获<br>• 赶超<br>• 固守旧市场<br>• 随行业发展而增长<br>• 集中一点<br>• 寻找避风港 | • 转变方针<br>• 紧缩<br>• 收获<br>• 寻找避风港 | • 放弃紧缩 |
| 脆弱 | • 寻找避风港<br>• 迎头赶上<br>• 随行业发展而增长 | • 转变战略<br>• 紧缩 | • 撤退 | • 撤退<br>• 放弃 |

2. 产品生命周期分析

典型的产品生命周期一般可以分成 4 个阶段，即引入期、成长期、成熟期和衰退期，如表 10-5 所示。

表 10-5 产品生命周期模型

| 产品生命周期 | 阶 段 特 征 |
|---|---|
| 引入期<br>指产品从设计投产到投入市场进行测试的阶段 | 新产品投入市场,企业进入引入期。此时产品品种少,顾客对产品缺乏了解,几乎无人购买该产品,企业为了扩大销路而投入大量的促销费用,对产品进行宣传推广。该阶段受生产技术方面的限制,生产批量小,制造成本高,宣传费用大,产品销售价格高,处于试销阶段,企业通常要承受亏损。 |
| 成长期<br>指产品从试销到需求增加的阶段 | 当试销取得成功后,企业进入成长期,顾客逐渐接受该产品,产品在市场上逐步打开销路,需求量和销售额迅速上升。该阶段的生产成本大幅度下降,利润迅速增长,与此同时,潜在竞争者纷纷进入市场参与竞争,产品供给量增加,价格下降,企业利润达到生命周期利润的最高点。 |
| 成熟期<br>指产品进入大批量生产和销售的阶段 | 随着顾客人数增多,市场需求趋于饱和,此时产品普及并日趋标准化,成本低而产量大,销售增长速度缓慢直至出现转折。同类产品恶性竞争的加剧,导致企业之间加大产品质量、花色、规格、包装服务等方面的投入,在一定程度上增加了成本。 |
| 衰退期<br>指产品进入淘汰的阶段 | 随着科技的进步及大众消费习惯的改变,产品已无法适应市场需求,此时市场上已经出现性能更好,价格更低的新产品或替代品。成本较高的企业由于无利可图陆续停止生产,该类产品的生命周期也就陆续结束,以至最后完全撤出市场。 |

(四) 企业战略分析工具

1. 战略地位与行动评价矩阵

战略地位与行动评价矩阵(Strategic Position and Action Evaluation Matrix, SPACE)有四个象限,分别表示企业采取的进取、保守、防御和竞争四种战略模式。这个矩阵的两个数轴分别代表了企业的两个内部因素——财务优势(FS)和竞争优势(CA);两个外部因素——环境稳定性(ES)和产业优势(IS)。这四个因素对于企业的总体战略地位是极为重要的。如图 10-17 所示。

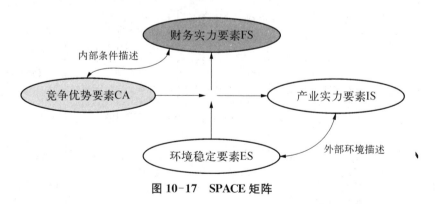

图 10-17 SPACE 矩阵

各影响要素说明如下:

(1) 环境稳定要素:技术变化、需求变化、进入市场的障碍、需求的价格弹性、通货膨胀率、竞争产品的价格范围、竞争压力;

(2) 产业实力要素:发展潜力、财务稳定性、资本密集性、生产率及生产能力的利用

程度、利润潜力、技术及资源利用率、进入市场的难度;

(3) 竞争优势要素：市场份额、产品生命周期、顾客对产品的忠实程度、产品质量、产品更换周期;

(4) 财务实力要素：投资报酬、资本需要量和可供性、退出市场的难度、偿债能力、现金流量、经营风险。

SPACE 矩阵的使用步骤如下：

(1) 选择构成财务优势 FS、竞争优势 CA、环境稳定性 ES 和产业优势 IS 的一组变量;

(2) 对构成 FS 和 IS 轴的各变量给予从＋1(最差)到＋6(最好)的评分值;对构成 ES 和 CA 轴的各变量给予从－1(最好)到－6(最差)的评分值;

(3) 将各数轴所有变量的评分相加,再分别除以各数轴变量总数,从而得出 FS、CA、IS 和 ES 各自的平均分数;

(4) 将 FS、CA、IS 和 ES 各自的平均值标在各自数轴上;

(5) 将 X 轴上的两个分数相加,将结果标在 X 轴上;将 Y 轴上的两个分数相加,将结果标在 Y 轴上,标出 X、Y 数值的交点;

(6) 自 SPACE 矩阵原点至 X、Y 数值的交叉点画一条向量,这一向量表明了企业可采取的战略类型：进取、竞争、防御或保守。

SPACE 矩阵的具体使用如图 10-18 所示。

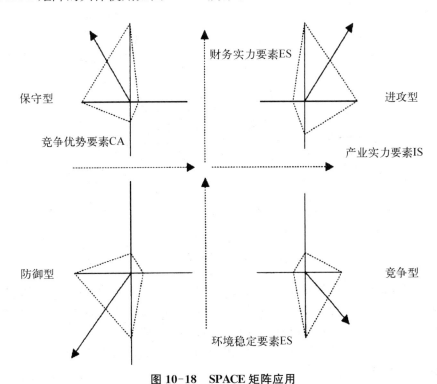

图 10-18　SPACE 矩阵应用

(1) 向量出现在 SPACE 矩阵的进攻象限时,说明该企业正处于一种绝佳的地位,即可以利用自己的内部优势和外部机会选择自己的战略模式,如市场渗透、市场开发、产品开发、后向一体化、前向一体化、横向一体化、混合式多元化经营等。

（2）向量出现在保守象限意味着企业应该固守基本竞争优势而不要过分冒险，保守型战略包括市场渗透、市场开发、产品开发和集中多元化经营等。

（3）当向量出现在防御象限时，意味着企业应该集中精力克服内部弱点并回避外部威胁，防御型战略包括紧缩、剥离、结业清算和集中多元化经营等。

（4）当向量出现在竞争象限时，表明企业应该采取竞争型战略，包括后向一体化、前向一体化、市场渗透、市场开发、产品开发及组建合资企业等。

2. 7S模型

7S模型为麦肯锡公司首创，已经成为战略管理，乃至管理学中一个经典的工具。7S模型指出了企业在发展过程中必须全面地考虑各方面的情况，包括结构（Structure）、制度（Systems）、风格（Style）、员工（Staff）、技能（Skills）、战略（Strategy）、共同价值观（Shared Values），如图10-19所示。也就是说，企业仅具有明确的战略和深思熟虑的行动计划是远远不够的，因为企业还可能会在战略执行过程中失误。因此，战略只是其中的一个要素。

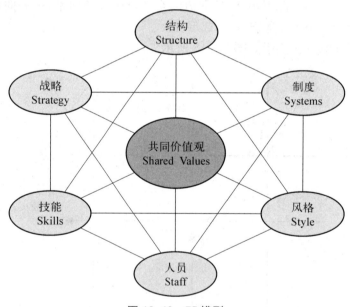

图 10-19　7S模型

在模型中，战略、结构和制度被认为是企业成功的"硬件"，风格、员工、技能和共同价值观被认为是企业成功经营的"软件"。麦肯锡的7S模型提醒世界各国的经理们，软件和硬件同样重要，各公司长期以来忽略的人性，如非理性、固执、直觉、喜欢非正式的组织等，其实都可以加以管理，这与各公司的成败息息相关，绝不能忽略。

3. 波士顿矩阵

波士顿矩阵是根据产品的市场增长率以及在市场上的占有率划分产业的重要分析工具，实质是通过业务的优化组合实现企业的现金流量平衡。波士顿矩阵模型的具体内容如图10-20所示。

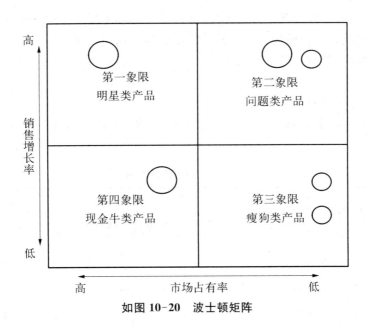

如图 10-20　波士顿矩阵

明星类产品的特点是市场占有率、销售增长率均高,这类产品代表企业的希望,应大力发展并扩大生产能力。

现金牛类产品的特点是市场占有率高,销售增长率低,这类产品已进入成熟期,销售量大。

问题类产品的特点是市场占有率低,销售增长率高,这类产品已处于投入期或成长期。

瘦狗类产品的特点是市场占有率、销售增长率均低,这类产品应该被淘汰。

4. GE 矩阵

通用矩阵是美国通用电气公司设计的一种投资组合分析方法,模型的具体内容如图 10-21 所示。

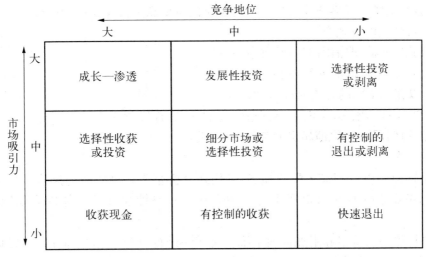

图 10-21　通用矩阵

通用矩阵改进了波士顿矩阵的不足,在两个坐标轴上增加了中间等级,纵轴用多个指标反映市场吸引力,横轴用多个指标反映竞争地位,9个区域的划分更好地说明了企业处于不同阶段时经营业务的状态。

(五)企业竞争分析工具

1. 竞争态势矩阵(CPM)

CPM用于确认企业以及企业主要竞争者的优势、劣势和相对竞争地位,如表10-6所示。

表10-6 竞争态势矩阵

| 关键因素 | 权重 | 被分析企业 | | 竞争企业1 | | 竞争企业2 | |
|---|---|---|---|---|---|---|---|
| | | 评分 | 加权评分 | 评分 | 加权评分 | 评分 | 加权评分 |
| 市场份额 | | | | | | | |
| 价格竞争力 | | | | | | | |
| 财务状况 | | | | | | | |
| 产品质量 | | | | | | | |
| 用户忠诚度 | | | | | | | |
| 总 计 | 1.0 | | | | | | |

注:评分值表示企业对各因素是否作出了有效的反应:1=弱;2=次弱;3=次强;4=强。表里为了简化,只列出5个关键因素。

2. 价值链

最早由美国的麦肯锡管理咨询公司提出,后经迈克尔·波特加以整理和系统化,并在《竞争优势》一书中加以阐述。价值链分析的核心是将客户的所有资源、价值活动与客户的战略目标紧密联结起来,以价值增值为目的,形成了一个简明而清晰的组织框架,帮助客户清晰认识客户生存中相关各链条的重要意义。详见图10-24。

重组价值链的方式有:

(1)工艺革新(取消内部的低效率环节);

(2)重组下游(取消中间环节);

(3)以完全不同的方式完成活动;

(4)专注目标顾客,取消不能创造价值的活动(连锁旅馆专注于目标旅客,只提供客户所需的居住设备,取消昂贵的餐厅、会议设备)。

3. 战略钟

战略钟模型由克利夫·鲍曼提出,是用来分析企业竞争战略选择的工具,该模型提供了思考竞争战略和取得竞争优势的方法。战略钟模型的具体内容如图10-25所示。

战略钟模型从价格和附加值两个维度对产品进行分类,通过不同的产品组合形成6种竞争战略。其中路径6、7、8对应的战略,只有处于垄断地位的企业才可能采取。

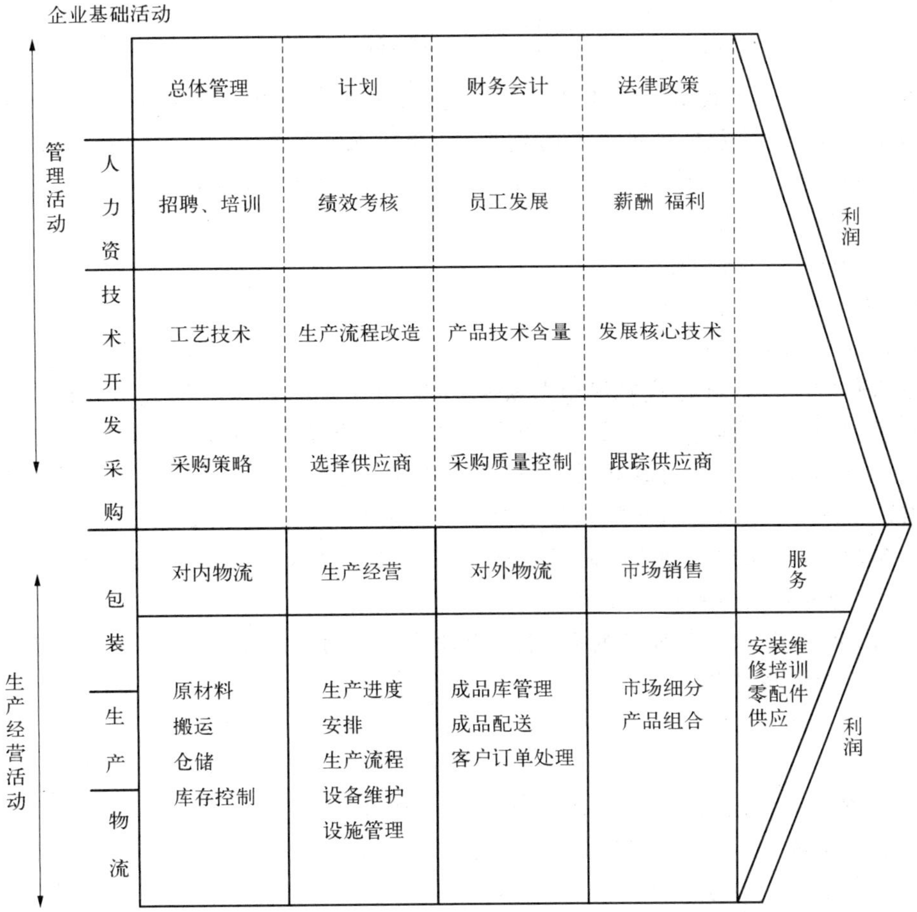

企业基础活动
总体管理
计划
财务会计
法律政策
管理活动
人力资
招聘、培训
绩效考核
员工发展
薪酬 福利
技术开
工艺技术
生产流程改造
产品技术含量
发展核心技术
发采购
采购策略
选择供应商
采购质量控制
跟踪供应商
利润
包装
对内物流
生产经营
对外物流
市场销售
服务
生产经营活动
生产物流
原材料
搬运
仓储
库存控制
生产进度
安排
生产流程
设备维护
设施管理
成品库管理
成品配送
客户订单处理
市场细分
产品组合
安装维修培训零配件供应
利润

图 10-24　价值链

高
附加值
低
4 差别化
3 混合
5 集中差别化
2 低价格
6
1 低价、低附价值
价值优势
7
8
这些战略有可能导致最终的失败
价格
高

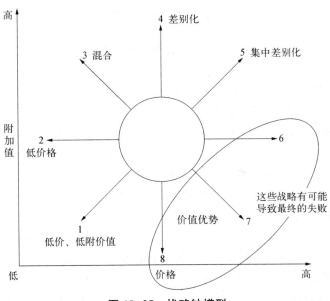

图 10-25　战略钟模型

## 本章小结

本章主要介绍了战略咨询的性质、流程、报告以及战略咨询的方法及常用工具。随着科技的发展,特别是互联网技术的发展,当今商业环境变化越来越快,越来越激烈。有人称当今是一个颠覆性变革丛生的乌卡(VUCA)时代。其特点如下:

Volatitily,变化非常快;

Uncertainty,不确定;

Complexity,复杂性;

Ambiguity,不明确性。

在 VUCA 时代,进行战略规划与实施,比以往更困难。这也给战略咨询增加了难度。本章所介绍的战略咨询工具,或为常用工具,或为经典工具,在使用时,要注意适用的范围。举例来说,在经典战略理论看来,企业可以通过核心竞争能力建立可持久的竞争优势。然而,哥伦比亚商学院教授丽塔·麦格拉思(Rita Gunther McGrath)认为,在动荡的环境中,企业只能拥有瞬时竞争优势。因此在做战略咨询时,要注意时代特点、行业特点,为客户提供可行的解决方案。

同时,大数据、人工智能的发展,也将会改变咨询的方式方法,咨询专业人士不可不留意这方面的发展趋势。

## 思 考 题

1. 战略咨询的流程如何?每个步骤要注意什么?
2. 撰写战略咨询报告时,要注意些什么?
3. 战略咨询的方法有几种?
4. 战略咨询的工具有哪些?各有什么用途?其局限性有哪些?

## 案 例 分 析

### 新东方的战略咨询案例

**1. 背景:俞敏洪和他创办的新东方学校**

1991年,28岁的北大英语系青年教师俞敏洪辞职下海,先是在妻子的协助下开办英语培训班,收取相应的培训费以谋生。而后则注册成立正式的民办学校——北京新东方学校,向学员提供各种类型的英语培训课程,学员交纳的学费构成经营收入的来源。

从早年白手起家干起,筚路蓝缕、艰苦卓绝,一路走来,业务日益红火。至2000年前后,新东方学校已经成为中国民营教育最具影响力的品牌之一。其时,新东方的经营概况可以简略描述为:

(1) 简单明了的商业模式:办班——招生——收费。办班的课程主要是各种英语考试,尤以 TOEFL、GRE、GMAT、IELTS 等出国留学的英语应试课程为重心。一步步地,新东方的课程,覆盖了外语听说读写的各个方面,风靡一时。

(2) "超女"般的品牌魅力:新东方的校风和课堂弥漫着魔力,吸引了大量的学生。

一本书上这样描述:"许多学生不远千里来新东方,不是为了学习,而是为了瞻仰俞敏洪、徐小平、王强……等等老师的风采,感受新东方的气氛。在许多学生眼里,新东方一些老师与电影明星、体育明星有着等量齐观的地位和魅力……如此多的老师被学生崇拜,实乃旷古未有之奇迹。"

(3)潮水般的增长趋势:1999年,新东方学校一年培训学生10万人次,2000年15万人次,2001年25万人次,预计2002年35万人次,未来的增长还将继续加速。大作家卢跃刚在采访新东方后惊叹:"35万什么概念?九个满员集团军。吓死人!"

2. 乱局与危机:需要解决的问题

在新东方喧腾和繁荣景象的背后,潜伏的是致命的管理乱局和危机。其时新东方的总体格局是:大牌子底下的一群个体户,各显神通。新东方牌子下面聚合了一批心高气盛、才华横溢的能人,而且他们大多都是有着狂放气质的北大骄子。他们依据"分封割据、收入提成"的方式各自把持一块业务,有的把持了TOEFL和GRE,有的把持了雅思或GMAT,有的把持了英语口语和会话,有的把持了英语写作,有的把持了出国留学咨询……各个能人各显神通,各自在自己把持的领地上经营和获利,同时也以各自的才华和营业共同支撑起新东方的品牌影响力和总体业务规模。这种模式的实质是分封聚众,谁耕种谁收获,激励非常到位,一批能人因此而啸聚新东方。正是依靠这一模式,新东方迅速崛起,风靡于世。

然而,各路"诸侯"自种自收、各自为战的这种局面,走到2000年,已经难以为继。

首先是"领地"有肥瘠,据守贫瘠领地的人想方设法染指和入侵肥沃的领地;而据守肥沃领地的人,则想方设法防范、阻止和抗议入侵者,由此引发的纷争、指责和相互攻击,几无宁日。

其次是在自种自收的体制下,大家都先顾自己收益的最大化和落袋为安,而把新东方整体的品牌信誉置后考虑。滥用和"搭便车"新东方品牌的现象呈失控趋势。

举个例子说,TOEFL班的市场规模大、盈利水平高,于是大家都想办TOEFL班。原来主持TOEFL的人,肯定反对别人染指。想进入的人,则肯定设法进入。如果大家一哄而上都办TOEFL班,那么良莠不齐的办班质量必定影响新东方TOEFL班的品牌信誉,最终危及大家的TOEFL生源。如果不让谁办TOEFL班,那么凭什么只许你办而不许我办呢?

就围绕类似这样的问题,新东方内部展开了无休止的争论、指责和明争暗斗,利益上的冲突演变成意见和行为上的不可调和,然后是一步步升级为相互之间道德上的谩骂和人格上的攻击,最终演变成了一场局面失控的混战甚至是全面混乱。至此,新东方分封割据、收入分成的格局陷入了全面危机,合作崩裂、局毁人散一触即发。

如何化解治理危机、走出混乱局面、重建管理秩序,成为新东方生存还是死亡的燃眉之急。

3. 分析与诊断:以管理咨询的眼光

就在上述背景下,和君咨询于2000年春季受聘为新东方的管理顾问。和君咨询从管理咨询的角度对局势的基本诊断是:

(1)各个关键人物"自种自收、分灶吃饭"的业务模式和利益机制,是矛盾和冲突的核心症结。重新构建业务模式和利益机制,是集体走出危机的基础命题。

(2) 缺乏统一的、能够惠及并约束全员的组织功能体系,是危机爆发的直接原因。发育出统一的市场营销和品牌管理功能、产品研发功能、质量测评和控制功能、人力资源开发功能、后勤保障功能等等,是新东方能否走向未来的关键。

4. 估值 50 亿元:以投资银行的眼光

随着对新东方了解的不断加深,和君咨询师对新东方的商业价值有了全新的发现,具体如下:(1) 一年 20 几万人次的人流量,导致新东方后勤方面卖盒饭一年都能挣几十万元,新东方门口卖烤山芋和卖盗版碟的小商贩都盈利颇丰。(2) 新东方的教材教辅和音像制品销量甚大,在新东方简陋大厅内的一个小书店,一年营业额都可达到几百万元的规模。某出版社 2000 年度占大头的码洋都是与新东方有关的书籍和音像作品。(3) 广州、上海的新东方分校开张,周边的房租和商铺全面提价,连附近饮食摊位卖的馄饨包子都涨价。(4) 办理汇款的邮局、换外汇的银行或黄牛、做快餐的麦当劳肯德基等,纷纷盯上和靠拢新东方。(5) 新东方的网站,登录的人流量非常大,堪称中国学校和公司网站之最。

透过上述现象,和君咨询敏感地意识到,新东方的商业价值,应该不止于"办班—收费"的学费来源,它或迟或早还可开发出基于人流的一系列商业模式,演绎成为当时资本界上炙手可热的新经济主题。比如说,它可能衍生出后勤商业、人才服务、门户网站、图书出版、商业物业、教育房地产、文具玩具甚至卡通形象等等领域的商业模式。无疑,这些基于人流的商业模式,将是新东方或现实的或未来的商业价值的重要开发方向。站在这个角度来理解,新东方在学员人流方面潮水般的增长过程,实质上就是新东方商业能量聚合与蓄积的过程。

如此看来,新东方有着这样的特点:传统的培训收费和后勤商业能够确保资本收益的安全边际,而基于人流的新经济商业模式则提供了充分的成长潜力和想象空间。假定新东方是一个公司,那么这样的一个公司该值多少钱呢?新东方学员可望达到 35 万人次/年,经过和君咨询的谨慎测算,如果新东方做好人才分工和提高管理效率,可望从每一学员人次中赚取 250—300 元的净利润,那么公司的年净利润额将可达到 1 亿元左右。假定新东方上市,综合考虑其品牌影响力、行业情况、增长趋势和未来的商业潜力,市盈率该能达到 50 倍左右。由此推断,新东方应该值 50 亿元。

如果抽象掉复杂和烦琐的人头盈利量测算和多少有些"微妙而武断"的市盈率定位,那么这个估值过程可以表达为如下这样一个傻瓜测算:

新东方价值=(35 万人次×250—300 元利润/人次)×50 倍市盈率=50 亿元。

新东方值 50 亿元,创业元老或关键人物如果变身为公司股东,谁都可以变成亿万富翁!和君咨询的这个论断,对所有新东方人来说,是震撼性的和激动人心的,同时也是疑惑不解的和将信将疑的。那时候的新东方,是一个即将散架的乱摊子。有业界人士笑话说:和君咨询真敢胡说八道,新东方也值 50 亿元?一群教书匠刚挣了点小钱就奢望成为亿万富翁,做梦!

和君咨询抛出的这个 50 亿元的"大饼",逆转性地让新东方乱局中的所有事主改变了看待利益大小的口径和视角。他们之间一直以来纠缠不息的眼前利益纷争,陡然变小,甚至可以忽略不计或不足挂齿。人们开始审视自己的真正利益所在,开始考虑如何寻求妥协和保持合作以求那份利益真正的到来。

5. 面对公司政治:义与利的平衡木

新东方进入乱局和走出危机的整个过程,一直纠缠着复杂和痛苦的人际漩涡和公司政治,剪不断、理还乱。其中的关键事主是新东方"三巨头"——校长俞敏洪、副校长徐小平和王强。

王强是俞敏洪北大时候的同班同学,徐小平是俞敏洪 1980 年代北大念书期间的青年老师。三人在北大时候就相知相熟。后来徐、王留学北美,分别在加拿大和美国安家立业。1995 年,国内创业将近 5 年而且初成气候的俞敏洪专飞北美,以机会、梦想和激情力邀徐、王回国加盟新东方,同追两个梦想,共创一番伟业。两个梦想和一番伟业是:发财梦和哈佛梦——为国家和民族的未来办成一所像哈佛那样的私立大学!徐小平、王强毅然放弃北美生活,义无反顾地回国投身到了新东方的事业中。从此,以俞敏洪为头马、以徐小平王强为其余二马的新东方"三驾马车"齐拉共跑,带领新东方走出了一段狂奔突进的崛起和欢歌岁月,公元 1995—1999 年!

时间走到 2000 年前后,大家共事的蜜月期和高潮期永远地结束了。新东方已然做大了,但"新东方是谁的"一直没有解决。"民办公有"的新东方学校产权状况,像是一个挥之不去的阴影笼罩着新东方的创业功臣们。俞敏洪及其家族成员一直把持着新东方的关键部门,行使着这样那样的肥缺分配和管理权力,但在"收入提成、分灶吃饭"的利益模式下,有谁能够放心和相信俞敏洪的管理地位和权力不会夹带自利企图呢?各路诸侯渐次壮大,互相攻伐,侵染领地,争夺地盘,灵魂人物兼管理者俞敏洪顾头难顾尾,使出浑身解数化解是非纷争、平衡各方利益,但每每是吃力不讨好,安抚了这个、得罪了那个。三番五次下来,俞敏洪的管理权威和公信度受到全面挑战。

一个集体,一群人,权威既失,秩序大乱;公信迷失,人心离散。先是说理,后是争论,再后是指责,再后来是谩骂和哭闹,再再后来则是下台的下台,辞职的辞职,栽赃的栽赃,告状的告状,跳槽的跳槽,另起炉灶的另起炉灶……大作家卢跃刚在关于新东方的报告文学《东方马车》中这样描述:"新东方团队迷茫、困惑、痛苦,失去了方向,陷入了互相猜忌、怀疑、批判、攻击的信任危机之中。内耗多于建设,利益抛弃友情,情绪覆盖理智,遍体鳞伤,概莫能免"。直至最后,无论是争权夺利,还是人身攻击,都白热化到了无所不用其极的地步。恶性的公司政治肆无忌惮地全面爆炸,新东方风雨飘摇,眼看着就要局毁人散、灰飞烟灭!

事情到了这个时候,两个梦想和一番伟业哪里去了,没人关心!

在新东方的管理乱局和政治危机中,和君咨询因"专家"身份而一度成为了新东方各派人士共同指望的对象,俞敏洪、徐小平、王强……,都希望和君咨询能够主持公道、评判是非、斡旋关系、说服异己,最终给出科学合理、行之有效的解决方案。他们之间连吵架、骂仗和人格攻击,都会在和君咨询的会议室里展开。

面对这样的局面,作为专业机构的和君咨询,一旦失去应有的操守和坚持,后果不堪设想。此时,两个梦想和一番伟业,像一盏明灯照亮了和君方面主事人王明夫的咨询角色,成为了王明夫在整个过程的各种场合中表明态度、发表观点、斡旋关系、引导事态、提出主张、勾画方案的基础立场和道义底线。新东方要走出乱局,三点是关键:

(1) 大家必须确立起看待问题的正确立场和态度。通过历史分析大家可以看清楚:乱局是在新东方长大的过程中一步步地形成的;问题的出现是历史上"分封聚众、坐地分银"模式的必然结果,而与谁谁谁的道德和人格无关。管理的问题,需要依据事实和逻辑,通过理性的和客观的管理方案来解决,而不能转向道德和人格,人为地把问题复杂化、人格化和微妙化。大家放弃道德怀疑和人格攻击,重新建立信任关系,回到客观地看待问题的立场中来,是解决问题的首要前提。

(2) 从"义"的方面重新燃起新东方事业的理想主义光芒。新东方人多是北大骄子,是读书人,大多有着"指点江山、激扬文字、粪土万户侯"的精神气质。《孟子》曰:"士何事?尚志!"《礼记》曰:"士不可不弘毅!"1995 年底,徐小平问俞敏洪:"你现在有钱有事业,还有什么问题?"俞敏洪思忖片刻说:"还缺点崇高感!"现如今,新东方人围绕一己利益扭打混战、纠缠计较、精神疲惫、形容枯槁,浩然之气尽失,两个梦想和一番伟业不翼而飞,我们志在哪里,谈何弘毅?志不立,毅不弘,崇高感从何谈起?真是应了朱子的那句话:"志不立,则一齐放倒了!"英国人为他们的牛津大学和剑桥大学而自豪和自信,他们有个说法:"只要牛津剑桥还在,英格兰民族就不会没落"。今天,我们的国人还值得因为哪所大学的精神而自豪和自信呢?在中国的现时代,独立、自由、深厚、沉雄的大学精神急待复兴,办成一个哈佛式的中国私立大学,是国家和民族的时代召唤。传统体制下的中国大学已经步履沉重甚至积重难返,中国的教育事业需要具有新理念、新精神、新体制的新东方。造就一个哈佛式的中国私立大学的梦想,不能丢。我们读书人,一生何求?岂可因私利而忘大义、贻笑于世人!

(3) 从"利"的方面描绘未来新东方的价值。《史记》曰:"天下熙熙,皆为利来;天下攘攘,皆为利往!"新东方人,大利何在?摆事实、讲道理、搞测算,新东方价值可望达到 50 亿元,只要合作维持、群策群力,迟早有一天,诸位皆可身价晋亿。这是大家共同的大利所在,散伙且慢。很显然,当前的形势与任务是:清零历史,捐弃前嫌,求大同存小异,面向未来,取大利、弘大义,共同为实现 50 亿的发财梦而并肩奋斗!

资料来源:王明夫,和君咨询,http://www.hejun.com/service/zhanluezixun/cases/2083.html

## 讨 论 题

根据以上信息,并查阅相关资料,制定新东方的战略方案。

# 参 考 文 献

1. 艾森·拉塞尔(Ethan M. Rasiel)著,张薇薇 译.麦肯锡方法.机械工业出版社,2010
2. 丁宁.企业战略管理.清华大学出版社,2011
3. 菲利普·科特勒.营销管理(第15版).格致出版社,2015
4. 菲利普·R.凯特奥拉(Philip R. Cateora),玛丽·C.吉利(Mary C. Gilly),约翰·L.格雷厄姆等著.赵银德,沈辉,钱晨译.国际市场营销学(原书第17版),机械工业出版社,2017
5. 马瑞民,王璞.新编战略管理咨询实务.中信出版社,2008
6. 迈克尔·波特著,陈丽芳译.竞争战略.中信出版社,2014
7. 弗雷德·R.戴维著,徐飞译.战略管理(概念与案例 第13版全球版).中国人民大学出版社,2012
8. 金成哲.战略运营管理咨询工具箱.人民邮电出版社,2010
9. 斯蒂芬·P.罗宾斯(Stephen P. Robbins),玛丽·库尔特(Mary Coulter)著,李原等译.管理学(第11版).中国人民大学出版社,2012
10. 姚建明.战略管理:新思维、新架构、新方法.清华大学出版社,2019
11. 迈克尔·A.希特著,焦豪译.战略管理:竞争与全球化.机械工业出版社,2018
12. 马浩.战略管理:商业模式创新.北京大学出版社,2015
13. 熊德勇.企业战略管理.经济科学出版社,2014
14. 宋云、陈超.企业战略管理.首都经贸大学出版社,2013
15. 威廉·科恩(William A. Cohen)著,应洪斌等译.像德鲁克一样做咨询.机械工业出版社,2017
16. 杨锡怀.企业战略管理理论与案例.高等教育出版社,2003
17. 王启万.用竞争矩阵分析法确定营销决策方法——江苏恒龙通信的个案研究.华东经济管理.2005.5
18. 余胜海.华为还能走多远.中国友谊出版公司,2013
19. https://www.ximalaya.com/shangye/327035
20. http://wiki.mbalib.com
21. http://www.beidabiz.com/bbdd/kmsjk/kmsjk_zlgl/1004/10042/1827.htm
22. http://ggjd.cnstock.com/company/scp_ggjd/tjd_bbdj/201603/3751301.htm
23. http://auto.ifeng.com/quanmeiti/20170608/1089897.shtml
24. http://business.sohu.com/、http://www.zhongpengrong.com、http://web.cenet.org.cn

**图书在版编目(CIP)数据**

企业战略管理/张义主编. —上海：复旦大学出版社，2020.9
ISBN 978-7-309-15284-5

Ⅰ.①企… Ⅱ.①张… Ⅲ.①企业管理-战略管理 Ⅳ.①F272.1

中国版本图书馆 CIP 数据核字(2020)第 154552 号

**企业战略管理**
张　义　主编
责任编辑/谢同君

复旦大学出版社有限公司出版发行
上海市国权路 579 号　邮编：200433
网址：fupnet@fudanpress.com　　http://www.fudanpress.com
门市零售：86-21-65102580　　团体订购：86-21-65104505
外埠邮购：86-21-65642846　　出版部电话：86-21-65642845
杭州日报报业集团盛元印务有限公司

开本 787 × 1092　1/16　印张 21　字数 472 千
2020 年 9 月第 1 版第 1 次印刷

ISBN 978-7-309-15284-5/F・2733
定价：63.00 元

如有印装质量问题,请向复旦大学出版社有限公司出版部调换。
版权所有　侵权必究